GENTLEMAN, GESTOR, HOMO DIGITALIS

a transformação da subjetividade
jurídica na modernidade

Thomas Vesting

GENTLEMAN, GESTOR, HOMO DIGITALIS

a transformação da subjetividade
jurídica na modernidade

Tradução de Ricardo Campos e Gercélia Mendes

SÃO PAULO
2022

Copyright © Velbrück Wissenschaft: Thomas VESTING,
Gentleman, Manager, Homo Digitalis. Der Wandel der Rechtssubjektivitiit in der
Moderne, Weilerswist 2021

Copyright © EDITORA CONTRACORRENTE
Alameda Itu, 852 | 1º andar |
CEP 01421 002
www.loja-editoracontracorrente.com.br
contato@editoracontracorrente.com.br

EDITORES
Camila Almeida Janela Valim
Gustavo Marinho de Carvalho
Rafael Valim
Walfrido Warde
Silvio Almeida

EQUIPE EDITORIAL
COORDENAÇÃO DE PROJETO: Juliana Daglio
PREPARAÇÃO DE TEXTO E REVISÃO: Amanda Dorth
REVISÃO TÉCNICA: Douglas Magalhães
DIAGRAMAÇÃO: Gisely Fernandes
CAPA: Maikon Nery

EQUIPE DE APOIO
Fabiana Celli
Carla Vasconcellos
Fernando Pereira
Valéria Pucci
Regina Gomes
Nathalia Oliveira

Dados Internacionais de Catalogação na Publicação (CIP)
(Câmara Brasileira do Livro, SP, Brasil)

Vesting, Thomas
  Gentleman, gestor, Homo Digitalis : a transformação da subjetividade jurídica na modernidade / Thomas Vesting ; tradução Ricardo Campos e Gercélia Mendes. -- São Paulo, SP : Editora Contracorrente, 2022.

  ISBN 978-65-5396-041-1

  1. Direito e comunicação 2. Direito e tecnologia
3. Direito - Filosofia I. Campos, Ricardo.
II. Mendes, Gercélia. III. Título.

22-119866   CDU-34:6

Índices para catálogo sistemático:

1. Direito e tecnologia   34:6

Eliete Marques da Silva - Bibliotecária - CRB-8/9380

@editoracontracorrente
Editora Contracorrente
@ContraEditora

SUMÁRIO

PREFÁCIO 9
§ 1 INTRODUÇÃO 15
§ 2 O PODER INSTITUINTE 43
§ 3 CULTURA COMO SISTEMA SIMBÓLICO
FORMADOR DE ORIENTAÇÃO 53
    3.1 O legado universalista da teoria cultural 53
    3.2 O duplo caráter da cultura moderna 60
    3.3 O desafio da tecnologia da informação 66

§ 4 LIBERDADE CRIATIVA COMO FONTE DE
DINÂMICA CULTURAL 71
    4.1 Condições transubjetivas da subjetividade 71
    4.2 Poder da imaginação como mimese poética 76
    4.3 Do caráter de evento do novo 80

§ 5 CULTURA BURGUESA 89
    5.1 O *gentleman* como ideal de personalidade 89
    5.2 Postura técnica em relação ao mundo 102
        5.2.1 O início da Idade Moderna como fase de fundação
        revolucionária 102
        5.2.2 Realização através de trabalho incansável? 108

    5.3 Corpo social e corpo político ... 116
    5.4 Subjetivação – no espelho da sociedade ... 122
    5.5 Subjetividade jurídica e práticas sociais de liberdade ... 127
    5.6 Reivindicação alheia e subjetivação disciplinante ... 134

§ 6 A VARIANTE ANGLO-AMERICANA: GENTLEMAN ... 139

    6.1 Pensamento experimental e conhecimento útil ... 139
    6.2 Sociabilidade e outras virtudes ... 153
    6.3 O espelho da sociedade torna-se mais rico ... 159
    6.4 Instituições inclusivas e poder instituinte ... 167

§ 7 A VARIANTE CONTINENTAL: HONNÊTE HOMME E BILDUNGSBÜRGER ... 177

    7.1 O universo mundano dos salões de Paris ... 177
    7.2 O *Bildungsroman* alemão ... 191
    7.3 Subjetivação como submissão e autorização ... 202
        7.3.1 Interpelação e submissão ... 202
        7.3.2 Autorização pelo Estado ... 206

§ 8 CULTURA GESTORIAL ... 213

    8.1 A ascensão das grandes empresas ... 213
    8.2 O laboratório de pesquisa e desenvolvimento ... 224
    8.3 Confiança entre estranhos ... 232
        8.3.1 O legado da sociabilidade espontânea ... 232
        8.3.2 Do homem dirigido internamente ao homem dirigido externamente? ... 235
    8.4 Gestores nos Estados Unidos e na Alemanha ... 244
        8.4.1 O gestor americano ... 244
        8.4.2 O funcionário executivo na Alemanha ... 251
    8.5 Anexo: imagens da corporação ... 259

§ 9 CULTURA DA TECNOLOGIA DA INFORMAÇÃO 267
    9.1 *Homo digitalis* e teoria da sociedade em rede 267
    9.2 O *cluster* regional de alta tecnologia 277
    9.3 A organização da produção econômica 284
        9.3.1 Dissolução de fronteiras corporativas tradicionais 284
        9.3.2 Aprendizado coletivo através de instituições informais 293
        9.3.3 Experimentalidade contínua: novos modelos de contrato 297
    9.4 Do tornar-se ambiental da subjetividade jurídica 306
        9.4.1 Paradigmas da evolução tecnológica 306
        9.4.2 Da inteligibilidade de ambientes de tecnologia da informação 311
        9.4.3 A dimensão ecotecnológica 317
    9.5 A relevância do poder instituinte 324

§ 10 EPÍLOGO 333
REFERÊNCIAS BIBLIOGRÁFICAS 347
FIGURAS 379

PREFÁCIO

Este livro é fruto de meus trabalhos anteriores sobre as mídias do Direito. Nesses textos, meu objetivo era comprovar correlações entre a descoberta da utilização de novas mídias, como a tecnologia da impressão tipográfica e as possibilidades dela resultantes para a história do desenvolvimento do Direito ocidental. A isso também se referem as reflexões sobre a evolução da subjetividade ali encetadas. A subjetividade era o tema de *Medien des Rechts* [Mídias do Direito], na relação com uma cultura que se impõe também de forma objetiva. No último volume – *Computernetzwerke* [Redes de Computadores] –, essa linha argumentativa afluía em uma análise crítica de um tipo inédito de cultura da personalização da subjetividade: o sujeito liberta-se das imposições dos modos de vida existentes, substituindo-as pela ideia de uma identidade escolhida por ele mesmo, da qual faz parte, principalmente, uma busca por reconhecimento e a reivindicação de direitos cujo conteúdo o indivíduo deseja determinar por si mesmo. Segundo minha conclusão, esse movimento enfraquece os arranjos pluralistas de grupos da democracia do Estado do Bem-Estar, que durante muito tempo foram estáveis, e outras instituições centrais de uma ordem social liberal, como a família, as instituições de ensino e a esfera pública. Por isso, o plano original de meu novo projeto de trabalho consistia em ampliar a crítica ao aparecimento dessa cultura peculiar de direitos introvertidos, dando-lhe um fundamento tanto histórico quanto baseado na teoria do sujeito.

Todavia, depois de certo tempo, senti que não poderia limitar-me a uma crítica e que, em vez disso, deveria trabalhar em uma contraproposta. O objetivo deste livro é contribuir para tanto. Com o exemplo de três ideais de personalidade do homem criativo moderno – o *gentleman*, o gestor e o *homo digitalis* – ele deseja mostrar que a evolução do conhecimento e a dinâmica tecnológica e econômica da Modernidade baseiam-se em práticas sociais de liberdade. Desde o início da Era Moderna, o sujeito vem desprendendo-se do "reino da realidade" para contrapor a este um "reino de possibilidades" inédito. Isso caminha junto da criação de uma forma processual de subjetividade jurídica cuja mutação é traçada no presente livro. Ele mostra que o *gentleman*, o gestor e o *homo digitalis*, como agentes dessa mutação, contribuem para um aumento geral de riqueza antes desconhecido na história, para uma transformação da vida humana na Terra revolucionária em todos os aspectos. Essa transformação é chamada pela historiadora da economia americana Deirdre N. McCloskey de *The Great Enrichment* [O Grande Enriquecimento][1] e hoje, na Modernidade global, não participam mais desse aumento de riqueza apenas países ocidentais.

O livro segue uma abordagem metodológica transdisciplinar que subverte os limites da Teoria do Direito, mas, ao mesmo tempo, deseja reestabilizá-la – como disciplina. Para isso, em uma primeira etapa, oriento-me pela abertura da Ciência do Direito para as ciências sociais, há muito ocorrida. Rudolf Wiethölter já interpretou a Constituição Econômica da Alemanha como resultado de um compromisso na história do desenvolvimento entre diferentes grupos de poder social que vem se formando desde a década de 1970: com base em "notificações de expectativa e conduta recíprocas eloquentemente silenciosas", a prática da coordenação de "representantes do poder influentes no plano institucional organizatório" gera uma forma inédita

---

[1] Recentemente, MCCLOSKEY, Deirdre; MINGARDI; Alberto. *The Myth of the Entrepreneurial State*. Great Barrington: American Institute for Economic Research, 2020, pp. 27-33.

PREFÁCIO

de "*contratos de comportamento* não obrigatoriamente vinculantes", que sustentam a ordem econômica da Lei Fundamental.² O método que aqui se revela e que atribui grande peso à condicionalidade social do Direito também permanece paradigmático para este estudo. Em uma segunda etapa, porém, o presente livro deseja ampliar esse método, dedicando maior atenção ainda às notificações informais de expectativa e comportamento, as quais devem ser consideradas como uma parte importante da cultura jurídica ocidental. Assim como os contratos de comportamento de Wiethölter oscilam entre uma terminologia formal, explícita (contrato) e comportamento silencioso (de modo que no sintagma "contrato" de comportamento, o termo "contrato" deve ser colocado entre aspas), é preciso que se atribua à fenomenalidade da subjetividade jurídica um aspecto prático que não pode ser totalmente alcançado no plano conceitual. O processo de investidura da subjetividade jurídica na sociedade não ocorre de modo nenhum de acordo com medidas normativas de um catálogo de direitos definido e declarado de forma prévia. Pelo contrário, direitos sociais de liberdade somente podem ser apreendidos e delineados no plano conceitual quando já se constituíram em práticas culturais e sociais, ainda que de forma rudimentar. A Teoria do Direito deve então se abrir – por meio da sociologia e da teoria social – para uma ampla gama de pesquisas que contribuam para que se aprenda a entender melhor os processos de formação do Direito em uma sociedade projetada para mutações constantes.

Ninguém que trabalhe primariamente com teorias e textos científicos além de suas próprias experiências práticas pode vangloriar-se seriamente de apresentar resultados verdadeiramente novos ao fim de tal projeto. Muito tem sido escrito sobre isso na atualidade. Mas talvez seja possível hoje enfatizar um ou outro ponto: uma

---

2 WIETHÖLTER, Rudolf. "Materialisierungen und Prozeduralisierungen im Recht". *In*: ZUMBANSEN, Peer; AMSTUTZ, Marc (Coord.). *Recht in Recht-Fertigungen*: ausgewählte Schriften von Rudolf Wiethölter. Berlim: Berliner Wiss.-Verlag, 2014, pp. 47-49.

ênfase que subverte e desestabiliza uma base de conhecimentos por muito tempo considerada segura – desencadeando assim, por sua vez, novas e proveitosas leituras, criando de fato, afinal, algo como novas visões, novo conhecimento ou até mesmo um novo paradigma teórico. Nesse caso, entretanto, é preciso estar disposto a estruturar um projeto de pesquisa científica também de forma experimental, dando espaço no processo de pesquisa para resultados inesperados e para a possibilidade de uma convergência surpreendente de ideias e representações antes situadas de modo distinto. Evidentemente, diante da escassez do tempo de vida, isso só é possível até certo ponto. Mas ainda assim existe o grande perigo de que essa experiência fracasse, e devo admitir que encontrei uma quantidade tão grande de literatura fascinante ao longo deste projeto, que em algum momento perdi o controle ou, pelo menos, uma visão geral de meu próprio afã. Depois de alguns meses de crise, finalmente tentei reorganizar os muitos fios que havia encontrado e incorporado nas primeiras versões do manuscrito. Espero que assim, afinal, o resultado seja mais do que um emaranhado dificilmente inextricável de peças de um cenário intelectual.

Um importante espaço intelectual que acompanhou este projeto desde o início foi o *Mittwochsseminar*,[3] que organizei regularmente com Rudolf Wiethölter e Ricardo Campos até a pandemia do Coronavírus. Nos últimos anos, debatemos aí grande quantidade de textos doutrinários oriundos de diferentes disciplinas. Muitos dos textos importantes para este livro, como os trabalhos doutrinários de Victoria Kahn, Joanna Picciotto, David Wellbery e Franco Moretti, ou os trabalhos de história econômica da história cultural de Joel Mokyr, Deirdre McCloskey, Werner Plumpe, John Brewer, Jonathan Sheehan e Dror Wahrman, foram lidos e debatidos no *Mittwochsseminar*. Por isso, devo um agradecimento a todos os participantes

---

[3] N.T. Em tradução literal, *Seminário das Quartas-Feiras*.

PREFÁCIO

desse evento.[4] Isso vale também para os muitos convidados que nos visitaram nos últimos anos e compartilharam conosco suas visões e ideias. Gostaria também de agradecer a Ino Augsberg, Ricardo Campos, Andreas Engelmann, Merlin Eichele e Ludger Heidbrink, que leram partes do manuscrito e deram-me sugestões valiosas. Como já em projetos anteriores meus, Karl-Heinz Ladeur me forneceu estímulos importantes em relação ao conteúdo e também referências doutrinárias interessantes. Pouco antes da impressão do manuscrito, Deirdre McCloskey chamou novamente minha atenção para as armadilhas do termo *gentleman*. Em minha cátedra, fui auxiliado por Isa Weyhknecht-Diehl, que supervisionou cuidadosamente o manuscrito e organizou a bibliografia. Anna Werner, Tim Wolff e Sören Zimmermann me ajudaram com a coleta da doutrina e a preparação das referências. E por último, mas não menos importante, gostaria de destacar a Fundação Volkswagen na Alemanha, que me concedeu um generoso subsídio em 2016, no âmbito do programa de financiamento "Opus Magnum". Esse financiamento permitiu que eu me afastasse por três semestres de meus compromissos acadêmicos. Sem ele eu não teria conseguido o tempo livre e a necessária tranquilidade para escrever este livro.

THOMAS VESTING

---

[4] Em vários trechos do texto a seguir, opta-se pelo gênero masculino, por um lado, para facilitar a leitura e, por outro, porque é evidente que ambos os gêneros estão incluídos em tais formulações.

§ 1 INTRODUÇÃO

Este é um livro sobre três ideais de personalidade do homem criativo moderno. Todos os três – *gentleman*, gestor e *homo digitalis* – funcionam na Modernidade como agentes da geração de conhecimento, do progresso tecnológico e do crescimento econômico. Desde o início da Era Moderna, o *gentleman*, como erudito, inventor, bricolador, comerciante, vendedor, empresário ou corretor financeiro contribui para estabelecer uma postura técnica do homem em relação ao mundo e para difundir o "espírito do capitalismo" no norte da Europa Ocidental. Na Inglaterra do século XVIII e pela primeira vez na história, essa dinâmica levou a uma proliferação espetacular de máquinas e fábricas e, consequentemente, ao caminho da industrialização, à Revolução Industrial inglesa, como costuma ser chamada no debate acadêmico desde as *Lectures on the Industrial Revolution* [Conferências sobre a Revolução Industrial] de Arnold Toynbee (1884), essa que foi a mudança mais radical na história recente da civilização ocidental. Sobre esse alicerce, a partir do último terço do século XIX, o gestor empregado pôde tornar-se a força motriz de uma sociedade industrial dominada por grandes empresas, tal como ela se impôs primeiramente na América do Norte e mais tarde, por exemplo, também na Alemanha ou no Japão. Já o *homo digitalis* representa o tipo de homem criativo moderno que é associado à ascensão da sociedade em rede. Desde a virada do milênio, o *cluster* de alta tecnologia do Vale do Silício tornou-se o ícone dessa sociedade. Cada um dos três ideais de personalidade representa uma determinada conjuntura histórica, que se faz dominante em épocas distintas. Entretanto, os ideais do *gentleman*, do gestor e do *homo digitalis* não entram no palco da história um após o outro e de forma independente um do outro, mas formam três camadas históricas sobrepostas e coexistentes.

Todos os três têm em comum o fato de serem sujeitos de um movimento e sujeitos em um movimento que busca conhecimentos novos, inovações tecnológicas, aumento da prosperidade econômica e melhoria das condições gerais de vida. Em relação com a destruição de velhas estruturas e sua substituição por estruturas sempre novas, típica do processo de industrialização, o economista Josef Schumpeter fala, nos anos 1940, de "processo de uma mutação industrial", qualificando essa mutação de "destruição criativa".[5] Enquanto Schumpeter, em última instância, torna o tipo de empreendedor excepcional movido por poder, ambição e vontade criativa responsável por esse processo, meu interesse está voltado para os ideais de personalidade do *gentleman*, do gestor e do *homo digitalis*, sobretudo porque suas formas de trabalho e vida incluem práticas de liberdade, como a invenção de tecnologias, a fundação de empresas ou a criação de mercados, já que tais práticas fazem parte de sua personalidade e da gênese de suas psiques. Todos os três contribuem assim para o surgimento da cultura dos direitos universais de liberdade. Mas este livro não deseja escrever uma história dos direitos formais de liberdade e de suas declarações solenes a partir do final do século XVIII, mas sim interrogar o significado das formas de trabalho e vida do homem criativo no passado e no presente para a dinâmica tecnológica e econômica da sociedade moderna – e sobre como essa dinâmica é mediada com a cultura

---

[5] SCHUMPETER, Josef A. *Kapitalismus, Sozialismus und Demokratie*. 9ª ed. Tübingen: A. Francke, 2018, pp. 116 e ss.; cf. também ACEMOĞLU, Daron; ROBINSON, James A. *Warum Nationen scheitern*: die Ursprünge von Macht, Wohlstand und Armut. Frankfurt am Main: Fischer, 2013, pp. 117, 199 e 230 *et passim*.

dos direitos de liberdade. Por conseguinte, este estudo não se limita a determinadas pessoas como "titulares" de direitos, mas focaliza também um plano sociocultural que transcende os indivíduos e sua história de desenvolvimento. Com a ajuda desse método, o livro pretende mostrar como a mutação da subjetividade jurídica é acompanhada na Modernidade por uma mutação da cultura e como as duas evoluções influenciam-se mutuamente.

No século XX, ocorre uma transformação fundamental no entendimento do nexo entre fenômenos sociais e culturais. As ciências não buscam mais padrões ou regras culturais das quais deriva uma prática social, mas descrevem práticas sociais que em primeiríssimo lugar produzem fenômenos culturais e normativos. Os últimos trabalhos de filosofia da linguagem de Wittgenstein são típicos disso. Para Wittgenstein, a gramática de uma língua e seu conjunto de regras não é mais uma forma intelectual pré-existente, que possibilita e comanda o falar no cotidiano, mas, inversamente, são as regras gramaticais que resultam da forma como uma língua naturalizou--se e é falada em uma determinada comunidade linguística.[6] Um movimento comparável também pode ser constatado na literatura europeia do século XX. Do mesmo modo que em Wittgenstein o falar de uma língua torna-se parte de um modo de vida, na literatura europeia ganham importância uma língua próxima da realidade e um repertório moderno de formas. Na Itália, por exemplo, Cesare Pavese é um dos primeiros escritores cujos romances destacam-se por um interesse pelos "hábitos comunicativos cotidianos", pelo trabalho literário com a língua falada e por um jogo com "gírias, socioletos e estruturas sintáticas originárias do dialeto piemontês".[7] Na terminologia de Michel Foucault, seria possível afirmar que agora,

---

[6] Cf. STETTER, Christian. *Schrift und Sprache*. Frankfurt am Main: Suhrkamp, 1997, pp. 515 e ss.

[7] ALBATH, Maike. *Der Geist von Turin*: Pavese, Ginzburg, Einaudi und die Wiedergeburt Italiens nach 1943. 4ª ed. Berlim: Berenberg, 2018, p. 68.

nas ciências, trata-se, em particular, de práticas especificamente discursivas, de seus campos de força anônimos e de seus efeitos – e não mais de um pensamento no eixo consciência – conhecimento – ciência.[8] Esse é o contexto teórico do qual parte este livro, do fato de que instituições como a subjetividade jurídica surgem de forma gradual e incremental, a partir de práticas sociais, principalmente, de processos de formação de convenções, cujas "economias" não podem ser reduzidas à consciência e às intenções de indivíduos.

Se for aceito tal primado de práticas sociais não plenamente acessíveis pela reflexão, a relação entre instituições formais e informais deverá ser reacomodada. Quando, por exemplo, a validade das leis jurídicas está vinculada a um processo parlamentar no qual as leis devem ser primeiro deliberadas para depois entrarem em vigor e reivindicarem vinculatoriedade geral, como acontece hoje em muitos países do mundo e também é o caso no México, esse processo formal pressupõe uma prática social que envolve o cumprimento de leis deliberadas conforme as regras. Inversamente, se a regra informal "obedeço, mas não cumpro – *obedezco pero no cumplo*" dominar o cotidiano, o Congresso Mexicano poderá aprovar quantas leis quiser, mas elas não terão eficácia. Ainda que o presidente e o governo empreguem meios coercitivos, aumentem a presença da polícia, substituam o pessoal administrativo ou mobilizem os militares, as leis continuarão sendo ineficazes enquanto a postura da população perante regras formais não mudar. Portanto, primeiro é preciso que regras e instituições informais como "obedeço, mas não cumpro" sejam superadas na própria vida cotidiana, e que a obediência à lei ganhe consistência e estabilidade, para que só então o processo legislativo parlamentar consiga impor-se e produzir efeito. Certamente, esse é um exemplo muito simplista da problemática da validade de normas jurídicas. Todavia, há evidências de que as disparidades em termos de desenvolvimento e riqueza entre o norte do México e

---

[8] FOUCAULT, Michel. *Archäologie des Wissens* (1969). Frankfurt am Main: Suhrkamp, 1981, p. 260.

§ 1 INTRODUÇÃO

Estados federais sulistas, como Oaxaca e Chiapas, estão relacionadas ao fato de que a falta de obediência à lei, uma obediência que não está internalizada no sujeito de direito, concorre para a existência de sistemas legais menos eficientes no Sul do México, menos competentes na imposição de leis, e para que os governos dos Estados do Sul sejam mais corruptos e clientelistas na lida com os cidadãos.[9]

O interesse acadêmico em uma análise mais precisa da importância de instituições informais para a dinâmica tecnológica, econômica e baseada em conhecimento da sociedade moderna tem aumentado muito nos últimos tempos. Nos capítulos seguintes deste estudo, abordarei esse tema diversas vezes. Mas, neste contexto, refiro-me, sobretudo, a uma distinção desenvolvida por Cornelius Castoriadis e Vincent Descombes na filosofia política francesa: a distinção entre poder instituinte e Poder Constituinte, entre *pouvoir instituant* e *pouvoir constituant*. Descombes usa essa distinção para poder nomear e solucionar o paradoxo fundacional de toda ordem criada, constituída de forma consciente: a ordem formal a ser fundada já deve existir como ordem de certa maneira. Descombes depara-se com esse já existente e a ser aceito (o poder instituinte), entre outros, em uma análise dos enigmas de identidades coletivas e, em particular, na questão sobre o que constitui a identidade comum dos membros de um Estado nacional. Segundo ele, para o Estado nacional como corpo coletivo, a diferença entre o *status* do "citoyen" e do "non-citoyen" seria constitutivo. Sem essa distinção, não poderia existir sociedade (*société*).[10] Mas onde estaria a regra – questiona Descombes – que estabelece as condições da pertença ao mesmo corpo político? Para ele, na democracia, é o povo que estabelece essas regras ao dar-se uma Constituição que as contém.

---

[9] Cf. ROBINSON, James A. *Why Regions Fail*: the Mexican Case. 2013. Disponível em: https://scholar.harvard.edu/jrobinson/presentations/why-regions-fail-mexican-case. Acessado em: 25.07.2022.

[10] DESCOMBES, Vincent. *Die Rätsel der Identität*. Berlim: Suhrkamp, 2013, p. 227.

Mas ao deixar o Poder Constituinte do povo decidir quem tem ou não direito de voto, por exemplo, aqueles que têm o direito de voto decidem sobre a regra que lhes concede o direito de votar. A isso, Descombes chama de forma totalmente acertada de "um círculo lógico do Poder Constituinte".[11]

A distinção entre poder instituinte e Poder Constituinte é de grande proveito para este estudo. Ela permite reconectar o Direito como ordenamento formal ou constituído ao poder instituinte e suas manifestações, a atividades culturais e sociais como falar uma língua, a meios de comunicação como a escrita e a impressão e, por conseguinte, a práticas técnicas sem as quais leis não podem tornar-se explícitas, ou a usos e costumes que devem ter-se introduzido em uma sociedade, para que o Direito não esteja apenas escrito em livros nem seja apenas lido em páginas da internet. Isso pressuposto, o Direito formal ou constituído está indissoluvelmente entrelaçado com a cultura prática e suas ordens instituídas, que são indispensáveis, em particular, para a validade e a vinculatoriedade do Direito formal.[12] Generalizando, pode-se dizer então que nossos três ideais de personalidade – *gentleman*, gestor e *homo digitalis* – sempre se movimentam na sociedade e, portanto, num mundo que já dispõe de instituições – e nunca única e exclusivamente no reino de um Direito formal que opera de forma independente delas. Em outras palavras: o discurso jurídico formal da subjetividade jurídica só pode começar quando as práticas sociais já puseram em marcha o processo de instituição de subjetividade jurídica, isto é, quando

---

[11] DESCOMBES, Vincent. *Die Rätsel der Identität*. Berlim: Suhrkamp, 2013.

[12] Cf. ENGELMANN, Andreas. *Rechtsgeltung als institutionelles Projekt*: zur kulturellen Verortung eines rechtswissenschaftlichen Begriffs. Weilerswist: Velbrück, 2020, p. 11 ("A validade então aparece menos como uma propriedade do Direito e mais como um projeto institucional e cultural no qual uma especificidade cultural, a validade do Direito, é produzida e mantida viva de uma forma em contínua alteração").

§ 1 INTRODUÇÃO

já existe uma prática social de exercício incipiente da liberdade que pode ser observada e abordada.

Enquanto o Direito formal representa uma ordem explícita, hoje continuamente alterada e renovada através de processos legislativos parlamentares, decisões administrativas ou jurisprudência, as ordens instituídas não são criadas de forma calculada e deliberada através de ações refletidas ou decisões conscientes. Ordens instituídas surgem de forma gradual e incremental, a partir de evoluções sociais processuais, e baseiam-se essencialmente em convenções aceitas tacitamente. Sua prática processual parece totalmente natural para as pessoas em última análise. "Eu não escolho quando sigo a regra. Eu sigo a regra *cegamente*".[13] Ao inverso, ordens instituídas nunca podem ser totalmente articuladas; por sua natureza, elas permanecem bastante implícitas, pré-conceituais e invisíveis. Portanto, o poder instituinte é, em última análise, indeterminável, fugaz e incompreensível. Ainda assim, este livro quer mostrar que a ascensão do *gentleman*, do gestor e do *homo digitalis* a agentes da produção de conhecimento, da inovação tecnológica e do aumento da prosperidade geral deu-se graças às transformações fundamentais nas ordens instituídas da sociedade moderna. Essa também é a razão pela qual esta análise sempre volta ao campo cultural e social, movimentando-se em direção às instituições que ordenam subliminarmente os nexos sociais e fomentam crenças comuns – e que não pode nem querem limitar-se a uma análise dos discursos jurídicos explícitos sobre o sujeito de direito, nem sobre seus direitos e deveres formais e sua história das ideias.

Como o foco teórico deste livro é dirigido para o poder instituinte, seu quadro de análise também se desloca para contextos sociais de atuação. O corpo social, que deve ser nitidamente distinguido do corpo político, é um fenômeno relativamente novo, ainda

---

[13] WITTGENSTEIN, Ludwig. *Philosophische Untersuchungen – Werkausgabe Bd. I*: Tractatus logico-philosophicus. Frankfurt am Main: Suhrkamp, 1995, p. 219.

que tenha antecedentes prototípicos na cidade da Antiguidade e da Idade Média. Com base nas tradições gregas, judaicas, romanas e cristãs, surgem nas cidades da Renascença italiana, em particular, as primeiras formas de um pensamento e de uma ação experimental, o experimentar de toda espécie de inovação. A cultura da Idade Média tardia torna-se mais mutável, e para tanto contribui, principalmente, a revalorização de artes artesanais – por exemplo, na forma de técnicas de construção, pintura e escultura –, que geram um conhecimento prático entre os indivíduos, o qual aponta para além das formas de conhecimento estáveis, fixadas e estabelecidas pela religião e pela filosofia.[14] A cultura torna-se independente e isenta de arbitrariedade divina: o mundo não aparece mais como órgão da transcendência, como manifestação de forças divinas que o governam e determinam, mas é dominado agora pela autoimagem de um sujeito criativo livre. Hans Blumenberg descreve essa virada para a formação da consciência própria da Era Moderna como surgimento de uma postura técnica do homem em relação ao mundo, como projeção de uma autarquia absoluta, "cuja base inviolável, não sujeita a qualquer arbitrariedade – nem mesmo à arbitrariedade divina – é a base do *cogito ergo sum*".[15] Este estudo também atribui

---

[14] Cf. LADEUR, Karl-Heinz. *Dante and the Possibilities of the Law*: The Epistemic Crisis of the Late Medieval. Manuscrito, 2019; KAHN, Victoria A. *The Trouble with Literature*. Oxford: Oxford University Press, 2020, pp. 25 e ss. (que descreve essa autoconcessão de poder iniciada no século XIV como fortalecimento de um "artesanal *makers knowledge*", que, segundo a autora, também abrange a compreensão da literatura e da poesia como "invenção poética").

[15] BLUMENBERG, Hans. "Der kopernikanische Umsturz und die Weltstellung des Menschen. Eine Studie zum Zusammenhang von Naturwissenschaft und Geistesgeschichte (1955)". *In*: BLUMENBERG, Hans; SCHMITZ, Alexander; STIEGLER, Bernd (Coord.). *Schriften zur Technik*. Berlim: Suhrkamp, 2015, pp. 60 e ss. e 78; sobre o novo ideal de conhecimento daí decorrente – *"the ideal of knowing through doing, or knowing by construction"* ["*o ideal do saber através do fazer ou do saber através da construção*"]. FUNKENSTEIN, Amos. *Theology and the scientific imagination:* from the Middle Ages to the seventeenth

grande importância a esse processo de transformação: a partir do início da Era Moderna, surge a representação de um mundo técnico como reino da construção pura. As coisas e a ordem das coisas tornam-se objeto de uma arte da produção, do fazer e do construir, em uma cultura experimental aberta para o futuro, projetada para a variação, e deixam de ser – como no velho mundo da *societas civilis* – objetos de pura contemplação.

Neste livro, os três ideais do homem moderno serão tratados no contexto do mundo técnico e do corpo social. Trata-se do tipo do homem social que assume uma forma mais amadurecida pela primeira vez na história na Inglaterra e na Escócia dos séculos XVII e XVIII. Antes do que em qualquer outro lugar da Europa, especialmente em grandes cidades como Londres, desenvolve-se uma *"culture of curiosity"*[16] dispersa em cafés, clubes e associações dedicadas às ciências naturais, um laboratório social da mente que contribui de forma decisiva para instituir o sujeito protoburguês como autoridade intelectual. Em Adam Smith, o lado social da subjetividade manifesta-se então na habilidade da empatia, na capacidade do eu de colocar-se no lugar do próximo, de ler seus pensamentos e sensações, confrontando as experiências assim feitas com a própria autoimagem e com suas contradições internas. Com isso, o eu torna-se dependente da adoção das regras da sociedade (urbana) em seu próprio âmbito de vida e atuação; o homem ordinário comum deve abrir-se para uma cultura projetada para a mutação e o progresso. Em Smith, é nessa ideia que se baseia não apenas o universo moral, mas também o universo jurídico. Somente quando se ignora esse modelo de formação de subjetividade baseado no próximo e se concentra, em vez disso, unilateralmente, na construção do corpo político na

---

century. Princeton: Princeton University Press [1986] 2018, pp. 290-297.
[16] PICCIOTTO, Joanna. *Labors of Innocence in Early Modern England*. Cambridge: Harvard University Press, 2010, p. 255; cf. também MOKYR, Joel. *A culture of growth*: the origins of the modern economy – the Graz Schumpeter Lectures. Princeton: Princeton University Press, 2017.

história da Europa continental e em seu ponto de fuga imaginário, a soberania de um monarca "absoluto", é que a subjetivação pode ser reduzida ao modo da sujeição a uma autoridade política central, à lei ou a outras formas do governo e do disciplinamento do indivíduo.

A observação permanente de si e dos outros no espelho da sociedade possibilita que o homem moderno se descubra como sujeito criativo, livre e que se autodetermina. Assim, por exemplo, a ideia de uma *libertas philosophandi*, exportada das cidades italianas renascentistas para a Inglaterra via Holanda, ajuda a dar validade ao novo modo de pensar experimental da filosofia natural, protegendo-o em sua produtividade social e produzindo um sujeito que se dedica a práticas científico-naturais. Este, por sua vez promove, inicialmente nas cidades, a instituição de grande quantidade de relações mundiais específicas, a diferenciação de ordens de vida e regiões semânticas diferentes, tais como ciência, tecnologia, arte, esfera pública, comércio, política, educação etc. Portanto, o sujeito moderno toma por referência desde o início uma ordem em que crescem a divisão social do trabalho e a diferenciação social. Entretanto, este estudo não se dedica em primeira linha à análise dessas diferentes ordens sociais e ao papel que direitos subjetivos, tais como a *libertas philosophandi*, a liberdade de contratar, a liberdade de associação ou o direito à livre propriedade, desempenham nelas, nem muito menos aos conflitos e tensões que podem surgir entre essas ordens e esses direitos.[17] A importância desses campos de liberdade específicos não será de modo nenhum ignorada, mas este livro deseja concentrar-se na relação do homem moderno com o poder instituinte, nos pressupostos práticos culturais que tornam possível que sempre se leve em conta

---

17   A esse respeito, por exemplo, TEUBNER, Gunther. *Verfassungsfragmente*: Gesellschaftlicher Konstitutionalismus in der Globalisierung. Berlim: Suhrkamp, 2012, especialmente pp. 225 e ss.; e os trabalhos em VESTING, Thomas; KORIOTH, Stefan; AUGSBERG, Ino (Coord.). *Grundrechte als Phänomene kollektiver Ordnung*: zur Wiedergewinnung des Gesellschaftlichen in der Grundrechtstheorie und Grundrechtsdogmatik. Tübingen: Mohr, 2014.

§ 1 INTRODUÇÃO

uma forma de "subjetividade excessiva", que nunca é totalmente ela mesma, contra um mundo que é assim como é.[18] Por conseguinte, a fenomenalidade da subjetividade jurídica não pode e nem deve ser reduzida a processos de reconhecimento recíproco ou a direitos subjetivos.[19] Contra essas e outras posições semelhantes, gostaria de lembrar que a capacidade do homem criativo moderno de pôr em marcha uma história da invenção e da utilização de tecnologias sempre novas e de artefatos úteis – da energia a vapor, passando pela indústria siderúrgica e química até a tecnologia da informação de nossos dias – é a contrapartida necessária da liberdade equitativa.

A relação primária feita neste estudo entre a formação da subjetividade jurídica e o campo do poder instituinte e os mecanismos de sua auto-organização contrapõe-se à visão hoje predominante segundo a qual a subjetividade jurídica é um *status* conferido pelo ordenamento jurídico formal (estatal). Mas há que se considerar a ideia da espontaneidade da liberdade como decisiva, justamente, para uma forma de ação que se autodetermina e que se baseia em direitos (e não em leis). Por isso, aqui não se fará uma distinção categorial entre o exercício de direitos subjetivos do Direito Público e do Direito Privado. Essa diferenciação é de pouca utilidade, já pelo fato de que, afinal, ela se presta apenas à finalidade de subordinar todos

---

[18] Essa conceitualidade é oriunda de FINKELEDE, Dominik. *Exzessive Subjektivität*: eine Theorie tathafter Neubegründung des Ethischen nach Kant, Hegel und Lacan. 2ª ed. Friburgo/Munique: Karl Alber, 2016, p. 16 (que tem em mente uma normatividade retroativa, uma conduta ativa bastante excepcional, "que, em retrospectiva, irá se reconhecer como legítimo"). Já eu estou mais preocupado com a inscrição de condutas ativas na normalidade da cultura moderna, com as condições jurídicas e culturais, as formas da dinâmica do aumento da prosperidade, com o "inovismo" e o "*commercialy tested betterment*" (Deirdre McCloskey) – e seu futuro.

[19] Para isso tendem HABERMAS, Jürgen. "Kulturelle Gleichbehandlung – Und die Grenzen des Postmodernen Liberalismus". *In*: _____. *Philosophische Texte, Bd. 4*: Politische Theorie. Frankfurt am Main: Suhrkamp, 2009, pp. 209 e ss.; HONNETH, Axel. *Anerkennung*: eine europäische Ideengeschichte. Berlim: Suhrkamp, 2018.

os direitos subjetivos ao ordenamento jurídico objetivo, inclusive os do Direito Privado, tornando-os dependentes de uma autorização principesca, estatal, ou politicamente institucionalizada de outro modo. Mas com isso a visão é deslocada para o fato de que a subjetividade jurídica é oriunda de práticas experimentais, e somente quando esse tatear e buscar – que nunca é claro, nem mesmo em seus objetivos – desse mundo do tornar-se, que não pode ser antecipado, produz uma prática bem-sucedida é que o discurso jurídico ou político consegue reconhecer e formular padrões de ação estáveis, tornando-os objeto de direitos e garantias de liberdade explícitos. Essa já era uma característica da formação da subjetividade jurídica burguesa na Inglaterra dos séculos XVII e XVIII. O mesmo se aplica ao gestor e ao *homo digitalis* dos séculos XX e XXI: primeiramente, a mutação da subjetividade jurídica tem uma história informal, que só pode ser observada dentro de certos limites, só depois ocorrem transformações do Direito formal, por exemplo, na forma do reconhecimento de empresas como pessoas jurídicas.

Uma estrutura teórica que faz das ordens instituídas da sociedade uma base para a ação jurídica conduz necessariamente para próximo de teorias culturais, que assim também ganham importância para o Direito e a análise das relações jurídicas.[20] Nesse ponto, o livro toma referências na antropologia cultural americana e usa suas visões para descrever a relação entre cultura objetiva e subjetiva de forma mais precisa. Em particular, ele adota a convicção dessa tradição teórica de que não é possível entender a relação entre o indivíduo e a sociedade como a contraposição entre dois âmbitos de realidade estáveis, mas apenas como uma espécie de intersecção e sobreposição

---

[20] Cf. ENGELMANN, Andreas. *Rechtsgeltung als institutionelles Projekt*: zur kulturellen Verortung eines rechtswissenschaftlichen Begriffs. Weilerswist: Velbrück, 2020, especialmente, pp. 9 e ss. e 175 e ss.; LADEUR, Karl-Heinz. *Der Anfang des westlichen Rechts*: die Christianisierung der römischen Rechtskultur und die Entstehung des universalen Rechts. Tübingen: Mohr Siebeck, 2018, p. 27, que fala de uma "teoria da cultura do Direito"; ROSEN, Lawrence. *Law as Culture*: an Invitation. Nova York: Princeton University Press, 2006.

desses âmbitos. Cultura é um fenômeno emergente. Ela gera uma realidade simbólica autônoma, que Clifford Geertz chama de rede de significados – *webs of significance*. A realidade assim criada tem um caráter duplo: ela está presente tanto nos padrões significativos de práticas sociais e modos de vida quanto na psique do indivíduo. Sobre essa base sociopsicológica, ela dá ao mundo um senso de direção, um sistema comum de crenças e um quadro para relações ordenadas entre as pessoas. Por conseguinte, o *gentleman*, o gestor e o *homo digitalis* não podem ser pensados independentemente da respectiva cultura em que são socializados. Como sujeitos, eles são sempre caracteres sociais e individuais a uma só vez; de resto, suas autoimagens não poderiam ser separadas, nem condensadas num só ideal de personalidade ou tipo ideal. Consequentemente, eles permanecem ligados a contextos semânticos comuns abrangentes, a formas de cultura transubjetivas específicas, que são designadas e descritas neste livro como cultura burguesa, cultura gestorial e cultura da tecnologia da informação.

As reflexões feitas até aqui tinham por finalidade apresentar os pontos de partida teóricos e sistemáticos desta análise. Mas as referências à formação de uma postura técnica em relação ao mundo no início da Era Moderna e ao surgimento de um corpo social emancipado do corpo político na Inglaterra dos séculos XVII e XVIII já sugerem que o tema deste trabalho deve ter também uma orientação histórica, além de uma orientação sistemática. Isso é feito na firme convicção de que é impossível refletir de forma sensata sobre a mutação de práticas culturais e jurídicas na sociedade moderna sem tal alinhamento. Aqui, a orientação histórica é buscada num paradigma de teoria do desenvolvimento ou de história do desenvolvimento. A ideia de uma história do desenvolvimento já existia em David Hume e Adam Smith (como aconteceu mais tarde também em Max Weber),[21] e, em muitas disciplinas, as teorias do desenvolvimento cultural estão substituindo hoje a historiografia

---

[21] STEIN, Peter. *Legal Evolution*: the Story of an Idea. Cambridge: Cambridge University Press, 1980, pp. 12-23 e ss.

clássica.[22] Eu mesmo analisei minhas opiniões sobre a transição da historiografia convencional para um paradigma de teoria da evolução e de história do desenvolvimento em outro trabalho.[23] Por isso, irei limitar-me a algumas poucas observações nesta introdução (e também nos outros capítulos deste livro).

No sentido aqui entendido, teorias do desenvolvimento são teorias sobre as condições de possibilidade de transformações sociais e culturais. Em lugar de esclarecimentos causais que procuram resposta para a questão das causas históricas de acontecimentos num período histórico mais ou menos longo (substanciando-as exclusiva ou primariamente com base em fontes), surge na teoria da evolução uma concentração em fases históricas de mudança radical desvinculada de suposições sobre a unidade e a continuidade que alteram de maneira profunda e fundamental as formas de trabalho e de vida dos homens. A teoria da evolução tenta reconstruir essas transformações na superfície de suas manifestações linguísticas e culturais. Uma vez que aqui os campos semânticos estão relacionados a determinados recortes históricos específicos em práticas sociais em curso, as teorias da evolução e do desenvolvimento admitem maior liberdade na disposição do material histórico do que a historiografia

---

[22] Cf., por exemplo, MOKYR, Joel. *A culture of growth*: the origins of the modern economy – the Graz Schumpeter Lectures. Princeton: Princeton University Press, 2017, pp. 34 e ss., que, em conexão com o trabalho sobre a antropologia evolutiva de Richardson e Boyd, fala de uma escolha que varia de indivíduo para indivíduo e de uma evolução cultural que assim é mantida em movimento, ou também de "*choice-based evolution*"; PLUMPE, Werner. *Das kalte Herz - Kapitalismus*: die Geschichte einer andauernden Revolution. Berlim: Rowohlt, 2019, pp. 605 e ss. (que faz referência à teoria da evolução de Niklas Luhmann).

[23] Cf. VESTING, Thomas. *Rechtstheorie*. 2ª ed. Munique: C.H. Beck, 2015, pp. 149 e ss.; VESTING, Thomas. *Die Medien des Rechts Bd. 1*: Sprache. Weilerswist: Velbrück Wissenschaft, 2011, pp. 22 e ss. e 59 e ss.; VESTING, Thomas. *Die Medien des Rechts, Bd. 4*: Computernetzwerke. Weilerswist: Velbrück Wissenschaft, 2015, pp. 9 e ss.

§ 1 INTRODUÇÃO

convencional. Este livro também faz uso dessa liberdade. Para investigar a formação de um ideal de personalidade burguês e de suas transformações na história evolutiva da civilização ocidental, concentro-me em três contextos: (1) primeiramente, no surgimento do ideal do *gentleman* na Grã-Bretanha e na América do Norte, na medida em que esse ideal carrega em si traços burgueses;[24] em

---

[24] O termo "*gentleman*" é usado aqui para descrever um ideal de personalidade ou tipo ideal. Na Grã-Bretanha e na América do Norte, o ideal do *gentleman* tornou-se hoje praticamente sem contornos. Entretanto, segundo os verbetes do dicionário ou Philip Mason em *The English Gentleman* (MASON, Philip. *The English gentleman*: the rise and fall of an ideal. Londres: Pimlico, 1993, p. 228) a palavra ainda é associada a alguém que é educado e amigável com todos, independentemente de com quem está falando, se o outro é rico e influente ou pobre e modesto, e independentemente da camada social à qual o outro pertence. Nisso, o uso linguístico atual ainda carrega fragmentos daquele ideal de *politeness* que se afirma na alta cultura britânica do século XVIII como um ideal harmonioso de interação social: "uma ideia do que deveria ser o verdadeiro *gentleman* e da verdadeira *gentlewomen*; a conversação era o meio para sua realização e a cortesia, o meio pelo qual se podia realizar o aperfeiçoamento e o refinamento social". BREWER, John. *The Pleasures of the Imagination*: English Culture in the Eighteenth Century. Nova York: Farrar Straus Giroux, 1997, p. 100. É essa noção de *politeness*, cuja extensão a todos os campos da vida pública cultural em grandes cidades como Londres, que é vista aqui como um importante pressuposto para a formação de uma "*comercial sociability*" – sobre esse termo, vide HONT, Istvan. *Politics in Commercial Society*: Jean-Jacques Rousseau and Adam Smith. Cambridge: Havard University Press, 2015, p. 12. Outro atributo importante aqui associado ao *gentleman* como ideal de virtudes e atitudes burguesas é sua abertura à educação e a conhecimento útil, que podem incluir, além das artes manuais, um grande interesse pela ciência moderna experimental. Por se tratar de um tipo ideal, o emprego do termo não está associado a nenhuma evidência empírica para sua real disseminação histórica. As teorias não conseguem substituir investigações históricas precisas. A Inglaterra, justamente, é um caso muito difícil. Até o século XIX, o termo cavalheiro ainda se referia muitas vezes a alguém que não trabalhava, não tinha que ganhar a vida negociando e era de descendência nobre. Por essa razão, a palavra *gentleman*, por exemplo, é evitada muitas vezes por mercadores (*merchants*). Sobre a evolução do conceito e sobre sua variação semântica, cf. MCCLOSKEY, Deirdre M. *Bourgeois dignity*: why economics

seguida, na evolução na Europa continental, diferente em relação à inglesa ou norte-americana, e nas influências que o ideal do *gentleman* teve sobre os ideais de personalidade do *bourgeois* na França e do *Wirtschaftsbürger* na Alemanha; (2) ademais, na substituição da supremacia do ideal burguês pelo ideal do gestor empregado a partir do século XIX e, por fim, (3) na formação iniciada no último terço do século XX, em uma cultura dominada por redes, do ideal do *homo digitalis*, que, por sua vez, vem substituir o gestor como tipo de sujeito paradigmático.

Partindo desse pressuposto, seguem-se três etapas evolutivas. Em uma primeira etapa, com a ajuda das constatações da história cultural e da história econômica recentes, este livro elabora a tese de que o Ocidente produziu dois tipos de cultura burguesa, uma variante anglo-americana e uma variante europeia continental. Uma vez que a cultura burguesa se impõe primeiro na Grã-Bretanha e na América do Norte, a história europeia da evolução do homem criativo moderno começa naqueles países, para depois relacionar a variante continental com esse início. O objetivo com isso é, ao mesmo tempo, formular uma objeção àqueles autores que exploram a forma da subjetividade jurídica na Modernidade partindo da cultura europeia continental (na variante francesa do *citoyen*), da declaração dos direitos como ato político, criticando a forma dos direitos, a partir

---

can't explain the modern world. Chicago: University of Chicago Press, 2010, pp. 295 e 386 e ss.; MCCLOSKEY, Deirdre M. *The bourgeois virtues*: ethics for an age of commerce. Chicago: University of Chicago Press, 2006, p. 75 (América do Norte), p. 471 (Inglaterra, por volta de 1700), p. 501 (França/Molière). A autoimagem do empreendedor dos primeiros tempos como *gentleman* é abordada por MOKYR, Joel. *The Enlightened Economy*: an Economic History of Britain, 1700-1850. New Haven: Yale University Press, 2009, pp. 91 e 383. Com certo tom nostálgico, enfatiza SCRUTON, Roger. *England*: an Elegy. Londres: Continuum, 2006, pp. 65 e ss. e 157 e ss., *a mensagem universalista do ideal do gentleman*, sua permeabilidade às origens mais modestas, gênero e sua proximidade fundamental com o modo de vida burguês: senso de ordem, *fairplay*, honestidade e confiabilidade seriam suas características.

daí, como instituição da despolitização e da perda de controle.[25] Em meu entender, essa crítica desconsidera que o ideal do *gentleman*, no qual a consciência da liberdade torna-se relevante pela primeira vez na história, resulta de relações sociais e dos laços que nelas se estabelecem. O *gentleman* e sua consciência de liberdade evoluem num corpo social baseado no autocontrole e na autotransformação e não – ou pelo menos não primariamente – num corpo político que se autonomiza através de um ato solene da declaração de direitos do homem e do cidadão. Apenas na Europa continental é que cidadão e *citoyen* ainda agem por muito tempo à sombra de uma cultura política (bastante distinta em cada caso), na qual permanecem dominantes elementos da cultura aristocrática. Mas os ideais aristocráticos da independência, da ociosidade e da disputa entre cavalheiros como forma superior do empenho por glória e honra obstruem o avanço para uma sociedade genuinamente burguesa e para um entendimento congruente da subjetividade jurídica no continente europeu até boa parte do século XIX. Na Alemanha, por exemplo, curiosidade e pensamento científico-natural, criatividade tecnológica, negócios, comércio e crescimento econômico só passam a gozar de uma alta estima generalizada na burguesia econômica. Em contrapartida, a burguesia intelectual, embora promovendo a autoinstrução e consolidando a disposição para a autotransformação, limita-se aqui essencialmente à produção de obras artísticas e humanísticas, à filosofia, literatura, música clássica ou a outras formas de cultura erudita burguesa.

Nesse cenário, este estudo defende que o *bourgeois* anglo-americano – o *gentleman* – pode ser considerado como ponto de partida para o autoentendimento da subjetividade burguesa. A inscrição em uma lápide em New Haven, Connecticut, de Thomas Darling

---

[25] Destacadamente, MENKE, Christoph. *Kritik der Rechte*. Berlim: Suhrkamp, 2015, pp. 7 e ss.; em sentido semelhante, LOICK, Daniel. *Juridismus*: Konturen einer kritischen Theorie des Rechts. Berlim: Suhrkamp, 2017, pp. 163 e ss.

(†1789), negociante, magistrado e juiz de paz (figura 1), apresenta esse ideal da seguinte forma: o *gentleman* dispõe de grandes capacidades intelectuais, que são enriquecidas e aperfeiçoadas através da ciência e da literatura – pelo estudo da filosofia. Sua razão moral é exercitada através de contemplação e leitura dota-o de profundidade e capacidade de discernimento. Ele é animado por modéstia e abertura, bondade e autocontrole, é honesto e benevolente em suas relações com a raça humana, assim como é amistoso em todas as relações da vida social. Literalmente, pode-se ler na lápide:

Em
memória de
Thomas Darling, jurista,
falecido em 30 de novembro de 1789 –
Um cavalheiro de sólidas capacidades mentais,
bem aprimorado em ciência e literatura
- no estudo da filosofia,
habituado à contemplação e à leitura
- ao raciocínio moral.
De profunda penetração e julgamento sadio,
respeitado por sua modéstia e franqueza,
bondade e autocontrole,
em suas relações com a humanidade,
honesto e benevolente,
amistoso em todas as relações da vida social (...).

Apenas depois de listados todos os atributos de Darling como membro da sociedade é que o epitáfio enaltece o homem político, os

§ 1 INTRODUÇÃO

serviços que prestou, as funções públicas que desempenhou e suas firmes convicções religiosas:

> (...) e ocupou uma variedade de cargos públicos
> com fidelidade e dignidade,
> habilidades eminentes como estadista e juiz,
> um dos primeiros professores do Cristianismo,
> seu amigo constante, paramento e defensor,
> com fé racional e firme em seu Deus e Salvador:
> ele não conhecia nenhum outro mestre.[26]

---

[26] N.T. Em inglês no original: "In Memory of Thomas Darling, Esq., Who died Nov. 30, 1789 – A Gentleman of strong mental powers, well improved with science and literature – to the study of philosophy, habituated to contemplation and Reading – in moral reasoning. Of deep penetration and sound judgement, respected for modesty and candor, benignity and self-command in his intercourse with mankind honest and benevolent, amiable in all the relations of social life (...) and filled a variety of public offices with fidelity and dignity eminent abilities as statesman and judge an early professor of Christianity its steady friend, ornament, and defender with rational and firm faith in his God and Savior: he knew no other master".

Figura 1 - Lápide de Thomas Darling, Groove Street Cemetery, New Haven, Connecticut, 2005

Para o sociólogo americano David Riesman, que na década de 1950 reproduziu essa inscrição num influente estudo sobre o trabalho e o modo de vida dos empregados,[27] Darling personifica o exemplo clássico de um puritano temente a Deus e o modelo de seu próprio tipo de homem dirigido internamente. Já o presente livro dá ao *gentleman* anglo-americano outra imagem: ele dificilmente pode ser caracterizado como dirigido internamente, quando assim se entende uma pessoa governada por sua consciência. Em contrapartida, o epitáfio de Darling já comprova que o *gentleman* personifica o epítome de uma personalidade que tem em grande conta virtudes

---

[27] RIESMAN, David. *The lonely crowd*: a study of the changing American character. New Haven: Yale University Press, 1950, p. 113.

§ 1 INTRODUÇÃO

cognitivas e sociais generalizáveis. Duas dessas virtudes são de particular importância: abertura para o projeto comum de instrução do cidadão e capacidade de trazer o conhecimento adquirido para relações (de trabalho) cooperativas com outras pessoas. A vida de Darling demonstrou exatamente isso. Ele era um *gentleman* polivalente, trouxe a primeira impressora para New Haven por meio de contatos com Benjamin Franklin e contribuiu para várias ideias comerciais resultantes da tecnologia da impressão. Quaisquer que sejam as virtudes e os traços de caráter do *gentleman* anglo-americano, sem um fortalecimento das faculdades mentais por um estudo da ciência e da literatura baseado em livros (educação) e sem honestidade e amistosidade em todas as relações da vida social (sociabilidade), dificilmente a dinâmica tecnológica, econômica e baseada no conhecimento da Modernidade poderia ter posta em marcha na Grã-Bretanha e na América do Norte. Com isso, porém, teria faltado à subjetividade jurídica burguesa justamente aquelas práticas sociais sem as quais ela não poderia ter se tornado realidade.

Com o *gentleman*, entra em cena um homem comum e ordinário, que observa a si mesmo no espelho da sociedade, intensificando assim o desmantelamento do modelo do homem heroico de nível. Embora o elemento igualitário – o vizinho ordinário – seja de grande importância para a formação da autoconsciência burguesa, a igualdade burguesa não pode ser separada de sua contraparte – a livre subjetividade criativa "excessiva". A apreciação de inteligência, imaginação, inventividade e disposição para aprender e a alta estima pelo conhecimento útil representam o avesso do valor da igualdade e da sociabilidade espontânea no cosmos do individualismo burguês. Por isso, da subjetividade burguesa não faz parte apenas o triunfo do impulso aquisitivo racional sobre o hedonismo instável e outros vícios da cultura aristocrática, como Albert O. Hirschman enfatizou em *The Passions and The Interests* [As Paixões e os Interesses] (1977) de uma forma que ainda hoje merece a leitura. Pelo contrário, além do cálculo racional de interesses, existem outros pressupostos que são da maior importância para a burguesia liberal, sobretudo, o cultivo de um modo de pensar experimental e de um senso de criatividade tecnológica, que também tem um forte componente artesanal. Sem esse elemento, não teria existido o "triunfo do capitalismo". De fato, o pensamento burguês nunca supôs que o poder da imaginação poderia ser soberano, nem que empenho, estudo e reflexão poderiam ofuscar a qualquer momento a supremacia das circunstâncias externas e do mundo real. Mas ele sempre reconheceu a capacidade para a subjetividade como uma fonte de realidade, reforçando assim o lado criativo do eu, "que confronta as circunstâncias, o si que é imaginação e anseio, que, como Adão, atribui nome e valor às coisas e é capaz de realizar aquilo que imagina".[28]

As três camadas históricas do nosso modelo de tipos de personalidade estruturam-se uma sobre a outra de forma cronológica e são permeáveis umas às outras no eixo do tempo. Em outras palavras, o modelo aqui utilizado supõe que as qualidades do *gentleman* ideal que marcaram uma época continuam vivas, entram no ideal do gestor e, assim, são elas mesmas renovadas e transformadas. O burguês autônomo dá lugar agora ao homem organizacional, que coloca sua energia a serviço de grandes empresas de produção em massa, ao funcionário executivo e ao *CEO*. No passado, essa evolução foi interpretada muitas vezes como transição para um conformismo

---

[28] TRILLING, Lionel. "The Poet as Hero. Keats in his Letters". *In*: _____. *The opposing self*: nine essays in critism. Nova York: Viking, 1959, pp. 3 e ss. e 41: "Ele afirma, isto é a criatividade do eu que se opõe às circunstâncias, o eu que é imaginação e desejo, que, como Adão, atribui nomes e valores às coisas, e que pode realizar o que prevê". [N.T. Em inglês no original: "*He affirms, that is, the creativity of the self that opposes circumstance, the self that is imagination and desire, that, like Adam, assigns names and values to things, and that can realize what it envisions*"]. A citação em alemão acompanha a tradução alemã de Hans-Henschen com uma ligeira diferença. "Der Dichter als Held: Keats in seinen Briefen". *In*: TRILLING, Lionel. *Kunst, Wille und Notwendigkeit*. Munique: 1990, pp. 9 e ss. (48); cf. também PICCIOTTO, Joanna. *Labors of Innocence in Early Modern England*. Cambridge: Harvard University Press, 2010, pp. 3 e ss. e 193 e ss.

§ 1 INTRODUÇÃO

controlado por outrem, "dirigido externamente", como passagem para um mundo do trabalho dominado por estruturas de proprietários anônimos e para um mundo da vida definido por consumo em massa de bens e objetos padronizados.[29] Em contrapartida, este estudo tenta demonstrar que, a partir do final do século XIX, a grande empresa torna-se a força motriz da dinâmica da sociedade moderna – e o gestor, a figura e o tipo ideal no qual se reúne a inteligência da empresa, por assim dizer. Subjetividade jurídica e direitos subjetivos, até então restritos a alguns cidadãos, desenvolvem-se agora em torno de uma dimensão corporativa em que as práticas sociais de liberdade assumem formas coletivas e organizacionais. Essa mutação, que, por sua vez, abrange inicialmente o lado instituído da subjetividade jurídica, vem acompanhada por uma transformação da ordem do conhecimento da sociedade moderna: de fato, a formação de novas tecnologias e produtos continua dependendo de um conhecimento disponível na sociedade de forma geral, bem como de uma infraestrutura de ensino intacta (privada ou pública). Mas, na cultura gestorial, a pesquisa aplicada desenvolvida em grandes laboratórios de pesquisa e desenvolvimento ganha uma importância nunca antes conhecida. Os funcionários executivos passam a ser responsáveis pelo processo de geração de conhecimento novo e de progresso tecnológico, cujos resultados são então atribuídos às grandes empresas, por meio de direitos de patente formais, por exemplo, e passam a compor assim seus portfólios de patentes.

Embora a ascensão das grandes corporações, à primeira vista, pareça ser um fenômeno global, uma análise histórica comparativa

---

[29] A ênfase no consumo em massa (e não nas tecnologias que o tornam possível), que, na minha opinião, é demasiado forte, é um ponto fraco dos trabalhos, que, de resto, são muito importantes para este projeto, KONDYLIS, Panajotis. *Der Niedergang der bürgerlichen Denk- und Lebensform*: die liberale Moderne und die demokratische Postmoderne. Weinheim: VCH, 1991; RECKWITZ, Andreas. *Das hybride Subjekt*: eine Theorie der Subjektkulturen von der bürgerlichen Moderne zur Postmoderne. Weilerswist: Velbrück Wissenschaft, 2010.

mais atenta pode mostrar o quanto as marcas já impressas pela cultura burguesa também permanecem presentes na cultura gestorial. Essas marcas dividem a cultura gestorial em duas vias evolutivas – como já acontecera antes com a cultura burguesa. O filósofo francês Gilles Deleuze, que conheceu bem a cultura anglo-americana através de um profundo estudo de Hume, distingue em seu ensaio *Whitman* "o eu sempre estilhaçado, fragmentado e relativo dos anglo-saxões" do "ego substancial, total e solipsista dos europeus". Seguindo livremente essa fórmula, o presente livro desenvolve a ideia de que a visão do gestor americano está voltada para uma sociedade auto-organizada espontaneamente a partir de estilhaços e fragmentos, e que essa imagem marca seu autoentendimento. Já o funcionário executivo do continente europeu permanece mais fortemente entrelaçado nas estruturas corporativistas do corpo político, em particular dos partidos políticos, grupos sociais e associações que ele encontra em seu universo cotidiano e cujos interesses ele precisa considerar mais em suas decisões do que o tipo do gestor americano. O ideal continental do alto funcionário talvez não esteja necessariamente orientado para a realização de uma unidade substancial superior, como poderia sugerir a fórmula de Deleuze, que lembra Hegel – o discurso do "ego substancial, total e solipsista dos europeus".[30] Mas a figura do gestor continental é tomada, sim, por ideias de uma integração normativa da sociedade, que afinal é atribuída ao Estado. Essas diferenças levam a dois tipos de subjetividade corporativa de Direito: o primeiro tipo intensifica as forças de auto-organização de uma sociedade voltada para inovações tecnológicas, econômicas e baseadas no conhecimento; no outro tipo, a dinâmica própria e as forças de auto-organização empresarial entram em uma relação de grande tensão com um Estado pluralista e com os grupos sociopolíticos que o sustentam. Em países continentais como França e Alemanha, esses grupos também ganham possibilidades amplas de

---

[30] DELEUZE, Gilles. "Whitman". *In*: _____. *Kritik und Klinik*. Frankfurt am Main: Suhrkamp, 2000, pp. 78/79.

§ 1 INTRODUÇÃO

acesso e configuração da governança empresarial – inclusive por meio da extensão de direitos coletivos e corporativos formais –, que assim é ampliada para se tornar uma Constituição Econômica.

Em retrospectiva, as vantagens que a variante europeia continental pode ter tido em relação à variante americana de uma sociedade industrial dirigida por gestores nas três ou quatro décadas após o final da Segunda Guerra Mundial, parecem ter sido adquiridas, em muitos Estados do Bem-Estar da Europa pelo preço de debilidades tecnológicas e econômicas, especialmente nos campos da tecnologia da informação. Por isso, no capítulo sobre cultura da tecnologia da informação, o presente livro concentra-se na questão das circunstâncias interligadas que deram origem ao novo ideal de personalidade do *homo digitalis* nos Estados Unidos e conseguiram desencadear outra metamorfose na história do desenvolvimento da subjetividade jurídica. Também nesse contexto, o poder instituído e sua herança especificamente burguesa revelam-se dimensões significativas e influentes: a curiosidade e a alegria da experimentação profundamente inseridas na cultura anglo-americana, assim como a disposição e a capacidade a elas associadas de experimentar coisas novas, junto com outras pessoas, com base na formação voluntária de grupos sociais, determinam e marcam o *homo digitalis*. No *cluster* de alta tecnologia do Vale do Silício, essas virtudes ligaram-se a um interesse permanente no desenvolvimento de uma tecnologia fascinante e extraordinariamente complexa. Isso é acompanhado por um movimento dinâmico de transformação e pela formação de um corpo social que, em razão de seu caráter acêntrico, de seus nós dispersos e interconectados, sobretudo, no plano regional, é designado aqui – na esteira de Manuel Castells – como sociedade em rede.

Neste livro também se fala de uma cultura da tecnologia da informação, pois as redes de computadores e suas culturas de objetos de processamento intensivo e grande riqueza de dados têm se tornado cada vez mais eficientes. Isso tornou permeável a fronteira entre inteligência humana e artificial. Se é difícil estimar a validade dos cenários hoje amplamente difundidos da ascensão de uma cultura transumana num trabalho de ciências humanas, ainda assim é preciso saber que, nos Estados Unidos, as arquiteturas de sistemas mais desenvolvidos da indústria de tecnologia da informação há muito se orientam pela ideia de uma subjetividade eletrônica. Tanto a teoria da cultura quanto a Teoria do Direito devem encontrar uma linguagem adequada para essa nova mutação das ordens instituídas da sociedade. Nesse contexto, o presente estudo também busca uma conexão com as instituições da cultura moderna e propõe uma "reformulação ecotecnológica da subjetividade".[31] Isso leva a um conceito bastante impessoal de subjetividade jurídica, no qual, todavia, a liberdade individual não desaparece: assim como o homem moderno já dependeu no passado de uma infraestrutura cultural anônima de instituições dispersas (em Wittgenstein, por exemplo, da linguagem e de seus modos de vida), as tecnologias da informação estão imigrando hoje para as formas de trabalho e de vida do *homo digitalis*, tornando-se um poder de ação que participa de sua subjetividade. Nesse movimento, a inteligência artificial desempenha um papel importante, e quanto maior for a capacidade dessa tecnologia de jogar suas próprias jogadas no futuro, maior será a necessidade de reconhecer as redes de computadores de autoaprendizagem, sua base algorítmica baseada e dados como uma subjetividade (de categoria inferior) que participa de processos de exercício da liberdade social.

Para concluir, mais uma observação sobre a limitação de nosso tema ao ideal do homem criativo moderno. Sem dúvida, esse ideal tem uma longa história pregressa na Antiguidade e no Cristianismo.[32] O fato de essa história ser mencionada aqui apenas em

---

[31] Essa fórmula é empregada por HÖRL, Erich. *Die technologische Bedingung*: Beiträge zur Beschreibung der technischen Welt. Berlin: Suhrkamp, 2011, pp. 21 e ss., nota 42.

[32] Da grande quantidade de trabalhos novos, cf. apenas STROUMSA, Guy G. *Das Ende des Opferkults*: die religiösen Mutationen der Spätantike. Berlim: Verlag der Weltreligionen, 2011; MANENT, Pierre. *Metamorphoses of the City*: On the Western Dynamic. Cambridge: Havard University Press, 2013; SIEDENTOP, Larry. *Inventing the*

§ 1 INTRODUÇÃO

um ou outro ponto continua não deixando de ser uma falha deste trabalho. Mas talvez seja possível justificar essa falha com o argumento de que o *modus* ativo da subjetividade, o aspecto criativo da liberdade e da vida autodeterminada, apenas passa a desenvolver um poder em toda a sociedade, não mais limitado a algumas cidades ou mosteiros, no início da Idade Moderna. Somente o novo ideal do pensamento experimental, a máquina impressora, um serviço postal funcional, melhores conexões de transporte por mar e terra, a instituição de academias e associações científicas, a formação de um público nacional receptivo a novos conhecimentos e tecnologias (como detentores de visões de mundo compartilhadas) e outras evoluções sociais e culturais, como um florescimento das capacidades artesanais, possibilitaram que se traçasse uma fronteira estável entre a transcendência divina e o sujeito humano: somente então, no início da Era Moderna, é que o espaço da verdade universalmente válida coincide com a liberdade criativa – ou como diz Giambattista Vico: poiética – do homem. Somente nesse momento é que a arte da produção, o fazer e construir, torna-se o traço de caráter predominante de uma vida ativa.

O homem moderno é, principalmente, um homem do poder criativo da linguagem. Mas esse poder é polifônico *a priori* e está

Individual: the Origins of Western Liberalism. Londres: Lane, 2014; DE LIBERA, Alain. "Subject, Re-/decentered". *Radical Philosophy*, vol. 167, maio/junho, 2011, pp. 16-22; DE LIBERA, Alain. "When Did the Modern Subject Emerge?" *American Catholic Philosophical Quarterly*, vol. 82, nº 2, 2008, pp. 181 e ss. Para de Libera, especialista em história da filosofia medieval, ninguém menos que Jesus Cristo é o paradigma do homem moderno: desde a Antiguidade tardia, os problemas cristológicos serviram de modelo para os problemas filosóficos e, a partir de uma combinação das concepções aristotélica e agostiniana, as bases do sujeito moderno (kantiano cartesiano) surgiram na escolástica tardia; Ladeur enfatiza a contribuição do cristianismo para a cultura moderna, em particular, para o Direito moderno e para a formação do sujeito de direito: LADEUR, Karl-Heinz. *Der Anfang des westlichen Rechts*: die Christianisierung der römischen Rechtskultur und die Entstehung des universalen Rechts. Tübingen: Mohr Siebeck, 2018.

relacionado com a cultura moderna no sentido mais amplo de todas as suas manifestações, "desde as formas do Estado e do Direito até a arte e a poesia".[33] Justamente porque a cultura moderna não está mais orientada para um objetivo final unitário, Max Weber fala já de um politeísmo de ordens e valores que se encontram em luta uns contra os outros, da experiência cotidiana "de que algo pode ser verdadeiro, embora não seja e por não ser nem belo, nem sagrado, nem bom".[34] Todavia, ao mesmo tempo, a modernidade produziu uma generalidade situada abaixo desses vários sistemas de valores, descrita por Weber como racionalidade formal impessoal e à qual ele atribui, entre outros, o tipo da soberania da lei, uma forma de soberania política baseada na crença e na legalidade das ordens estatuídas. Aqui não se trata desse tipo de soberania, nem do Estado moderno e de suas vinculações jurídicas, mas da dinâmica de um movimento cultural transubjetivo. Este livro deseja responder à questão sobre o que os ideais do *gentleman*, do gestor e do *homo digitalis* fizeram e continuam fazendo pela dinâmica tecnológica, econômica e baseada no conhecimento da sociedade moderna, mostrando que o Poder Constituinte – o sistema jurídico no sentido formal legal e positivo – não consegue criar por si mesmo o aspecto da subjetividade jurídica que está voltado para o poder instituinte disperso. Ele sequer consegue assimilar por completo esse aspecto e só consegue internalizá-lo de forma limitada.

---

[33] BLUMENBERG, Hans. "Technik und Wahrheit". *In*: BLUMENBERG, Hans; SCHMITZ, Alexander; STIEGLER, Bernd (Coord.). *Schriften zur Technik*. Berlim: Suhrkamp, 2015, pp. 42-47 e ss.

[34] WEBER, Max. "Wissenschaft als Beruf" (1919). *In*: WEBER, Max; WINCKELMANN, Johannes (Coord.). *Gesammelte Aufsätze zur Wissenschaftslehre*. Tübingen: Mohr Siebeck, 1985, pp. 582-604.

§ 2 O PODER INSTITUINTE

Na teoria institucional francesa, o cosmos do Direito é definido por um nexo de referenciação cultural que extrapola os limites da lei formal desde o início. O Direito já está sujeito a um poder instituinte antes de poder tornar-se objeto do Poder Constituinte. Com essa distinção entre poder instituinte e Poder Constituinte,[35] Vincent Descombes recorre a reflexões de Cornelius Castoriadis. Para Castoriadis, o poder instituinte é o poder social, do qual dependem todos os outros poderes – o poder explícito e toda forma de soberania política. Em Castoriadis, isso se associa à ideia de que a sociedade sempre teve instituições como língua, tradições, costumes ou ideias e, por conseguinte, possui um patrimônio de práticas e hábitos que se desenvolvem gradualmente nos mais diversos lugares da sociedade e em sua essência fogem a toda e qualquer legislação.[36] De modo comparável, Descombes distingue entre a Constituição

---

[35] DESCOMBES, Vincent. *Die Rätsel der Identität*. Berlim: Suhrkamp, 2013, pp. 226-230. A tradução alemã usa para *"pouvoir instituant"* a infeliz expressão *"institutionsgebende Macht"* [*"poder fornecedor de instituições"*], que, aqui – como é comum em outras obras – é traduzido como *"instituierende Macht"* [*"poder instituinte"*].

[36] CASTORIADIS, Cornelius. "Macht, Politik, Autonomie". In: _____. *Ausgewählte Schriften. Bd. 1*: Autonomie oder Barbarei. Lich: Edition AV, 2006, pp. 135-141 e 158 e ss.

como conjunto dos hábitos coletivos de uma sociedade e a Constituição cujas leis estão formalmente consignadas num documento.[37] A ordem social não procede da aplicação de leis constitucionais inicialmente produzidas por um Poder Constituinte ou deliberadas em uma assembleia de cidadãos. Pelo contrário, é preciso reconhecer, por trás do Poder Constituinte, o exercício de um poder instituinte que escapa à legislação.

> O que pertence ao "poder instituinte", por exemplo, a língua e as tradições, é justamente aquilo que foge à legislação. A legislação não pode criar a língua na qual será elaborada, como tampouco consegue criar as tradições em virtude das quais não permanecerá letra morta.[38]

Com a tese da precedência do poder instituinte, Descombes adere a uma longa tradição de pensamento liberal que remonta à França do início da Idade Moderna. Nos séculos XVI e XVII, autores eruditos como Jean Bodin, Michel de Montaigne e Blaise Pascal enfatizam a importância de costumes (*coutumes*) e tradições para processos de formação do Direito, que, diferentemente das leis formais (escritas), também são chamados de "*droit coutumier*".[39] Quando o processo da formalização do *droit coutumier* por um poder central real já está em plena marcha há muito tempo, são filósofos como Montesquieu

---

[37] DESCOMBES, Vincent. *Die Rätsel der Identität*. Berlim: Suhrkamp, 2013, pp. 214 e ss.

[38] DESCOMBES, Vincent. *Die Rätsel der Identität*. Berlim: Suhrkamp, 2013, p. 231 (tradução alemã parcialmente alterada pelo autor); a esse respeito, cf. também LADEUR, Karl-Heinz. *Die Textualität des Rechts*: zur poststrukturalistischen Kritik des Rechts. Weilerswist: Velbrück, 2016, pp. 202 e ss.

[39] O termo "*droit coutumier*" também é uma lembrança de que, muitas vezes, a legislação formal não passava da transcrição mesmo de tradições sociais já existentes. Essa predominância de costumes estabelecimentos e normas sociais também moldou por muito tempo a evolução jurídica do *common law* inglês.

§ 2 O PODER INSTITUINTE

e Rousseau que destacam a importância dos costumes. Montesquieu reconhece usos (*mœurs*) e maneiras (*manières*) como um bem comum de toda a nação e leis como disposições especiais e definidas com precisão por um legislador;[40] é a reunião desses elementos que forma, em primeiro lugar, o espírito das leis.[41] De modo semelhante, em seu trabalho sobre o contrato social, Rousseau constata que, a par de leis políticas ou leis fundamentais, de leis civis e leis penais, há que existir um quarto tipo de lei. Estas seriam as mais importantes de todas: elas não estão escritas em mármore ou metal, mas sim nos corações dos cidadãos, elas representam a verdadeira Constituição do Estado e, de forma imperceptível, colocam o poder do hábito – os usos (*mœurs*), os costumes (*coutumes*) e a opinião – no lugar do poder estatal.[42] Alexis de Tocqueville ainda dá continuidade a essa tradição, ao reconduzir a imposição da democracia na América do Norte às tradições ali dominantes, entendendo tradições – como Rousseau ou Montesquieu – no sentido amplo de *mores*, como o "conjunto do comportamento moral e intelectual do homem no estado social".[43]

Sob o aspecto metodológico, a distinção entre poder instituinte e Poder Constituinte equivale a enfatizar o nexo entre o Direito formal e uma infraestrutura de práticas sociais e instituições

---

[40] MONTESQUIEU, Charles Louis, Baron de. *Vom Geist der Gesetze (1748) – übersetzt und herausgegeben von Ernst Forsthoff*. Tübingen: Mohr, 1992, XIX, 14.

[41] Cf. DESCOMBES, Vincent. *The institutions of meaning*: a defense of anthropological holism. Trad. para o alemão de Stephen A. Schwartz. Cambridge: Harvard University Press, 2014, xi e ss. (citação), pp. 290 e ss.; ROSEN, Stanley. *The Elusiveness of the Ordinary*: Studies in the Possibility of Philosophy. New Haven: Yale University Press, 2002, pp. 17 e ss.

[42] ROUSSEAU, Jean-Jacques. "Du contrat social/Vom Gesellschaftsvertrag". *Politische Schriften, Bd. 2*. Trad. e organização de Hans Brockard. Stuttgart: Reclam, 2010, p. 121.

[43] TOCQUEVILLE, Alexis de. *Über die Demokratie in Amerika* (1835). Munique: dtv, 1984, p. 353, nota de rodapé.

culturais conexa. Em vez de tratar o Direito exclusivamente como componente de uma Constituição escrita e de um discurso jurídico que remete unicamente a essa Constituição, a teoria institucional francesa também se interessa pelas ordens sociais do mundo da vida, associando o Direito formal à linguagem, às tradições, aos usos ou a outros hábitos e práticas sociais. Neste ponto, seria possível lembrar também a distinção de Claude Lefort entre o político e a política.[44] Assim como Lefort associa com o político uma "dimensão política profunda", aquela "base de pressupostos fundamentais que entram na política, mas, por seu lado, não estão à disposição da política",[45] também deveria se associar com o Direito como conjunto, com o jurídico, uma dimensão jurídica profunda que entra no Direito, mas, por seu lado, não está à disposição do Direito. Em uma formulação mais geral: o Direito seria dependente, então, de ordens instituídas já existentes, que, assim como a gramática de uma língua, desenvolvem-se de forma gradual e, muitas vezes, imperceptível, que estão sempre se encobrindo e volatilizando-se e, por isso, não são nem localizáveis nem plenamente formalizáveis. Logo, também poderia se falar do poder instituinte – acompanhando novamente Vincent Descombes – como um poder de convenções humanas repartido na sociedade e anônimo.[46] Este escapa ao poder de disposição de um sujeito que é fornecedor de sentido ou mesmo a qualquer instância central identificável, e também só pode ser analisado pela teoria de forma limitada. Convenções, acordos que se formam na sociedade de forma gradual e não intencional devem então ser considerados como a verdadeira base de instituições e processos de formação do Direito.

---

[44] LEFORT, Claude. *Fortdauer des Theologisch-Politischen*. Viena: Passagen, 1999, pp. 35 e 53.

[45] WALDENFELS, Bernhard. *Verfremdung der Moderne*: phänomenologische Grenzgänge. Göttingen: Wallstein, 2001, p. 135.

[46] DESCOMBES, Vincent. *Le complément du sujet*: Enquête sur le fait d'agir de soi-même. Paris: Gallimard, 2004, p. 464 ("souveraineté anonyme et diffuse de la convention humaine" [*"soberania anônima e difusa da convenção humana"*]).

§ 2 O PODER INSTITUINTE

O fato de o Direito formal estar intimamente entrelaçado com os hábitos e a sociedade na teoria institucional francesa sinaliza a existência de um nexo de referenciação e não de uma relação causal. Na esteira de Bernhard Waldenfels, poderíamos dizer que poder instituinte e Poder Constituinte não se sucedem um *ao* outro, mas se encaixam um *no* outro.[47] Desse modo, a teoria institucional francesa movimenta-se nas imediações da filosofia, próximo, por exemplo, à figura do "esquema dinâmico" em Claude Lefort, no qual se imprime o complexo "jogo de quiasmas",[48] que deve ser entendido como sobreposições e intermediações entre dentro e fora, eu e outros, movimento próprio e movimento alheio. Mas relacionar o jurídico em suas manifestações tanto formais quanto informais não significa de modo nenhum dissolver todas as diferenças entre os dois registros. Assim como o jogo de quiasmas pressupõe e não elimina diferenças, as formas de transmissão e as relações de troca entre poder instituinte e constituinte sempre permitem apenas uma "cobertura na diferença" ou uma "coincidência parcial".[49] Essencialmente, portanto, trata-se de evitar separações e demarcações demasiado abruptas entre os dois lados e de mostrar a importância do poder instituinte para o Direito e para a formação e a mutação de suas manifestações.

Em Castoriadis e Descombes, o conceito de instituição é ampliado para além de instituições formais, tais como Constituições escritas, códigos de leis ou organizações formais. Nesse ponto, a teoria institucional francesa encontra-se com abordagens comparáveis nas ciências políticas e sociais, nas ciências econômicas ou na história econômica, campos em que normas sociais informais

---

[47] WALDENFELS, Bernhard. *Sozialität und Alterität*: Modi sozialer Erfahrung. Berlim: Suhrkamp, 2015, p. 399.
[48] LEFORT, Claude. *Fortdauer des Theologisch-Politischen*. Viena: Passagen, 1999, p. 86.
[49] WALDENFELS, Bernhard. *Bruchlinien der Erfahrung*: Phänomenologie, Psychoanalyse, Phänomenotechnik. Frankfurt am Main: Suhrkamp, 2002, pp. 176 e 213.

de comportamento também são incluídas na análise teórico-institucional.[50] Basta pensar na obra de Friedrich August von Hayek. Nela se trata justamente da ordem ampliada da interação humana, da soma de todos os valores, costumes, regras e normas que possibilitam a cooperação e o trabalho conjunto das pessoas.[51] De modo comparável, o conceito de instituição também é generalizado na teoria institucional francesa: ele se abre para todas as formas de conduta e pensamento social, para uma capacidade tanto prática quanto cognitiva ou para os sistemas conceituais que em primeiro lugar tornam possível os significados compartilhados e, portanto, devem ser necessariamente estabelecidos como pressupostos, para que os indivíduos consigam cooperar e formar sociedades.[52] Assim, no conceito de instituição, tal como ele aparece no "espírito das leis" de Montesquieu, no "poder do costume" de Rousseau ou na "moral" de Tocqueville, trata-se do papel de um conhecimento comum, de uma soma de crenças comuns, de fato, de um sistema de crenças compartilhado por um grupo e que define suas representações da

---

[50] Cf. apenas NORTH, Douglass Cecil; WALLIS, John Joseph; WEINGAST, Barry R. *Violence and Social Orders*: a Conceptual Framework for Interpreting Recorded Human History. Cambridge: Cambridge University Press, 2009, p. 15; MOKYR, Joel. *The Enlightened Economy*: an Economic History of Britain, 1700-1850. New Haven: Yale University Press, 2009, pp. 7 e 368 e ss.; vide também MCCLOSKEY, Deirdre M. *Bourgeois Equality*: How Ideas, Not Capital or Institutions, Enriched the World. Chicago: University of Chicago Press, 2016, pp. 505 e ss., que enfatiza o papel das ideias, da retórica e da ética, que precede o das instituições, o "*sweet talk*", diferente do poder estatal, mas considera inútil o conceito de cultura; e FUKUYAMA, Francis. *Der große Aufbruch*: wie unsere Gesellschaft eine neue Ordnung erfindet. Viena: Szolnay, 2000, pp. 193 e ss.

[51] Cf. BOETTKE, Peter J. *F. A. Hayek Economics, Political Economy and Social Philosophy*. Londres: Palgrave Macmillan, 2018.

[52] Cf. DESCOMBES, Vincent. *The institutions of meaning*: a defense of anthropological holism. Trad. para o alemão de Stephen A. Schwartz. Cambridge: Harvard University Press, 2014, pp. 301 e 313; EHRENBERG, Alain. *Das Unbehagen in der Gesellschaft*. Berlim: Suhrkamp, 2011, pp. 347 e ss.

§ 2 O PODER INSTITUINTE

vida. Do ponto de vista da história da ciência, esse entendimento das instituições pode ser reconduzido a uma definição conceitual formulada por Paul Fauconnet e Marcel Mauss. Assim escrevem eles:

> Sociais são todas as formas de conduta e pensamento que o indivíduo encontra como já existentes e cuja transmissão ocorre de forma bastante generalizada, através da educação. Seria bom que essas circunstâncias específicas fossem designadas por um nome específico, e parece que a palavra "instituição" seria a mais apropriada. O que é, então, realmente uma instituição, se não um conjunto de condutas e concepções que se integraram plenamente, que os indivíduos encontram e que se impõem a eles em maior ou menor medida? Não há razão para reservar esse termo exclusivamente para as convenções sociais fundamentais, como se costuma fazer. Nós entendemos esse termo, portanto, como sendo tanto os usos e modos de proceder, os preconceitos e as superstições, quanto as constituições políticas ou as organizações jurídicas essenciais.[53]

Nesse contexto, Descombes justifica a necessidade de um conceito de instituição que institua um contexto comum no qual um significado objetivo torna-se possível. O substrato social desse contexto comum é uma sociedade que, de certo modo, sempre foi ordenada, são padrões e estruturas de condutas e representações que se integraram plenamente. Uma instituição corresponde, então, a uma prática social consolidada, que as pessoas tomam como referência e que assimilam, recriando-a e, ao mesmo tempo, transformando-a.[54]

---

[53] MAUSS, Marcel; FAUCONNET, Paul. "Sociology". In: _____. (Coord.). *The nature of sociology*: two essays. Transl. de William Jeffrey. Nova York: Durkheim Press, 2005, pp. 1 e ss. e 10 e ss. – citação em alemão segundo EHRENBERG, Alain. *Das Unbehagen in der Gesellschaft*. Berlim: Suhrkamp, 2011, p. 356.

[54] DESCOMBES, Vincent. *The institutions of meaning*: a defense of anthropological holism. Trad. para o alemão de Stephen A. Schwartz. Cambridge: Harvard University Press, 2014, p. 231.

Assim, o conceito de instituição aproxima-se do conceito de jogo de linguagem em Wittgenstein: assim como a expressão "jogo de linguagem" tem o objetivo de salientar "que o *falar* da língua é uma parte de uma atividade ou de um modo de vida",[55] as instituições também participam de um determinado tipo de organização da vida comum com seus usos, pressuposições e técnicas.[56] Por isso, instituições são não apenas fatos sociais, mas também psicológicos: elas são adotadas pelas pessoas em seu próprio âmbito de conduta e representação, para se tornarem uma parte de sua personalidade. Instituições formam, portanto, um ambiente, no sentido empregado pela etnologia alemã dos primeiros anos, ou seja, elas estão presentes no sujeito como mundo, como "um ambiente de vida do sujeito, que este assimila ao adequar-se a ele, de modo que acaba por carregar esse ambiente em si".[57]

A teoria institucional francesa focaliza, em primeiro lugar, a relação entre práticas sociais e atividade legislativa política. No entanto, suas reflexões podem muito bem ser transferidas para o tema da mutação da subjetividade jurídica na Modernidade aqui tratado. A ascensão do *gentleman*, do gestor e do *homo digitalis* a três ideais do homem criativo moderno revela justamente uma zona

---

[55] WITTGENSTEIN, Ludwig. *Philosophische Untersuchungen – Werkausgabe Bd. I*: Tractatus logico-philosophicus. Frankfurt am Main: Suhrkamp, 1995, p. 23.
[56] DESCOMBES, Vincent. *The institutions of meaning*: a defense of anthropological holism. Trad. para o alemão de Stephen A. Schwartz. Cambridge: Harvard University Press, 2014, pp. xvi e ss.
[57] DESCOMBES, Vincent. *Die Rätsel der Identität*. Berlim: Suhrkamp, 2013, p. 29. A penetração da cultura em outras ordens sociais e na estrutura interna do sujeito foi descrita ainda por Talcott Parsons como interpenetração. Apenas Niklas Luhmann separou estritamente sistemas de comunicação e –sistemas de consciência. Todavia, isso é provavelmente apenas um progresso teórico condicionado. Cf., de tempos mais recentes, apenas FUCHS, Peter. *Das Sinnsystem*: Prospekt einer sehr allgemeinen Theorie. Weilerswist: Velbrück, 2015 (que busca alternativas dentro de um quadro da teoria dos sistemas).

§ 2 O PODER INSTITUINTE

particularmente densa de sobreposição e intermediação entre as formas sociais de vida e trabalho respectivas desses tipos de sujeito, de um lado, e a formação de instituições da subjetividade jurídica, de outro lado. De fato, até hoje predomina no discurso jurídico a ideia de que a subjetividade jurídica é produzida ou conferida pelo próprio sistema jurídico (estatal): subjetividade jurídica – é o que se pode ler o tempo todo – é um puro construto jurídico, resultado de um ato de personificação, uma criatura da linguagem jurídica que gera seus próprios objetos.[58] Mas essa concepção fracassa pelo fato de o sujeito de direito pressupor um aspecto instituído que procede de nexos sociais de conduta, de práticas de liberdade e de outros exercícios ininterruptos, que se condensam em convenções e acordos de forma incremental. Esses nexos de conduta não podem ser objeto integral de reflexão jurídica nem terminologias jurídicas adequadas, pois o poder instituinte é incompleto e está sempre aberto para autotransformações, até porque é somente assim que ele consegue adaptar-se à imprevisibilidade fundamental de eventos futuros. E, inversamente, é preciso que o sujeito de direito já se tenha constituído como sujeito antes de tornar-se um tema do discurso do Direito formal.

Na terminologia de Gunther Teubner, isso poderia ser expresso da seguinte forma: o que interessa é a "institucionalização social" do sujeito de direito e dos direitos subjetivos,[59] não a existência formal de uma assembleia constituinte, de uma carta constitucional que garante direitos de liberdade e outros direitos, dotando-os de qualidade normativa especial, ou de um tribunal que assegura a validade e a

---

[58] KLINGBEIL, Stefan. "Der Begriff der Rechtsperson". *Archiv für die civilistische Praxis*, nº 6, 2017, pp. 848-851 e ss.; em sentido semelhante, também TEUBNER, Gunther. "Die Episteme des Rechts". *In*: GRIMM, Dieter (Coord.). *Wachsende Staatsaufgaben – sinkende Steuerungsfähigkeit des Rechts*. Baden-Baden: Nomos, 1990, pp. 115-129.
[59] TEUBNER, Gunther. "Globale Zivilverfassungen: Alternativen zur staatszentrierten Verfassungstheorie". *ZaöRV*, vol. 63, 2003, pp. 1-16.

primazia de direitos sociais de liberdade sobre outras normas. Todo tipo de formação de direitos formais no discurso jurídico pressupõe "sempre elementos rudimentares de sua constituição intrínseca".[60] Todos os processos de formação do Direito têm seu ponto de partida em constituições sociais intrínsecas, por exemplo, em regras de mercado, normas sociais ou evoluções tecnológicas locais. Aqui, no entanto, há que se insistir que o aspecto da subjetividade jurídica atribuído ao Poder Constituinte não pode ser estritamente separado do aspecto que pertence ao poder instituinte. Em vez de separar inflexivelmente os dois lados, é preciso que se trate da suposição de um nexo de referenciação entre processos de instituição de direitos e de formação de práticas de liberdade gradualmente reconhecidas na sociedade de um lado e de processos de criação formal (estatal) do Direito, de outro. Nisso se inscreve um rico jogo de quiasmas, um movimento de sobreposições e intermediações. Consequentemente, esse nexo de referenciação não pode ser decomposto – pelo menos não de forma proveitosa para a teoria – na dinâmica intrínseca de cada uma das ordens autônomas, que entram em contato e estabelecem conexões umas com as outras apenas posteriormente, de certo modo, através de "acoplamentos estruturais", nos termos empregados por Niklas Luhmann.[61]

---

[60] TEUBNER, Gunther. "Globale Zivilverfassungen: Alternativen zur staatszentrierten Verfassungstheorie". *ZaöRV*, vol. 63, 2003, p. 14.

[61] Cf. LUHMANN, Niklas. *Das Recht der Gesellschaft* [*O Direito da Sociedade*]. Frankfurt am Main: Suhrkamp, 1993, pp. 440 e ss. [*da edição alemã*]. De fato, está certa a visão de Luhmann de que o Estado não pode criar subjetividade de Direito individual como base de uma economia que opera segundo regras da divisão do trabalho e da orientação para o mercado. Mas a redução da forma do Direito a "*cases and controversies*" não leva em conta o suficiente a grande importância da subjetividade de Direito para a estrutura e a dinâmica da sociedade moderna. Entretanto, no contexto da teoria dos direitos fundamentais e humanos de Luhmann, a subjetividade de Direito e os direitos subjetivos adquirem maior importância social.

§ 3 CULTURA COMO SISTEMA SIMBÓLICO FORMADOR DE ORIENTAÇÃO

3.1 O legado universalista da teoria cultural

Na literatura da teoria da evolução recente, a cultura é entendida como um sistema de símbolos compartilhado por um grupo de pessoas e transmitido de uma geração para outra, mas que não precisa ser novamente aprendido a cada geração.[62] Cultura, também para Liah Greenfeld, socióloga e antropóloga americana-israelense, é o processo de transmissão de modos de vida humana.[63] Nessa perspec-

---

[62] Cf. RICHERSON, Peter J.; BOYD, Robert. *Not by genes alone*: how culture transformed human evolution. Chicago: University of Chicago Press, 2005, pp. 64 e ss. e 130; DONALD, Merlin. *A Mind So Rare*. Nova York: Norton, 2001, pp. 259 e ss.; TOMASELLO, Michael. *Die kulturelle Entwicklung des menschlichen Denkens*: Zur Evolution der Kognition. Frankfurt am Main: Suhrkamp, 2002, pp. 50 e ss.

[63] GREENFELD, Liah. *Mind, Modernity, Madness*: the Impact of Culture on Human Experience. Cambridge: Harvard University Press, 2013, p. 72 (*"the process of transmission of human ways of life"* [*"o processo de transmissão de modos de vida humanos"*]).

tiva, enfatiza-se a diferença fundamental entre a humanidade como espécie e suas bases de vida naturais: com a ajuda da cultura, o ser humano transpõe a fronteira da vida orgânica, o mundo da evolução biológica, e abre uma nova dimensão da realidade. Ele passa a viver num universo cultural e não mais natural. Tal entendimento da cultura já havia marcado a antropologia e a etnologia emergentes do final do século XIX. Na época, a cultura era considerada como característica distintiva do *homo sapiens*, como aquilo que constituía a diferença entre o homem e seu ambiente, como criação de uma distância em relação às leis e restrições da vida biológica e da natureza inanimada. Já no "todo complexo" de Edward B. Tylor, o universo simbólico da cultura impregna todas as relações humana e inclui as ordens do conhecimento, da crença, da arte, da moral, do Direito, da tradição, do uso, bem como todas as habilidades e hábitos que o homem adquire como membro de uma sociedade.[64]

Diferentemente da teoria cultural da antropologia e da etnologia emergentes do final do século XIX, surge na antropologia cultural americana do século XX – em autores como Franz Boas, Ruth Benedict, Margaret Mead, Gregory Bateson e Clifford Geertz – uma concepção mais de relativismo cultural, que enfatiza a diversidade de culturas. Montesquieu já havia realçado a diversidade de tradições, estilos de vida, leis, máximas estatais, experiências históricas, religiões e condições climáticas em razão da variedade de formas de governo existentes no mundo, tendo dirigindo essa observação contra a concepção jurídico-natural de leis universalmente válidas – e designado a totalidade das coisas que governam cada um dos povos de *"esprit général"*.[65] Mais tarde, o pensamento linguístico alemão absorveu esses impulsos ao substituir a busca iluminista por

---

[64] Reproduzido aqui segundo DESCOLA, Philippe. *Jenseits von Natur und Kultur – aus dem Französischen von Eva Moldenhauer*. Berlim: Suhrkamp, 2011, p. 121.

[65] MONTESQUIEU, Charles Louis, Baron de. *Vom Geist der Gesetze (1748) – übersetzt und herausgegeben von Ernst Forsthoff*. Tübingen: Mohr, 1992, XIX, p. 4.

§ 3 CULTURA COMO SISTEMA SIMBÓLICO FORMADOR DE...

verdades universais por um modelo erigido mais com base na pluralidade e na diversidade. Assim como, em Herder, a língua eleva-se a recurso de uma comunidade situada histórica e geograficamente,[66] em Humboldt, os indivíduos são socializados e, em sua diversidade, reunidos em nações, através da linguagem humana.[67] De forma comparável no plano estrutural, a antropologia cultural americana desenvolve um pensamento que, ainda intermediado em parte pela tradição intelectual alemã,[68] enfatiza a pluralidade e diversidade das produções da cultura, abrindo-se também para culturas estrangeiras não ocidentais. Ruth Benedict, por exemplo, lamenta a cegueira da cultura ocidental (do homem branco), da antropologia para a diversidade e a obstinação de "sociedades primitivas" e seus modos de vida.[69] Clifford Geertz também vem se juntar a essa fileira quando coloca o termo "cultura" no plural de forma totalmente consciente em *A Interpretação das Culturas* (1973), relacionando suas análises com sistemas culturais muito diferentes, como religião, arte, ideologia, Direito ou com o senso comum, com rituais em Java ou com a rinha de galos em Bali.

Entretanto, é decisivo que a antropologia cultural americana, com toda sua abertura para noções de pluralidade e diversidade de culturas existentes no mundo, atenha-se à suposição de que existem

---

[66] Cf. EAGLETON, Terry. *Culture*. New Haven/Londres: Yale University Press, 2018, p. 83; BLANNING, Tim C. W. *The Romantic Revolution*. Nova York: Random House, 2011, pp. 108 e ss.

[67] Cf. STETTER, Christian. *Schrift und Sprache*. Frankfurt am Main: Suhrkamp, 1997, pp. 391-410. Também para De Saussure, a diversidade de línguas, a experiência de não poder compreender línguas estrangeiras, é uma prova da realidade imediata das línguas; cf. POURCIAU, Sarah M. *The Writing of Spirit*: Soul, System, and the Roots of Language Science. Nova York: Fordham University Press, 2017, pp. 70 e ss.

[68] Isso é enfatizado por DESCOLA, Philippe. *Jenseits von Natur und Kultur – aus dem Französischen von Eva Moldenhauer*. Berlim: Suhrkamp, 2011, pp. 123 e ss.

[69] BENEDICT, Ruth. *Patterns of Culture* (1934). Boston: Houghton Mifflin, 1989, pp. 1 e ss. e 19 e ss.

sistemas simbólicos culturais e de que cada cultura possui uma identidade e uma individualidade, um padrão mais ou menos consistente de ação e pensamento pelo qual as pessoas se orientam. Isso inclui a convicção de que a integração social também é uma função da cultura, que a cultura traz e produz a integração social de fato.[70] Assim, Ruth Benedict fala do fato de culturas tenderem à integração, de sua unidade ser moldada e estruturada: o conjunto da cultura não é simplesmente a soma de suas partes, mas o resultado de um arranjo único e de uma interrelação que produz uma nova unidade.[71] A nova unidade de Benedict, que promove a integração de sociedades e cria possibilidades até então desconhecidas, não contidas já nas partes, também encontra um equivalente no conceito de cultura de Geertz. Tal como Benedict, Geertz enfatiza a dimensão simbólica da ação social, na qual formas culturais encontram sua expressão e que torna possível distinguir um gesto como um piscar de olhos consciente de um mero movimento do olho. Aqui, Geertz coloca-se ele mesmo na tradição da sociologia de Max Weber e explica que o homem é um ser enredado em redes de significados – *"webs of significance"*[72] – que ele mesmo teceu.

Apesar da referência a Max Weber, a ênfase desse conceito de cultura não está no comportamento do indivíduo, que conecta um sentido subjetivo a suas ações. Pelo contrário, o que importa para Geertz é o enredamento do homem em redes de significados tecidas por ele mesmo. Assim como a teoria institucional francesa busca a socialidade humana unicamente nos sistemas culturais, nas formas de conduta e pensamento das pessoas,[73] a antropologia cultural

---

[70] Nesse sentido também GREENFELD, Liah. *Nationalism and the mind*: essays on modern culture. Oxford: Oneworld, 2006, p. 120.

[71] BENEDICT, Ruth. *Patterns of Culture* (1934). Boston: Houghton Mifflin, 1989, p. 47.

[72] GEERTZ, Clifford. "Thick Description: Toward an Interpretive Theory of Culture". *In*: _____. *The Interpretation of Cultures*. Nova York: 1973, pp. 3-5.

[73] Cf. DESCOMBES, Vincent. *Die Rätsel der Identität*. Berlim: Suhrkamp, 2013, p. 122.

americana atribui à cultura uma realidade objetiva independente das intenções das ações de indivíduos. E assim como a literatura recente da teoria da evolução e da sociologia concebe a cultura como um sistema simbólico compartilhado por um grupo de pessoas e transmitido de uma geração para outra, a antropologia cultural americana também considera que uma das contribuições essenciais da cultura consiste na transmissão de modos de vida humana de uma geração para a outra. Isso leva a uma proximidade entre o conceito de sociedade e o conceito de cultura. Não existe, então, sociedade humana sem cultura, porque a própria sociedade deve ser percebida como um fenômeno infiltrado e marcado por cultura. Cultura, escreve Geertz bem nesse sentido, é um padrão de significados transmitidos ao longo da história,

> que se manifestam de forma simbólica, um sistema de representações herdadas que se expressam em formas simbólicas, um sistema pelo qual as pessoas comunicam, mantêm e aperfeiçoam seu conhecimento da vida e suas posturas em relação à vida.[74]

Em alguns casos, as redes de significados de Geertz, assim como o modelo cultural de Benedict, podem ter estruturas extremamente complexas e não estar particularmente bem integradas. Não obstante, a antropologia cultural americana atém-se à ideia de que uma cultura deve apresentar um grau mínimo de coerência, do contrário não pode ser chamada de rede, padrão (*pattern*) ou sistema.[75] Com esse ponto de partida conceitual, a antropologia cultural americana

---

[74] GEERTZ, Clifford. "Religion as a Cultural System". *In*: _____. *The Interpretation of Cultures*. Nova York: Basic Books, 1973, pp. 87-89. A tradução alemã acompanha a tradução de Brigitte Luchesi e Rolf Bindemann: GEERTZ, Clifford. *Dichte Beschreibung*. Frankfurt am Main: Suhrkamp, 1983, pp. 44-46.

[75] GEERTZ, Clifford. "Thick Description: Toward an Interpretive Theory of Culture". *In*: _____. *The Interpretation of Cultures*. Nova York: Basic Books, 1973, pp. 17 e ss.

recente segue a tributária tradição antropológica e etnológica do século XIX e, principalmente, do "todo complexo" de Tylor. Ainda que reconheçam um pluralismo cultural (culturas, assim como as línguas humanas em Humboldt, são necessariamente de natureza local ou regional), Benedict, Geertz e outros não abandonam de modo nenhum a ideia de que culturas produzem convicções e sistemas de crenças comuns,[76] cada um dos quais gera sua própria objetividade e validade universal, um senso de direção estável, que fornece um quadro para relações ordenadas entre pessoas. Nisso, a antropologia cultural americana junta-se à fileira de uma tradição teórica em que, na esteira de Vincent Descombes, podem ser incluídos, por exemplo, os sistemas simbólicos da antropologia estruturalista de Claude Lévi-Strauss, a consciência coletiva de Émile Durkheim, a mente objetiva e o nexo semântico de Wilhelm Dilthey, o espírito objetivo de Hegel e, por fim, o espírito das leis de Montesquieu, como ancestrais epônimos dessa família conceitual[77] – e em cujo contexto teórico Descombes posiciona um "espírito das instituições" ao lado do espírito de leis.[78]

Quando associo aqui o entendimento da cultura como sistema de crenças ao entendimento da mente, não se trata de retomar a

---

[76] Cf. também ENGELMANN, Andreas. *Rechtsgeltung als institutionelles Projekt*: zur kulturellen Verortung eines rechtswissenschaftlichen Begriffs. Weilerswist: Velbrück, 2020, pp. 117 e ss. (sobre a crença no Direito); essa dimensão da crença e da não negabilidade de determinados mitos também é fortemente realçada – como mostra PORNSCHLEGEL, Clemens. "Deutung als dogmatische Funktion. Überlegungen zur institutionellen Struktur exegetischer Rede". *In*: LÜDEMANN, Susanne; VESTING, Thomas. *Was heißt Deutung?* Verhandlungen zwischen Recht, Philologie und Psychoanalyse. Paderborn: Fink, 2017, pp. 39 e ss. – na Teoria do Direito de Pierre Legendre.

[77] DESCOMBES, Vincent. *The institutions of meaning*: a defense of anthropological holism. Trad. para o alemão de Stephen A. Schwartz. Cambridge: Harvard University Press, 2014, pp. 291 e ss.

[78] DESCOMBES, Vincent. *The institutions of meaning*: a defense of anthropological holism. Trad. para o alemão de Stephen A. Schwartz. Cambridge: Harvard University Press, 2014, xi e ss.

§ 3 CULTURA COMO SISTEMA SIMBÓLICO FORMADOR DE...

família conceitual que reconduz a Montesquieu, incluindo a noção histórico-filosófica de um progresso inexorável do *Weltgeist*, então formulado, em particular, por Hegel. Pelo contrário, a remissão a essa tradição tem o objetivo de ajudar a tornar plausível a necessidade de recorrer a ideias de generalidade e a expectativas de unidade também no que diz respeito à cultura moderna e suas diversas manifestações: a cultura cria um mundo simbólico comum que está ancorado nas práticas sociais e nos artefatos materiais dos homens. Talvez a língua natural seja o melhor exemplo disso. Somente existe língua no ato da fala individual, e ainda assim os significados nela articulados são um tema comum *per se*. Nas palavras de Descombes:

> Quando Karl diz "A neve é branca" ele está realizando um ato de fala, e esse ato é seu próprio ato. O conteúdo de seu pensamento, no entanto, não poderia ser mais impessoal. Não há nada nele que indique que é Karl que está dizendo, e não Herbert.[79]

Descombes, que parte do princípio da necessidade normativa de um holismo antropológico,[80] está correto ao compartilhar com a antropologia cultural americana a convicção de que não existem significados privados nem linguagem privada. A cultura não resulta de processos misteriosos que transcorrem em uma gruta secreta,

---

[79] DESCOMBES, Vincent. *The institutions of meaning*: a defense of anthropological holism. Trad. para o alemão de Stephen A. Schwartz. Cambridge: Harvard University Press, 2014, p. 323 [N.T. Em inglês no original: "When Karl says that 'Der Schnee ist weiß', he is performing a speech act and that act is his own. The content of his thought, however, could not be more impersonal. There is nothing in it that indicates that Karl is the one saying rather than Herbert"].

[80] De forma comparável, Castoriadis já havia observado que seu conceito de instituição estava ligado à tradição do espírito objetivo no sentido empregado por Hegel e Dilthey. Vide CASTORIADIS, Cornelius. "Individuum, Gesellschaft, Rationalität, Geschichte". *In*: _____. *Ausgewählte Schriften, Bd. 3*: Das imaginäre Element und die menschliche Schöpfung. Lich: Edition AV, 2010, pp. 191-200.

dentro da mente de um indivíduo.[81] Pelo contrário, ela é o produto de uma troca social de experiências e objetos que se manifestam em símbolos significativos comuns. Mesmo as regras da língua remetem a "hábitos" gerais, a "usos e instituições".[82] E somente quando se pode supor que tais hábitos existem num grupo social e são reproduzidos, renovados e diversificados em práticas coletivas é que é possível separar frases significativas da gagueira incoerente e distinguir entre "saber" e "achar que se sabe".[83] Os sistemas de crenças da cultura moderna e suas práticas informais contribuem para a constante renovação desse legado universalista, e é somente sobre tal base que se é possível formar uma representação universalista da subjetividade jurídica, como, por exemplo, a da liberdade e dos direitos inerentes a todo homem, surgida nos movimentos constitucionais americanos ou franceses do século XVIII. Isso significa também que práticas liberais não podem ser criadas sem esses pressupostos culturais, unicamente através de um ato do Poder Legislativo ou Constituinte.

3.2 O duplo caráter da cultura moderna

A antropologia cultural americana se interessa por uma descrição o mais densa possível de representações, ideias, símbolos e artefatos materiais que definem a auto-organização das relações entre os indivíduos. Para isso, redes de significados culturais e condições de vida materiais são relacionadas entre si de uma forma que evita todo tipo de reducionismo e não resolve as tensões inevitáveis entre

---

[81] Com apoio em GEERTZ, Clifford. "Person, Time and Conduct in Bali". *In*: _____. *The Interpretation of Cultures*. Nova York: Basic Books, 1973, pp. 360-362. De forma comparável, Castoriadis já havia observado que seu conceito de instituição estava ligado à tradição do espírito objetivo no sentido empregado por Hegel e Dilthey.

[82] WITTGENSTEIN, Ludwig. *Philosophische Untersuchungen – Werkausgabe Bd. I*: Tractatus logico-philosophicus. Frankfurt am Main: Suhrkamp, 1995, p. 199.

[83] STETTER, Christian. *Schrift und Sprache*. Frankfurt am Main: Suhrkamp, 1997, pp. 515 e ss. e 571-579 e ss.

§ 3 CULTURA COMO SISTEMA SIMBÓLICO FORMADOR DE...

os dois planos em favor de um dos lados. Aqui, o interesse teórico reside primordialmente na análise dos complexos de representações que permitem, por exemplo, que a etnologia identifique determinada forma de arranjo de palha e madeira como sendo uma casa ou habitação num povoado rural, para assim registrar a profunda sensação de segurança que uma casa pode transmitir a uma família ou a um clã. É claro que, na vida cotidiana, os significados que os símbolos incorporam e que as pessoas usam para conferir sentido ao fluxo dos eventos que atravessam não são primariamente de categoria conceitual, mas, em regra, fugidios, vagos, impermanentes e confusos. Em razão da dependência dos significados em relação às práticas, nem tudo pode tornar-se explícito, porém, o sentido e o significado são produzidos em contextos sociais. São atividades e hábitos reais, como a conversa noturna dos anciãos na praça do povoado, que podem ser reconhecidos pelo etnólogo como formas culturais transubjetivas e registradas por meio da escrita como testemunhos relacionados a eventos e objetos, os quais, no campo das ciências, podem ser comunicados na forma de textos impressos ou eletrônicos e cujo acervo pode ser conservado em bibliotecas e servidores de documentos.

Na antropologia cultural americana, fala-se de sistemas simbólicos, redes de significados ou padrões culturais, porque, em todo caso, ela gostaria de evitar um entendimento da cultura para o qual sentido e significado são fenômenos puramente psicológicos. No contexto de reflexões sobre o contato cultural, na década de 1930, Gregory Bateson já parte do princípio de que esse tema diz respeito não apenas aos contatos entre diferentes subculturas e grupos dentro de uma sociedade, como, por exemplo, as diferentes normas de comportamento entre jovens e idosos, mas abrange também aqueles processos pelos quais uma criança é moldada e educada "para se encaixar na cultura em que nasceu".[84] Ruth Benedict tem exata-

---

[84] BATESON, Gregory. "Kulturberührung und Schismogenese" (1935). In: _____. *Ökologie des Geistes*. Frankfurt am Main: Suhrkamp, 1981,

mente a mesma visão. Sua teoria dos padrões culturais baseia-se do mesmo modo num exame particular da relação entre cultura objetiva e psique individual. Segundo ela, todo interesse, por mais privado que seja, é gerado dentro da tradição de uma civilização histórica; mesmo a sensibilidade musical mais rica apenas pode operar dentro da estrutura e dos padrões de uma cultura musical em que um músico tenha sido socializado. O exemplo vem da própria Benedict[85] e até hoje não perdeu validade. As gravações de músicos famosos ainda fazem parte do entendimento tradicional de qualquer cultura musical. Todos os músicos de jazz deste mundo, diz Gregory Porter, podem listar imediatamente dez álbuns que fizeram dele o músico que ele é.[86]

Que a cultura gera sua própria pressão por aculturação significa, para Benedict, que a cultura fornece a matéria prima a partir da qual as pessoas fazem e devem fazer suas vidas.[87] Ela obriga os indivíduos a reutilizar o existente e ancora na cultura um legado ao qual se devem conectar transformações e inovações; mas a cultura não se manifesta primária ou exclusivamente como restrição e redução de uma autonomia do indivíduo que existe independentemente dela mesma. A análise do espaço interno baseado na consciência da subjetividade e sua tensa auto-organização permanecem fragmentados na antropologia cultural americana, mas o estabelecimento de uma relação entre padrões culturais universalmente válidos e a psique individual nela realizado é reelaborado já na psicologia social de Erik Erikson (um autor que cooperou estreitamente com autores da antropologia cultural americana), na suposição de que a identidade

---

pp. 99-103; STETTER, Christian. *Schrift und Sprache*. Frankfurt am Main: Suhrkamp, 1997, pp. 515 e ss. e 571-579 e ss.

[85] BENEDICT, Ruth. *Patterns of Culture* (1934). Boston: Houghton Mifflin, 1989, p. 252.

[86] PORTER, Gregory. "Body ist Bass". *Frankfurter Allgemeine Zeitung – FAZ*, nº 115, 2018, p. 13.

[87] BENEDICT, Ruth. *Patterns of Culture* (1934). Boston: Houghton Mifflin, 1989, pp. 251 e ss.

do indivíduo resulta da assimilação de entornos ou mesmo de ambientes pelos quais ele passou, e da consequente constituição de um sistema de aptidões e expectativas próprias.[88] Esse entendimento está de acordo com a ideia da teoria institucional francesa de que a sociedade sempre possui instituições e que ter uma personalidade e uma identidade individuais significa ter dentro de si os ambientes da própria história passada e, por conseguinte, estar orientado no presente (e no futuro).[89] O mundo nunca é vazio e indeterminado, mas sempre fornece experiências e exigências às quais o homem deve reagir e responder de forma adequada. Juntamente com Bernhard Waldenfels, também seria possível falar de uma "responsividade" ineludível como traço básico de todo comportamento humano.[90]

Nesse contexto, qualquer oposição demasiado abrupta entre o indivíduo e a sociedade, contraposição essa que ainda hoje influencia fortemente o debate sobre a subjetividade jurídica e os direitos subjetivos, revela-se como um remanescente da grande controvérsia ideológica sobre a natureza da sociedade travada no final do século XIX em nome do individualismo ou do coletivismo.[91] Não é possível conceber a relação entre indivíduo e sociedade como oposição entre duas esferas estáveis da realidade, cada uma obedecendo suas próprias

---

[88] Cf. ERIKSON, Erik H. *Identity, Youth, and Crisis*. Nova York: Norton, 1968, p. 24; e o comentário de DESCOMBES, Vincent. *Die Rätsel der Identität*. Berlim: Suhrkamp, 2013, p. 29.

[89] Cf. DESCOMBES, Vincent. *Die Rätsel der Identität*. Berlim: Suhrkamp, 2013, p. 30.

[90] Cf. WALDENFELS, Bernhard. *Sozialität und Alterität*: Modi sozialer Erfahrung. Berlim: Suhrkamp, 2015, pp. 19 e ss.

[91] BENEDICT, Ruth. *Patterns of Culture* (1934). Boston: Houghton Mifflin, 1989, p. 251; em sentido semelhante, LUHMANN, Niklas. "Individuum, Individualität, Individualismus". In: _____. *Gesellschaftsstruktur und Semantik, Bd. 3*. Frankfurt am Main: Suhrkamp, 1989, pp. 149-216 e ss.; em sentido crítico quanto à construção do indivíduo pré-social, WIELSCH, Dan. "Medienregulierung durch Persönlichkeits- und Datenschutzrechte". *JZ*, nº 3, 2020, pp. 105 e ss.

regras. Pelo contrário, o senso de direção da cultura tanto está presente nos padrões de práticas sociais e em modos de vida, quanto na consciência individual, e também é produzido pelas operações dessas instituições. O mundo psíquico interior e o mundo exterior social do homem moderno perdem-se em sua oposição, sem serem absorvidos por uma unidade superior; sua relação é como a sutura de uma ferida que sempre volta a se abrir.[92] Nesse sentido, consciência social e individual formam uma unidade sempre precária, que se manifesta simultaneamente em dois planos diferentes: num deles, na esteira de Liah Greenfeld, o processo simbólico da cultura pode ser compreendido como "consciência coletiva"; no outro nível, trata-se de "cultura no cérebro" ou "cultura individualizada".[93] O recurso de Greenfeld à consciência coletiva de Durkheim pode até ser problemático, mas é verdade que não se deve perder de vista o duplo caráter da cultura. "Nunca se pode falar apenas sobre um ou outro; há que se lembrar que é sempre mente-na-cultura ou cultura-através-da-mente que estamos discutindo".[94]

Essa relação de correspondência determina a cultura moderna desde o início. A cultura processa um sistema de crenças baseado em instituições e regras universalmente válidas, que são internalizadas por indivíduos e determinam suas ações, para influenciar elas mesmas,

---

[92] GREENFELD, Liah. *Mind, Modernity, Madness*: the Impact of Culture on Human Experience. Cambridge: Harvard University Press, 2013, pp. 24 e ss.

[93] AUGSBERG, Ino. "Kreuzstiche. Politische Theologie als rhetorische Figur". *In*: AUGSBERG, Ino; LADEUR, Karl-Heinz (Coord.). *Politische Theologie(n) der Demokratien*: Das religiöse Erbe des Säkularen. Viena/Berlim: Turia + Kant, 2018, pp. 219 e ss. (especialmente pp. 239/240). Augsberg realça essa dinâmica de abertura como cerne de um entendimento de quiasma que subverte toda e qualquer figura de unidade.

[94] GREENFELD, Liah. *Mind, Modernity, Madness*: the Impact of Culture on Human Experience. Cambridge: Harvard University Press, 2013, p. 75. [N.T. Em inglês no original: "*We can never talk just about the one or the other; we must remember that it is always mind-in-culture or culture-through-mind that we are discussing*"].

por sua vez, a cultura. Nesse sistema de crenças, não se excluem tensões de modo nenhum, como, por exemplo, aquelas entre uma personalidade original, um talento ou inventor extraordinário e a ideia da igualdade dos indivíduos.[95] Mas o individualismo burguês não se encontra em contradição fundamental com o universalismo da Modernidade. Isso tem a ver justamente com o conceito do próprio individualismo, que apenas se torna usual no início do século XIX; para Tocqueville ainda, o individualismo é uma expressão recente, resultante de uma nova representação do homem. "Nossos ancestrais conheciam apenas o egoísmo".[96] Diferentemente do egoísmo ou do amor-próprio, o conceito de individualismo glorifica justamente não o indivíduo como tal, mas o indivíduo em geral. "Sua mola motriz não é o egoísmo, mas a simpatia por tudo o que é humano".[97] O conceito de simpatia empregado na citação de Émile Durkheim remete, por sua vez, ao laço de vizinhança entre indivíduos, que já era tão importante para o Iluminismo escocês, a capacidade do eu de adaptar identidade individual e traços pessoais de caráter às normas sociais de validade universal através da observação empática dos outros. Individualismo e universalismo são, portanto, a base da cultura ocidental moderna,[98] ao passo que, onde a distinção entre amor-próprio e individualismo não pode desenvolver-se ou é nivelada, como na cultura russa do século XIX, a cultura liberal

---

95 SHKLAR, Judith N. "Rechte in der liberalen Tradition". *In*: _____. *Liberalismus der Rechte*. Berlim: Matthes & Seitz, 2017, pp. 20-25 e ss.

96 TOCQUEVILLE, Alexis de. *Über die Demokratie in Amerika* (1835). Munique: dtv, 1984, p. 585. Individualismo não é a mesma coisa que egoísmo, que "leva o homem a relacionar tudo apenas consigo mesmo e a dar preferência a si mesmo acima de tudo".

97 DURKHEIM, Émile. "Der Individualismus und die Intellektuellen". *In*: BERTRAM, Hans (Coord.). *Gesellschaftlicher Zwang und moralische Autonomie*. Frankfurt am Main: Suhrkamp, 1986, pp. 54-60.

98 Cf. CITOT, Vincent. "Le processus historique de la Modernité e la possibilité de la liberté (universalisme et individualisme)". *Le Philosophoire*, nº 25, 2005, pp. 35 e ss.

moderna não consegue ganhar terreno firme e evoluir para tornar-se força produtiva.[99]

3.3 O desafio da tecnologia da informação

O fato de práticas sociais produzirem sistemas universais de símbolos aos quais os indivíduos devem conectar-se se quiserem agir parece ser uma suposição que vem obviamente sofrendo uma pressão cada vez maior. O pós-estruturalismo da década de 1980 já havia desenvolvido uma forte sensibilidade para as diferenças e para o incomensurável,[100] para um mundo do heterogêneo, no qual o indivíduo havia deixado de ser participante de uma causa comum para se tornar um "evento de sua singularização".[101] De modo comparável, Andreas Reckwitz fala hoje de uma "lógica [*social*] das singularidades".[102] A sociologia cultural observa um esforço por singularidade e excepcionalidade que há muito já não é apenas desejo subjetivo, mas "tornou-se uma *expectativa* social paradoxal".[103] Outros descrevem essa dinâmica como uma "virada pessoal

---

[99] Cf. BOYM, Svetlana. *Another Freedom*: the Alternative History of an Idea. Chicago: University of Chicago Press, 2010, pp. 91 e ss.; SCHRAMM, Gottfried. *Fünf Wegscheiden der Weltgeschichte*: ein Vergleich. Göttingen: Vandenhoeck & Ruprecht, 2004, pp. 346 e ss. Acompanhando LAQUEUR, Walter. *Mein 20, Jahrhundert*: Stationen eines politischen Lebens. Trad. alemã de Norbert Juraschitz. Berlim: Propyläen, 2009, p. 94, seria possível também dizer o seguinte: a Rússia é uma sociedade que até hoje não tem entendimento nenhum do que é liberdade.

[100] Cf. LYOTARD, Jean-François. *Das postmoderne Wissen*. Graz: Böhlau, 1986, p. 16.

[101] NANCY, Jean-Luc. *Singulär plural sein*. Berlim: Diaphanes, 2004, pp. 57-62.

[102] RECKWITZ, Andreas. *Die Gesellschaft der Singularitäten*: zum Strukturwandel der Moderne. Berlim: Suhrkamp, 2017, p. 47.

[103] RECKWITZ, Andreas. *Die Gesellschaft der Singularitäten*: zum Strukturwandel der Moderne. Berlim: Suhrkamp, 2017, p. 9 (entre aspas no original).

do individualismo",[104] querendo dizer com isso que o subjetivo e totalmente pessoal – os afetos, as emoções, os sentimentos, a vida psíquica, o sofrimento etc., que tradicionalmente tinham conotações negativas – hoje estão deslocando-se para o primeiro plano e sendo usados contra as instituições sociais e a descoberta de uma realidade comum. Os estoques universalistas da cultura moderna parecem estar dissolvendo-se em uma sucessão de instantâneos subjetivos, num sentimento de *Dasein* que segue as categorias da autenticidade pessoal e da autorrepresentação.

Não se pode negar que muitas vezes o individualismo burguês é substituído hoje por uma forma líquida altamente emocional de identidade pessoal. Nessa nova forma de personalidade, a necessidade de manutenção de padrões culturais impessoais é vista claramente como incompatível com a liberdade individual. Especialmente nas mídias sociais, o aumento de fenômenos de singularização e personalização levou a práticas de individualização inéditas,[105] que apontam para uma maior pluralização dos padrões de subjetividade do lado dos indivíduos. Mas essa pluralização dos padrões de subjetividade é, em primeiro lugar, expressão de possibilidades

---

[104] EHRENBERG, Alain. *Das Unbehagen in der Gesellschaft*. Berlim: Suhrkamp, 2011, p. 15; cf. também RECKWITZ, Andreas. *Das ende der illusionen*: politik, ökonomie und kultur in der spätmoderne. Berlim: Suhrkamp, 2019, pp. 36 e ss. (que descreve esse fenômeno como "hipercultura").

[105] Cf. LADEUR, Karl-Heinz. "Netzwerk als neues Ordnungsmodell des Rechts-nach dem Recht der Gesellschaft der Individuen und dem Recht der Gesellschaft der Organisationen". *In*: EIFERT, Martin; GOSTOMZYK, Tobias (Coord.). *Netzwerkrecht*: Die Zukunft des NetzDG und seine Folgen für die Netzwerkkommunikation. Baden-Baden: Nomos, 2018, pp. 169-175; LILLA, Mark. *The once and future liberal*: after identity politics. Oxford: Hurst, 2018, p. 87; WU, Tim. *The Attention Merchants*: the Epic Scramble to Get Inside our Heads. Nova York: Vintage Books, 2016, p. 295. Segundo Reckwitz (RECKWITZ, Andreas. *Die Gesellschaft der Singularitäten*: zum Strukturwandel der Moderne. Berlim: Suhrkamp, 2017, pp. 244 e ss.), essa dinâmica leva a um "sujeito digital" submetido a processos de singularização tanto cultural quanto mecânica.

e formas de autorrepresentação inéditas, que podem ser descritas como uma metamorfose estrutural da subjetividade, a qual também é descrita como movimento do paradigma do "ser individual" para o paradigma do "ser relacional".[106] Na cultura da tecnologia da informação, não se trata mais do sujeito em um sentido individual (como na era burguesa) ou do sujeito em um sentido corporativo (como na sociedade industrial), mas do sujeito em um sentido relacional.[107] É justamente quando se questiona de forma mais precisa as contribuições preliminares de sistemas simbólicos culturais para processos de formação do Direito e seus efeitos sobre a evolução do conhecimento, a dinâmica tecnológica e econômica da sociedade moderna (o fazer, diferentemente de uma perspectiva sociológica cultural orientada primariamente para o uso de tecnologias e o consumo de produtos) que fica evidente que a liberdade criativa agora é repartida entre sujeitos humanos e culturas de objetos inteligíveis. Na cultura da tecnologia da informação, a fronteira entre homem e máquina, em particular, torna-se instável, tecnologias da informação

---

[106] DEBAISE, Didier. "What is Relational Thinking?" *Infexions*, n° 5, 2012, pp. 1 e ss. Cf. também MARKEWITZ, Sandra. "Einleitung". *In*: _____. (Coord.). *Grammatische Subjektivität*: Wittgenstein und die moderne Kultur. Bielefeld: Transcript, 2019, pp. 9-14 e 16 (que fala do fato de que a filosofia no século XX tornou-se uma questão de referência, não de estabelecimentos, e do sujeito, que se torna uma categoria processual, compartilhando com outros o espaço "em que é determinável como sujeito acima de tudo").

[107] ESS, Charles. "The Onlife Manifesto: Philosophical Backgrounds, Media Usages, and the Futures of Democracy and Equality". *In*: FLORIDI, Luciano (Coord.). *The Onlife Manifesto*: Being Human in a Hyperconnected Era. Cham: Springer 2015, pp. 89 e ss.; LADEUR, Karl-Heinz. "Netzwerk als neues Ordnungsmodell des Rechts-nach dem Recht der Gesellschaft der Individuen und dem Recht der Gesellschaft der Organisationen". *In*: EIFERT, Martin; GOSTOMZYK, Tobias (Coord.). *Netzwerkrecht*: Die Zukunft des NetzDG und seine Folgen für die Netzwerkkommunikation. Baden-Baden: Nomos, 2018, p. 179; VESTING, Thomas. *Die Medien des Rechts, Bd. 4*: Computernetzwerke. Weilerswist: Velbrück Wissenschaft, 2015, pp. 72 e ss.; WIELSCH, Dan. "Medienregulierung durch Persönlichkeits- und Datenschutzrechte". *JZ*, n° 3, 2020, pp. 107 e ss.

§ 3 CULTURA COMO SISTEMA SIMBÓLICO FORMADOR DE...

e redes de computadores de alto desempenho desenvolvem até mesmo uma potência intelectual antes desconhecida,[108] que também torna possível as novas práticas de autorrepresentação e individualização nas redes sociais, por exemplo.

Por isso, dificilmente se pode partir do princípio de que a reivindicação de universalidade e validade universal típica da cultura moderna irá desaparecer na cultura da tecnologia da informação. Apesar de um profundo processo de revolução cultural, o padrão universalista da Modernidade conserva-se sobre a base anônima de uma inteligência matemática e dispersa das máquinas. A cultura burguesa já se distingue por métodos de geração de conhecimento indutivos, ricos em fatos, experimentais e validados matematicamente.[109] Esse legado burguês fora transformado uma primeira vez em uma arquitetura de conhecimento coletivo nos laboratórios corporativos da sociedade industrial e, atualmente, vem sofrendo outra transformação. Seguindo Gregory Bateson, seria possível descrever essa mutação recente, num primeiro momento, como expansão da mente humana em seu ambiente: se a psicanálise de Freud estende o conceito da mente para dentro ao incluir em seu programa de pesquisa todo o aparelho comunicativo do corpo, os âmbitos autônomos e habituais, bem como o imenso campo dos processos inconscientes, para Bateson, a mente individual é imanente não apenas ao corpo, mas também às vias e mensagens fora do corpo: "o que eu digo amplia a mente para fora".[110] Em uma etapa seguinte, a questão seria

---

[108] MALABOU, Catherine. *Morphing Intelligence*: From IQ Measurement to Artificial Brains. Nova York: Columbia University Press, 2019, p. 145 (*"the fourth blow to our narcissm"*).

[109] Cf. MOKYR, Joel. *A culture of growth*: the origins of the modern economy – the Graz Schumpeter Lectures. Princeton: Princeton University Press, 2017, pp. 70-75 e ss. (usando o exemplo de Bacon).

[110] BATESON, Gregory. "Form, Substanz und Differenz". In: _____. *Ökologie des Geistes*: Anthropologische, psychologische, biologisch und epistemologische Perspektiven. Trad. para o alemão de Hans-Günter Holl. Frankfurt am Main: Suhrkamp, 1981, pp. 576 e ss. e 593. Marshall McLuhan formulou-o de modo semelhante.

mais precisamente uma ampliação da mente humana no sentido de os artefatos materiais, e em particular as mídias tecnológicas, estarem ganhando um lugar mais importante na teoria do que o que ocupavam até então, e de a teoria cultural estar estendendo-se e alcançando uma dimensão mais materialista, mais tecnológico-midiática. A antropologia de Tim Ingold seria um exemplo de um pensamento nessa direção: Ingold fala de um conceito do fazer em que o fluxo da consciência e o fluxo das materialidades encontram-se e misturam-se num delta de ramificações.[111]

Com isso, a teoria cultural iria se abrir, para além da antropologia cultural americana, para um pensamento pós-hermenêutico.[112] A consequência seria, por exemplo, que a adaptação a um ambiente de vida deixaria de ocorrer apenas – como em Erik Erikson e Vincent Descombes – do lado dos indivíduos humanos e dentro de sistemas simbólicos produzidos unicamente por humanos. Pelo contrário, a cultura estaria entrando agora em uma relação com ambientes de vida tecnológicos, para neles deparar com uma "participação das coisas".[113] Esse enredamento do sujeito com as coisas poderia fundar uma nova relacionalidade tecnológica da subjetividade, que muito provavelmente também terá consequências para a evolução da subjetividade jurídica e à qual o Direito formal precisaria reagir de modo compatível. Ao mesmo tempo, ela sugeriria um pensamento jurídico mais materialista. Tal pensamento jurídico teria que incluir o fundamento tecnológico na produção de sentido cultural e promover uma correlação mais acentuada entre evoluções conceituais e fenomenológicas.

---

[111] Cf. INGOLD, Tim. *Making*: anthropology, archaeology, art and architecture. Londres: Routledge, 2013. Neste ponto, seria possível pensar também na teoria das mídias de Friedrich Kittler, visionária em sua época.

[112] Cf. HÖRL, Erich (Coord.). *Die technologische Bedingung*: Beiträge zur Beschreibung der technischen Welt. Berlim: Suhrkamp, 2011.

[113] WALDENFELS, Bernhard. *Sozialität und Alterität*: Modi sozialer Erfahrung. Berlim: Suhrkamp, 2015, pp. 230 e ss.; DÄRMANN, Iris. *Kulturtheorien zur Einführung*. Hamburg: Junius, 2011, pp. 193 e ss.

§ 4 LIBERDADE CRIATIVA COMO FONTE DE DINÂMICA CULTURAL

4.1 Condições transubjetivas da subjetividade

Há cerca de trinta anos, no contexto do debate sobre a Pós-Modernidade, os cientistas literários americanos John Bender e David Wellbery interpretaram a cultura ocidental como expressão de uma nova era da retoricidade. A esse termo – retoricidade – os dois autores associam um discurso vazio, que se ramifica de forma ilimitada e não mais admite um metadiscurso elucidativo que não seja ele mesmo também retórico.[114] Essa tese apoia-se na observação de que o Modernismo literário anulou o valor de um sujeito que funda a si mesmo, assim como Nietzsche ou Heidegger anulou o sujeito da filosofia contemporânea (cartesiana). Charles Baudelaire e Stéphane Mallarmé, o escrever automático dos surrealistas Franz Kafka,

---

[114] BENDER, John B.; WELLBERY, David E. "Rhetoricality: On the Modernist Return of Rhetoric". *In*: _____. *The ends of rhetoric*: history, theory, praxis. Stanford: Standford University Press, 1990, pp. 3 e ss. e 25.

Samuel Beckett e Maurice Blanchot, tudo isso teria banido a ideia da autoria e da criatividade individual para o reino do anacronismo, ao abandonar um mundo em que o sujeito é convertido por padrões e forças impessoais e dividido por uma alteridade que nunca poderia ser reconvertida em uma autodeterminação homogênea e soberana.[115] Longe de conseguir produzir um mundo universalmente válido a partir do livre arbítrio, o sujeito moderno está obviamente exposto a um declínio inexorável. A suposição de uma pluralidade de versões do mundo e de uma multiplicidade de discursos substituiu o ideal de uma linguagem descritiva neutra e independente de pontos de vista.[116] Até a própria retoricidade apenas aparece ainda como parte de uma rede de discursos multidisciplinares irredutíveis, cada um dos quais teria reconhecido os limites do conhecimento e aceitado a impossibilidade de conseguir sintetizar o conhecimento num único discurso.[117]

Essas reflexões, que lembram muito os *Ways of Worldmaking* [Modos de Fazer Mundos] de Nelson Goodman e o diagnóstico de Jean-Francois Lyotard sobre o fim das grandes narrativas, mostram que hoje uma concepção da subjetividade não pode mais ser orientada pela imagem da soberania de um monarca absoluto. Em vez disso, seria preciso fazer referência a reflexões como aquelas feitas nos últimos trabalhos de Husserl, em que se renuncia à ideia da

---

[115] BENDER, John B.; WELLBERY, David E. "Rhetoricality: On the Modernist Return of Rhetoric". In: _____. *The ends of rhetoric*: history, theory, praxis. Stanford: Standford University Press, 1990, p. 24 (*"can never be recuperated into a homogenous and sovereign self-mastery"*); cf. também ESPOSITO, Roberto. *Person und menschliches Leben*. Zurique: Diaphanes, 2010, pp. 56 e ss. (que chega a conclusões comparáveis no contexto de uma análise do conceito de pessoa).

[116] BENDER, John B.; WELLBERY, David E. "Rhetoricality: On the Modernist Return of Rhetoric". In: _____. *The ends of rhetoric*: history, theory, praxis. Stanford: Standford University Press, 1990, p. 28.

[117] BENDER, John B.; WELLBERY, David E. "Rhetoricality: On the Modernist Return of Rhetoric". In: _____. *The ends of rhetoric*: history, theory, praxis. Stanford: Standford University Press, 1990, p. 38.

§ 4 LIBERDADE CRIATIVA COMO FONTE DE DINÂMICA CULTURAL

ausência de pressupostos da subjetividade e revalorizam-se padrões gerais da experiência (intersubjetiva) pré-teórica. Em Husserl, isso é representado, em particular, pelo conceito de mundo da vida. A capacidade para a subjetividade estaria sempre ligada, então, a um acervo de pressupostos seculares que ela não pode nem criar por si mesma nem dominar plenamente, e o Modernismo literário seria então uma forma literária na qual a tensa relação da subjetividade com a cultura como sua interlocutora e condição de sua própria possibilidade seria expressa de determinada maneira. A subjetividade só conseguiria constituir-se, então, em um movimento dialético de individualidade e alteridade, no qual o eu estaria proibido de "tomar o lugar do motivo".[118] Bernhard Waldenfels compartilha desse impulso e intensifica-o, ao justapor à individualidade uma alteridade em que o outro aparece como requerente, do qual emana uma reivindicação alheia que o sujeito não consegue transformar em um elemento de autonomia própria.[119] Em Catherine Malabou, esse acervo de pressupostos seculares da subjetividade é até mesmo ampliado a uma plasticidade neurobiológica (de modelagem), através da qual o sujeito transcendental de Kant e as leis autônomas de seu pensamento ainda são reacoplados aos fundamentos epigenéticos que os precedem.[120] Logo, a subjetividade também deveria ser pensada

---

[118] RICOEUR, Paul. *Das Selbst als ein Anderer* [*O si-mesmo como outro*]. Munique: Wilhelm Fink, 1996, p. 383.

[119] Cf. WALDENFELS, Bernhard. *Sozialität und Alterität*: Modi sozialer Erfahrung. Berlim: Suhrkamp, 2015, pp. 59 e ss.; a esse respeito, cf. também AUGSBERG, Ino. "Verantwortung als Reflexion". *Rechtswissenschaft*, vol. 10, 2019, pp. 109-119 (que descreve esse "estar sempre tão exposto" como fragmentação ou cisão do sujeito que é experimentado(a) como pressuposto de toda autoconstrução).

[120] Cf. MALABOU, Catherine. *Before Tomorrow*: Epigenesis and Rationality. Cambridge: Polity Press, 2016, xiv, p. 158 (N.T. Em inglês no original: "The time has come to say it: transcendental epigenesis is epigenesis of the transcendental itself. The transcendental is subject to epigenesis – not to foundation". ["Chegou o momento de dizê-lo: a epigênese transcendental é a epigênese do próprio transcendental. O transcendental está sujeito à epigenese – não à fundação"]).

mais solidamente como categoria processual, como um fenômeno sujeito a transformações evolucionárias e históricas, como se afirma aqui no que diz respeito à subjetividade jurídica.

O tipo de subjetividade de que se trataria então deveria ser situado de certa forma entre uma variante superestimada e uma variante subestimada do sujeito moderno. A teoria da subjetividade escaparia à exaltação do sujeito criador na tradição que vem de Descartes, passando por Kant, até as *Meditações Cartesianas* de Husserl, bem como à fragmentação intelectual do subjetivismo moderno por Heidegger ou Nietzsche. Nem o sujeito autocrático que cria a si mesmo e à própria razão, nem sua revelação como pura autarquia ou habituação gramatical seriam, então, opções teóricas promissoras. Portanto, em vez de interpretar a certeza cartesiana do representar como um deslize ilegítimo para o disparate do subjetivismo e do individualismo, como Heidegger, ou de negar o *cogito* cartesiano, a consumação do "penso", toda e qualquer substância ou causalidade atribuível a um sujeito, como Nietzsche,[121] o importante seria encontrar um caminho entre essas alternativas. Em minha opinião, essa alternativa poderia consistir em interpretar o caráter insondável e que se ramifica ao infinito da cultura moderna, do qual fala Bender e Wellbery, como uma textura cultural transubjetiva, densa,[122] que deveria ser reconhecida como o espaço em que a subjetividade sempre esteve situada e onde ela deve operar; o constatar seria também, então, uma "operação implementada sempre de forma técnica e cultural".[123] Assim também deveria ser visto o ideal do *gentleman*. O *gentleman* não é um sujeito da autodeterminação

---

[121] Cf. DE LIBERA, Alain. "When Did the Modern Subject Emerge?" *American Catholic Philosophical Quarterly*, vol. 82, n° 2, 2008, pp. 181 e ss.

[122] A expressão "textura cultural densa" surgiu graças a uma conversa com Christoph Menke.

[123] RHEINBERGER, Hans-Jörg. *Epistemologie des Konkreten*: Studien zur Geschichte der modernen Biologie. Frankfurt am Main: Suhrkamp, 2006, p. 29.

§ 4 LIBERDADE CRIATIVA COMO FONTE DE DINÂMICA CULTURAL

homogênea e soberana, mas ainda assim é capaz de usar seu poder da imaginação contra a factualidade da realidade, de aprender a ver as coisas de forma nova e diferente, colando assim em seu modo de vida uma etiqueta que ele mesmo escolheu.[124] É essa base que o gestor usa mais tarde, ao investir seu poder de imaginação e criatividade no crescimento de grandes empresas, até que essa disposição para a inovação e a mudança transfira-se finalmente para o *homo digitalis*, que dispersa seu poder de imaginação e sua criatividade em redes, as quais se tornam elas mesmas inteligíveis, passando a atuar como coprodutoras de novos conhecimentos e constatações.

Essas reflexões (notoriamente, um tanto grosseiras) também lançam um olhar diferente sobre as ambições epistemológicas das concepções filosóficas de sujeito desde Descartes. Estas seriam então tributárias, diante do colapso da representação de mundo cristã--aristotélica, da tentativa de buscar um novo lugar de orientação universalmente válido para a ação no mundo e não apenas para sua constatação: a fé perdida em Deus como criador onipotente do mundo é substituída pela crença num método que transfere o campo da certeza para o mundo interior do sujeito; mas isso acontece precisamente num ponto determinado da história da evolução da cultura moderna. Logo, a teoria da subjetividade não poderia continuar partindo de formas puras de cognição ou de regras de comportamento aprioristicas, reduzindo-as a uma fundação sem mundo, de certa forma. Em vez disso, ela começaria com a premissa de que a formação da ideia de liberdade criativa desde o início da Idade Moderna não poderia ter ocorrido sem a interconexão com um plano transubjetivo e de que esse nexo também continua existindo hoje. Liberdade criativa só pode existir, então, dentro de uma textura e de uma prática cultural densas. Com apoio na terminologia de Michel Foucault, isso poderia ser expresso da seguinte forma: o sujeito é determinado por uma totalidade de ordens e regras históricas sempre

---

[124] Cf. FOUCAULT, Michel. *Archäologie des Wissens* (1969). Frankfurt am Main: Suhrkamp, 1981, p. 171.

situadas no tempo e no espaço.[125] Contudo, fazem parte dessas ordens não apenas práticas discursivas, mas também padrões de conduta não discursivos, exercícios e hábitos tácitos. Essas ordens criam um entorno social, econômico, geográfico, linguístico ou pré-linguístico comum, que forma os objetos que o sujeito encontra e define a posição que este pode ocupar.[126] Mas dentro de uma rede de informações assim entendida, e em conflito com os padrões de conduta e regras nela vigentes, a capacidade para a subjetividade pode muito bem ser eficaz e usar suas possibilidades de exceder uma ordem situada no tempo através da imaginação.

4.2 Poder da imaginação como mimese poética

O poder da imaginação, em particular, proporciona um elemento excessivo no espaço interno da subjetividade que, no século XVIII – no conflito com a filosofia transcendental de Kant – já se torna o centro intelectual da filosofia da linguagem (romântica). Autores como Johann Georg Hamann, Johann Gottfried Herder e Wilhelm von Humboldt questionam, principalmente, o primado da epistemologia, o *status* do pensamento como o original, a ideia de que a autofundamentação do conhecimento poderia ser concebida sem a influência da linguagem. Se Kant havia excluído as propriedades sensoriais da linguagem de seu processo de fundamentação transcendental e talvez tenha tido que fazê-lo também devido a seu objeto – a análise das condições da cognição de objetos em geral –,[127] Humboldt

---

[125] Cf. BOYM, Svetlana. *Another Freedom*: the Alternative History of an Idea. Chicago: University of Chicago Press, 2010, p. 27 (N.T. Em inglês no original: "Only through imagination does one have the freedom to picture otherwise, of thinking 'what if' and not only 'what is'". ["Somente através da imaginação é que se tem a liberdade de imaginar de outra maneira, de pensar 'e se' e não apenas 'o que é"]).

[126] Cf. FOUCAULT, Michel. *Archäologie des Wissens* (1969). Frankfurt am Main: Suhrkamp, 1981, pp. 74 e 78.

[127] STETTER, Christian. *Schrift und Sprache*. Frankfurt am Main: Suhrkamp, 1997, p. 397.

§ 4 LIBERDADE CRIATIVA COMO FONTE DE DINÂMICA CULTURAL

vira de ponta-cabeça a relação kantiana entre mente e linguagem: linguagem e razão humana formam um todo orgânico.[128] Mas, para Humboldt, linguagem – bem no sentido do sensualismo de Herder – significa falar, articular o pensamento. Assim, para Humboldt, o pensamento somente alcança desenvolvimento e precisão quando a interioridade da mente pode reificar-se na expressão linguística, na língua falada ou num texto escrito de forma bem-sucedida. O discurso torna-se assim a condição necessária do pensar, o órgão formador do pensamento.

> É que já foi demonstrado, e pode-se muito bem supor ser incontroverso, que a linguagem não é meramente a designação do pensamento formado independentemente dela, mas é ela mesma o órgão formador do pensamento. A atividade intelectual, totalmente mental, totalmente interna e, de certo modo transitória, que não deixa vestígios, torna-se externa e perceptível aos sentidos através do tom da fala e adquire um corpo permanente através da escrita.[129]

Ao fazer da linguagem o órgão formador do pensamento, Humboldt liga o pensamento e a cognição de modo indissolúvel às formas de articulação da linguagem, ao falar sonoro. Para Humboldt, a linguagem não é simplesmente o som bruto da natureza, o suporte da sensação espontânea, mas sim o som articulado em cujas interconexões expressam-se conceitos e enunciados pelos quais o homem convida seus semelhantes a entender-se através do pensamento em

---

[128] Cf. STETTER, Christian. *Schrift und Sprache*. Frankfurt am Main: Suhrkamp, 1997, pp. 400 e ss.; BOLLNOW, Otto Friedrich. "Wilhelm von Humboldts Sprachphilosophie". *Zeitschrift für deutsche Bildung*, 14, 1938, pp. 102 e ss. Aqui, Humboldt toma referência em HERDER, Johann Gottfried. *Abhandlung uber den Ursprung der Sprache*. Berlim: C.F. Voss, 1772, segundo o qual a linguagem estaria contida na essência do homem desde o início e de forma inseparável.

[129] HUMBOLDT, Wilhelm von; STETTER, Christian (Coord.). *Grundzüge des allgemeinen Sprachtypus*. Berlim: Philo, 2004, § 20, p. 43.

conjunto. Linguagem, reflexão e autoconsciência são inseridas em uma relação de dependência mútua e relacionadas uma à outra, de tal modo que a capacidade linguística torna-se a condição necessária da capacidade de discernimento.[130] Seguindo o modelo da produção literária de Goethe e Schiller, Humboldt leva essa ideia ao ponto de a articulação linguística transformar-se naquele processo que possibilita que o poder da imaginação poética "esboce um mundo ideal do possível contra o 'reino da realidade'".[131] Portanto, contrariando Kant ou Wittgenstein em seus primeiros trabalhos, Humboldt entende a função da linguagem não a partir da ideia da reprodução, mas justamente a partir do poder da imaginação, "da mimese poética".[132] Essa parte da filosofia da linguagem de Humboldt em que a linguagem torna-se a faculdade constitutiva do homem está intimamente relacionada, por sua vez, com sua visão de que a linguagem não é *ergon*, mas *energeia*, não é uma obra, mas uma atividade, trabalho da mente em eterna repetição, que converte o som articulado em expressão do pensamento.[133]

O poder da imaginação faz da linguagem um processo dinâmico, um objeto que está constantemente em transformação. Assim Humboldt reflete, no âmbito da filosofia da linguagem, a separação entre a cultura moderna e a supremacia da tradição religiosa e sua abertura para um movimento de crescimento, evolução e constante transformação. Dessa forma, ele presta uma importante contribuição para a compreensão mais precisa das intermediações culturais da

---

[130] STETTER, Christian. *Schrift und Sprache*. Frankfurt am Main: Suhrkamp, 1997, p. 404.

[131] STETTER, Christian. *Schrift und Sprache*. Frankfurt am Main: Suhrkamp, 1997, p. 405, remetendo a HUMBOLDT, *Über Goethes Hermann und Dorothea*.

[132] STETTER, Christian. *Schrift und Sprache*. Frankfurt am Main: Suhrkamp, 1997, p. 406. (Muito provavelmente, isso já se aplicava a Hobbes e a suas figuras ficcionais).

[133] STETTER, Christian. *Schrift und Sprache*. Frankfurt am Main: Suhrkamp, 1997, p. 450.

§ 4 LIBERDADE CRIATIVA COMO FONTE DE DINÂMICA CULTURAL

subjetividade no plano da linguagem, sem resolver em favor de um ou outro lado a tensão entre a necessidade de mimese do existente e o elemento construtivo, em forma de esboço, da mimese poética. Como aconteceu depois, na filosofia pragmática da linguagem de Wittgenstein, de fato, a subjetividade perde seu *status* de mera detentora da razão através de seu entrelaçamento com a gramática (gramática e constituição da subjetividade passam a ser pensadas em conjunto); mas isso não leva à perda da capacidade de inserir um elemento de diferença no processo de mimese e, não obstante a integração da participação ativa da conduta em uma estrutura regulatória existente, de ir além de uma mera imitação do existente.[134] Em meados do século XX, Ernst Cassirer tira daí a conclusão de expandir a definição clássica de homem: o homem não é primariamente um ser racional, um *animal rationale*, mas sim um ser simbólico, um *animal symbolicum*.[135] Com essa redefinição do homem, Cassirer deseja dar conta das conclusões de um pensamento mais teórico-cultural (em vez de puramente filosófico): além da linguagem formal da lógica e das ciências (naturais), existe também a linguagem pictórica da poesia, já que, segundo Cassirer, a linguagem não expressa em primeiro lugar pensamentos e ideias, mas sim sentimentos e afetos.[136] Também em Cassirer, a base fundamental da subjetividade é novamente transferida para trás da razão puramente lógico-científica, para permitir que se destaquem as possibilidades de uma subjetividade criativa, tal como esta se manifesta em particular no poder da imaginação.[137]

---

[134] STETTER, Christian. *Schrift und Sprache*. Frankfurt am Main: Suhrkamp, 1997, p. 450.

[135] CASSIRER, Ernst. *Was ist der Mensch*. Stuttgart: Kohlhammer, 1960, p. 40.

[136] CASSIRER, Ernst. *Was ist der Mensch*. Stuttgart: Kohlhammer, 1960.

[137] Uma variante de coloração mais política desse movimento de pensamento é encontrada em Hannah Arendt: a representação autoconcebida, o distanciamento libertador do afeto sensorial, é atribuída ao poder da imaginação em seu benefício e a "remoção do objeto" é qualificada como característica central do discernimento. Cf. ARENDT, Hannah. *Das Urteilen*: Texte zu Kants politischer Philosophie [*Lições sobre a*

4.3 Do caráter de evento do novo

A subjetividade – inclusive como subjetividade jurídica – contribui para uma "cultura da agitação",[138] para uma disposição para a mutação, que "sempre traz à tona novos modos de vida e ideias".[139] Essa agitação e essa disposição para a transformação experimentam uma condensação em forma de consciência no poder da imaginação, que se manifesta, por exemplo, na literatura moderna, na capacidade para a imaginação literária, na "curiosidade por exercícios intelectuais em que modos de vida inimagináveis são explorados na modalidade da ficção".[140] Nesse entorno das figuras retóricas, ficções e metáforas também devem ser situados aquele pré-conceitual e aquele não-conceitual sem os quais o sujeito não conseguiria aproximar-se de forma imaginária do ainda não compreendido.[141] O fato de esse mundo do tornar-se acabar escapando às intenções do sujeito está relacionado com o caráter de evento do novo, com a busca singularmente tateante num espaço em que a nova cognição não antecipável ou a solução para um problema aparecem de forma

---

filosofia política de Kant]. Munique: Piper, 1985, p. 90; ao qual também se refere Menke (MENKE, Christoph. *Kritik der Rechte*. Berlim: Suhrkamp, 2015, pp. 374 e ss.) em uma analítica da dialética do julgar.

[138] KONERSMANN, Ralf. *Die Unruhe der Welt*. Frankfurt am Main: S. Fischer, 2015, p. 24 (sem itálico no original).

[139] KONERSMANN, Ralf. *Die Unruhe der Welt*. Frankfurt am Main: S. Fischer, 2015, p. 24.

[140] RICOEUR, Paul. *Das Selbst als ein Anderer* [*O si mesmo como outro*]. Munique: Wilhelm Fink, 1996, p. 348.

[141] A esse respeito, cf. BLUMENBERG, Hans. *Theorie der Unbegrifflichkeit* [*Teoria da Não Conceitualidade*]. Frankfurt am Main: Suhrkamp, 2010; em sentido semelhante, ROSEN, Lawrence. *Law as Culture*: an Invitation. Nova York: Princeton University Press, 2006, pp. 9 e ss. e 131 e ss. Para Rosen, metáforas são um elemento unificador: elas são centrais para a criação de pensamentos e para a ligação entre categorias diferentes a um todo gerenciável; cf. também DAMLER, Daniel. "Synästhetische Normativität". *Rechtsgeschichte*, vol. 25, 2017, pp. 162 e ss.

§ 4 LIBERDADE CRIATIVA COMO FONTE DE DINÂMICA CULTURAL

repentina e inesperada, mas não podem ser inferidas a partir de um acervo de premissas estáveis, como num método dedutivo.[142] Em uma terminologia fenomenológica, seria possível dizer que experiências novas ocorrem primeiramente como resultado de uma auto-organização das coisas que não é controlada por ninguém.

> Se a intenção fosse provocar o turbilhão de forma intencional e consciente no campo da experiência que gera determinados padrões, seria preciso dispor já antecipadamente daquilo a partir do que é feita a seleção; assim, seriam separadas apenas experiências prontas, mas não nenhuma experiência nova seria feita.[143]

O pensamento fenomenológico desloca para o primeiro plano as contribuições e tarefas da subjetividade, ligando inovações a uma "interação entre encontrar e inventar".[144] Mesmo a fenomenalidade da subjetividade jurídica não pode ser concebida sem forças e leis culturais e seu substrato de práticas, hábitos e convenções sociais, que, por sua vez, nunca são totalmente visíveis e nunca podem tornar-se totalmente explícitos. As barreiras que essas condições encontradas impõem à capacidade para a subjetividade também não podem ser simplesmente saltadas através de uma refundação da sociedade a partir do nada normativo, por exemplo, segundo o padrão de um contrato social. Mesmo em Hobbes, o contrato

---

[142] Cf. – quanto à ciência laboratorial experimental – RHEINBERGER, Hans-Jörg. *Experimentalsysteme und epistemische Dinge*: eine Geschichte der Proteinsynthese im Reagenzglas. Frankfurt am Main: Suhrkamp, 2006; sobre as consequências para a Teoria do Estado, cf. MCCLOSKEY, Deirdre; MINGARDI, Alberto. *The Myth of the Entrepreneurial State*. Great Barrington: American Institute for Economic Research, 2020.

[143] WALDENFELS, Bernhard. *Ordnung im Zwielicht*. Frankfurt am Main: Suhrkamp, 1987, p. 58.

[144] WALDENFELS, Bernhard. *Ordnung im Zwielicht*. Frankfurt am Main: Suhrkamp, 1987, p. 12.

social é uma construção intelectual sobre a qual não se afirma de modo nenhum que alguma vez tenha correspondido à realidade histórica.[145] E uma vez que Hobbes, como um dos primeiros teóricos da filosofia social do início da Idade Moderna, faz uma distinção clara entre lei e direito subjetivo e permite que seu Leviatã resulte do uso individual de direitos subjetivos – da liberdade (*liberty*) –, ele contribui para que o sujeito jurídico e político do início da Era Moderna possa assumir uma postura técnica em relação ao mundo. O sujeito soberano de Hobbes já é um sujeito funcional, que se liberta da concepção teleológica da antiga *societas civilis* e compromete-se com determinadas finalidades de utilidade geral, em particular, com a função de manutenção da paz em uma *Commonwealth* e com a proteção da liberdade (de consciência) interna de seus súditos. Com isso, o sujeito soberano do início da Idade Moderna torna-se móvel, e nesse quadro ordenador móvel e aberto para o futuro, o *gentleman* pode, por exemplo, pôr em marcha um processo sustentável de busca experimental por novos conhecimentos.

Por conseguinte, as condições transubjetivas da subjetividade também podem ser descritas do seguinte modo: a cultura moderna está constantemente formando novos modos de vida nos quais o sujeito pode investir-se, abrindo novas possibilidades para si mesmo e para outras pessoas.[146] Ainda que não se possa negar que o ser humano deve ser socializado e aculturado, especialmente na adolescência, que esses processos acarretam várias formas de (auto) disciplinamento e também podem estar associados a obrigações psiquicamente dolorosas, não é de modo nenhum como se a cultura impusesse correntes ao sujeito em primeiro lugar, que ela o subjugue e oprima, orientando sua consciência, submetendo-a um autogoverno despótico ou restringindo-o e amputando-o em sua liberdade

---

[145] A esse respeito, recentemente, KAHN, Victoria A. *The Trouble with Literature*. Oxford: Oxford University Press, 2020, pp. 33 e ss., 49 e 59.

[146] Em parte, com apoio em ASSMANN, Jan. *Religion und kulturelles Gedächtnis*: zehn Studien. Munique: C.H. Beck, 2000, p. 17.

§ 4 LIBERDADE CRIATIVA COMO FONTE DE DINÂMICA CULTURAL

natural. Diante de visões desse tipo, que colocam em cena processos de subjetivação primariamente como sujeição a um grande outro (ou como autorização dada por ele), há que se insistir que faz parte da cultura moderna uma modalidade ativa do fazer e do construir[147] que faz com que o mundo pareça, em todas as suas manifestações, algo feito produzido, ficção, no sentido original de *fictio*. O Direito moderno e, em particular, os direitos de liberdade, participam dessa dinâmica. O Direito não se apresenta de forma nenhuma somente como mecanismo de controle social e resolução de conflitos, mas contribui de forma muito mais fundamental para a ordenação da realidade social e para a abertura de possibilidades sempre novas. Nas palavras de Clifford Geertz:

> O Direito não apenas absorve, ele define. Ele não apenas corrige, ele torna possível. O que ele define, o significado que ele estabelece, é uma força importante para moldar o comportamento humano e dar-lhe sentido, emprestando-lhe significado, propósito e direção. É esse tipo de coisa – o Direito não tanto como um dispositivo ou um mecanismo para colocar as coisas de volta no caminho certo, quando elas tiverem caído em tribulações, mas como um elemento construtivo em si "dentro da cultura", um estilo de pensamento que, em conjunto com muitas outras coisas igualmente "dentro da cultura" (...) – estabelece o caminho em primeiro lugar.[148]

---

[147] FUNKENSTEIN, Amos. *Theology and the scientific imagination*: from the Middle Ages to the seventeenth century. Princeton: Princeton University Press [1986] 2018, pp. 290-297.

[148] GEERTZ, Clifford. "Off Echoes. Some Comments on Anthropology and Law". *Political and Legal Anthropology Review*, 1996, pp. 33-35; cf. também ROSEN, Lawrence. *Law as Culture*: an Invitation. Nova York: Princeton University Press, 2006; LADEUR, Karl-Heinz. *Recht-Wissen-Kultur*: die fragmentierte Ordnung. Berlim: Duncker & Humblot, 2016, pp. 48 e ss. [N.T. Em inglês no original: "Law doesn't just mop up, it defines. It doesn't just correct, it makes possible. What it defines, the meaning frames it sets forth, is an important force in shaping human behavior and giving it sense, lending it significance, point and direction.

O fato de o Direito moderno contribuir para a formação de modos de vida e para a abertura de novas possibilidades deve-se de modo particular à capacidade para a subjetividade, que também entra nos processos sociais de formação da subjetividade jurídica. Em razão de seu aspecto instituído, inclusive do componente tácito, que está indissoluvelmente ligado às práticas de liberdade dispersas na sociedade, a fenomenalidade da subjetividade jurídica é de grande complexidade e difícil redução a um conceito ou a uma simples fórmula ou definição. Em nenhum caso, porém, direitos e deveres devem ser tratados como objetos normativos isoláveis conferidos a uma pessoa isolada de práticas sociais, ou que ela aceita e "detém", para se tornar uma pessoa de Direito através de tal ato. O sujeito de direito moderno, que primeiro se apresenta como sujeito de direito burguês (como *gentleman* na Inglaterra e na América do Norte, como *bourgeois* ou *Wirtschaftsbürger* na Europa Continental), deve ser concebido antes como uma potência que se institui em formas práticas de vida, como uma capacidade que está sempre esperando – e pode esperar – por sua realização.[149] Por conseguinte, é própria do sujeito de direito uma capacidade conceitual para a criação de significado, ele processa uma dimensão de abertura cognitiva para o mundo[150]

It is this sort of thing – law not so much as a device or a mechanism to put things back on track when they have run into trouble, but as itself a constructive element 'within culture', a style of thought, which in conjunction with a lot of other things equally 'within culture' ... – lays down the track in the first place"].

[149] Apoiando-se em LUCCI, Antonio; SKROWONEK, Thomas. "Potenz-Potential-Potentialität. Die Möglichkeiten und die Macht (Einleitung)". In: _____. (Coord.). *Potential regieren*: zur Genealogie des möglichen Menschen. Paderborn: Wilhelm Fink, 2018, pp. 9 e ss., que, por sua vez, referem-se ao conceito de "potenza" de Giorgio Agamben – potência, capacidade, possibilidade.

[150] GEERTZ, Clifford. "Local Knowledge. Fact and Law in Comparative Perspective". In: _____. *Local knowledge*: further essays in interpretive anthropology. Nova York: Basic Books, 1983, pp. 167-173 ("a distinctive manner of imagining the real"); cf. também ENGELMANN, Andreas. *Rechtsgeltung als institutionelles Projekt*: zur kulturellen Verortung

§ 4 LIBERDADE CRIATIVA COMO FONTE DE DINÂMICA CULTURAL

que não deve ser restringida a uma representação convencional de normatividade legal. Nos direitos sociais de liberdade também está embutido um repertório parcialmente implícito de possibilidades de conduta e de pensamento que possibilite que algo novo se produza no mundo sem cessar, algo até então não existente, desconhecido, antecipações de relações e coisas que ainda não existem em absoluto no presente. Por exemplo, para conseguir escrever uma autobiografia como Tristram Shandy, o sujeito (de direito) burguês necessita de um poder de imaginação literária que se dispõe a intervir no mundo existente e desenvolver uma identidade artística no mundo, e não apenas espiritualmente, fora do mundo.[151]

Portanto, a relação da subjetividade para com as condições transubjetivas de sua própria possibilidade (da sociedade, da cultura, das instituições) é uma relação dupla: o movimento no qual a subjetividade depara com redes de significados culturais e instituições que ela deve retomar encontra-se em uma tensão indissolúvel com a liberdade criativa, talvez como expressão mais importante do anseio moderno por uma vida livre.[152] Seguindo Andreas Reckwitz, seria possível esboçar sobre essa base uma teoria das "culturas do sujeito" como lugar de "complexos da prática/do discurso": culturas do sujeito seriam, então, subelementos de um espaço cultural abrangente,

---

eines rechtswissenschaftlichen Begriffs. Weilerswist: Velbrück, 2020, pp. 161 e ss. (sobre reflexões semelhantes em Robert Cover); e MÖLLERS, Christoph. *Die Möglichkeit der Normen*: Über eine Praxis jenseits von Moralität und Kausalität. Berlim: Suhrkamp, 2015, pp. 403 e ss. (que realça a contribuição cognitiva do Direito subjetivo).

[151] Cf. DESCOMBES, Vincent. *Die Rätsel der Identität*. Berlim: Suhrkamp, 2013, pp. 137 e ss.; DUMONT, Louis. "Vom außerweltlichen zum innerweltlichen Individuum". In: _____. *Individualismus*: zur Ideologie der Moderne. Frankfurt am Main/Nova York: Campus, 1991, pp. 33 e ss.

[152] A esse respeito, na visão filosófica, PIPPIN, Robert B. *The Persistence of Subjectivity*. Cambridge: Cambridge University Press, 2005, pp. 1 e ss.

cada uma definindo e realizando "formas (específicas) do sujeito".[153] A estas, são associadas em Reckwitz culturas históricas do sujeito, como, por exemplo, as ordens do sujeito da burguesia, as ordens do sujeito de vanguarda, do sujeito empregado pós-burguês ou do sujeito criativo pós-moderno. Fica assim marcada uma direção do pensamento teórico-cultural que também fornece orientação para este livro. Entretanto, mais do que sugere a terminologia apoiada em Foucault de Reckwitz, é importante para a história da mutação da subjetividade jurídicajurídica na modernidade que se enfatize a modalidade ativa da subjetividade, a liberdade criativa e, em particular, o fazer econômico, tecnológico e baseado no conhecimento – e menos a modalidade passiva da subjetividade, a adaptação e categorização em uma cultura do sujeito. Para poder situar esse elemento criativo da forma mais nítida possível num espaço transubjetivo de restrições e possibilidades, os ideais de personalidade do *gentleman*, do gestor e do *homo digitalis* são relacionados neste estudo às respectivas formas culturais transubjetivas específicas, que são designadas como cultura burguesa, cultura gestorial e cultura da tecnologia da informação.

Com isso ficam suficientemente conceitualizados os pontos de partida teóricos desta análise. Os próximos dois capítulos mostrarão, com mais detalhes e com a ajuda de pesquisas recentes da história cultural e econômica, como o ideal do *gentleman* anglo-americano lançou uma forma de subjetividade burguesa em uma cultura e em uma sociedade comercial emergentes. Para atender em alguma medida o grau de dificuldade desse tema, serão destacados primeiramente alguns componentes do quadro histórico-cultural e social em que esse ideal cresce e no qual ocorrem novas práticas de liberdade repartidas na sociedade, que constituem o aspecto instituído da subjetividade jurídica e do qual não podem ser separados os processos

---

[153] RECWITZ, Andreas. *Das hybride Subjekt*: eine Theorie der Subjektkulturen von der bürgerlichen Moderne zur Postmoderne. Weilerswist: Velbrück Wissenschaft, 2010, p. 44.

§ 4 LIBERDADE CRIATIVA COMO FONTE DE DINÂMICA CULTURAL

de formação de direitos formais no *common law* e a proclamação de direitos de liberdade universais nas constituições liberais burguesas e nas declarações de direitos dos séculos XVIII e XIX (§ 5°). Em outra etapa de reflexão, esses motivos serão retomados e ampliados, para permitir que o ideal do *gentleman* se apresente do modo mais plástico possível no contexto de sua gênese histórica (§ 6). Para isso também contribuirá uma comparação com os ideais de personalidade da Europa continental, o *homme honnête* (dos salões de Paris) e o *Bildungsbürger* alemão, tal como o romance de formação o vê (§ 7). Esses ideais continentais desenvolvem-se, primeiramente, de forma independentemente da cultura anglo-americana, mas com o crescimento da importância do comércio e a emergente industrialização na Grã-Bretanha, a cultura continental europeia, ainda fortemente influenciada por ideais, virtudes e valores aristocráticos, abre-se para o modelo britânico (e americano), para as virtudes e posturas burguesas do *gentleman*.

§ 5 CULTURA BURGUESA

5.1 O *gentleman* como ideal de personalidade

A palavra francesa *bourgeois*, como nos lembrou recentemente mais uma vez o cientista da literatura nascido na Itália e professor nos Estados Unidos, Franco Moretti, tem suas origens no habitante da cidade (*burgeis*).[154] Moretti mostra ainda que, na França, *burgeis* designava aqueles habitantes das cidades medievais (*bourgs*), livres e isentos da jurisdição feudal. A partir do final do século XVII, o *bourgeois* fazia parte então de uma classe especial: era considerado burguês aquele que não pertencia nem ao clero nem à nobreza, que não trabalhava com as próprias mãos e era economicamente independente. Com este significado fundamental, os burgueses se infiltraram em todas as línguas da Europa Ocidental. Todavia, enquanto essa palavra foi assimilada morfologicamente em quase todas as línguas da Europa Ocidental, por exemplo, na Holanda,

---

[154] MORETTI, Franco. *The bourgeois*: between history and literature. Londres: Verso, 2013, pp. 8 e ss.; cf. também PIPPIN, Robert B. *The Persistence of Subjectivity*. Cambridge: Cambridge University Press, 2005, pp. 3 e ss., nota 3.

como *burguer*, ou em alemão como *Bürger*,[155] na Inglaterra, a palavra permaneceu como importação do francês; portanto, justamente no país que desempenha um papel decisivo, se não o mais decisivo, na história do surgimento da cultura burguesa ao lado da Holanda.[156] Por isso, o uso linguístico correto para nosso tema é tudo menos de fácil definição. É que o termo *gentleman*, que optei por empregar neste livro, pode designar tanto um tipo mais aristocrático quanto um tipo mais burguês. Assim, na literatura recente sobre história econômica, encontra-se um autor como Deirdre McCloskey, que fala de virtudes burguesas, mas não do *gentleman* como titular dessas virtudes.[157] Em contrapartida, encontra-se justamente tal atribuição no trabalho do historiador econômico israelense Joel Mokyr: o empreendedor britânico dos primeiros tempos via-se mais como um burguês do que como *gentleman* aristocrático. "O empresário

---

[155] Sobre a história dos conceitos, cf. RIEDEL, Manfred. "'Bürger, Staatsbürger, Bürgertum'". *In*: BRUNNER, Otto; CONZE, Werner; KOSELLECK, Reinhart (Coord.). *Geschichtliche Grundbegriffe*: Historisches Lexikon zur politisch-sozialen Sprache in Deutschland. Stuttgart: Klett-Cotta, 2004, pp. 672-683 e ss.; HAUPT, Heinz-Gerhard. "Der Bürger". *In*: FURET, François (Coord.). *Der Mensch der Romantik*. Frankfurt am Main: Campus, 1998, pp. 23-28 e ss.

[156] Sobre a Holanda como primeira nação burguesa, cf. MCCLOSKEY, Deirdre M. *Bourgeois Equality*: How Ideas, Not Capital or Institutions, Enriched the World. Chicago: University of Chicago Press, 2016, pp. 326 e ss.; GREENFELD, Liah. *The Spirit of Capitalism*: Nationalism and Economic Growth. Cambridge: Harvard University Press, 2001, pp. 63 e ss.

[157] Cf. MCCLOSKEY, Deirdre M. *Bourgeois dignity*: why economics can't explain the modern world. Chicago: University of Chicago Press, 2010, pp. 295 e 386 e ss.; MCCLOSKEY, Deirdre M. *The bourgeois virtues*: ethics for an age of commerce. Chicago: University of Chicago Press, 2006, pp. 75, 471 e 501. De acordo com McCloskey, a forma de emprego do termo *gentleman* orientada por virtudes burguesas, em particular, pela atividade comercial, provavelmente se impôs primeiramente na América.

britânico pensou em si mesmo, num sentido ético, como o que chamaríamos de um *gentleman*".[158]

A incerteza terminológica expressa nessas diferentes classificações está relacionada com o fato de que a imagem idealizada do *gentleman* inglês surgiu originalmente como um conceito de nobreza. Já na literatura cortesã do início da Idade Moderna, o *gentleman* aparece ao lado do príncipe e do cortesão como um tipo de caráter independente.[159] Devido a essa origem aristocrática, a boa educação, uma certa nobreza na aparência e a capacidade de ser um bom cavaleiro ou dançarino estão entre as características de caráter típicas de um *gentleman*. No século XVIII, acrescenta-se a isso o ideal da cortesia (figura 2). Em seu centro está o cultivo da sociabilidade, à qual são associados uma conversa requintada e, em geral, um amplo refinamento da linguagem através de uma "*polite literature*" e outras belas artes; de modo que o *gentleman* ideal, assim como, *gentlewoman* agora, deve dispor de muito senso artístico, formação literária e entendimento musical.[160] Essa herança aristocrática do ideal do *gentleman*, que incluía também não trabalhar por dinheiro e não precisar viver do comércio, é a razão pela qual o *gentleman* inglês

---

[158] MOKYR, Joel. *The Enlightened Economy*: an Economic History of Britain, 1700-1850. New Haven: Yale University Press, 2009, p. 383 (e Mokyr continua: "Ironically, this notion of a gentleman is closer to what McCloskey (...) calls 'bourgeois virtues' than the original leisurely landed squire") ["Ironicamente, essa noção de *gentleman* está mais próxima do que McCloskey (...) chama de 'virtudes burguesas' do que o castelão original indiferente"]. [Em inglês no original: "The British entrepreneur thought of himself, in an ethical sense, as what we would call a *gentleman*"].

[159] Cf. THOMAS, Keith. *In pursuit of civility*: manners and civilization in early modern England. New Haven: Yale University Press, 2018, pp. 31 e ss.; MASON, Philip. *The English gentleman*: the rise and fall of an ideal. Londres: Pimlico, 1993.

[160] BREWER, John. *The Pleasures of the Imagination*: English Culture in the Eighteenth Century. Nova York: Farrar Straus Giroux, 1997, pp. 56 e ss. e 100.

trata as virtudes burguesas com o maior dos preconceitos. No século XVIII, mesmo os *gentleman poets* e literatos estavam comprometidos com o ideal aristocrático, pelo menos se quisessem evitar ser expostos, como o patrono e admirador do escritor mais vendido na época, Samuel Richardson (1689-1761), Aaron Hill, ao "que eles consideravam como a mancha vulgar de escrever por dinheiro"[161] através de uma política matrimonial apropriada. E os romances de Jane Austen, publicados no início do século XIX, ainda respiram esse espírito. Seus não bem-nascidos protagonistas masculinos nunca são considerados verdadeiros *gentleman*, mas pelo menos eles podem se tornar – como o comerciante de mercadorias, Mr. Gardiner, em *Orgulho e Preconceito* – num *"sensible, gentlemanlike man"*.[162]

---

[161] BREWER, John. *The Pleasures of the Imagination*: English Culture in the Eighteenth Century. Nova York: Farrar Straus Giroux, 1997, p. 145. [Em inglês no original: "what they regarded as the vulgar taint of writing for money"].

[162] Cf. MCCLOSKEY, Deirdre M. *Bourgeois dignity*: why economics can't explain the modern world. Chicago: University of Chicago Press, 2010, pp. 158 e ss.; MASON, Philip. *The English gentleman*: the rise and fall of an ideal. Londres: Pimlico, 1993, pp. 74 e ss. Importante neste ponto, adverte McCloskey, é a ortografia: *gentlemanlike man*, sem hífen, não *gentleman-like man*. A variante do hífen é comum em Daniel Defoe, especialmente em *genlemant-tradesman*.

§ 5 CULTURA BURGUESA

Figura 2 - O símbolo da educação: capitão William Wade,
Thomas Gainsborough, 1771

Para uma análise mais precisa da formação da cultura burguesa e dos ideais de personalidade a ela associados, o que importa é o tipo do burguês e não tanto a designação linguística. Nesse sentido, o ideal do *gentleman* aqui tratado enfatiza mais o lado burguês e menos o lado aristocrático do homem inglês. De qualquer modo, existe acordo sobre o assunto: já na Inglaterra Tudor, o tipo do *gentleman* abre-se para um *éthos* igualitário, que faz nascimento e hereditariedade recuarem, relativiza distinções sociais e torna até mesmo altos cargos de Estado acessíveis a homens educados da baixa nobreza e até mesmo de círculos não-aristocráticos.[163] Mas

---

[163] Cf. GREENFELD, Liah. *Nationalism and the mind*: essays on modern culture. Oxford: Oneworld, 2006, pp. 64-71 e ss.

o verdadeiro passo para o aburguesamento do ideal do *gentleman* só se dá com o crescimento da importância da sociedade comercial no século XVIII e a formação de uma *"commercial sociability"* a ela correspondente,[164] que revaloriza categorias como utilidade e necessidade. A alta cultura britânica transforma-se numa cultura comercial, na qual o conceito tradicional de nobreza perde mais brilho à medida em que crescem o comércio e a indústria. Esse movimento evolui par a par com uma maior permeabilidade da cultura aristocrática inglesa aos valores, concepções e ideias burguesas, tais como confiabilidade, perseverança e honestidade. Enquanto o burguês do continente ainda luta por muito tempo contra o princípio segundo o qual um "homem de posição na batalha alcança a riqueza de modo mais honrado e veloz do que um homem comum através do trabalho",[165] na Inglaterra, homens comuns, como maquinistas ou comerciantes podem alçar à posição de *gentleman* já no final do século XVII, elevando ao mesmo tempo o *status* social das mulheres casadas com eles e melhorando suas liberdades e possibilidades de educação.[166] Apesar de uma evolução linguística divergente do

---

[164] Sobre o termo, HONT, Istvan. *Politics in Commercial Society*: Jean-Jacques Rousseau and Adam Smith. Cambridge: Havard University Press, 2015, p. 12; sobre o contexto, HIRSCHMAN, Albert O. *Leidenschaften und Interessen*: politische Begründungen des Kapitalismus vor seinem Sieg. Trad. para o alemão de Sabine Offe (*The Passions and the Interests*). Frankfurt am Main: Suhrkamp, 1984, especialmente pp. 39 e ss.; cf. também THOMAS, Keith. *In pursuit of civility*: manners and civilization in early modern England. New Haven: Yale University Press, 2018, pp. 83 e ss. e 188 e ss.

[165] Esse era o princípio dos espanhóis desde a *Reconquista*. Citado aqui segundo HIRSCHMAN (*Paixões e Interesses*), p. 67.

[166] Cf. MCCLOSKEY, Deirdre M. *Bourgeois dignity*: why economics can't explain the modern world. Chicago: University of Chicago Press, 2010, pp. 386 e ss. (que enfatiza a permeabilidade da sociedade inglesa aos novos burgueses e a abertura inclusive de círculos mais altos para o artesanato, a arte da engenharia e a atividade comercial. McCloskey também aponta para o fato de que homens da nobreza poderiam perder sua posição de nobres não na Inglaterra, mas na França e na Espanha, por exemplo, caso atuassem como negociantes, e que essa derrogação

§ 5 CULTURA BURGUESA

continente – *gentleman* em vez de burguês, *middling rank* em vez de *bourgeoisie* – a história da subjetividade burguesa na Inglaterra começa muito antes de o Abbé Sieyès elogiar a burguesia em seu panfleto sobre o Terceiro Estado e muito antes de a Revolução Francesa transferir abruptamente para este a soberania do rei.

O ideal do *gentleman* combina dois aspectos relacionados entre si. De um lado, a adoção de virtudes como cordialidade e cortesia (*politeness*) em todas as relações sociais faz parte desse tipo de sujeito. Além do cultivo da sociabilidade e da arte da conversação, a esse aspecto também há que se atribuir uma sensibilidade que diverge do ideal aristocrático cavalheiresco e que autores contemporâneos como Adam Smith e Adam Ferguson também associam com a destruição da solidez de caráter masculino.[167] Do outro lado, às virtudes mais sociais, adicionam-se virtudes mais cognitivas, tais como, sobretudo, curiosidade, sede de conhecimento e educação. Em outras palavras, o *gentleman* desenvolve-se para se tornar uma variante da cultura burguesa em que um *habitus* experimental e a capacidade de "mudar a si mesmo e assumir coisas e métodos novos"[168] são cruciais. Os dois lados juntos tornam possível uma subjetividade caracterizada pela disposição para a mudança, que consegue ir além de si mesma e de,

---

tinha raízes antigas. De acordo com Aristóteles – *Política* 1278 a 25-30 – em Tebas, por exemplo ela era comum: aqueles que negociavam na praça não podiam exercer funções públicas por 10 anos).

[167] SMITH, Adam. *Theory of Moral Sentiments* (1790). (Reimpressão da 6ª edição). Nova York: Penguin, 2009 ("the delicate sensibility required in civilized nations sometimes destroys masculine firmness of the character" ["a delicada sensibilidade exigida nas nações civilizadas às vezes destrói a firmeza masculine do caráter"]); FERGUSON, Adam. *An Essay on the History of Civil Society* (Dublin: 1767). 5ª ed. Londres: Printed for T. Cadell, 1782 ("That weakness and effeminacy of which nations are sometimes accused" ["Essa fraqueza e efeminação das quais as nações educadas às vezes são acusadas"]).

[168] LANDES, David S. *Wohlstand und Armut der Nationen*: Warum die einen reich und die anderen arm sind-The Wealth and the Poverty of Nations. Munique: Pantheon, 2009, p. 235.

ao fazê-lo, comportar-se de forma cooperativa – pressupostos sem os quais talvez nunca pudesse ter acontecido o rápido aumento da prosperidade geral em todo o mundo desde a Revolução Industrial britânica,[169] o movimento que McCloskey chama de forma plástica de "o grande enriquecimento".[170] Como Joel Mokyr disse certa vez, a Grã-Bretanha é a Terra Santa do industrialismo.[171] Mesmo que a ligação entre a valorização dos modos de vida burgueses e o milagre da Revolução Industrial britânica não possa ser feita de modo demasiado estrito,[172] algo novo surge na Inglaterra. Isso justifica o fato

---

[169] Sobre a Revolução Industrial britânica, cf. apenas, de tempos mais recentes, MOKYR, Joel. *The Enlightened Economy*: an Economic History of Britain, 1700-1850. New Haven: Yale University Press, 2009; LANDES, David S. *Wohlstand und Armut der Nationen*: Warum die einen reich und die anderen arm sind-The Wealth and the Poverty of Nations. Munique: Pantheon, 2009, pp. 205 e ss.; ACEMOĞLU, Daron; ROBINSON, James A. *Warum Nationen scheitern*: die Ursprünge von Macht, Wohlstand und Armut. Frankfurt am Main: Fischer, 2013, pp. 246 e ss.; PLUMPE, Werner. *Das kalte Herz - Kapitalismus*: die Geschichte einer andauernden Revolution. Berlim: Rowohlt, 2019, pp. 164 e ss. e 185 e ss.; BLANNING, Tim. C. W. *The Pursuit of Glory*. Londres: 2007, pp. 125 e ss.; sobre a história do termo "Revolução Industrial", cf. LANDES, David S. "The Fable of the Dead Horse"; ou "The Industrial Revolution Revisited". *In*: MOKYR, Joel (Coord.). *The British Industrial Revolution*. Boulder: Westview Press, 1999, pp. 128 e ss.

[170] MCCLOSKEY, Deirdre M. *Bourgeois dignity*: why economics can't explain the modern world. Chicago: University of Chicago Press, 2010, pp. 5 e ss. McCloskey enfatiza, sobretudo, a melhoria nas condições de vida das camadas mais pobres da população a partir de 1800, sem precedentes na história mundial.

[171] MOKYR, Joel. "Editor's Introduction". *In*: _____. (Coord.). *The British Industrial Revolution*: an Economic Perspective. Boulder: Westview Press, 1999, p. 127.

[172] McCloskey, em particular, relativiza a importância da Revolução Industrial britânica para a história da evolução das virtudes burguesas. Ela considera que a *"Bourgeois revaluation"* (MCCLOSKEY, Deirdre M. *Bourgeois dignity*: why economics can't explain the modern world. Chicago: University of Chicago Press, 2010, pp. 515 e 646) deve ser situada num plano ético e retórico sustentado primariamente por

§ 5 CULTURA BURGUESA

de a história da evolução da cultura burguesa começar, não apenas do ponto de vista, mas também sob o aspecto sistemático, com sua variante anglo-americana, colocando o ideal de personalidade do *gentleman* no centro dessa história evolutiva.

Enquanto a cultura burguesa em sua variante continental deve primeiro se libertar da sombra de um corpo político poderoso, cuja autoimagem de estatalidade soberana refere-se o sujeito continental ainda por muito tempo,[173] o *gentleman* é parte de um corpo social que – segundo a famosa formulação de Adam Ferguson – de fato, é o resultado da ação humana, "mas não a execução de um projeto humano qualquer".[174] Assim, desde o início, não se trata, na cultura burguesa da criação de um sistema absolutamente calculável. Um "*man of system*" era, como observou Rudolf Wiethölter certa vez, "para o ideal britânico de *gentleman*, um doutrinário".[175] Por conseguinte, formas espontâneas e descentralizadas de coordenação entre indivíduos são cruciais também para os processos de subjetivação do

---

ideias e que o avanço para o sistema de crenças burguês também poderia ter ocorrido em outros lugares da Europa que não na Inglaterra. De fato, isso também aconteceu na Holanda, durante a Era de Ouro (MCCLOSKEY, Deirdre M. *Bourgeois dignity*: why economics can't explain the modern world. Chicago: University of Chicago Press, 2010, pp. 295 e ss. e 326 e ss.).

[173] A esse respeito, mais recentemente, cf. KOSCHORKE, Albrecht; LÜDEMANN, Susanne; FRANK, Thomas; DE MAZZA, Ethel Matala. *Der fiktive Staat*: Konstruktionen des politischen Körpers in der Geschichte Europas. Frankfurt am Main: S. Fischer, 2007; BALKE, Friedrich. *Figuren der Souveränität*. Munique: Wilhelm Fink, 2009; LOICK, Daniel. *Kritik der Souveränität*. Frankfurt am Main: Campus, 2012; VOGL, Joseph. *Der Souveränitätseffekt*. Zurique: Diaphanes, 2015.

[174] FERGUSON, Adam. *An Essay on the History of Civil Society* (Dublin: 1767). 5ª ed. Londres: Printed for T. Cadell, 1782 ("result of human action, but not the execution of any human design").

[175] WIETHÖLTER, Rudolf. "Recht-Fertigungen eines Gesellschafts-Rechts". *In*: ZUMBANSEN, Peer; AMSTUTZ, Marc (Coord.). *Recht in Recht-Fertigungen*: ausgewählte Schriften von Rudolf Wiethölter. Berlim: Berliner Wiss.-Verlag, 2013, pp. 101-107.

gentleman, formas de sociabilidade entre pessoas de mesmo nível, tais como elas eram comuns bem cedo, no início das sociedades literárias, como o *Literary Club*, muito influente em Londres.[176] O modelo de formação do sujeito é a auto-observação e a observação do outro: o sujeito observa a si mesmo "no espelho dos outros".[177] Mas o espelho dos outros é o espelho da sociedade,[178] a cidade grande, com suas instituições e comodidades típicas da burguesia nascente. O historiador britânico John Brewer resume-o do seguinte modo:

> As fileiras intermediárias da sociedade, que variavam de burgueses menores a artesãos abastados, cuja renda familiar estava entre £ 50 e £ 200 por ano, incluíam quase 25% da população por volta de 1780 e constituíam grande parte do novo público para as artes. A disparidade de riqueza entre um duque e um limpador de chaminés era espantosa, mas, entre esses extremos, uma ampla classe de proprietários moderadamente prósperos conseguia desfrutar do que Adam Smith chamou de "decências" da vida, comprar livros e gravuras e assistir a musicais e teatro à noite.[179]

---

[176] BREWER, John. *The Pleasures of the Imagination*: English Culture in the Eighteenth Century. Nova York: Farrar Straus Giroux, 1997, pp. 44 e ss.

[177] LADEUR, Karl-Heinz. *Die Textualität des Rechts*: zur poststrukturalistischen Kritik des Rechts. Weilerswist: Velbrück, 2016, pp. 36 e 303. Com a metáfora do espelho, Ladeur faz referência à teoria dos sentimentos morais de Adam Smith. De fato, em Smith, a metáfora do espelho seja introduzida apenas tarde – e somente em alguns poucos trechos. Mas, sem dúvida, ela está subjacente desde o início. Smith foi membro do *Literary Club* por algum tempo depois que chegou a Londres com o manuscrito de *A Riqueza das Nações*.

[178] SMITH, Adam. *Theory of Moral Sentiments* (1790). (Reimpressão da 6ª edição). Nova York: Penguin, 2009 ("Bring him into society, and he is immediately provided with the mirror which he wanted before").

[179] BREWER, John. *The Pleasures of the Imagination*: English Culture in the Eighteenth Century. Nova York: Farrar Straus Giroux, 1997, xxvi e ss. [Em inglês no original: "The middle ranks of society, which ranged from minor gentleman to well-off artisans, whose family income was

§ 5 CULTURA BURGUESA

O conhecimento e os ideais comuns que emergem da cultura burguesa são adotados pelo indivíduo no espaço interno da subjetividade para serem reconciliados com as forças de sua própria *psique*. Isso torna o caráter burguês mais complexo internamente: ele é formado através do confronto com as experiências de um mundo da vida cambiante, um ponto de referência do discernimento para o qual Adam Smith escolhe a metáfora (cristã) do vizinho no subtítulo da *Teoria dos Sentimentos Morais* (figura 3).

---

between £ 50 and £ 200 a year, comprised nearly 25 per cent of the population by the 1780s and made up much of the new audience for the arts. The disparity of wealth between a duke and a chimney-sweep was staggering, but between these extremes a large class of moderately prosperous property-holders was able to enjoy what Adam Smith called the 'decencies' of life, to buy books and prints and to attend musical evenings and the theatre"].

Figura 3 - Adam Smith, *Teoria dos Sentimentos Morais*, 7ª ed., 1767

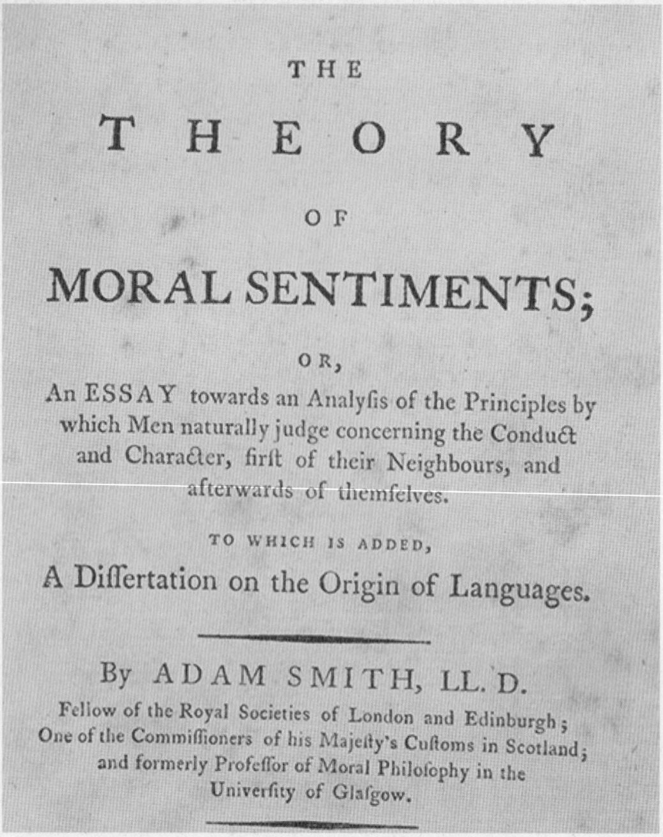
THE

THEORY

OF

MORAL SENTIMENTS;

OR,

An ESSAY towards an Analyſis of the Principles by which Men naturally judge concerning the Conduct and Character, firſt of their Neighbours, and afterwards of themſelves.

TO WHICH IS ADDED,

A Diſſertation on the Origin of Languages.

By ADAM SMITH, LL. D.

Fellow of the Royal Societies of London and Edinburgh; One of the Commiſſioners of his Majeſty's Cuſtoms in Scotland; and formerly Profeſſor of Moral Philoſophy in the Univerſity of Glaſgow.

Ambos os lados do ideal do *gentleman*, o mais cognitivo e o mais social, podem ser demonstrados de forma condensada na literatura, inclusive numa interpretação das cartas de John Keats, tal como o cientista da literatura americano Lionel Trilling apresentou-as nos anos 1950. Em seu ensaio *The Poet as Hero*, Trilling mostra que a personalidade de Keats é caracterizada por um bom humor simples e uma tendência à sociabilidade e à amizade; Trilling também fala da "genialidade social" de Keats.[180] Todavia, ao contrário de um

180 TRILLING, Lionel. "The Poet as Hero. Keats in his Letters". *In*: ______. *The opposing self*: nine essays in critism. Nova York: Viking, 1959, p. 10.

entendimento de genialidade como o que predominava na Alemanha desde Goethe, em que qualquer extravagância, como uma caligrafia ruim, pode ser chamada de genial, a genialidade social de Trilling visa qualidades como festividade, alegria, calor humano, bom caráter e sociabilidade. Keats aparece assim como um poeta para quem sentimentos fortes pelos outros e prazer dos sentidos não se encontram em oposição a uma mentalidade que se diferencia deles.[181] Além disso, para Trilling, Keats é caracterizado por uma energia subjetiva, uma inteligência criativa e uma inventividade: Keats nunca se deixou arrebatar pela ilusão de que o poder da imaginação é soberano, que dedicação, estudo e reflexão poderiam eclipsar o poder das circunstâncias externas. Sua convicção emocional da realidade persistente do mundo material era tão sólida quanto a de William Wordsworth. Mas Keats imagina a energia do si, pelo menos, como uma fonte de realidade. "Ele afirma, então, o lado criativo do eu que enfrenta as circunstâncias, do eu que é imaginação e desejo, que, como Adão, atribui nomes e valores às coisas e é capaz de realizar o que imagina".[182]

---

[181] TRILLING, Lionel. "The Poet as Hero. Keats in his Letters". *In*: _____. *The opposing self*: nine essays in critism. Nova York: Viking, 1959, pp. 13 e ss.

[182] TRILLING, Lionel. "The Poet as Hero. Keats in his Letters". *In*: _____. *The opposing self*: nine essays in critism. Nova York: Viking, 1959, p. 41 (No original: "He affirms, that is, the creativity of the self that opposes circumstance, the self that is imagination and desire, that, like Adam, assigns names and values to things, and that can realize what it envisions". – vide nota 21 *supra*).

5.2 Postura técnica em relação ao mundo

5.2.1 O início da Idade Moderna como fase de fundação revolucionária

Num ensaio sobre Copérnico e a posição do homem no mundo, Hans Blumenberg descreve como a ciência natural do início da Era Moderna introduz a irrupção inicial numa nova época intelectual. Se a concepção geocêntrica do mundo ainda atribuía ao homem um lugar especial no cosmo, ele não pode mais estar seguro desse lugar na nova visão heliocêntrica do poder divino. A ordem fundada por Deus é substituída por uma forma de existência situada no aberto da história, na qual o homem torna-se consciente de que deve lutar por sua sobrevivência. Essa revolução intelectual já se anunciava no nominalismo medieval e tornou-se tangível ali na surpreendente constatação de que o mundo para o homem ainda não foi criado. Já para o movimento nominalista, essa constatação tinha um significado bastante triunfal e de grande importância, e nos tempos que se seguiram, a elocução de que o mundo não foi feito para o homem foi reinterpretada no sentido de que o mundo ainda não estava pronto em absoluto para o homem.[183] O ato divino de criação é reduzido a um mínimo de vinculatoriedade, e o mundo, a puro material da evolução. Isso possibilita a autofundação de uma vontade interveniente e configuradora que está determinada a obter o poder incondicional sobre a natureza e à qual o mundo oferece apenas possibilidades, mas não opõe mais quaisquer barreiras de liberdade.

A consciência de encontrar-se num início radical, em que nada pode ser "adotado" mediante cognição e ação, caracteriza

---

[183] BLUMENBERG, Hans. "Der kopernikanische Umsturz und die Weltstellung des Menschen. Eine Studie zum Zusammenhang von Naturwissenschaft und Geistesgeschichte (1955)". *In*: BLUMENBERG, Hans; SCHMITZ, Alexander; STIEGLER, Bernd (Coord.). *Schriften zur Technik*. Berlin: Suhrkamp, 2015, pp. 68 e ss.

as conquistas intelectuais fundamentais do início da Era Moderna, as quais trazem à tona o *páthos* da "ausência de pressupostos". É somente através da vontade do homem, que não tem mais diante de si uma realidade pré-formada vinculante, é que algo torna-se "mundo", de que ele é centro e proprietário. A excentricidade cósmica apontada por Copérnico é compensada pelo autoposicionamento do homem no centro de *seu* mundo.[184]

A consciência de tornar-se dono de um mundo que o próprio homem deve primeiro criar o liberta dos grilhões dos preexistentes ontológicos. Se, desde a Antiguidade, a ação humana não tinha outra possibilidade senão aceitar e imitar o existente por natureza, no início da Idade Moderna abre-se um reino de novas possibilidades intelectuais e de pura construção. A imitação e a reprodução da natureza são substituídas por um mundo cultural dissociado de sua matéria prima – a natureza – o universo simbólico sobre o qual também se constroem os empreendimentos intelectuais da antropologia e da etnologia em fins do século XIX. Esse mundo cultural, dissociado da natureza, e a postura técnica em relação ao mundo que nele se vem formando desde o início da Modernidade, tornam possível um espírito criativo, a capacidade de imaginação e de criação de fatos novos. Para Blumenberg, esse traço que funda um novo mundo ganha

---

[184] BLUMENBERG, Hans. "Der kopernikanische Umsturz und die Weltstellung des Menschen. Eine Studie zum Zusammenhang von Naturwissenschaft und Geistesgeschichte (1955)". *In*: BLUMENBERG, Hans; SCHMITZ, Alexander; STIEGLER, Bernd (Coord.). *Schriften zur Technik*. Berlim: Suhrkamp, 2015, p. 69. Martin Heidegger já havia definido o processo fundamental da Era Moderna, sob um preságio negativo, como conquista do mundo como imagem – no sentido de uma produção do mundo ligada à representação – pelo homem que está tornando-se sujeito. Cf. HEIDEGGER, Martin. "Die Zeit des Weltbildes" (1938). *In*: _____. *Holzwege*. 6ª ed. Frankfurt am Main: Klostermann, 1980, pp. 73 e ss. e 92; sobre o contexto, cf. também ZILL, Rüdiger. *Der absolute Leser, Blumenberg – eine intellektuelle Biographie*. Berlim: Suhrkamp, 2020.

expressão, especialmente na arte do início da Era Moderna, no afastamento em relação à *imitatio* do ideal e em sua substituição pela *inventio*.[185] No contexto de uma análise fenomenológica da relação entre mundo da vida e tecnicização, Blumenberg posiciona então o espírito criativo do início da Idade Moderna num nexo imediato com o surgimento de uma consciência de contingência inédita, o sentimento de que o mundo também poderia ser diferente.

> *Contingência* significa a apreciação da realidade do ponto de vista da necessidade e da possibilidade. Mas a consciência da contingência da realidade é agora a fundação de uma postura técnica em relação ao preexistente: se o mundo existente é apenas um recorte aleatório da margem infinita do possível, se a esfera dos fatos naturais não irradia mais uma justificação e uma sanção superiores, então a facticidade do mundo torna-se um estímulo lancinante não apenas para apreciar o real a partir do possível, mas também para, através da realização do possível, do esgotamento da margem de invenção e construção, preencher o meramente factual, transformando-o num mundo cultural justificável a partir da necessidade e consistente em si mesmo.[186]

---

[185] BLUMENBERG, Hans. "Der kopernikanische Umsturz und die Weltstellung des Menschen. Eine Studie zum Zusammenhang von Naturwissenschaft und Geistesgeschichte (1955)". *In*: BLUMENBERG, Hans; SCHMITZ, Alexander; STIEGLER, Bernd (Coord.). *Schriften zur Technik*. Berlim: Suhrkamp, 2015, p. 76; cf. também BLUMENBERG, Hans. "Nachahmung der Natur: zur Vorgeschichte der Idee des schöpferischen Menschen". *In*: BLUMENBERG, Hans; SCHMITZ, Alexander; STIEGLER, Bernd (Coord.). *Schriften zur Technik*. Berlim: Suhrkamp, 2015, pp. 86 e ss.; a esse respeito, cf. também KAHN, Victoria A. *The Trouble with Literature*. Oxford: Oxford University Press, 2020, pp. 25 e ss.

[186] BLUMENBERG, Hans. "Lebenswelt und Technisierung unter den Aspekten der Phänomenologie". *In*: BLUMENBERG, Hans; SOMMER, Manfred (Coord.). *Theorie der Lebenswelt*. Berlim: Suhrkamp, 2010, pp. 181-220 [Em itálico no original].

§ 5 CULTURA BURGUESA

Essa reconstrução do início da Era Moderna como fase da fundação de uma postura técnica em relação ao mundo tem em vista uma fundação que engloba a cultura em todas as suas manifestações. O mundo técnico não é apenas um mundo de ferramentas, aparelhos e máquinas técnicas, mas deve ser entendido mais amplamente e abrange desde as configurações da política, do Direito e da economia, passando pelos artefatos da ciência, até chegar à arte e à poesia. A palavra tecnicização também está associada primariamente às possibilidades de liberdade criativa e ao mundo da arte em sua plenitude de significado originalmente ampla de *ars*.[187] No centro dele está a liberdade criativa do homem moderno, a arte da produção, do fazer e do construir, e acompanhando Giambattista Vico, seria possível falar, em vez de técnica, também de uma *poiesis* que funda a totalidade de todos os fenômenos culturais.[188] Quando o homem começa a interpretar seu presente historicamente a partir da própria necessidade de um posicionamento excêntrico no mundo, uma forma mais calculada da mudança social anuncia-se: a referência à tradição é flexibilizada e substituída por uma subjetividade prospectiva, que começa a intervir num futuro aberto e está disposta a aceitar conscientemente os riscos envolvidos. Mas assim como o sujeito da antropologia cultural americana, enredado em teias de significado (que ele mesmo teceu), o homem burguês primitivo de Blumenberg não consegue desprender-se por completo de sua ligação ao lugar

---

[187] BLUMENBERG, Hans. "Das Verhältnis von Natur und Technik als philosophisches Problem". *In*: BLUMENBERG, Hans; SCHMITZ, Alexander; STIEGLER, Bernd (Coord.). *Schriften zur Technik*. Berlim: Suhrkamp, 2015, pp. 17-25.

[188] Cf. BLUMENBERG, Hans. "Das Verhältnis von Natur und Technik als philosophisches Problem". *In*: BLUMENBERG, Hans; SCHMITZ, Alexander; STIEGLER, Bernd (Coord.). *Schriften zur Technik*. Berlim: Suhrkamp, 2015, p. 28; KAHN, Victoria A. *The Future of Illusion*: Political Theology and Early Modern Texts. Chicago: University of Chicago Press, 2014, pp. 6-10.

e transformar-se num sujeito sem mundo.[189] A ideia de progresso histórico, que guia o homem burguês primitivo, também só encontra sua justificativa no estar preso a um lugar histórico factual. Ela encarna a constante autolegitimação do presente pelo futuro "que ela se dá, diante do passado ao qual se compara".[190]

Em última análise, trata-se de uma defesa da metáfora da autocolocação do homem no centro de seu mundo. Essa metáfora não sobreviveu para Blumenberg nem mesmo após a catástrofe do nazismo, na década de 1960, quando Blumenberg trabalhou mais intensamente sobre o tema da tecnologia. O eterno direito a ideias que transcendem a situação real faz parte, ao contrário da dignidade humana.[191] Consequentemente, o nexo interno entre o mundo da vida e a tecnicização é tão ressaltado: a tecnologia questiona até mesmo as últimas e mais ocultas evidências de qualquer mundo da vida, mas é justamente porque ela o faz que se torna possível falar deste como um universo de evidências preexistentes. A fenomenologia do mundo da vida é, portanto, um paradigma da consciência de contingência, "aquele processo básico que ocorre no substrato intelectual do mundo técnico que se poderia designar como

---

[189] BLUMENBERG, Hans. "Der kopernikanische Umsturz und die Weltstellung des Menschen. Eine Studie zum Zusammenhang von Naturwissenschaft und Geistesgeschichte (1955)". *In*: BLUMENBERG, Hans; SCHMITZ, Alexander; STIEGLER, Bernd (Coord.). *Schriften zur Technik*. Berlim: Suhrkamp, 2015, p. 73; cf. também BLUMENBERG, Hans. "Lebenswelt und Technisierung unter den Aspekten der Phänomenologie". *In*: BLUMENBERG, Hans; SOMMER, Manfred (Coord.). *Theorie der Lebenswelt*. Berlim: Suhrkamp, 2010, pp. 222 e ss.

[190] BLUMENBERG, Hans. *Die Legitimität der Neuzeit*. Frankfurt am Main: Suhrkamp, 1988, p. 41.

[191] Cf. BLUMENBERG, Hans. "Der kopernikanische Umsturz und die Weltstellung des Menschen. Eine Studie zum Zusammenhang von Naturwissenschaft und Geistesgeschichte (1955)". *In*: BLUMENBERG, Hans; SCHMITZ, Alexander; STIEGLER, Bernd (Coord.). *Schriften zur Technik*. Berlim: Suhrkamp, 2015, p. 85.

§ 5 CULTURA BURGUESA

'desesvidenciar'".[192] Esse comentário é dirigido, sobretudo, contra a concepção de que o retrocesso metodológico a um mundo da vida e ao ideal metodológico das ciências naturais exatas são antípodas irreconciliáveis, tal como ela é encontrada, por exemplo, nas duras críticas de Husserl à matematização da natureza na geometria de Galileu.[193] O fato de que os resultados da tecnicização – automóveis, máquinas voadoras ou máquinas de calcular – são incompreensíveis e impenetráveis em seu modo de funcionamento para a maioria das pessoas, e praticamente excedem as aptidões naturais humanas em sua eficiência, não pode então ser considerado como um fenômeno totalmente contrário à experiência pré-teórica.

Consequentemente, o conceito de mundo da vida não justifica negar à tecnologia moderna sua legitimidade. O real esgotamento da margem da invenção e da construção não é um fenômeno patológico *per se*. Assim, em minha opinião, a filosofia tecnológica de Blumenberg tem uma vantagem decisiva: diferentemente não só da crítica de Husserl às ciências naturais modernas, mas também, por exemplo, de autores como Georg Lukács, Theodor W. Adorno ou Martin Heidegger, em Blumenberg, o processo de tecnologização não vem acompanhado de um presságio negativo desde o início. Em vez de fazer da tecnologia a mensageira de uma perda de totalidade, de um nexo de cegueira universal ou de um destino, Blumenberg defende a legitimidade da Modernidade como uma obra de "autoafirmação humana"[194] – e, com ela, a liberdade criativa que se manifesta, por

---

[192] BLUMENBERG, Hans. "Lebenswelt und Technisierung unter den Aspekten der Phänomenologie". *In*: BLUMENBERG, Hans; SOMMER, Manfred (Coord.). *Theorie der Lebenswelt*. Berlim: Suhrkamp, 2010, p. 221.

[193] Cf. HUSSERL, Edmund. *Die Krisis der europäischen Wissenschaften und die transzendentale Phänomenologie*: eine Einleitung in die phänomenologische Philosophie. Hamburg: Meiner, 1977, p. 52.

[194] BLUMENBERG, Hans. *Die Legitimität der Neuzeit*. 2ª ed. Frankfurt am Main: Suhrkamp, 1988, pp. 135 e ss.; cf. também ZILL, Rüdiger. *Der absolute Leser, Blumenberg – eine intellektuelle Biographie*.

exemplo, nas reivindicações artísticas estéticas de uma espontaneidade radical e de uma originalidade sem amarras. Assim, Blumenberg fornece uma estrutura dentro da qual a história do desenvolvimento da cultura burguesa pode ser adequadamente descrita: faz parte do ideal de personalidade do burguês primitivo a concepção de que é possível fazer o mundo e de que não é preciso simplesmente aceitá-lo de maneira contemplativa. Esse poder-fazer também determina a relação com a natureza externa. Tratar-se de tornar esta utilizável pelo homem, para mudar e melhorar as condições de vida materiais.

5.2.2 Realização através de trabalho incansável?

Se o homem burguês primitivo de Blumenberg é, sobretudo, um estudioso e artista cujo poder criativo e inventivo liberta a humanidade das restrições da natureza e da vida escassa sob a proteção de Deus, o cientista literário Franco Moretti declara o cultivo do trabalho e os efeitos autodisciplinadores a ele inerentes como sendo a maior realização formal da burguesia. A afirmação de tal nexo pode ser encontrada já na visão de Max Weber sobre o que ele chamou de ética protestante. Nela, Weber acreditava ter encontrado uma chave para o surgimento do capitalismo moderno e seu espírito. O interesse de Weber dirigia-se particularmente para os homens profissionais e os segredos da conduta de vida burguesa racional, especialmente a realização profissional no campo econômico. Segundo Weber, essa conduta de vida foi sustentada por uma disposição psicológica muito especial de base religiosa, pelo ascetismo do mundo interior,[195] cuja

---

Berlim: Suhrkamp, 2020, pp. 475 e ss., 490 e ss. e 493 (que mostra que Blumenberg tem uma postura positiva em relação à tecnologia como um todo).

[195] WEBER, Max. "Die protestantische Ethik und der Geist des Kapitalismus" [*A Ética Protestante e o Espírito do Capitalismo*]. In: _____. *Gesammelte Aufsätze zur Religionssoziologie I* (1920). Tübingen: Mohr Siebeck, 1986, especialmente, pp. 35, 84 e 196; análise crítica em MCCLOSKEY, Deirdre M. *Bourgeois dignity*: why economics can't explain the modern world. Chicago: University of Chicago

§ 5 CULTURA BURGUESA

origem Weber situava na doutrina calvinista da predestinação. Moretti dá continuidade a isso. Ele busca na história literária britânica e europeia dos séculos XVIII e XIX um estilo de prosa e palavras-chave como utilidade, eficiência, conforto, seriedade ou confiabilidade (figura 4), nas quais se reflete o modo de vida racional do burguês. Nessa busca, Moretti também dá à figura do *gentleman* uma face ilustrativa. Entretanto, em Moretti, o *gentleman* é dotado apenas de um pequeno papel coadjuvante, como "*gentleman* hegemônico", como uma espécie de figura de comparação do "burguês que só vê seus próprios interesses".[196]

Press, 2010, pp. 146-149 e ss., que se opõe particularmente à imagem de Benjamin Franklin pintada por Weber: à ideia de um homem movido primariamente pela ambição de adquirir recursos e acumular capital, para quem virtudes burguesas como a moderação não têm importância nenhuma.

[196] MORETTI, Franco. *The bourgeois*: between history and literature. Londres: Verso, 2013, p. 120. (citação em alemão segundo a tradução de Frank Jakubzik: *Der Bourgeois*: Eine Schlüsselfigur der Moderne. Berlim: Suhrkamp, 2014, p. 172).

Figura 4 - Gustav Caillebotte, *Rua de Paris em tempo de chuva*, 1877, The Art Institute of Chicago

Para ser mais exato, o que importa para Moretti é

> recuperar características da cultura burguesa das dimensões implícitas, até mesmo ocultas, de sua linguagem: sua "mentalidade" consistente mais em padrões gramaticais inconscientes e associações semânticas do que em ideias claras e inequívocas.[197]

Nessas análises semânticas e estilísticas baseadas na linguagem e na mentalidade, *Robinson Crusoé* (1719), de Daniel Defoe, ocupa uma posição especial. Para Moretti, esse romance marca o genuíno início do mundo em que vivemos ainda hoje. O Robinson Crusoé de Defoe documenta como vem se juntar à cultura aventureira

---

[197] MORETTI, Franco. *The bourgeois*: between history and literature. Londres: Verso, 2013, p. 19 (citação em alemão segundo a tradução de Frank Jakubzik: *Der Bourgeois*: Eine Schlüsselfigur der Moderne. Berlim: Suhrkamp, 2014, pp. 36/37).

aristocrática o *éthos* de trabalho racional do burguês, a realização do indivíduo por meio do trabalho incansável, de uma aquisição de dinheiro e riqueza guiada pela ideia da profissão. Esforço sistemático e sem fim, diligência, aplicação, perseverança e persistência superam e substituem a inventividade inteligente e uma vida movida por paixões, guerras e batalhas, como aquela cultivada pela aristocracia desde a Antiguidade grega e expressada na Idade Média na figura cavaleiro nobre e valente.

> Trabalho duro e *tranquilo*, no sentido de que "a aquisição de riqueza perseguida racionalmente" é uma "paixão *tranquila*", como escreve Albert O. Hirschman, e é por isso que os "interesses" assim perseguidos – de forma constante, metódica, cumulativa – também prevalecem sobre as "paixões turbulentas (mas fracas)" da aristocracia. Aqui a diferença entre as duas classes dirigentes emerge claramente: se as paixões "violentas" e "turbulentas" são o ideal de uma casta guerreira – que exige o calor branco abrupto no "dia" de batalha – a cotidianidade tranquila e repetível (e sempre repetível novamente) reside no "interesse" burguês: muito menos gasto de energia, mas, em compensação, durante um período muito mais longo. Algumas horas, "apenas cerca de quatro horas de trabalho", segundo o sempre modesto Robinson, gasta ele no "trabalho" diário – mas isso, dia após dia, durante vinte e oito anos.[198]

Assim como o poder institucional na teoria institucional francesa engloba um campo preliminar parcialmente inconsciente da subjetividade, Moretti deseja captar a mentalidade invisível do homem burguês através das dimensões implícitas e ocultas da linguagem e dos padrões gramaticais da literatura burguesa. Se é realmente possível, ao fazê-lo, prescindir de uma análise de conteúdo mais precisa dos

---

[198] MORETTI, Franco. *The bourgeois*: between history and literature. Londres: Verso, 2013, pp. 32 e ss. (citação em alemão segundo a tradução de Frank Jakubzik: *Der Bourgeois*: Eine Schlüsselfigur der Moderne. Berlim: Suhrkamp, 2014, pp. 53 e ss.).

traços de caráter do burguês, como supõe Moretti (para ele, tal análise não leva mais adiante, porque o burguês é uma dimensão demasiado abstrata, até mesmo sem contornos e características, diferentemente do cavaleiro),[199] é algo que parece duvidoso. Mas sob nenhuma circunstância um exame mais preciso da subjetividade burguesa pode esgotar-se numa consideração de palavras-chave como utilidade, eficiência ou conforto. Isso é particularmente insuficiente quando as análises dessas palavras-chave são extrapoladas, tornando-se o caráter de um homem profissional no qual o fim autonomiza-se em relação aos meios. Com isso, Moretti – apesar de uma estupenda erudição e não obstante toda a elegância de sua argumentação – acaba incorrendo num pensamento de crítica cultural. Intermediado por Nietzsche, esse pensamento também alcança Max Weber repetidas vezes: o homem burguês existe apenas para seu trabalho, para seus negócios e para a aquisição de cada vez mais dinheiro, para uma "profissão" que é preordenada à sua conduta de vida prática como um fim em si mesmo totalmente transcendente; de fato, a existência burguesa do trabalho praticamente bloqueia a resposta à questão do significado da existência humana. A racionalidade burguesa deve então inevitavelmente se transformar numa conduta de vida irracional sob o domínio da pura racionalidade finalística ou de uma "razão instrumental" na maneira de Max Horkheimer,[200] isto é, em concepções que, embora ainda hoje sejam amplamente difundidas,

---

[199] MORETTI, Franco. *The bourgeois*: between history and literature. Londres: Verso, 2013, p. 16. (citação em alemão segundo a tradução de Frank Jakubzik: *Der Bourgeois*: Eine Schlüsselfigur der Moderne. Berlim: Suhrkamp, 2014); cf. também PLUMPE, Werner. *Das kalte Herz - Kapitalismus*: die Geschichte einer andauernden Revolution. Berlim: Rowohlt, 2019, pp. 182 e ss.

[200] MORETTI, Franco. *The bourgeois*: between history and literature. Londres: Verso, 2013, pp. 39 e 44. (citação em alemão segundo a tradução de Frank Jakubzik: *Der Bourgeois*: Eine Schlüsselfigur der Moderne. Berlim: Suhrkamp, 2014).

§ 5 CULTURA BURGUESA

do ponto de vista histórico, não fazem jus à burguesia (do Noroeste da Europa) como classe criativa e trabalhadora.[201]

A queixa sobre o vazio de sentido geral da vida burguesa também determina o nexo que Moretti estabelece entre o estilo de prosa de Defoe e a forma de trabalho burguês: um ritmo de continuidade no estilo de escrita fictícia, de um lado, e uma realização através de trabalho incansável na vida real, de outro.[202] Assim, por exemplo, Moretti sugere que o burguês é tão dedicado ao trabalho que a própria prosa burguesa dá a aparência de pura intensidade laboral, de produtividade infatigável às expensas do significado.[203] Embora a cultura burguesa seja assim encenada novamente como uma cultura niilista, Moretti reconhece com precisão neste contexto que a mobilização da cultura inglesa na época de Daniel Defoe pressupõe um reconhecimento implícito do valor do progresso e a melhoria das condições gerais de vida. Além de uma prosa de regularidade, ele descobre em Defoe uma prosa que, inexoravelmente, avança com determinação e segue um ritmo de irreversibilidade. "Tendo felizmente realizado essa difícil tarefa com infinito dispêndio de tempo, pensei em munir-me de dois outros objetos necessários,

---

[201] Cf. MCCLOSKEY, Deirdre M. *Bourgeois Equality*: How Ideas, Not Capital or Institutions, Enriched the World. Chicago: University of Chicago Press, 2016, pp. 326 e ss.; e o comentário de MOKYR, Joel. "The Bourgeoisie and the Scholar". *Erasmus Journal for Philosophy and Economics*, vol. 9, 2016, pp. 53-56 ("It was not just greed or profit maximization (...) it was ethics, charity, temperance, tolerance, perhaps even 'love'. That is the essence of being bourgeois").

[202] MORETTI, Franco. *The bourgeois*: between history and literature. Londres: Verso, 2013, pp. 51 e ss. (citação em alemão segundo a tradução de Frank Jakubzik: *Der Bourgeois*: Eine Schlüsselfigur der Moderne. Berlim: Suhrkamp, 2014).

[203] MORETTI, Franco. *The bourgeois*: between history and literature. Londres: Verso, 2013, p. 100. (citação em alemão segundo a tradução de Frank Jakubzik: *Der Bourgeois*: Eine Schlüsselfigur der Moderne. Berlim: Suhrkamp, 2014).

se possível".[204] Para Moretti, essa prosa não olha para trás, mas encena um eu que deixa para trás uma dificuldade para se dedicar a dois novos projetos. Nesse ponto, a escrita de Defoe não vem a ser então uma mera repetição do sempre igual (trabalho incansável e, em última análise, inútil), mas sim uma reprodução subjetivada de estruturas que devem ser semelhantes, mas decisivamente não idênticas, às estruturas originais.

A tese de Moretti de que para *Robinson Crusoé* é determinante um ritmo de irreversibilidade, uma gramática do apontar para diante, remonta ao romancista e retórico Heinrich Lausberg. Em sua retórica literária, Lausberg desenvolve a concepção de que, no estilo da prosa, trata-se geralmente de um "discurso direcionado para frente (*provorsa*)", "que, em oposição ao *versus* (volta, repetição), não conhece nenhuma repetição regular como a da dança das mesmas sequências rítmicas".[205] A diferença assim abordada entre repetição exata (ou imitação), de um lado, e cópia subjetivada (ou imitação), nunca idêntica a si mesma, de outro, indica que a cultura burguesa inclui não apenas um cotidiano sempre igual, saturado de trabalho incansável, mas também poder de imaginação, associações voláteis, ideias para novos e inesperados roteiros, para aquilo que Moretti – baseando-se em Georg Lukács – chama de "produtividade da mente".[206] O trabalho incansável é apenas um aspecto da subjetividade burguesa, um outro aspecto, que é, no mínimo, tão

---

[204] DEFOE, Daniel. *Robinson Crusoe* (1719), aqui citado segundo MORETTI, Franco. *The bourgeois*: between history and literature. Londres: Verso, 2013, p. 56. (citação em alemão segundo a tradução de Frank Jakubzik: *Der Bourgeois*: Eine Schlüsselfigur der Moderne. Berlim: Suhrkamp, 2014, pp. 86 e ss.).

[205] LAUSBERG, Heinrich. *Elemente der literarischen Rhetorik*: eine Einführung für Studierende der klassischen, romanischen, englischen und deutschen Philologie. 10ª ed. Ismaning: Hueber, 1990, § 459, p. 151.

[206] MORETTI, Franco. *The bourgeois*: between history and literature. Londres: Verso, 2013, p. 58. (citação em alemão segundo a tradução de Frank Jakubzik: *Der Bourgeois*: Eine Schlüsselfigur der Moderne. Berlim: Suhrkamp, 2014, p. 89).

§ 5 CULTURA BURGUESA

importante quanto, consiste em que, na cultura burguesa, trabalho intelectual e físico são interligados de forma bastante inédita. Essa ligação não apenas faz com que o burguês trabalhe mais árdua e persistentemente do que o ocioso aristocrata,[207] mas também o leva a produzir novas ideias e novos conhecimentos – fomentando, ao mesmo tempo, sua disposição para realizá-los nos planos técnico e social, transformando-se a si mesmo nesse processo. Em contrapartida, as análises literárias de Moretti concentram-se demasiadamente no *éthos* de trabalho burguês e em seu nexo íntimo com o "capitalismo de exploração e sua organização racional do trabalho livre".[208]

Em vez de se fixar demais no *éthos* de trabalho burguês e no impulso de aquisição racional, as análises de Moretti sobre a prosa de Defoe poderiam ser interpretadas a partir da perspectiva da teoria das mídias, no sentido de que a volta regular dos mesmos fluxos rítmicos era típica das culturas orais e de sua poesia versista.[209] Somente com a invenção e o uso de escritas fonéticas e o alívio de não ser preciso pensar em ideias repetitivas é que a poesia em verso poderia ser superada. Isso por sua vez sugere que a prosa de Defoe, sua gramática do crescimento e do avanço incessantes, poderia ser a consequência de uma escrituralidade que é novamente alterada em seu caráter pela técnica da impressão: a impressão simplifica a difusão de informações, cria a base para um acúmulo de conhecimento antes inimaginável através da impressão de livros sempre novos e promove assim a possibilidade de questionar autoridades tradicionais

---

[207] Ver também MCCLOSKEY, Deirdre M. *The bourgeois virtues*: ethics for an age of commerce. Chicago: University of Chicago Press, 2006, p. 75.

[208] WEBER, Max. "Die protestantische Ethik und der Geist des Kapitalismus". In: _____. *Gesammelte Aufsätze zur Religionssoziologie I* (1920). Tübingen: Mohr Siebeck, 1986, p. 10.

[209] Cf. apenas NAGY, Gregory. *Poetry as Performance*: Homer and Beyond. Cambridge: Cambridge University Press, 1996; ZUMTHOR, Paul. *Oral Poetry*: an Introduction. Minneapolis: University of Minnesota Press, 1990, pp. 135 e ss.; HAVELOCK, Eric A. *Preface to Plato*. Cambridge: Cambridge University Press, 1963, pp. 93 e ss.

através de opiniões dissidentes, em parte porque livros possibilitam que se alcance um público maior de modo fácil e barato.[210] Assim é ampliado – na terminologia de Karl-Heinz Ladeur – o "entre" do espaço experimental do conhecimento social.[211] Essa influência da técnica da impressão na ordem do conhecimento da sociedade, contribui então, por sua vez, para a formação do ideal do homem burguês, enquanto Max Weber e Franco Moretti concentram-se demasiadamente na disciplina do indivíduo, inicialmente sustentada pela religião e depois pela realização profissional, ou naquele "poderoso cosmos da ordem econômica moderna, ligada aos pressupostos técnicos e econômicos da produção mecânica automática", que "hoje determina com avassaladora coação o estilo de vida de todos os indivíduos que nascem dentro desse mecanismo".[212]

5.3 Corpo social e corpo político

A noção de um corpo social que se distingue do corpo político, como o pensamento da auto-organização intimamente associado a ele, só se torna explícita no século XVIII.[213] No caso, porém, a mobilização da antiga ordem já deixa marcas identificáveis no *Leviatã* de Hobbes, de 1651. De fato, Hobbes institui *expressis verbis* um

---

[210] Cf. MOKYR, Joel. *A culture of growth*: the origins of the modern economy – the Graz Schumpeter Lectures. Princeton: Princeton University Press, 2017, pp. 36 e 159 e ss.; MCCLOSKEY, Deirdre M. *Bourgeois Equality*: How Ideas, Not Capital or Institutions, Enriched the World. Chicago: University of Chicago Press, 2016, pp. 388 e ss.

[211] Cf. LADEUR, Karl-Heinz. *Der Anfang des westlichen Rechts*: die Christianisierung der römischen Rechtskultur und die Entstehung des universalen Rechts. Tübingen: Mohr Siebeck, 2018, p. 139.

[212] WEBER, Max. "Die protestantische Ethik und der Geist des Kapitalismus". In: _____. *Gesammelte Aufsätze zur Religionssoziologie I* (1920). Tübingen: Mohr Siebeck, 1986, p. 203.

[213] Cf. SHEEHAN, Jonathan; WAHRMAN, Dror. *Invisible Hands*: self-organization in the eighteenth century. Chicago: The University of Chicago Press, 2015, pp. 93 e ss. e 233 e ss.

corpo político (*body politique*), que ele chama de *commonwealth* ou até mesmo de Estado em algumas poucas passagens de seu texto.[214] Todavia, a turbulenta Era Cromwelliana, com seus *gentleman* igualitários e ávidos de conhecimento, há muito está presente nesse corpo, ainda mais por Hobbes permitir que o Leviatã resulte de um contrato com o qual todos os súditos devem concordar. Para tanto, os sujeitos como indivíduos são dotados de direitos naturais que não desaparecem todos após a instituição do corpo comum.[215] Por essa razão, não se pode evitar a impressão de que as instituições que já se formaram no espaço social sempre voltam a frustrar a intenção de Hobbes de restaurar a monarquia Stuart. Essa impressão é reforçada pela representação imagética da figura do soberano na capa do *Leviatã*: os sujeitos que criam e preenchem o gigantesco homem artificial com as proporções de um monstro bíblico, parecem mais especialmente por usarem chapéus, espectadores assistindo a uma apresentação do que sujeitos afirmando sua submissão com reverência (figura 5).[216] A retórica do contrato de Hobbes, assim como seu sujeito governante fantasiosamente adornado, contribuem, portanto, para deslegitimar a velha ordem monárquica e torná-la mais aberta para transformações sociais autoinduzidas e processos dinâmicos de ordenação.

---

[214] HOBBES, Thomas. *Leviathan* (1651). Cambridge: Cambridge University Press, 1997, p. 9.
[215] Isso é enfatizado por SKINNER, Quentin. *Freiheit und Pflicht*: Thomas Hobbes' politische Theorie. Frankfurt am Main: Suhrkamp, 2008, pp. 81 e ss. e 109 e ss.
[216] BOYM, Svetlana. *Another Freedom*: the Alternative History of an Idea. Chicago: University of Chicago Press, 2010, pp. 19 e ss.

Figura 5 - Frontispício do *Leviatã* de 1651, provavelmente de Abraham Bosse

Enquanto Hobbes ainda não distingue claramente o corpo social do corpo político, no contexto do Iluminismo escocês, a expressão "sociedade" (*society*) assume um significado que não tinha antes ou pelo menos que não poderia ser tão inequivocamente associado a ela. Em Adam Ferguson, o corpo social torna-se o produto de uma conexão não intencional de ações humanas, à qual são atribuídas instituições como artes livres e ciências livres.[217] David Hume discute as vantagens de regras sociais úteis, como a constância de amizades

---

[217] FERGUSON, Adam. *An Essay on the History of Civil Society* (Dublin: 1767). 5ª ed. Londres: Printed for T. Cadell, 1782; cf. também SHEEHAN, Jonathan; WAHRMAN, Dror. *Invisible Hands*: self-organization in the eighteenth century. Chicago: The University of Chicago Press, 2015, pp. 258 e ss.

§ 5 CULTURA BURGUESA

ou a preservação da confiança nas relações sociais.[218] Em Adam Smith, a sociedade finalmente se torna o lugar da divisão do trabalho e das trocas intermediadas pela mão invisível do mercado, de onde surge uma forma de convivência humana até então desconhecida, a sociedade comercial – um progresso extraordinário na história da Humanidade para Smith que se afasta fundamentalmente do entendimento até então prevalecente de formas humanas de associação. Essa evolução também é excepcional pelo fato de que pela primeira vez – com a o alcance do estágio histórico de nações comerciais prósperas como a Grã-Bretanha – é possível reconhecer que de fato existem fenômenos como desenvolvimento social e evolução cultural, uma diferença entre passado e presente, e que a orientação para o futuro está assumindo um papel cada vez maior na sociedade. Nesse contexto, a pólis grega é um modelo importante para Smith: como espaço urbano e comercial, a cidade antiga representa o início de uma história de desenvolvimento em que formas de auto-organização social tornam-se possíveis pela primeira vez com a ajuda da legalidade e da instituição de processos judiciais no plano das comunas.[219]

O corpo de uma sociedade comercial e o corpo político são, portanto, dois objetos fundamentalmente diferentes. Enquanto a tradição acadêmica desde Aristóteles não fazia distinção mais precisa entre *civitas, societas civilis* e *res publica,* Adam Smith, na *Teoria dos Sentimentos Morais,* fornece a comprovação que entre um corpo político sustentado por amor e amizade e um corpo político fundado em medo, existe uma outra, terceira possibilidade, a

---

[218] HUME, David. *An Enquiry concerning the Principles of Morals.* Oxford: Oxford University Press, 2004, (reimpressão em 1751), Part 4, pp. 99 e ss. (embora empregando ainda o termo "political society"); cf. também SHEEHAN, Jonathan; WAHRMAN, Dror. *Invisible Hands*: self-organization in the eighteenth century. Chicago: The University of Chicago Press, 2015, p. 263.

[219] HONT, Istvan. *Politics in Commercial Society*: Jean-Jacques Rousseau and Adam Smith. Cambridge: Havard University Press, 2015, pp. 61 e ss., 81 e 100.

saber, uma socialidade fundada em interesses individuais e cálculos de utilidade mútua.[220] Nesse contexto, um antigo legado da moral e dos costumes da *societas civilis* permanece presente, o qual, em Smith, é reinterpretado na concepção de uma civilização pré-política do homem e que realça a importância de formas de tratamento social refinadas, tais como cortesia e boas maneiras. O que Albert O. Hirschman descreve como domesticação de paixões aristocráticas violentas e inconstantes por interesses burgueses calculáveis[221] faz parte – também para Hirschman – desse contexto mais amplo da formação de uma *comercial sociability*. Montesquieu já observa que o comércio remove preconceitos perturbadores e que é quase uma regra geral que onde quer que prevaleçam maneiras suaves – *mœurs douces* – também se faz comércio, e onde quer que exista comércio, as maneiras são suaves e agradáveis.[222] Essa percepção é compartilhada pelo Iluminismo escocês: para Hume, é uma consequência inevitável de toda atividade comercial "gerar frugalidade e fazer prevalecer o amor pelo lucro prevalecer sobre o amor pelo prazer".[223] Também em Adam Smith, a sociedade comercial é acompanhada

---

[220] SMITH, Adam. *Theory of Moral Sentiments* (1790). (Reimpressão da 6ª edição). Nova York: Penguin, 2009, II.ii.3.; sobre as dificuldades terminológicas, HONT, Istvan. *Politics in Commercial Society*: Jean-Jacques Rousseau and Adam Smith. Cambridge: Havard University Press, 2015, pp. 3-9 e ss.

[221] HIRSCHMAN, Albert O. *Leidenschaften und Interessen*: politische Begründungen des Kapitalismus vor seinem Sieg. Trad. para o alemão de Sabine Offe (*The Passions and the Interests*). Frankfurt am Main: Suhrkamp, 1984, especialmente, pp. 17 e ss.

[222] MONTESQUIEU, Charles Louis, Baron de. *Vom Geist der Gesetze (1748) – übersetzt und herausgegeben von Ernst Forsthoff*. Tübingen: Mohr, 1992, XX. 1.

[223] HUME, David. "Of Interest". *In*: _____. *Essays*: Moral, Political, and Literary. Organização, prefácio, notas e glossário de Eugene F. Miller. Indianapolis: Liberty Fund, 1985, pp. 295-301. [Em inglês no original: "to beget frugality, and make the love of gain prevail over the love of pleasure"].

§ 5 CULTURA BURGUESA

por virtudes burguesas, como integridade e pontualidade.[224] É por isso que em *A Riqueza das Nações* fala-se não apenas de "*civilized and commercial society*",[225] mas também de "civilized society",[226] ou – mais raramente – de "civil society".[227]

Em razão dessas relações, o significado da combinação de palavras do inglês "civil society" é de difícil reprodução em alemão. Embora "bürgerliche Gesellschaft"[228] seja talvez uma tradução adequada, Hegel já a declara como um lugar da generalidade do egoísmo, um estado de necessidade e compreensão, enquanto que a moral e os costumes só se orientam no Estado.[229] Em Hegel, essa idolatria do Estado é sustentada por uma confiança na realeza prussiana, esclarecida e progressista, mas isso pouco muda o fato de que a ideia de uma sociedade que organiza a si mesma de forma descentralizada não faz parte do inventário preferido do pensamento filosófico continental. Em sentido correspondente, até hoje são

---

[224] SMITH, Adam. *Lectures on Jurisprudence*. Oxford: Oxford University Press, 1978, p. 538; THOMAS, Keith. *In pursuit of civility*: manners and civilization in early modern England. New Haven: Yale University Press, 2018, pp. 190 e ss.

[225] SMITH, Adam. *An Inquiry into the Nature and Causes of the Wealth of Nations* (1776). vol. 2. Oxford: Oxford University Press, 1976.

[226] SMITH, Adam. *An Inquiry into the Nature and Causes of the Wealth of Nations* (1776). vol. 2. Oxford: Oxford University Press, 1976.

[227] SMITH, Adam. *An Inquiry into the Nature and Causes of the Wealth of Nations* (1776). vol. 2. Oxford: Oxford University Press, 1976.

[228] N.T. Nesse sentido, a sociedade burguesa, considerando-se que o adjetivo "bürgerlich" aqui empregado, refere-se, em alemão, ao substantivo "Bürger", que designa tanto o "burguês", como sendo o indivíduo, "na Idade Média, natural ou habitante livre de um burgo, que gozava de certos privilégios", quanto o "cidadão", "indivíduo que, como membro de um Estado, usufrui de direitos civis e políticos garantidos pelo mesmo Estado e desempenha os deveres que, nesta condição, lhe são atribuídos" (nas definições do Dicionário eletrônico Houaiss da língua portuguesa).

[229] HEGEL, Georg Wilhelm Friedrich. *Grundlinien der Philosophie des Rechts (1821), Werkausgabe Bd. 7*. Frankfurt am Main: Suhrkamp, 1970, §§ 183, 184, e §§ 257, 258.

emitidos julgamentos sobre a sociedade comercial, que supostamente destrói princípios morais tradicionais ou leva à dominância de forma de conduta econômicas instrumentais. Mesmo o termo "sociedade civil", muito usado hoje e cunhado por Antonio Gramsci, o conceito de dominação da opinião pública por grupos críticos da sociedade, nada tem a ver com a "civil society" do Iluminismo escocês, razão pela qual o termo alemão *Zivilgesellschaft*[230] também será evitado aqui tanto quanto possível.

5.4 Subjetivação – no espelho da sociedade

No Iluminismo escocês, a análise dos traços de caráter e virtudes do ser humano ocupa um lugar importante. Piedade, compaixão e simpatia tornam-se o fundamento moral do corpo social e o objeto primário de uma teoria social que entende a si mesma como filosofia moral. A consciência forma-se em primeiríssimo lugar através de um conseguir aceitar o conhecimento e os sentimentos dos outros, através da simpatia, que por sua vez é possibilitada pelo aconchego e pela afeição dentro das relações familiares.[231] Com essa forte ênfase de formas de observação do ambiente e de capacidade de, nesse contexto, conseguir colocar-se no lugar dos outros como outros, Smith retoma motivos centrais do pensamento cristão.[232] Todavia, assim como Francis Hutcheson ou David Hume já antes dele, Smith

---

[230] N.T. Nesse sentido, a sociedade civil, "forma de sociedade caracterizada por cidadãos independentes, engajados política e socialmente" (na definição do dicionário *Duden on-line* de língua alemã, traduzida por esta tradutora).

[231] SMITH, Adam. *Theory of Moral Sentiments* (1790). (Reimpressão da 6ª edição). Nova York: Penguin, 2009, VI.ii.2. (Agradeço esta referência a Marina Martinez Mateo).

[232] Cf. RAPHAEL, David D. *The Impartial Spectator*: Adam Smith's moral philosophy. Oxford: Oxford University Press, 2009, pp. 34 e ss. e 94 e ss.; LADEUR, Karl-Heinz. *Der Anfang des westlichen Rechts*: die Christianisierung der römischen Rechtskultur und die Entstehung des universalen Rechts. Tübingen: Mohr Siebeck, 2018, pp. 132 e ss.

§ 5 CULTURA BURGUESA

argumenta dentro de um quadro desvinculado do pensamento cristão, que supõe que as promessas de transcendência partiram das formas seculares de trabalho e vida, e que os indivíduos não tratam mais uns aos outros como irmãos cristãos, mas sim como comerciantes astutamente calculistas. Smith situa assim seu pensamento, por assim dizer, entre comunidade e sociedade, entre uma posição estoica, que pressupõe uma forte sociabilidade do homem, e uma posição epicurista, que parte de uma fraca sociabilidade, atribuindo-a a qualidades como amor-próprio, proveito próprio ou interesse próprio.[233] Por isso, o paradigma que Smith tem em mente também poderia ser chamado – acompanhando Kant – o paradigma de uma "sociabilidade insociável".

Smith antecipa um tipo de teoria psicológica social da subjetividade burguesa que, assim como a antropologia cultural americana, enfatiza o duplo caráter da cultura, adiantando até mesmo algumas conclusões de Freud.[234] Do mesmo modo que, para Freud, as teias de significado da cultura alcançam ainda o âmbito mais remoto da vida espiritual individual, para Smith não existe identidade pessoal sem a capacidade do indivíduo de reagir de forma adequada às exigências de seu mundo da vida. Segundo ele, sem qualquer contato com os outros, o homem consegue saber tão pouco sobre seu caráter quanto sobre a beleza ou a feiura de seu próprio rosto. Para ambos, ele precisa de um espelho, e esse espelho está nas feições e no comportamento

---

[233] Mais detalhadamente, HONT, Istvan. *Politics in Commercial Society*: Jean-Jacques Rousseau and Adam Smith. Cambridge: Havard University Press, 2015, pp. 6 e ss.

[234] Cf. MCCLOSKEY, Deirdre M. *Bourgeois Equality*: How Ideas, Not Capital or Institutions, Enriched the World. Chicago: University of Chicago Press, 2016, p. 173 (a *Teoria dos Sentimentos Morais* de Smith poderia ser considerada como *"founding text of Western social psychology"*); cf. também RAPHAEL, David D. *The Impartial Spectator*: Adam Smith's moral philosophy. Oxford: Oxford University Press, 2009, pp. 48 e ss. e 132; HONNETH, Axel. *Anerkennung*: eine europäische Ideengeschichte. Berlim: Suhrkamp, 2018, p. 207 (sempre sobre a relação Smith/Freud).

daqueles com quem ele convive.[235] Poder ver-se no espelho dos outros pressupõe, por sua vez, o uso ativo do poder de imaginação, pois o sujeito passa a esforçar-se para examinar seu próprio comportamento como qualquer outro espectador justo e imparcial o examinaria.[236] A adoção dos juízos do espectador imparcial não tem o absolutamente o condão de excluir tensões entre a consciência do indivíduo e a visão universalmente válida dos outros. Mas a produtividade até hoje incessante da figura do espectador imparcial encontra-se fundamentada no fato de que ela relaciona o autocontrole do sujeito com normas sociais e com a normalidade social.[237] A filosofia moral escocesa estuda, em primeira linha, a realidade social e o acervo de experiências comuns, diferentemente da filosofia francesa e alemã, nas quais, não raramente, a moralidade é um construto puramente normativo, que é contraposto como melhor conhecimento a uma realidade supostamente deficiente.

No entendimento do historiador americano Dror Wahrman, em Smith, a internalização do poder de discernimento do espectador imparcial ocorreu apenas após algumas transformações sutis, não identificáveis de forma imediata, na teoria dos sentimentos morais: enquanto a versão de 1759-1761 da *Teoria dos Sentimentos Morais* partia do princípio de um caráter realmente independente do

---

[235] SMITH, Adam. *Theory of Moral Sentiments* (1790). (Reimpressão da 6ª edição). Nova York: Penguin, 2009, III. 1 ("placed in the countenance and behavior of those he lives with").

[236] SMITH, Adam. *Theory of Moral Sentiments* (1790). (Reimpressão da 6ª edição). Nova York: Penguin, 2009, III. 1 ("as (...) any other fair and impartial spectator would examine it"); cf. também RAPHAEL, David D. *The Impartial Spectator*: Adam Smith's moral philosophy. Oxford: Oxford University Press, 2009, pp. 11 e 32 e ss.; HONT, Istvan. *Politics in Commercial Society*: Jean-Jacques Rousseau and Adam Smith. Cambridge: Havard University Press, 2015, pp. 37 e ss.; HONNETH, Axel. *Anerkennung*: eine europäische Ideengeschichte. Berlim: Suhrkamp, 2018, pp. 99-110 e ss.

[237] HONT, Istvan. *Politics in Commercial Society*: Jean-Jacques Rousseau and Adam Smith. Cambridge: Havard University Press, 2015, p. 39.

§ 5 CULTURA BURGUESA

espectador imparcial e, portanto, de uma cisão da identidade pessoal, na versão de 1790, essa cisão desloca-se para uma referência do sujeito à própria consciência interior que passa a ser meramente metafórica.[238] Essa pode ser uma descrição pertinente, mas não deve ser entendida como se as experiências que o indivíduo faz com a sociedade fossem construídas de acordo com o padrão de uma voz interior de consciência, diferentemente, por exemplo, da voz de um juiz externo. Mesmo nas versões posteriores da *Teoria dos Sentimentos Morais*, a referência ao comportamento dos vizinhos permanece central, e nessa referência está incluída além das normas sociais, uma infinidade de fatores do mundo da vida familiares, inclusive aqueles que não podem ser totalmente explicados. É sempre uma questão de o eu verificar a correção do próprio comportamento com os olhos dos outros.

> Começamos, por esse motivo, a examinar nossas próprias paixões e condutas, e a considerar como estas devem parecer para eles, considerando como elas pareceriam para nós na situação deles. Supomos que somos os espectadores de nosso próprio comportamento e esforçamo-nos por imaginar qual efeito isso produziria sobre nós, sob essa luz. Esse é o único espelho com o qual podemos, em certa medida, com os olhos de outras pessoas, escrutinar a propriedade de nossa própria conduta.[239]

---

[238] WAHRMAN, Dror. *The Making of the Modern Self*: Identity and Culture in Eighteenth-Century England. New Haven: Yale University Press, 2006, p. 272.

[239] SMITH, Adam. *Theory of Moral Sentiments* (1790). (Reimpressão da 6ª edição). Nova York: Penguin, 2009, III. 1.5. [Em inglês no original: "We begin, upon this account, to examine our own passions and conduct, and to consider how these must appear to them, by considering how they would appear to us in their situation. We suppose ourselves the spectators of our own behaviour, and endeavour to imagine what effect it would, in this light, produce upon us. This is the only looking-glass by which we can, in some measure, with the eyes of other people, scrutinize the propriety of our own"].

O fato de Smith submeter o autocontrole do sujeito a processos de auto-observação e de observação do outro, permite que ele coloque o sujeito em movimento e torne seu espaço interior receptivo a processos de autotransformação. O indivíduo não toma mais por referência as certezas irrefutáveis da tradição, mas se reencontra com sua imaginação num sistema móvel de reflexos recíprocos.[240] De fato, como subjetividade e individualidade formam-se em primeiro lugar em procedimentos de autoapropriação ativa dos acervos de conhecimento social prático, a relação do sujeito com o mundo passa a ser sustentada primariamente por expectativas de futuro, que devem ser interiorizadas, variadas e adotadas no próprio âmbito de conduta do lado individual.[241] Com isso, a auto-organização da subjetividade torna-se mais complexa e difícil, mas, sobre essa base, o anseio por um aperfeiçoamento das virtudes morais na interação social (da cidade grande) pode tomar a assumir o lugar dos laços familiares e de parentesco e, por conseguinte, das relações de dominação tradicionais a eles associados (no campo). Dessa forma, a mudança social e cultural e a consequente incerteza sobre o futuro tornam-se aceitáveis para os indivíduos, pois a mudança permanece ligada às suposições de normalidade comumente aceitas. Essa ligação a uma realidade comumente compartilhada, a referência respectiva ao comportamento dos vizinhos, facilita e, ao mesmo tempo, possibilita a abertura do sujeito para o mundo técnico, para o pensamento experimental e para a arte das produções.

---

[240] Cf. HONT, Istvan. *Politics in Commercial Society*: Jean-Jacques Rousseau and Adam Smith. Cambridge: Havard University Press, 2015, p. 33.

[241] Isso é enfatizado por LADEUR, Karl-Heinz. *Die Textualität des Rechts*: zur poststrukturalistischen Kritik des Rechts. Weilerswist: Velbrück, 2016, p. 272 ("Em Adam Smith, isso está associado à internalização do conhecimento, que remonta a um acervo de experiências coletivas, mas também implica uma contínua autotranscendência da individualidade"); mais detalhes, LADEUR, Karl-Heinz. *Negative Freiheitsrechte und gesellschaftliche Selbstorganisation*: die Erzeugung von Sozialkapital durch Institutionen. Tübingen: Mohr Siebeck, 2000, pp. 35 e ss.

5.5 Subjetividade jurídica e práticas sociais de liberdade

Para a evolução da subjetividade jurídica burguesa, são decisivas as práticas de liberdade instituídas na sociedade e não uma evolução do *common law* ou do Direito codificado, no caso da Europa Continental, desvinculada dessas práticas. Esta já é uma visão central de David Hume: em certas circunstâncias de vida, e sob condições evolutivas favoráveis, um direito como a liberdade de propriedade pode ser reconhecido tacitamente por todos os membros da sociedade através de convenções.[242] Em outras palavras, o surgimento da subjetividade jurídica burguesa depende de um uso prático da liberdade que deve formar-se e consolidar-se de modo gradual e incremental na sociedade.[243] Para a história do desenvolvimento da subjetividade jurídica em sua variante anglo-americana, faz-se significativa nesse ponto mais uma vez a cultura comercial que se forma em grandes cidades como Londres, no século XVIII: o deslocamento da cultura erudita da corte para a cidade e o surgimento de vários mercados e estabelecimentos para livros, pinturas ou entretenimento de qualidade em teatros e casas de ópera é acompanhado por um refinamento dos costumes, por exemplo, através de sociedades literárias ou da leitura

---

[242] Cf. STEIN, Peter. *Legal Evolution*: the Story of an Idea. Cambridge: Cambridge University Press, 1980, pp. 12 e ss.; DELEUZE, Gilles. *David Hume*. Frankfurt am Main: Campus, 1997, p. 113; HONT, Istvan. *Politics in Commercial Society*: Jean-Jacques Rousseau and Adam Smith. Cambridge: Havard University Press, 2015, pp. 52 e ss. ("tacit agreement").

[243] Cf. HUME, David. "Of Civil Liberty". In: _____. *Essays*: Moral, Political, and Literary. Organização, prefácio, notas e glossário de Eugene F. Miller. Indianapolis: Liberty Fund, 1985, pp. 87 e ss. Em HUME, David. "Of the Origin of Governments". In: _____. *Essays*: Moral, Political, and Literary. Organização, prefácio, notas e glossário de Eugene F. Miller. Indianapolis: Liberty Fund, 1985, pp. 37-41, pode-se ler: "liberty is the perfection of civil society". Já em HOBBES, Thomas. *Leviathan* (1651). Cambridge: Cambridge University Press, 1997, p. 200, lê-se: "For Right is Liberty".

agradável de obras impressas como *The Gentleman's Magazine*.[244] A vida urbana convivial, as livrarias, as bibliotecas, as academias de arte, os teatros, as óperas ou os jardins de lazer definem o estilo de vida do *gentleman* (e de sua esposa), constituindo o que Adam Smith chamou de "conveniências" da vida. Incorporados nessa cultura e em sua *commercial sociability* também estão os interesses que o *gentleman* persegue.[245]

Esse movimento é acompanhado pela ascensão de formas inéditas de auto-organização social. O crescimento da importância

---

[244] BREWER, John. *The Pleasures of the Imagination*: English Culture in the Eighteenth Century. Nova York: Farrar Straus Giroux, 1997, pp. 142 e ss.

[245] Em FOUCAULT, Michel. *Die Geburt der Biopolitik Geschichte der Gouvernementalität II*: Vorlesungen am Collège de France 1978/1979. Berlim: Suhrkamp, 2006, pp. 367-375 e ss.), esse elemento é pouco levado em consideração demasiado pouco. Nessa reflexão, Foucault toma a teoria contratual de Hume, entre outros, como prova de que por trás do sujeito de direito aparece agora com toda a clareza o *homo economicus*, que, por sua vez, é qualificado como pertencente à sociedade burguesa e a toda a técnica da governabilidade liberal (FOUCAULT, Michel. *Die Geburt der Biopolitik Geschichte der Gouvernementalität II*: Vorlesungen am Collège de France 1978/1979. Berlim: Suhrkamp, 2006, p. 406). Isso é correto quando entendemos a governabilidade liberal, sobretudo, como a técnica de auto-organização da sociedade liberal, pela qual Foucault certamente tinha simpatia, ainda mais por dever ser ele considerado como um dos poucos teóricos de esquerda que estudaram e recepcionaram autores como David Hume, Adam Smith, Friedrich Hayek, Gary Becker e Milton Friedman de modo séria e estimulante (a esse respeito, cf. também MCCLOSKEY, Deirdre M. *Bourgeois Equality*: How Ideas, Not Capital or Institutions, Enriched the World. Chicago: University of Chicago Press, 2016, p. 146). Mas assim como o *homo economicus* pouco se envolve na persecução de seu próprio cálculo de interesses, o sujeito de direito burguês pouco se dissolve no *homo juridicus* ou no *homo legalis* (FOUCAULT, Michel. *Die Geburt der Biopolitik Geschichte der Gouvernementalität II*: Vorlesungen am Collège de France 1978/1979. Berlim: Suhrkamp, 2006, p. 379). Em outras palavras, Foucault superestima ambos, tanto a importância da vontade puramente formal (contratual) para o sujeito de direito burguês quanto o puro cálculo de interesses para o sujeito econômico liberal.

§ 5 CULTURA BURGUESA

do comércio e do consumo, bem como a industrialização nascente levam a uma "culture of improvement",[246] em que o ideal da *politness* amplamente irradiante reforça uma abertura para o novo na cultura urbana.[247] O lado instituído da subjetividade jurídica torna-se receptivo assim à constante autotransformação da identidade do *gentleman*; num contexto de surgimento de uma esfera pública dominada por opiniões e não mais por verdades (religiosas), o estudioso literário americano Kirk Wetters fala de uma *"re-formation of the individual"* e de uma *"ethical self-reformation"*.[248] Essa disposição para o exame constante do eu e a disposição para a autotransformação têm um precursor já no século XVII, naqueles laboratórios da mente que transformam a Inglaterra num país de geração de conhecimento experimental, envolvendo o intercâmbio com o conhecimento dos outros e tendo aí desde o início um lado

---

[246] TRENTMANN, Frank. *Empire of Things*: How We Became a World of Consumers, from the Fifteenth Century to the Twenty-first. Londres: Penguin, 2017, p. 105.

[247] TRENTMANN, Frank. *Empire of Things*: How We Became a World of Consumers, from the Fifteenth Century to the Twenty-first. Londres: Penguin, 2017, p. 107 ("The culture of politeness gave consumption an additional lift. Coffee houses and the taste for exotic beverages were just one part of an expanding universe of social spaces – from clubs and restaurants to promenades and pleasure gardens – that were simultaneously dedicated to leisurely entertainment and genteel self-fashioning (...) Politeness put the enlightenment ideals of sympathy and sensibility into material practice" ["A cultura da cortesia deu ao consumo um impulso adicional. Casas de café e o gosto por bebidas exóticas eram apenas parte de um universo de espaços sociais em expansão – de clubes e restaurantes a calçadões e jardins de lazer – que eram consagrados simultaneamente ao entretenimento de lazer e à automodelagem das maneiras (...) A educação inseriu na prática material os ideais edificadores de simpatia e sensibilidade"]).

[248] WETTERS, Kirk. *The Opinion System*: Impasses of the Public Sphere from Hobbes to Habermas. Nova York: Fordham University Press, 2008, pp. 123-137 (em itálico no original).

transubjetivo.[249] Isso inclui também a criação de uma nova forma de trabalho e de vida engenhosa, que carrega em si, juntamente com uma geração de conhecimento baseada em fatos, um elemento igualitário também inédito.[250] Somente com base nesses desenvolvimentos históricos interligados (na cultura erudita, na ciência, no artesanato e em contextos econômicos) é que o *gentleman* pode tornar-se objeto de um discurso jurídico explícito sobre direitos herdados ou inatos. E é somente com base em transformações históricas comparáveis no continente europeu que o burguês pode tornar-se ponto de referência de uma "pessoa comprometida com a mesma observância no que diz respeito à sua responsabilidade jurídica".[251]

O fato de os processos de formação da subjetividade jurídica na cultura inglesa poderem condensar-se muito mais cedo do que em qualquer outra parte da Europa num conceito dissociado de particularidades locais do homem inglês nascido livre não pode ser separado da evolução da cultura burguesa na Inglaterra. A par das

---

[249] PICCIOTTO, Joanna. *Labors of Innocence in Early Modern England*. Cambridge: Harvard University Press, 2010, p. 265 ("Personal identity in this model is not finally personal; it resides in no 'singular originality' of character or personal attribute, nor is it rooted in a private 'inner light' inaccessible only to the self. It is rooted in a process that includes others, generating transsubjective knowledge". ["Nesse modelo, identidade pessoal não é pessoal afinal; ela não reside em nenhuma 'originalidade singular' de caráter ou atributo pessoal, nem está enraizada numa 'luz interior' privada, inacessível apenas ao si. Ela está enraizada num processo que inclui outras pessoas, gerando conhecimento transubjetivo"]).

[250] PICCIOTTO, Joanna. "The Public Person and the Play of Fact". *Representations*, vol. 105, nº 1, 2009, pp. 85-96.

[251] AUER, Marietta. "Die Substanz der Freiheit. Pufendorfs Begriff der moralischen Person". *In*: GRÖSCHNER, Rolf; KIRSTE, Stephan; LEMBCKE, Oliver W. (Coord.). *Person und Rechtsperson, Zur Ideengeschichte der Personalität*. Tübingen: Mohr Siebeck, 2015, pp. 81/82; sobre as bases da personalidade jurídica e da subjetividade jurídica na história das ideias, cf. também AUER, Marietta. *Der privatrechtliche Diskurs der Moderne*. Tübingen: Mohr Siebeck, 2014, pp. 13 e ss.

§ 5 CULTURA BURGUESA

prematuramente florescentes ciências naturais, da reputação positiva desfrutada por mecânicos e artesãos, ou da experimentação de novas tecnologias em círculos burgueses e aristocráticos, divergências especificamente religiosas em relação ao continente, especialmente o puritanismo, também podem ter desempenhado um papel na ascensão dos modos de vida burgueses. O puritanismo pode ter facilitado, sobretudo, a construção de uma subjetividade do mundo interior complexa, que se desprende de Deus: o sujeito começa a imaginar um espaço livre para a individualidade no mundo e não apenas em relação a Deus, aplicando essa consciência também a sua relação com os outros.[252] Todas essas especificidades culturais e religiosas sustentam a ideia de liberdade natural, o que, por sua vez, reforça uma variedade de personagens incomum na Europa, fazendo disso também uma característica do *gentleman*. O florescimento de visões originais, os modos muito peculiares e a marcada excentricidade do homem britânico são tão fortes que já foram interpretados pelos contemporâneos europeus como expressão de um individualismo antissocial, e até mesmo como ausência de uma conformidade necessária a uma nação.[253] Martin Sherlock descreve essa especificidade em suas *Letters from an English Traveller* [Cartas de um Viajante] de 1780 do seguinte modo:

> Todo homem inglês nasce livre, e glorifica-o com razão. A primeira lição que recebeu de seu pai e a primeira lição que transmite a seu filho é que a independência é a herança de um

---

[252] DESCOMBES, Vincent. *Die Rätsel der Identität*. Berlim: Suhrkamp, 2013, p. 139; cf. também WIELSCH, Dan. "Gesellschaftliche Transformation durch subjektive Rechte". *In*: FISCHER-LESCANO, Andreas; FRANZKI, Hannah; HORST, Johan (Coord.). *Gegenrechte*: Rechte jenseits des Subjekts. Tübingen: Mohr Siebeck, 2018, pp. 141 e ss.

[253] Cf. LANGFORD, Paul. "Manners and the Eighteenth-Century State: The Case of the Unsociable Englishman". *In*: BREWER, John; HELLMUTH, Eckhart (Coord.). *Rethinking Leviathan*: the Eighteenth-Century State in Britain and Germany. Nova York: Oxford University Press, 1999, pp. 281-284.

homem inglês. Ele se orgulha de ser ele mesmo; de pensar, sentir e agir por si mesmo. Daí aquela variedade de caráter que existe na Inglaterra e que não se encontra em nenhum outro país do mundo.[254]

Por um lado, Sherlock confirma a diversidade incomum de caracteres na Inglaterra. Mas seu relato também mostra o quanto a consciência de nascer um homem livre está ancorada no mundo da vida familiar imediato. A ideia de liberdade afronta o homem inglês como a primeira lição que o filho aprende de seu pai e que ele, como pai, por sua vez, ensina ao próprio filho. A subjetividade forma-se no espelho de uma crença comum na própria liberdade individual, uma crença que é transmitida no processo de socialização e que ainda está viva na cultura inglesa, no final do século XIX, no poema de Rudyard Kipling "Se". O *common law* e as declarações solenes de direitos, como a "Bill of Rights" de 1689, também podem ter contribuído para essa crença comum.[255] Em todo caso, porém,

---

[254] Citado aqui segundo LANGFORD, Paul. "Manners and the Eighteenth-Century State: The Case of the Unsociable Englishman". *In*: BREWER, John; HELLMUTH, Eckhart (Coord.). *Rethinking Leviathan*: the Eighteenth-Century State in Britain and Germany. Nova York: Oxford University Press, 1999, p. 284. [Em inglês no original: "Every Englishman is born free, and glories it with reason. The first lesson he has received from his father, and the first lesson which he transmits to his son, is that independence is the inheritance of an Englishman. He is proud of being himself; of thinking, feeling, and acting for himself. Hence that variety of character which is in England, and which is not to be found in any other country in the world"].

[255] Sobre essas declarações de direitos, cf. apenas SCHUPPERT, Gunnar Folke. "Eine globale Ideengeschichte in der Sprache des Rechts – A Global History of Ideas in the Language of Law". *Max Planck Institute for European Legal History Research Paper Series*, nº 2019-02, pp. 25 e ss. Disponível em: https://papers.ssrn.com/sol3/papers.cfm?abstract_id=3317569. Acessado em: 25.07.2022; GRIMM, Dieter. "Die Grundrechte im Entstehungszusammenhang der bürgerlichen Gesellschaft" (1988). *In*: _____. *Die Zukunft der Verfassung*. Frankfurt am Main: Suhrkamp, 1991, pp. 67 e ss. Em minha opinião, JELLINEK,

§ 5 CULTURA BURGUESA

a lição que o pai ensina ao filho não é um ato diretamente político que poderia ser pensado como consequência do estabelecimento de um grande sujeito soberano ou como comando de um soberano para submissão a uma ordem universal, tal como ela é característica do modelo europeu continental de subjetivação. Por conseguinte, poderíamos resumir, na esteira de Karl-Heinz Ladeur, afirmado que o *gentleman* inglês fomentou desde cedo "a disposição para coordenar com os outros a perseverança, a confiabilidade, a penetração de um mundo de 'possibilidades'".[256] Para Ladeur, o lado instituído da subjetividade jurídica foi particularmente crucial para a capacidade de negociar entre estranhos e para o fomento da confiança impessoal determinante para tanto. O lado formal da subjetividade jurídica por si só em nada poderia contribuir para isso.

> O Direito formal – seja o *common law* ou o *civil law* – tem apenas a função da imposição exemplar de padrões juridicamente formais, como, por exemplo, a coordenação contratual em casos em que a auto-organização não funciona.[257]

Georg. *Die Erklärung der Menschen-und Bürgerrechte* (3ª ed. 1919). Saarbrücken: Edition Classic, Verlag Dr. Müller, reimpressão: 2006, pp. 36 e 56, realça em demasia a diferença entre a *inheritance* inglesa e o caráter inalienável e inviolável dos direitos naturais na tradição americana. Sob o aspecto institucional e prático, os dois conceitos estão mais próximos do que supunha Jellinek.

[256] LADEUR, Karl-Heinz. *Die Textualität des Rechts*: zur poststrukturalistischen Kritik des Rechts. Weilerswist: Velbrück, 2016, p. 303.

[257] LADEUR, Karl-Heinz. *Die Textualität des Rechts*: zur poststrukturalistischen Kritik des Rechts. Weilerswist: Velbrück, 2016, p. 304.

5.6 Reivindicação alheia e subjetivação disciplinante

Estas reflexões sobre o significado das práticas de liberdade instituídas na sociedade coincidem em alguns pontos com a fenomenologia patética e responsiva de Bernhard Waldenfels. Assim como o sujeito burguês liberal nada é sem o espelho da sociedade, também o sujeito em filosofia fenomenológica responde ao encontro com uma reivindicação por parte do outro. O recurso à reivindicação por parte do outro tem o objetivo de distanciar o sujeito soberano autárquico, por exemplo, na variante de um primado da autoestima que atenua as autoestimas unicamente pelos sentimentos do outro – uma objeção que Waldenfels dirige contra a doutrina escocesa dos *feelings* e *sentiments*.[258] Mas é provável que não seja tanto a referência ao outro como tal o que, em David Hume ou Adam Smith, separa o sujeito burguês de uma fenomenologia do outro, mas sim a conexão que eles fazem entre esta e as "forças do extraordinário".[259] A cultura burguesa é instituída numa ordem social em que ideias, invenções, novas tecnologias, uma *commercial culture* e formas de trabalho até então desconhecidas desafiam o modo de vida tradicional da *societas civilis* cristã aristotélica, transpõem continuamente os limites da normalidade e desencadeiam experiências limítrofes desconhecidas. Em contrapartida, o excedente que transcende os limites da normalidade de uma ordem é concebido, em Waldenfels, como irrupção ou evento extraordinário, inclusive como acometimento surpreendente e extraordinário (*páthos*). Como exemplo de tais forças do extraordinário, Waldenfels cita a súbita eclosão da Primeira Guerra Mundial, que, segundo ele, transformou bruscamente a realidade.[260]

---

[258] WALDENFELS, Bernhard. *Sozialität und Alterität*: Modi sozialer Erfahrung. Berlim: Suhrkamp, 2015, p. 87.

[259] WALDENFELS, Bernhard. *Sozialität und Alterität*: Modi sozialer Erfahrung. Berlim: Suhrkamp, 2015, p. 200.

[260] WALDENFELS, Bernhard. *Sozialität und Alterität*: Modi sozialer Erfahrung. Berlim: Suhrkamp, 2015, pp. 77 e ss.

§ 5 CULTURA BURGUESA

A constante confrontação com uma reivindicação por parte do outro é indispensável para a constituição de uma subjetividade burguesa. Mas, na fenomenologia do outro, permanece certa tensão entre o outro, que se confronta com o sujeito num plano de vizinhança e exige do sujeito uma constante confrontação com ordenamento de vida burguês com e as forças do extraordinário, que também podem assumir um caráter fortemente político, bem como uma constante adaptação a estes. É esse momento político que Hans Lindahl retoma e privilegia quando transfere a representação de forças do outro e do extraordinário para uma confrontação entre legalidade e uma alegalidade que desafia a normalidade jurídica.[261] Lindahl até proclama uma política da alegalidade, ou melhor, define a alegalidade como a manifestação central do político nos ordenamentos jurídicos.[262] Para tanto, Lindahl escolhe, entre outros, o exemplo da manifestação de crítica ao consumo – violadora do direito de propriedade – de um grupo de pessoas na loja de departamentos francesa *Galeries Lafayette* em Rennes. Em outra obra, o fenômeno da alegalidade é definido como irrupção do "magma social", no sentido empregado por Castoriadis.[263] Essa ênfase é particularmente problemática, porque o magma social de Castoriadis inclui um elemento de assentamento irredutível que se desprende das instituições sociais sempre infundadas que também fundamentam o lado institucionalizado da subjetividade jurídica. Nisso se encontra inserido, em última análise, um legado marxista, o imaginário social, que supostamente leva à "superação da autoalienação" e "da autonomia radical" do ser humano – elevando-se assim até acima do poder instituinte. O

---

[261] LINDAHL, Hans. *Fault Lines of Globalization*: Legal Order and the Politics of A-Legality. Oxford: Oxford University Press, 2013, pp. 3 e ss., 30 e ss. e 222 e ss.

[262] LINDAHL, Hans. *Authority and the Globalisation of Inclusion and Exclusion*. Cambridge: Cambridge University Press, 2018, p. 308 (*"A-legality is the central manifestation of the political in the legal orders"*).

[263] LINDAHL, Hans. *Fault Lines of Globalization*: Legal Order and the Politics of A-Legality. Oxford: Oxford University Press, 2013, p. 186.

magma social de Castoriadis é, nessa medida, um agente de destruição de instituições,[264] enquanto o sujeito de direito burguês pode ser visto de fato, do mesmo modo, como um agente de destruição (basta pensar no empresário de Schumpeter), mais precisamente de uma destruição que é criativa e suficientemente limitada. Ela se dá através da experimentação de ideias, da geração de conhecimento útil, de inovações tecnológicas e, de forma descentralizada, através de mercados e contribuições intermediadas por consumidores.

Isso contrasta com a variante continental da subjetivação, em cuja cena primordial o indivíduo é mediado com um corpo político. Esse modelo está delineado na teoria francesa da soberania como a sujeição do indivíduo a uma lei geral e, na opinião de Michel Foucault, encontra continuidade na teoria do contrato social: o indivíduo cede seus direitos naturais a um soberano e assim aceita "a negatividade", ao "renunciar a seus direitos" de certo modo como titular de direitos naturais.[265] A isso vem se conectar hoje um amplo discurso teórico de "subjetivação disciplinante",[266] segundo o qual a subjetividade jurídica resulta de uma submissão à lei formal e aos poderes disciplinares a ela associados. Embora a submissão seja interpretada, ao mesmo tempo, como atribuição de poder ao sujeito,[267] em muitas leituras, essa atribuição de poder permanece

---

[264] Análise crítica também em LÜDEMANN, Susanne. *Metaphern der Gesellschaft*: Studien zum soziologischen und politischen Imaginären. Munique: Wilhelm Fink, 2004, pp. 47-58 e ss.; WALDENFELS, Bernhard. *Sozialität und Alterität*: Modi sozialer Erfahrung. Berlim: Suhrkamp, 2015, pp. 386-396 e ss.

[265] Cf. FOUCAULT, Michel. *Die Geburt der Biopolitik Geschichte der Gouvernementalität II*: Vorlesungen am Collège de France 1978/1979. Berlim: Suhrkamp, 2006, p. 377, onde um elemento ativo da transferência de direitos (naturais) cria um sujeito jurídico que, por definição, aceita negatividade – para Foucault: a renúncia a seus direitos naturais.

[266] LOICK, Daniel. *Juridismus*: Konturen einer kritischen Theorie des Rechts. Berlim: Suhrkamp, 2017, pp. 195, nota 10.

[267] LOICK, Daniel. *Juridismus*: Konturen einer kritischen Theorie des Rechts. Berlim: Suhrkamp, 2017, pp. 185-195; de modo semelhante, cf. já

§ 5 CULTURA BURGUESA

ligada, em última análise, à cultura cívica da soberania e, portanto, ao mundo do *citoyen*. Mas a cultura burguesa e a ideia da subjetividade que a constitui devem ser pensadas de modo diferente: ambas surgem num espaço social que se distancia da ordem política. Ali, o lado instituído da subjetividade jurídica burguesa é exposto a uma tensão indissolúvel entre o próprio e o alheio. O sujeito oscila constantemente entre dois lados que "se entrelaçam e interpenetram-se sem coincidir, mas também sem se separar um do outro abruptamente".[268] Dentro dessa tensão indissolúvel encontra-se uma brecha para a inteligência criativa e a inventividade que torna possível uma renovação incessante de práticas sociais e seus sistemas simbólicos culturais. Esse elemento "excessivo" da subjetividade, que precede os direitos formais de liberdade, não está ordenado com base num centro e, justamente por isso, permite que o homem criativo burguês abra, a qualquer momento, a partir de qualquer ponto dessa brecha um horizonte futuro que vai além da ordem existente, sem ter que assumir imediatamente o risco de sua completa dissolução.

MENKE, Christoph. *Kraft*: ein Grundbegriff ästhetischer Anthropologie. Frankfurt am Main: Suhrkamp, 2008, p. 43; cf. também LUCCI, Antonio. "Gouvernementalität und Askese. Individuelle und kollektive Selbsttechniken bei Michel Foucault zwischen Machtapparaten und antagonistischen Lebensformen". *In*: LUCCI, Antonio; SKOWRONEK, Thomas (Coord.). *Potential regieren*: zur Genealogie des möglichen Menschen. Paderborn: Wilhelm Fink, 2018, pp. 201 e ss. (sobre as transformações das tecnologias do si em Foucault).

[268] WALDENFELS, Bernhard. *Sozialität und Alterität*: Modi sozialer Erfahrung. Berlim: Suhrkamp, 2015, p. 72.

§ 6 A VARIANTE ANGLO-AMERICANA: *GENTLEMAN*

6.1 Pensamento experimental e conhecimento útil

O pensamento filosófico natural descreve o início da Idade Moderna como fase de fundação de um novo tipo de postura técnica do homem em relação ao mundo. Essa fase fundacional de derrubada abrange a sociedade do início da Era Moderna em todas as áreas importantes – ciência, tecnologia, arte, poder ou Direito – e confere a esses diferentes campos de atividade e a seus padrões culturais uma origem unitária. Hans Blumenberg compartilha essa visão do mundo no início da Modernidade com muitos outros filósofos do século XX, como Ernst Cassirer. Mas, diferentemente dos dois primeiros volumes do *Erkenntnisproblem in der Philosophie und Wissenschaft der neueren Zeit* [O Problema do Conhecimento na Filosofia e na Ciência dos Tempos Modernos] (1906/1907) de Cassirer, os escritos de Blumenberg sobre tecnologia não tratam tanto da apreensão de um novo conceito do conhecimento, da reconfiguração do ideal de conhecimento desde a Renascença e do progresso da experiência científica. Para Blumenberg, o que é decisivo na apresentação do modo de pensar da filosofia natural exata é mais o fato de já estar contido na abordagem específica de questionamentos de filosofia natural matemática um elemento tecnológico.[269] Para Blumenberg, a tecnologia não é simplesmente o resultado de aplicações práticas de conhecimentos científicos teóricos anteriormente adquiridos, mas um elemento que ainda funda a própria filosofia natural: a nova concepção de natureza é desafiada em sua função instrumental pelo entendimento histórico de si mesmo e do mundo do início da Era Moderna; de fato, a ascensão da ciência natural é "provocada de modo decisivo pelo avanço da vontade tecnológica".[270]

Num ensaio sobre a relação entre natureza e tecnologia, Blumenberg também associa o avanço da vontade tecnológica à eliminação da diferença entre uso e prazer da Idade Média: o prazer não continua mais sendo atribuído e subordinado à natureza ou – como em Agostinho – à realização do ser no outro mundo. No início da Era Moderna, a diferença entre o gozo infinito do mundo e o uso finito assume o lugar da natureza ou da realização do ser no outro mundo, a fim de realizar-se na unidade de uso e gozo necessários como gozo livre que encontra satisfação em si mesmo.[271] O uso final da natureza e a aplicação de suas leis sob a supremacia de uma infinitude que absorve o uso dá lugar à unidade de uso e gozo no âmbito de uma "exploração e conquista sem reservas" da natureza

---

[269] BLUMENBERG, Hans. "Lebenswelt und Technisierung unter den Aspekten der Phänomenologie". *In*: BLUMENBERG, Hans; SOMMER, Manfred (Coord.). *Theorie der Lebenswelt*. Berlim: Suhrkamp, 2010, p. 203.

[270] BLUMENBERG, Hans. "Das Verhältnis von Natur und Technik als philosophisches Problem". *In*: BLUMENBERG, Hans; SCHMITZ, Alexander; STIEGLER, Bernd (Coord.). *Schriften zur Technik*. Berlim: Suhrkamp, 2015, pp. 24 e ss.

[271] BLUMENBERG, Hans. "Das Verhältnis von Natur und Technik als philosophisches Problem". *In*: BLUMENBERG, Hans; SCHMITZ, Alexander; STIEGLER, Bernd (Coord.). *Schriften zur Technik*. Berlim: Suhrkamp, 2015, p. 24.

§ 6 A VARIANTE ANGLO-AMERICANA: *GENTLEMAN*

por uma "dinâmica da tecnologia" que dá sentido a si mesma.[272] Ao relacionar a dinâmica da tecnologia de modo antropológica e instrumental com a capacidade humana de tornar o conhecimento filosófico natural útil para os próprios propósitos, Blumenberg desloca a utilidade desse pensamento do homem para o primeiro plano. A autoinserção do homem no centro de seu mundo, já abordada bem anteriormente, é, então, sobretudo, uma autoinserção do homem para a ampliação de suas possibilidades no que que diz respeito ao domínio da natureza externa – em face de uma situação histórica em que o homem não pode mais estar seguro do poder criador divino e do poder ordenador e em que a mera facticidade do mundo e, principalmente, a súbita irrupção de desastres naturais, como secas, enchentes, frio ou epidemias mostram-lhe repetidamente e de uma forma dolorosa a contingência de suas condições de vida. A Europa medieval já era tecnologicamente criativa, inventando, por exemplo, a roda d'água, os óculos ou o relógio mecânico.[273] Todavia, desde o início da Idade Moderna, novos conhecimentos e invenções foram complementados por uma postura técnica inédita do homem em relação ao mundo, uma postura que deve ser imposta primeiramente como fundação de um espírito que não se movimenta "já no chão de um mundo".[274]

O que a filosofia da tecnologia de Blumenberg representa como instrumentalização da natureza antropologicamente necessária pode ser traduzida, na esteira de Joel Mokyr, numa teoria de

---

[272] BLUMENBERG, Hans. "Das Verhältnis von Natur und Technik als philosophisches Problem". *In*: BLUMENBERG, Hans; SCHMITZ, Alexander; STIEGLER, Bernd (Coord.). *Schriften zur Technik*. Berlim: Suhrkamp, 2015, p. 25.

[273] Cf. LANDES, David S. *Wohlstand und Armut der Nationen*: Warum die einen reich und die anderen arm sind-The Wealth and the Poverty of Nations. Munique: Pantheon, 2009, pp. 61 e ss.

[274] WALDENFELS, Bernhard. *Bruchlinien der Erfahrung*: Phänomenologie, Psychoanalyse, Phänomenotechnik. Frankfurt am Main: Suhrkamp, 2002, p. 456.

"conhecimento útil" (*useful knowledge*).[275] O ponto de partida das reflexões de Mokyr é uma tradição talmúdica: os rabinos fazem uma distinção rigorosa entre as regras e questões que dizem respeito às relações entre o indivíduo e os outros e as relações que prevalecem entre o indivíduo e o "makom". Embora o termo *makom* refira-se, na realidade, ao relacionamento entre o fiel e Deus, o Talmud entende-o, numa interpretação pragmática, como todo o ambiente físico e biológico do homem.[276] Essa distinção reaparece nos trabalhos de Freud sobre teoria cultural: as contribuições e instituições da cultura prestam-se a duas finalidades: "à proteção do homem contra a natureza e à regulamentação das relações dos homens entre si".[277] No campo da proteção do homem contra a natureza também está situada a teoria do conhecimento útil de Mokyr. Ela gira em torno da disposição e capacidade do homem moderno para usar o conhecimento útil para aproveitar a natureza segundo suas necessidades materiais e para se proteger de uma natureza caótica.[278] As tecnologias são indispensáveis para tanto, mas assim como a tecnologia para Blumenberg é expressão do poder fundador do espírito do início

---

[275] Cf. MOKYR, Joel. *A culture of growth*: the origins of the modern economy – the Graz Schumpeter Lectures. Princeton: Princeton University Press, 2017, pp. 142 e ss.; MOKYR, Joel. *The Enlightened Economy*: an Economic History of Britain, 1700 – 1850. New Haven: Yale University Press, 2009, pp. 34 e ss.; MOKYR, Joel. *The Gifts of Athena*: Historical Origins of the Knowledge Economy. Princeton: Princeton University Press, 2002, pp. 4 e ss.

[276] MOKYR, Joel. *A culture of growth*: the origins of the modern economy – the Graz Schumpeter Lectures. Princeton: Princeton University Press, 2017, pp. 6 e ss.; MOKYR, Joel. *The Gifts of Athena*: Historical Origins of the Knowledge Economy. Princeton: Princeton University Press, 2002, p. 3.

[277] FREUD, Sigmund. "Das Unbehagen in der Kultur und andere kulturtheoretische Schriften" (1930). *In*: _____. *Kulturtheoretische Schriften*. Frankfurt am Main: S. Fischer, 1986, pp. 191 e ss. e 220.

[278] MOKYR, Joel. *A culture of growth*: the origins of the modern economy – the Graz Schumpeter Lectures. Princeton: Princeton University Press, 2017, pp. 14 e 221.

§ 6 A VARIANTE ANGLO-AMERICANA: *GENTLEMAN*

da Idade Moderna, para Mokyr o conhecimento útil não é apenas inteligibilidade e criatividade aplicada traduzidas em tecnologia, mas também o significante do surgimento de um novo mundo:

> Em 1580, um professor de Oxford ainda podia ser multado em cinco xelins ensinando algo que era contraditório aos escritos de Aristóteles. Mas Oxford estava ultrapassada: naquela época, o cânone clássico já havia sido criticado por todos os lados. O mundo intelectual do século XV ainda estava à sombra do ensino clássico, mas, no século XVI e além, ele havia se transformado no mundo de rebeldes insolentes como Paracelsus, Harvey, Ramus, Ramus, Brahe, Boyle e tantos outros. Impulsionados por novas observações e informações, eles rasgaram os textos clássicos da física e da medicina e subjugaram-nos ao que eles acreditavam ser evidência e lógica persuasiva. Estava criado um novo mundo de conhecimento útil.[279]

O que Blumenberg descreve, em parte, em terminologia idealista alemã como entrada numa nova época intelectual, não se dá de modo nenhum (nem mesmo para Blumenberg) primariamente ou mesmo exclusivamente na consciência. Pelo contrário, a renovação da ciência torna-se um objeto de comunicação social, do intercâmbio de hipóteses e ideias, da influência sobre a convicção de outros por

---

[279] MOKYR, Joel. "The Bourgeoisie and the Scholar". *Erasmus Journal for Philosophy and Economics*, vol. 9, 2016, p. 59. [Em inglês no original: "In 1580 an Oxford Don could still be fined five shillings by teaching something that was contradictory to the writings of Aristotle. But Oxford was behind the curve: by that time the classical canon had come under fire from every corner. The intellectual world of the fifteenth century was still in the shadow of classical learning, but in the sixteenth century and beyond, it had morphed in the world of insolent rebels such as Paracelsus, Harvey, Ramus, Brahe, Boyle, and so many others. Driven by new observations and information, they ripped the classical texts in physics and medicine to shreds, and subjugated them to what they believed to be persuasive evidence and logic. A new world of useful knowledge was created"].

meio de argumentação estruturada e praticada retoricamente. Para tanto, a filosofia natural utiliza o meio da escrita, suas constatações são redigidas, sistematizadas e difundidas sob a forma de línguas naturais ou linguagens simbólicas formais (matemáticas). Além de cartas entre estudiosos, livros impressos ou revistas literárias também contribuem para a difusão do conhecimento filosófico natural, como, por exemplo, a revista *Nouvelles de la république des lettres*, fundada em 1684 por Pierre Bayles e impressa em Amsterdã, onde suas cópias estavam a salvo da censura francesa.[280] Assim, o novo conhecimento resulta de um contexto especificamente medial e é disseminado num espaço virtual aberto a todos, aquela *respublica litteraria* europeia comum, cujos traços podem ser rastreados até as cidades da Itália superior do início do século XV.[281] Em referência ao conceito de Michael Polanyi de uma "República da Ciência",[282] que se coordena de forma espontânea, por meio de uma mão invisível, a partir de contribuições individuais de cientistas dispersos no espaço e na sociedade, Mokyr também fala da expansão de um *"market of ideas"* na Europa do início da Era Moderna.[283]

---

[280] MOKYR, Joel. *A culture of growth*: the origins of the modern economy – the Graz Schumpeter Lectures. Princeton: Princeton University Press, 2017, p. 180.

[281] Cf. FUMAROLI, Marc. *The Republic of Letters*. Trad. para o inglês de Lara Vergnaud. Londres: Yale University Press, 2018, p. 15 (a primeira comprovação desta designação – *respublica litteraria* – é uma carta de Francesco Barbaro, de Veneza, a Poggio Bracciolini, datada de julho de 1417); MOKYR, Joel. *A culture of growth*: the origins of the modern economy – the Graz Schumpeter Lectures. Princeton: Princeton University Press, 2017, pp. 179 e ss.

[282] POLANYI, Michael. "The Republic of Science: Its Political and Economic Theory (1962)". *In*: _____. *Knowing and Being*: essays by Michael Polanyi. Chicago: University of Chicago Press, 1969, pp. 49 e ss.

[283] MOKYR, Joel. *A culture of growth*: the origins of the modern economy – the Graz Schumpeter Lectures. Princeton: Princeton University Press, 2017, pp. 62 e ss.

§ 6 A VARIANTE ANGLO-AMERICANA: *GENTLEMAN*

Este mercado de ideias moderno precoce é baseado em formas de autocoordenação descentralizada. E ainda assim, das muitas contribuições individuais e dispersas emerge uma competição pela influência intelectual e, portanto, um projeto comum. Este projeto intelectual comum é formado dentro da estrutura de um mundo político policêntrico, os muitos e concorrentes Estados e principados da Europa Ocidental pelo poder e influência. Esta diversidade institucional favorece uma situação em que a disseminação do conhecimento filosófico natural é difícil de controlar ou mesmo de suprimir politicamente, e diferentes adaptações do conhecimento reunido neste conjunto de conhecimentos se tornam possíveis em regiões individuais da Europa. Por mais significativo que se possa considerar este fator para o rápido crescimento do intercâmbio de conhecimentos filosóficos naturais e a disseminação de conhecimentos úteis na Inglaterra,[284] em todo caso, é justamente ali que o conhecimento novo encontra um terreno extremamente fértil. Francis Bacon já propaga a ideia de que o conhecimento devia dar frutos na produção de coisas, que a ciência tinha que ser útil, e que era dever sagrado dos homens melhorar suas condições materiais de vida.[285] O caráter notável dessas exigências é demonstrado pelas oitavas finais, formuladas aproximadamente ao mesmo tempo, do épico *Os Lusíadas*, do maior poeta clássico de Portugal, Luís de Camões. Se Bacon luta por uma forma experimental de pensar e viver, Camões

---

[284] A esse respeito, MOKYR, Joel. *A culture of growth*: the origins of the modern economy – the Graz Schumpeter Lectures. Princeton: Princeton University Press, 2017, pp. 165 e ss.; MCCLOSKEY, Deirdre M. *Bourgeois Equality*: How Ideas, Not Capital or Institutions, Enriched the World. Chicago: University of Chicago Press, 2016, pp. 396 e ss. Essa discussão foi estimulada, entre outros, por *The European Miracle* (1981) de Eric Jones.

[285] MOKYR, Joel. *A culture of growth*: the origins of the modern economy – the Graz Schumpeter Lectures. Princeton: Princeton University Press, 2017, p. 71; PICCIOTTO, Joanna. *Labors of Innocence in Early Modern England*. Cambridge: Harvard University Press, 2010, pp. 84 e 253; BLUMENBERG, Hans. *Die Legitimität der Neuzeit*. 2ª ed. Frankfurt am Main: Suhrkamp, 1988, pp. 447 e ss.

celebra a forma de disciplina militar familiar desde a Antiguidade, "que se aprende pela prática persistente, 'vendo, fazendo, lutando' – e não 'sonhando, imaginando algo ou estudando'".[286]

Se a desvalorização de sonhos, imaginações e estudos em Luís de Camões está em harmonia com a doutrina cristã que remonta à Antiguidade tardia e segundo a qual a curiosidade é um pecado,[287] para a filosofia natural de Bacon, são precisamente experimentos, métodos matemáticos formais e procedimentos indutivos que são essenciais. Como demonstrou a cientista da literatura americana Joanna Picciotto, a reinterpretação – necessária para tanto – da curiosidade como um vício para curiosidade como uma virtude, na Inglaterra é facilitada pelo fato de o puritanismo entender-se como uma fé experimental e, através dela, poder ser construída uma ponte para a confiança dos baconianos no experimento científico natural e na geração de novos conhecimentos e novos artefatos de artesanato: como tanto puritanos quanto baconianos tomam por referência uma epistemologia adâmica, existe uma base comum em que inocência e experiência podem ser reunidas para se tornar trabalho intelectual e artesanal produtivo.[288] Essa epistemologia repousa originalmente na ideia de uma *"sacred corporate person"*.[289] Nesse espaço intelectual comum, é o elemento transubjetivo colaborativo

---

[286] BUARQUE DE HOLANDA, Sérgio. *Die Wurzeln Brasiliens*. Frankfurt am Main: Suhrkamp, 1995, p. 132.

[287] Cf. BLUMENBERG, Hans. *Die Legitimität der Neuzeit*. 2ª ed. Frankfurt am Main: Suhrkamp, 1988, pp. 358 e ss.; MOKYR, Joel. *A culture of growth*: the origins of the modern economy – the Graz Schumpeter Lectures. Princeton: Princeton University Press, 2017, pp. 153 e ss.

[288] PICCIOTTO, Joanna. *Labors of Innocence in Early Modern England*. Cambridge: Harvard University Press, 2010, p. 4; cf. também MOKYR, Joel. *A culture of growth*: the origins of the modern economy – the Graz Schumpeter Lectures. Princeton: Princeton University Press, 2017, pp. 227 e ss.

[289] Cf. PICCIOTTO, Joanna. *Labors of Innocence in Early Modern England*. Cambridge: Harvard University Press, 2010, pp. 31 e ss. e 126 e ss.

§ 6 A VARIANTE ANGLO-AMERICANA: *GENTLEMAN*

da geração de conhecimento novo e novos artefatos o que conta, e não as contribuições individuais das pessoas nele envolvidas. No entanto, o laboratório social do espírito contribui para o surgimento e a disseminação de uma vibrante "culture of curiosity",[290] do qual também faz parte a compreensão da necessidade do aprendizado acadêmico comum. Isso acontece inicialmente num espaço virtual que John Milton chama de "commonwealth of learning"[291] e cujo ponto de transbordo mais importante foi, durante muito tempo, cafés e tabernas, antes da fundação em Londres da *Royal Society* para a promoção de experimentos científicos naturais, em 1660. No final do século XVII, Londres já tem mais de 2 mil cafés (figura 6).[292] Nesses cafés, aos quais todos têm acesso independentemente de sua classe, a nova forma experimental de pensar e viver é discutida e divulgada de modo semelhante a alguns salões parisienses mais tarde.

---

[290] PICCIOTTO, Joanna. *Labors of Innocence in Early Modern England*. Cambridge: Harvard University Press, 2010, p. 255.

[291] PICCIOTTO, Joanna. "The Republic of Letters and the Commonwealth of Learning". *In*: LEE, John (Coord.). *A Handbook of English Renaissance Literary Studies*. Oxford: Wiley Blackwell, 2017, pp. 220-223; sobre a importância dos cafés, cf. também MOKYR, Joel. *A culture of growth*: the origins of the modern economy – the Graz Schumpeter Lectures. Princeton: Princeton University Press, 2017, p. 179; BLANNING, Tim C. W. *The Pursuit of Glory*. Londres: Penguin, 2007, pp. 330 e ss.

[292] PICCIOTTO, Joanna. *Labors of Innocence in Early Modern England*. Cambridge: Harvard University Press, 2010, pp. 297 e ss.; MOKYR, Joel. *A culture of growth*: the origins of the modern economy – the Graz Schumpeter Lectures. Princeton: Princeton University Press, 2017, pp. 222 e ss.

Figura 6 - Café de Londres por volta de 1690-1700, *The British Museum*

Essas reflexões não devem ser entendidas como se um caminho direto levasse da filosofia natural experimental a invenções técnicas, como a máquina a vapor ou o tear mecânico. Nem todas as inovações tecnológicas relevantes para a industrialização na Grã-Bretanha podem ser atribuídas a uma *expertise* especificamente científico-natural. A luz a gás pressupunha conhecimentos de química pneumática,[293] enquanto a máquina a vapor não resultou tanto de uma aplicação de conhecimentos termodinâmicos, mas, ao contrário, estes eram tirados da máquina a vapor. Em suma, só depois de 1830 é que a pesquisa científica sistemática tornou-se importante para a economia, e só no último terço do século XIX é que a pesquisa científica aplicada tornou-se indispensável para o crescimento econômico.[294]

---

[293] Cf. MOKYR, Joel. *The Enlightened Economy*: an Economic History of Britain, 1700 – 1850. New Haven: Yale University Press, 2009, pp. 135 e ss.

[294] MOKYR, Joel. *The Enlightened Economy*: an Economic History of Britain, 1700 – 1850. New Haven: Yale University Press, 2009, pp. 9 e ss.; em outro sentido, MCCLOSKEY, Deirdre M. *Bourgeois Equality*: How Ideas, Not Capital or Institutions, Enriched the World. Chicago: University of Chicago Press, 2016, pp. 505 e ss. e 648 e ss.;

§ 6 A VARIANTE ANGLO-AMERICANA: *GENTLEMAN*

Por isso, nas reflexões sobre a importância da base de conhecimento da sociedade aqui referidas não se trata – pelo menos não primariamente – da comprovação de causalidades, mas da comprovação da instituição de um novo sistema de crenças: a cultura fornece um senso de direção, uma rede de convicções, valores, preferências e expectativas que podem influenciar o comportamento dos indivíduos e são compartilhados em grupos sociais. Consequentemente, a cultura está sempre relacionada com a sociedade como um todo (ou com um grupo social), e não apenas com crenças subjetivas daqueles que atuam. Aqui, então, trata-se mais uma vez da ancoragem cultural de um sistema universal de crenças que possibilita o estabelecimento social de um pensamento experimental para geração de conhecimento útil e promove sua aceitação social.

Com a ajuda dessa suposição teórica, é possível identificar uma espécie de efeito de fuga: quanto mais se difundem o pensamento e o conhecimento experimental e quanto mais os *virtuosi*, que tornam o *gentleman* receptivo a formas de ciência verdadeira e séria,[295] são

---

MCCLOSKEY, Deirdre M. *Bourgeois Equality*: How Ideas, Not Capital or Institutions, Enriched the World. Chicago: University of Chicago Press, 2016, pp. 355 e ss. (que considera que não há associação historicamente significativa entre as ciências naturais experimentais modernas e a Revolução Industrial).

[295] A esse respeito, MOKYR, Joel. "Bottom-up or Top-down? The Origins of the Industrial Revolution". *Journal of Institutional Economics*, 2018, pp. 1.003-1.009 ("One symptom of a cultural change in Europe was the emergence in the 17th century of a peculiar upper-class trend known as 'virtuosity'... Originally a product of Italian courts and heavily influenced by Italian norms of behavior, it depicted an upper-class fascination with learning and the arts, combining the features of scholar and gentleman into a serious if perhaps somewhat amateurish intellectual. But the virtuosi provided much-needed respectability to those who contemplated engaging in intellectual endeavors and they turned curiosity, once regarded as a vice, into a virtue..." ["Um sintoma de uma mudança cultural na Europa foi o surgimento, no século XVII, de uma tendência peculiar da classe alta conhecida como 'virtuosidade' (...) Originalmente um produto de tribunais italianos e fortemente influenciado pelas normas de comportamento italianas, ele retratava um

aceitos como modelos, mais a crença no progresso da sociedade através da produção de conhecimento útil consegue difundir-se. Aqui, o poder de imaginação e a criatividade de estrelas intelectuais como Bacon e Newton desempenham um papel importante, porque eles se tornam modelos para outros. Os eruditos admirados são seguidos por antigas celebridades industriais como James Watt, Richard Arkwright, Josiah Wedgwood, John Harrison ou os Stephensons, os quais, por sua vez, tornam-se modelos para centenas de inventores, artesãos, mecânicos e inovadores de sucesso desconhecidos.[296] Assim se forma em cascata um grupo crescente de *gentleman* eruditos que produzem e distribuem conhecimentos úteis, os quais contribuem para o aperfeiçoamento de aparelhos mecânicos, como relógios, barômetros, termômetros e bombas de ar, ou que avançam no aperfeiçoamento do trabalho do ferro e das máquinas de fiar e a vapor.[297] Na América do Norte, no início do século XIX, foram empresários, inventores, engenheiros e inovadores, como Robert Fulton, que trabalham no aperfeiçoamento contínuo de máquinas a vapor como técnica de propulsão de navios, tornando possível a exploração de rios como vias de transporte convenientes e seguras e abrindo para a civilização regiões inteiras – como o Vale do rio Hudson. A esse respeito, Joel Mokyr escreve:

> Talvez não tenha sido a ciência de Newton que fez a diferença no século XVIII, mas os conceitos de abordagem do estudo

---

fascínio da classe alta pela aprendizagem e pelas artes, combinando as características de estudioso e gentleman num intelectual sério, ainda que talvez um pouco amador. Mas os *virtuosi* proporcionaram a tão necessária respeitabilidade àqueles que contemplavam engajamento em esforços intelectuais e transformaram a curiosidade, antes considerada um vício, em virtude (...)"]).

[296] MOKYR, Joel. *The Enlightened Economy*: an Economic History of Britain, 1700 – 1850. New Haven: Yale University Press, 2009, p. 55.
[297] Cf. MOKYR, Joel. *The Enlightened Economy*: an Economic History of Britain, 1700 – 1850. New Haven: Yale University Press, 2009, pp. 99-108.

§ 6 A VARIANTE ANGLO-AMERICANA: *GENTLEMAN*

da natureza através de medições cuidadosas, formulação precisa, experimentos bem desenhados, testes empíricos, matematização e, sobretudo, a crença de que tais atividades eram virtuosas, respeitáveis e poderiam levar a recompensas econômicas e sociais.[298]

A transformação da ordem social do conhecimento, a transformação na maneira de enxergar a natureza, na forma como são construídos os conceitos e feitas as coisas, foram um pressuposto importante para introduzir a transformação das manufaturas britânicas de algodão em um sistema de fábrica e abrir o caminho para o crescimento econômico sustentável. Esse nexo parece ser ainda mais importante porque as inovações técnicas sempre existiram na história da humanidade. Mesmo as culturas não europeias, como a cultura chinesa em particular, produziram um grande número de invenções técnicas, tais como papel, impressão, pólvora negra e a bússola magnética.[299] Mas é somente na Revolução Industrial britânica que se consegue liberar uma cascata de novas formas de conhecimento, ideias e criatividade tecnológica que permite um crescimento da economia e, em última instância, assegura que esta não pare nunca mais. Isso deve ser enfatizado hoje, justamente, quando

---

[298] MOKYR, Joel. *A culture of growth*: the origins of the modern economy – the Graz Schumpeter Lectures. Princeton: Princeton University Press, 2017, p. 223. [Em inglês no original: "It was not the highbrow science of Newton, perhaps, that made the difference in the eighteenth century, but the lowbrow concepts of approaching the study of nature through careful measurement, precise formulation, well-designed experiments, empirical testing, mathematization, and above all the belief that such activities were virtuous, respectable, and could lead to economic and social rewards"].

[299] Cf. MOKYR, Joel. *A culture of growth*: the origins of the modern economy – the Graz Schumpeter Lectures. Princeton: Princeton University Press, 2017, pp. 287 e ss.; LANDES, David S. *Wohlstand und Armut der Nationen*: Warum die einen reich und die anderen arm sind-The Wealth and the Poverty of Nations. Munique: Pantheon, 2009, pp. 66-71 e ss.

o pensamento utilitarista é visto muitas vezes como uma espécie de uso da razão que é dominado por finalidades subalternas e que, em princípio, priva a razão de sua própria pretensão. Em Franco Moretti, por exemplo, um caminho direto leva de *Robinson Crusoé* de Daniel Defoe – uma prosa determinada, em sua opinião, pelo pensamento utilitário e pela racionalidade finalista – à "razão instrumental" de Horkheimer.[300] A teoria do poder de Foucault também deve aceitar a crítica de que o sujeito do início da Era Moderna está expandindo seu conhecimento da natureza de uma forma até então desconhecida, o que é algo diferente de querer obter poder sobre as pessoas.

> Como muitos escritores recentes enfatizaram, seguindo as famosas formulações de Foucault, conhecimento implicava poder numa variedade de níveis. Não pode haver dúvidas de que o conhecimento foi utilizado para obter poder sobre os outros e, nesse sentido, a era do Iluminismo não foi diferente do restante da história humana. Onde as coisas eram diferentes era, acima de tudo, na ideia de conhecimento útil, que dava às pessoas poder sobre a natureza e não (apenas) sobre outras pessoas. É esse tipo de poder que toda a literatura histórica inspirada pela abordagem feita por Foucault sobre o Iluminismo ignora cuidadosamente e que agora está no centro daquilo que importava cada vez mais naquele período.[301]

---

[300] MORETTI, Franco. *The bourgeois*: between history and literature. Londres: Verso, 2013, p. 39. (citação em alemão segundo a tradução de Frank Jakubzik: *Der Bourgeois*: Eine Schlüsselfigur der Moderne. Berlim: Suhrkamp, 2014).

[301] MOKYR, Joel. *The Enlightened Economy*: an Economic History of Britain, 1700 – 1850. New Haven: Yale University Press, 2009, p. 35; sobre uma crítica de Foucault, cf. também LADEUR, Karl-Heinz. *Der Anfang des westlichen Rechts*: die Christianisierung der römischen Rechtskultur und die Entstehung des universalen Rechts. Tübingen: Mohr Siebeck, 2018, pp. 48 e ss. [Em inglês no original: "As many recent writers have stressed following Foucault's famous formulations, knowledge implied power at a variety of levels. There can be no doubt that knowledge has been used to acquire power over others, and in that regard the age of Enlightenment was no different than the rest of human

§ 6 A VARIANTE ANGLO-AMERICANA: *GENTLEMAN*

6.2 Sociabilidade e outras virtudes

Uma reconstrução da variante anglo-americana da cultura burguesa não pode esquivar-se à questão sobre a razão de a história de uma melhoria repentina das condições materiais de vida ter começado na Grã-Bretanha e no noroeste da Europa (e em nenhuma outra civilização do mundo). Mas ela não precisa responder a essa pergunta. Basta que ela mostre um nexo entre o homem criativo burguês e o avanço para uma cultura de pensamento experimental, criatividade tecnológica e prosperidade econômica. Quanto aos aspectos tratados até agora – os progressos nas ciências e tecnologias – é possível tirar uma conclusão provisória já neste ponto: é no corpo social que o sujeito burguês aprende a pensar de forma livre, experimental e exata e onde ele aciona o processo de institucionalização de subjetividade jurídica, o estabelecimento da subjetividade jurídica. Isso fica claro, por exemplo, quando Robert Hooke compara o método de trabalho experimental no aperfeiçoamento da tecnologia de lentes com a remoção das Colunas de Hércules ou a abertura dos portões de Gaza, pedindo proteção para esse método de trabalho. "Não sou, portanto, a favor de limitar ou delimitar as fronteiras da Arte e da indústria do Homem".[302] Como eruditos na luta por uma forma de pensar e trabalhar isenta de dogmas religiosos, *virtuosi* e *gentlemen* fazem parte de um movimento que cria, protege e reforça a consciência do indivíduo como uma autoridade intelectual potencial. Essa revalorização do indivíduo criativo tem

---

history. Where things were different was, above all, in the idea of *useful knowledge* which gave people power over *nature* and not (just) over *other people*. It is this kind of power that the entire historical literature inspired by Foucault's approach to the Enlightenment studiously ignores, and yet it is at the very core of what increasingly mattered in this period"].

[302] Citado aqui segundo PICCIOTTO, Joanna. "The Public Person and the Play of Fact". *Representations*, vol. 105, nº 1, 2009, pp. 85 e ss. e 116. No original em inglês: "I am not therefore for limiting or stinting the boundaries of Art and the industry of Man".

muito menos a ver com a evolução política da Inglaterra, sua tradição constitucional e o desenvolvimento endógeno do *common law* do que se supõe em geral. É exatamente o contrário: a subjetividade burguesa constitui-se – inclusive como subjetividade jurídica – no espaço experiencial da sociedade, e nisso se baseia a consciência da liberdade política do indivíduo em seu papel de ator político no espaço público. Joanna Picciotto descreve esse nexo condicional do seguinte modo:

> A emergência do que J.G.A. Pocock descreve como a "consciência de si mesmo como ator político num domínio público" depende de uma consciência mais primitiva do si como uma autoridade intelectual potencial dentro desse domínio. Ao identificar trabalhadores produtivos como geradores privilegiados de conhecimento, o experimentalismo distribuiu essa consciência do corpo social mais amplamente do que qualquer outro movimento intellectual.[303]

A formação do pensamento livre de restrições religiosas e aberto a experimentos surge primeiramente em pequenos grupos como o dos baconianos. A partir daí se desenvolve uma comunidade invisível, que rapidamente aponta para além de um número limitado de indivíduos livres e espirituosos e difunde-se na sociedade. Nela, trabalhadores dos campos intelectuais e artesãos deparam com uma sociedade de estruturas comerciais crescentes, com comércio florescente,

---

[303] PICCIOTTO, Joanna. "The Public Person and the Play of Fact". *Representations*, vol. 105, nº 1, 2009, pp. 88 e ss.; cf. também PICCIOTTO, Joanna. *Labors of Innocence in Early Modern England*. Cambridge: Harvard University Press, 2010, pp. 4 e 297. [Em inglês no original: "The emergence of what J.G.A. Pocock describes as the individual's 'awareness of himself as a political actor in a public realm' depends on a more primitive awareness of the self as a potential intellectual authority within that realm. By identifying productive laborers as privileged generators of knowledge, experimentalism distributed this awareness more widely across the social body than any other intellectual movement had"].

§ 6 A VARIANTE ANGLO-AMERICANA: *GENTLEMAN*

negócios cada vez mais fortes e com o início da industrialização; e, consequentemente, com um desenvolvimento econômico que, mais cedo na Grã-Bretanha do que em qualquer outro lugar da Europa, tem uma conotação positiva. Enquanto na França o comércio é rotulado como algo nada honroso até o século XIX,[304] a imagem em *The Complete English Tradesman* [O Completo Negociante Inglês] de Daniel Defoe (1726) é bem diferente: comerciantes e negociantes povoam a nação e põem-na em marcha. Os homens de negócio de Londres, em particular, fazem os mercados crescerem e enriquecem a cidade com casas e propriedades de prestígio. Por conseguinte, para Defoe, o comércio e os negociantes são a expressão do orgulho, da fama e da grandeza nacional da Grã-Bretanha.[305] A prosperidade dos negociantes subverte e relativiza as fronteiras convencionais entre classes, produzindo um novo tipo de *gentleman-tradesman* que se beneficia do fato de a sociedade comercial não mais se apresentar como um pântano de corrupção, mas sim como uma esfera universalmente reconhecida de sociabilidade privada.[306] Por isso, o ideal do *gentleman* pode confraternizar ainda mais fortemente com um *éthos* igualitário, que é contrário ao conceito aristocrático de desigualdade e às relações rígidas de classe na Europa continental. Nas palavras de David Hume: onde o luxo alimenta comércio e negócios, o individualismo burguês prospera, pois, comerciantes e negociantes possuem uma parte da propriedade, e a autoridade e a

---

[304] Cf. GREENFELD, Liah. *The Spirit of Capitalism*: Nationalism and Economic Growth. Cambridge: Harvard University Press, 2001, pp. 132 e ss.; MCCLOSKEY, Deirdre M. *Bourgeois dignity*: why economics can't explain the modern world. Chicago: University of Chicago Press, 2010, pp. 387 e ss.

[305] Cf. GREENFELD, Liah. *The Spirit of Capitalism*: Nationalism and Economic Growth. Cambridge: Harvard University Press, 2001, pp. 50 e ss.; BLANNING, Tim C. W. *Das Alte Europa 1660-1789*: Kultur der Macht und Macht der Kultur. Darmstadt: Wissenschaftliche Buchgesellschaft, 2006, pp. 280 e ss.

[306] BLANNING, Tim C. W. *The Pursuit of Glory*. Londres: Penguin, 2007, p. 111.

consideração por essa classe média de homens provam ser a melhor e mais segura base da liberdade pública.[307]

As virtudes mais de caráter cognitivo do prazer da experimentação, da melhoria gradual das coisas e do aprendizado comum podem combinar-se dessa maneira com virtudes de caráter mais social, como sociabilidade, amistosidade, cortesia, honestidade e confiabilidade. A expansão de mecanismos de mercado torna as redes de sociabilidade espontânea mais densas e sustentáveis, fomentando o surgimento de mecanismos de reputação burguesa.[308] Por sua vez, esses mecanismos impulsionam o crescimento de normas sociais que favorecem um comportamento adequado e respeitável de negociantes, financistas, investidores e empresários. Esses mecanismos de reputação, por seu lado, também incluem o refinamento de tais virtudes que resultam de conceitos aristocráticos, como comportamento honrado (*honesty*): enquanto na cultura aristocrática a palavra honra designa um homem honorável, corajoso, excepcional e experimentado na batalha (como ainda no *Otelo* de Shakespeare), no primeiro terço do século XVIII, o significado desse termo desloca-se para traços de caráter tipicamente burgueses, como franqueza e honestidade.[309] Aliadas a certa

---

[307] HUME, David. "Of Refinements in the Arts". *In*: _____. *Essays*: Moral, Political, and Literary. Organização, prefácio, notas e glossário de Eugene F. Miller. Indianapolis: Liberty Fund, 1985, pp. 268-277.

[308] Cf. MOKYR, Joel. *The Enlightened Economy*: an Economic History of Britain, 1700 – 1850. New Haven: Yale University Press, 2009, pp. 368 e ss.

[309] MCCLOSKEY, Deirdre M. *The bourgeois virtues*: ethics for an age of commerce. Chicago: University of Chicago Press, 2006, pp. 294 e ss.; PICCIOTTO, Joanna. "The Public Person and the Play of Fact". *Representations*, vol. 105, n° 1, 2009, pp. 96 e ss. Aponta para um movimento semântico comparável no uso da palavra *ingenious*: que, originalmente, era uma palavra para o *gentleman* aristocrático e sua confiabilidade (*ingenuous*, do latim *ingenuus*) e que passa a poder ser empregada para designar o *know-how* dos mecânicos comuns, por meio de um constante reposicionamento do "u" e do "i" – e também usada estrategicamente para esse fim.

§ 6 A VARIANTE ANGLO-AMERICANA: *GENTLEMAN*

gentileza e cortesia, essas virtudes tornam-se componentes do ideal do *gentleman*. Se, originalmente, esse ideal fazia parte da cultura da corte, da aristocracia rural ou de pequenos círculos literários, como o *Literary Club* de Londres, agora, comerciantes e homens de negócios também são incluídos na cultura burguesa, incluindo suas esposas, que, na condição de *ladies*, também são convidadas a participar do prestígio social de seus *gentlemen*, das possibilidades e oportunidades que assim ele traz também para elas.[310]

À medida que a economia britânica ganha dinâmica, mais as virtudes cívicas e a disposição para a cooperação social apoiam-se e desenvolvem-se mutuamente. Franqueza, honestidade e confiabilidade não só facilitam a atuação comercial e contratual, mas também, por exemplo, a fundação de fábricas, sem as quais as inovações e melhorias tecnológicas decisivas durante a Revolução Industrial, como a mecanização da produção têxtil, não poderiam ter sido realizadas. Do mesmo modo, investimentos e parcerias entre diferentes setores conseguem prosperar de forma especialmente importante se as partes envolvidas puderem partir do princípio de que todos irão se comportar como *gentlemen* e poderão confiar uns nos outros.[311] Por fim, o desenvolvimento da infraestrutura de transporte público também pressupõe uma confiança entre estranhos ancorada em relações sociais e uma disposição para a cooperação entre eles. Justamente porque as obras feitas com o intuito de tornar os rios navegáveis, a construção de faróis para melhorar a navegação, a construção de estradas, portos, pontes, sistemas de drenagem e

---

[310] Cf. MCCLOSKEY, Deirdre M. *Bourgeois dignity*: why economics can't explain the modern world. Chicago: University of Chicago Press, 2010, p. 386; sobre as consequências do refinamento das normas de comportamento e da melhoria nas oportunidades de educação para *gentlewomen*, cf. THOMAS, Keith. *In pursuit of civility*: manners and civilization in early modern England. New Haven: Yale University Press, 2018, pp. 46 e ss. e 169.

[311] MOKYR, Joel. *The Enlightened Economy*: an Economic History of Britain, 1700 – 1850. New Haven: Yale University Press, 2009, p. 386.

canais na Grã-Bretanha foram financiados predominantemente por fundos privados,[312] estes projetos só poderiam ter sucesso se existisse uma rede de ordens instituídas dentro da qual a confiança pudesse crescer. Em suma:

> O que tornou possível a confiança foram redes sociais, como membros permanentes de tabernas, cafés e hotéis, associações de auxílio mútuo, comunidades religiosas, lojas maçônicas e organizações similares, nas quais homens de negócios e artesãos reuniam-se, trocavam informações e contavam-se boatos. Na Grã-Bretanha do século XVIII, para ser um *gentleman*, era preciso ser sociável, fazer parte de uma comunidade. A sociedade urbana criou organizações especiais que fizeram a sociedade cortês funcionar, tais como cafés, organizações filantrópicas e sociedades intelectuais. A interação social ocorrida nessas organizações era o núcleo da sociedade civil e suas regras orientavam as ações daqueles que podiam afirmar ser *"gentlemen"*.[313]

---

[312] MOKYR, Joel. *The Enlightened Economy*: an Economic History of Britain, 1700 – 1850. New Haven: Yale University Press, 2009, p. 381; ACEMOĞLU, Daron; ROBINSON, James A. *Warum Nationen scheitern*: die Ursprünge von Macht, Wohlstand und Armut. Frankfurt am Main: Fischer, 2013, p. 247.

[313] MOKYR, Joel. *The Enlightened Economy*: an Economic History of Britain, 1700 – 1850. New Haven: Yale University Press, 2009, p. 387. [Em inglês no original: "What made trust possible were social networks such as permanent members of taverns, coffee-houses, and inns, friendly societies, religious communities, Masonic lodges, and similar organizations in which businessman and craftsmen got together and exchanged information and gossip. In eighteenth-century Britain, to be a Gentleman one had to be sociable, to be part of a community. Urban society created special organizations that made polite society function, such as coffee-houses, philanthropic organizations, and intellectual societies. The social interaction that took place in these organizations was the core of civil society and its rules guided the actions of those who could claim to be 'gentlemen'"].

§ 6 A VARIANTE ANGLO-AMERICANA: *GENTLEMAN*

6.3 O espelho da sociedade torna-se mais rico

Desde o século XVII, forma-se gradualmente uma cultura inglesa do início da Era Moderna, um ideal de trabalho intelectual e físico tenaz, um projeto de aprendizado comum, de valorização do conhecimento, da invenção e da criatividade, e de virtudes como cortesia, amistosidade, honestidade e confiabilidade. Somente porque o impulso prático da subjetividade, a postura segundo a qual é possível fazer e construir o mundo e não apenas aceitá-lo contemplativamente, está entrelaçado com as virtudes da *commercial sociability* (e não apenas com ganância, ânsia de lucro e egoísmo) é que a Grã-Bretanha pode ir além do mero crescimento do comércio. Este, como observou Hume certa vez, é de mais fácil alcance do que a disposição para aprender e o amor pelo conhecimento.[314] A Holanda é um bom exemplo disso. Ali se inicia no final do século XVI um surpreendente dinamismo comercial e, com ele, o país experimenta a ascensão de princípios éticos e virtudes burguesas, como justiça, caridade, temperança e tolerância.[315] Mas a dinâmica econômica interrompe-se repentinamente após 1680. Para Liah Greenfeld, isso tem relação com o fato de que o modo de vida burguês continua sujeito a fortes influências religiosas mesmo durante a Era Dourada.[316] Isso cria uma uniformidade acentuada entre negociantes,

---

[314] HUME, David. "Of the Rise and Progress of the Arts and Sciences". *In*: _____. *Essays*: Moral, Political, and Literary. Organização, prefácio, notas e glossário de Eugene F. Miller. Indianapolis: Liberty Fund, 1985, pp. 111-113. A Holanda é um país que, como Hume também observa, tinha um comércio florescente, mas praticamente não havia produzido escritores importantes – o que não é bem verdade quando se pensa em Spinoza.

[315] Cf. MCCLOSKEY, Deirdre M. *Bourgeois Equality*: How Ideas, Not Capital or Institutions, Enriched the World. Chicago: University of Chicago Press, 2016, pp. 326 e ss.; cf. também BLANNING, Tim C. W. *The Pursuit of Glory*. Londres: Penguin, 2007, pp. 96 e ss. (sobre o dinamismo comercial).

[316] GREENFELD, Liah. *Advanced Introduction to Nationalism*. Cheltenham: Edward Elgar, 2016, p. 96.

enquanto o laço comum entre *gentlemen* na sociedade britânica é mais distenso e admite mais espaço para diferentes caracteres numa mesma nação. O fato de ainda ser extremamente difícil mesmo para um pintor como Vincent van Gogh seguir uma carreira individual além da tradição familiar também fala em favor da existência de uma pressão acentuada por conformidade na sociedade holandesa.[317] Segundo todas as evidências, o anseio moderno por uma vida livre na Holanda, encontra ainda século XIX barreiras tradicionais de difícil superação.

O ideal do *gentleman* também consegue desenvolver-se bem na Grã-Bretanha porque o prazer da imaginação é reforçado e refinado por uma cultura erudita urbana. O destaque especial das artes plásticas muda em Londres e desloca-se da corte para a cidade já no final do século XVII: praças e caminhos públicos como o centro comercial em St. James Park (figura 7), cafés (alguns dos quais funcionam também como bolsas de valores), clubes, tabernas, sociedades literárias, academias, livrarias, bibliotecas, galerias, jardins de lazer, teatros, concertos e ópera são talvez as instituições mais importantes através das quais a cultura burguesa e seus modos de vida são ancorados na sociedade urbana.[318] E quanto mais se consolida na cidade uma cultura independente da corte, mais complexa a subjetividade burguesa pode tornar-se: música, moda, teatro, arquitetura, romances populares, pintura de retratos e a grande estima experimentada por objetos do cotidiano produzidos com arte, mas disponíveis em

---

[317] SILVERMAN, Debora. "Weaving Paintings. Religious and Social Origins of Vincent van Gogh's Pictorial Labor". *In*: ROTH, Michael S. (Coord.). *Rediscovering History*: Culture, Politics, and the Psyche. Stanford: Stanford University Press, 1994, pp. 137 e ss.

[318] Cf. BREWER, John. *The Pleasures of the Imagination*: English Culture in the Eighteenth Century. Nova York: Farrar Straus Giroux, 1997; BLANNING, Tim C. W. *Das Alte Europa 1660-1789*: Kultur der Macht und Macht der Kultur. Darmstadt: Wissenschaftliche Buchgesellschaft, 2006, pp. 249 e ss.; TRENTMANN, Frank. *Empire of Things*: How We Became a World of Consumers, from the Fifteenth Century to the Twenty-first. Londres: Penguin, 2017, pp. 105 e ss.

§ 6 A VARIANTE ANGLO-AMERICANA: *GENTLEMAN*

grandes quantidades por meio da fabricação industrial, como por exemplo, belas cerâmicas, vasos, latas, castiçais, ou louças, ajudam a consolidar a autoconfiança da burguesia primitiva e as formas de trato da *polite society*. A cultura erudita ateniense, com suas tragédias, sua historiografia e arquitetura, sua medicina ou filosofia jurídica, dependia de uma economia florescente na cidade, caracterizada pela especialização.[319] Em Londres é parecido. São feiras livres e outras formas de auto-organização social que possibilitam que um autor como Lord Kames defina as belas artes tomando por referência o mundo do comércio e não mais o mundo da realeza.[320] O espelho da sociedade torna-se mais rico, e os indivíduos passam a participar das comodidades sociais que não foram eles mesmos que produziram.

---

[319] Cf. OBER, Josiah. *The Rise and Fall of Classical Greece*. Princeton: Princeton University Press, 2015, pp. 205 e ss.
[320] BREWER, John. *The Pleasures of the Imagination*: English Culture in the Eighteenth Century. Nova York: Farrar Straus Giroux, 1997, p. 25.

Figura 7 - *Vista do centro comercial em St. James Park*, Marco Ricci, 09/1710, National Gallery of Art

Dentro da cultura erudita urbana, a literatura, principalmente, confere ao ideal do *gentleman* contornos mais nítidos. Para tanto, na segunda metade do século XVIII, a bela escrita entra mais do que nunca no mundo interior de seus protagonistas, para iluminar ali fenômenos que surgem da simpatia entre pessoas – sentimentos de aprovação, empatia ou reconhecimento dos outros.[321] Por sua vez, a busca literária por profundidade psicológica contribui para tornar

---

[321] Cf. EZRAHI, Yaron. *Imagined Democracies*: Necessary Political Fictions. Cambridge: Cambridge University Press, 2012, pp. 238 e ss.; HUNT, Lynn Avery. *Inventing human rights*: a history. Nova York: Norton, 2008; KNOTT, Sarah. *Sensibility and the American Revolution*. Chapel Hill: University of North Carolina Press, 2009; BREWER, John. *The Pleasures of the Imagination*: English Culture in the Eighteenth Century. Nova York: Farrar Straus Giroux, 1997, pp. 125 e ss.; WAHRMAN, Dror. *The Making of the Modern Self*: Identity and Culture in Eighteenth-Century England. New Haven: Yale University Press, 2006, xi, xii, pp. 179 e 265 e ss.; KOSCHORKE, Albrecht. *Körperströme und Schriftverkehr. Mediologie des 18. Jahrhunderts*. Munique: Wilhelm Fink, 2003, pp. 183 e ss.

§ 6 A VARIANTE ANGLO-AMERICANA: *GENTLEMAN*

a interioridade um componente importante da identidade moderna (segundo Charles Taylor: expressiva), sendo o valor da identidade pessoal no romance dirigido especialmente contra a ideia de que o caráter intelectual e moral do homem poderia ser fixado por Deus ou pela natureza desde o nascimento. No lugar de uma identidade fixada em sua forma e em suas possibilidades de desenvolvimento entra a suposição de uma maleabilidade fundamental do caráter humano. O caráter aparece agora – como o temperamento da criança, já em John Locke – como papel em branco ou cera, que é moldado e configurado pelo ambiente que o cerca.[322] Vestígios disso podem ser encontrados até mesmo no *Robinson Crusoe* de Defoe: de fato, ali se trata primariamente de uma descrição meticulosamente ordenada do mundo exterior, de uma prosa que ensina como fazer e realizar coisas com cuidado. Todavia, ao mesmo tempo, essa descrição meticulosamente ordenada do mundo exterior acentua um elemento de originalidade, qual seja, a autofundação do sujeito burguês contra a simples adoção da tradição.[323]

O lado sociável do homem burguês também se difunde como tema literário nas colônias britânicas da América do Norte. Como na Grã-Bretanha, ele foi popularizado em particular por romances epistolares como *Pamela* de Richardson (1740) ou *Julie* de Rousseau (1761).[324] Assim como já anteriormente na Grã-Bretanha, com suas livrarias e biblioteca (figura 8), em cidades americanas como Filadélfia, a partir de meados do século XVIII, desenvolveu-se com a ajuda de cafés e sociedades literárias um campo cultural material

---

[322] WAHRMAN, Dror. *The Making of the Modern Self*: Identity and Culture in Eighteenth-Century England. New Haven: Yale University Press, 2006, p. 186; KNOTT, Sarah. *Sensibility and the American Revolution*. Chapel Hill: University of North Carolina Press, 2009, p. 326.

[323] Cf. MCCLOSKEY, Deirdre M. *Bourgeois Equality*: How Ideas, Not Capital or Institutions, Enriched the World. Chicago: University of Chicago Press, 2016, pp. 255 e ss.

[324] HUNT, Lynn Avery. *Inventing human rights*: a history. Nova York: Norton, 2008, pp. 26-38 e ss.

no qual o sentimento de compaixão pelos outros, uma forte consciência de pertença e um individualismo orientado para o social eram exercitados em conjunto, através da leitura sentimental.[325] Além disso, os círculos sentimentais também propagam padrões de comportamento, tais como cortesia, eloquência e boas maneiras. Dessa maneira, o modelo originalmente britânico de subjetivação, de autocontrole através da observação dos hábitos culturais e normas sociais dos outros, consegue criar raízes na América do Norte e fixar-se num indivíduo empático, cujo ideal também é de suma importância para a evolução da subjetividade feminina.[326] Desse modo, a ideia de redes de relações de vizinhança consegue deslocar a noção de subordinação do indivíduo a um sujeito soberano numa cadeia de autoridade hierárquica.[327] Tais relações heterárquicas também foram observadas por Max Weber na Virgínia, durante uma viagem pelos Estados Unidos que durou vários meses, do final de agosto até meados de novembro de 1904: o *gentleman* americano é orientado para o grupo, ele vive numa comunidade burguesa da qual faz parte, por exemplo, como residente de uma determinada rua e de um bairro que compartilha um modo de vida, em cujos círculos ele frequenta, faz negócios ou casa-se.[328]

---

[325] KNOTT, Sarah. *Sensibility and the American Revolution*. Chapel Hill: University of North Carolina Press, 2009, 5 (*"socially turned self"*), pp. 43 e ss.

[326] Cf. VESTING, Thomas. "Die Medien des Rechts und die impliziten Bedingungen rechtlicher Normativität. Zur Rolle der Literatur für das moderne Recht". *PhiN-Beiheft*, 12, 2017, pp. 103 e ss. (com referências a outras obras).

[327] KNOTT, Sarah. *Sensibility and the American Revolution*. Chapel Hill: University of North Carolina Press, 2009, p. 198.

[328] WEBER, Max. *Wirtschaft und Gesellschaft*: Grundriß der verstehenden Soziologie. 5ª ed. Tübingen: Mohr, 1980, p. 535.

§ 6 A VARIANTE ANGLO-AMERICANA: *GENTLEMAN*

Figura 8 - *Saguão de biblioteca em Margate*, de Georgiana Keate, impressão de Thomas Malton, 1789, The British Museum

Diferentemente do que acontece na Europa continental, a partir do século XVII, consegue difundir-se na Grã-Bretanha um mercado de ideias que estabelece uma conexão com o crescente comércio nacional e internacional e a *polite society* da cultura erudita urbana. A esfera urbana pública, que, desde Milton, caracteriza-se por ser geral, universal em todos os aspectos e, por conseguinte, acessível a todos,[329] contribui de várias maneiras para a formação da subjetividade burguesa. Naturalmente, isso também tem um aspecto político. Karl Philipp Moritz dá um exemplo vivo disso em seu *Reisen eines Deutschen in England* [Viagens de um alemão na Inglaterra] (1782). Por ocasião de uma estadia em Londres, Moritz observa que, embora os membros do parlamento não poupassem polêmicas e ataques pessoais durante os debates na Câmara dos

---

[329] PICCIOTTO, Joanna. "The Republic of Letters and the Commonwealth of Learning". *In*: LEE, John (Coord.). *A Handbook of English Renaissance Literary Studies*. Oxford: Wiley Blackwell, 2017, p. 225.

Comuns, a troca de injúrias manifestas e grosserias era filtrada por uma tela cultural de cortesia simulada, tato e respeito pela instituição do Parlamento.

> Jamais, porém, em conformidade com a instituição, um diz na cara do outro que este falou de forma insensata, por exemplo, mas sim se volta, como de costume, para o orador, e, dirigindo-se a ele, diz que o *right honourable gentleman* falou de forma muito insensata.[330]

Jürgen Habermas descreve acertadamente a esfera pública que surgiu na Inglaterra como uma categoria da sociedade burguesa.[331] Mas, numa cidade como Londres, a esfera pública é composta, principalmente, por negociantes, comerciantes, artesãos, mecânicos, engenheiros e inovadores, e, por conseguinte, dificilmente pode ser equiparada a um público que raciocina de forma política, que se reúne em cafés ou clubes para concentrar toda sua atenção no que está acontecendo no Parlamento de Westminster. A variante anglo-americana da cultura burguesa é muito mais fundamentada numa cultura de conhecimento prático do que Habermas e seus seguidores gostariam que acreditássemos. Seu motor é curiosidade e disposição para aprender, ousadia e inventividade, a busca experimental por tecnologias úteis e seu constante aperfeiçoamento, bem como a construção de mercados e outros mecanismos de auto-organização social. Disso tampouco pode ser separada a esfera pública política como categoria da sociedade burguesa.

---

[330] MORITZ, Karl Philipp. *Reisen eines Deutschen im Jahr 1782*. Frankfurt am Main: Insel-Verlag, 2000, p. 43.
[331] Cf. HABERMAS, Jürgen. *Strukturwandel der Öffentlichkeit*: Untersuchungen zu einer Kategorie der bürgerlichen Gesellschaft (1962). Frankfurt am Main: Suhrkamp, 1990, pp. 122 e ss.

6.4 Instituições inclusivas e poder instituinte

O *common law* inglês conhecia já no século XVII uma ampla proteção dos direitos individuais. Esse nível de proteção não tem equivalente na Europa continental, mesmo nas leis das cidades da Itália superior. Esses *Rights of Englishmen*, dos quais também gozam os colonos americanos, incluem, principalmente, liberdades econômicas, como propriedade privada, liberdade contratual, livre fundação de incorporações e direitos autorais e de patente.[332] Com relação a esses direitos formalmente garantidos, Daron Acemoğlu e James A. Robinson falam de instituições econômicas inclusivas, diferentemente de instituições extrativas, "que não oferecem direitos de propriedade seguros, não garantem lei, ordem, nem a observância de contratos, e não recompensam a inovação".[333] Ambos os autores também atribuem o milagre da Revolução Industrial britânica a essa evolução, precoce na comparação europeia, de instituições formais protegidas por um sistema legal neutro: o processo de centralização política, acelerado mais uma vez pela Revolução Gloriosa, forneceu à proteção dos direitos de propriedade individuais uma base segura na Inglaterra mais cedo do que em qualquer outra parte do mundo. A segurança jurídica em matéria de propriedade e, principalmente, um Direito de patentes protegido por atos do parlamento e dos tribunais estatais havia dado a grandes talentos e grandes inventores como James Watt (máquina a vapor), Richard Trevithick (locomotiva a vapor), Richard Arkwright (máquina de fiar) e Isambard Kingdom Brunel (navios a vapor) a certeza de que seus direitos seriam respeitados,

---

[332] Cf. apenas BERMAN, Harold J. *Law and Revolution II*: The Impact of the Protestant Reformation on the Western Legal Tradition. Cambridge: Havard University Press, 2003, pp. 330 e ss.

[333] ACEMOĞLU, Daron; ROBINSON, James A. *Warum Nationen scheitern*: die Ursprünge von Macht, Wohlstand und Armut. Frankfurt am Main: Fischer, 2013, p. 15.

oferecendo-lhes assim a oportunidade e a motivação para investir em suas extraordinárias habilidades e ideias.[334]

Na perspectiva de Acemoğlu e Robinson, a dinâmica da industrialização torna-se possível pelas especificidades da ordem política inglesa e, em particular, através do parlamento, receptivo aos interesses burgueses.[335] Tal argumento com certeza não está errado em todos os aspectos. Voltaire e Montesquieu já admiram a Constituição inglesa e sua liberdade, e[336] também Max Weber segue os traços da racionalização da soberania na Inglaterra até a *Magna Charta*. Para Weber, o parlamento inglês impulsiona a unificação dos cidadãos urbanos numa cidadania nacional interlocal mais cedo do que em qualquer outro lugar da Europa ocidental, criando assim um contrapeso politicamente relevante à realeza.[337] Além disso, a administração honorífica descentralizada no campo intensifica a permeabilidade entre as classes aristocrática e burguesa, bem como o ambiente de vida tão característico do tipo do *gentleman* inglês, em que círculos rurais e burgueses fundem-se; para Weber, isso se expressa, principalmente, na relação comum de ambos os círculos

---

[334] ACEMOĞLU, Daron; ROBINSON, James A. *Warum Nationen scheitern*: die Ursprünge von Macht, Wohlstand und Armut. Frankfurt am Main: Fischer, 2013, pp. 246 e ss.; a importância das instituições estatais centralizadas também é enfatizada numa publicação recente (ACEMOĞLU, Daron; ROBINSON, James A. *The narrow corridor*: states, societies, and the fate of liberty. Nova York: Viking, 2019, pp. 194 e ss.).

[335] ACEMOĞLU, Daron; ROBINSON, James A. *Warum Nationen scheitern*: die Ursprünge von Macht, Wohlstand und Armut. Frankfurt am Main: Fischer, 2013, pp. 140 e ss. e 258 e ss.; em sentido semelhante, já NORTH, Douglass Cecil. *Structure and Change in Economic History*. Nova York: Norton, 1981, pp. 147-158 e ss.

[336] Cf. apenas GREENFELD, Liah. *Nationalism*: five roads to modernity. Cambridge: Harvard University Press, 1992, pp. 156 e ss.

[337] WEBER, Max. *Wirtschaft und Gesellschaft*: Grundriß der verstehenden Soziologie. 5ª ed. Tübingen: Mohr, 1980, p. 765.

§ 6 A VARIANTE ANGLO-AMERICANA: *GENTLEMAN*

com o ofício não remunerado de juiz da paz.[338] Weber reconhece, no entanto, que o ideal do *gentleman* daí resultante e seus traços característicos – rigidez formal das maneiras, senso de orgulho e dignidade fortemente desenvolvido e uma grande importância do esporte – foram submetidos posteriormente a outras influências, religiosas, comerciais e sociais. Entre estas, Weber considerava acima de tudo "a minimização da administração, que, embora vinculando fortemente a 'ética nos negócios' através de convenções, deu praticamente livre curso ao desenvolvimento da iniciativa econômica".[339]

O próprio Weber duvida que as especificidades do *gentleman* inglês possam ser rastreadas até uma pré-história político-administrativa que remonta à Idade Média. Foram realmente as instituições inclusivas que fizeram da Grã-Bretanha a Terra Santa do industrialismo? Em minha opinião, o problema da argumentação de Acemoğlu e Robinson é que eles têm uma visão muito estreita do conceito de instituição e acabam superestimando a importância das instituições estatais formais. Assim, já parece duvidoso que se possa partir do princípio de uma imposição do Direito estatal particularmente funcional na Inglaterra, no século XVII.[340] O Estado inglês, cujo enorme crescimento após 1688 limitou-se ao aparelho administrativo militar fiscal,[341] ainda se caracterizou por

---

[338] WEBER, Max. *Wirtschaft und Gesellschaft*: Grundriß der verstehenden Soziologie. 5ª ed. Tübingen: Mohr, 1980, p. 618.

[339] WEBER, Max. *Wirtschaft und Gesellschaft*: Grundriß der verstehenden Soziologie. 5ª ed. Tübingen: Mohr, 1980, p. 620.

[340] MOKYR, Joel. *The Enlightened Economy*: an Economic History of Britain, 1700 – 1850. New Haven: Yale University Press, 2009, pp. 392 e ss.; THOMAS, Keith. *In pursuit of civility*: manners and civilization in early modern England. New Haven: Yale University Press, 2018, pp. 123 e ss.

[341] BREWER, John. *The Sinews of Power*: War, Money and the English State, 1688-1783. Londres: Unwin Hyman, 1989, pp. 64-69 e ss.

longo tempo por uma administração honorífica.[342] De fato, algumas penalidades eram draconianas. Devedores podiam ser presos caso caíssem em insolvência e falência. Mas essa prática não era particularmente bem-sucedida e existiu apenas temporariamente. Mesmo para a persecução de delitos penais, antes de 1830, faltava uma força policial de atuação razoavelmente profissional ou outros órgãos administrativos locais. Mesmo a imposição de leis penais continuou sendo, até o século XIX, primariamente, uma matéria de auto-organização social. Penas eram aplicadas por grêmios e associações locais, ou pelas próprias vítimas.[343] E como observam os próprios Acemoğlu e Robinson, podia acontecer a inventores, como Arkwright, ainda no final do século XVIII, de os tribunais não reconhecerem patentes.[344] Em todo caso, quando esse instrumento era usado (o que muitas vezes não era absolutamente o caso),[345] o sistema de patentes britânico antes de 1852 era caro, complicado, demorado e pouco eficiente.[346]

Nesse contexto, uma teoria das instituições orientada unilateralmente para o Direito formal corre o risco de subestimar a

---

[342] BREUER, Stefan. *Der Staat*: Entstehung, Typen und Organisationsstadien. Reinbek: Rowohlt, 1998, p. 177.

[343] MOKYR, Joel. *The Enlightened Economy*: an Economic History of Britain, 1700 – 1850. New Haven: Yale University Press, 2009, pp. 377 e 379; BERMAN, Harold J. *Law and Revolution II*: The Impact of the Protestant Reformation on the Western Legal Tradition. Cambridge: Havard University Press, 2003, p. 314.

[344] ACEMOĞLU, Daron; ROBINSON, James A. *Warum Nationen scheitern*: die Ursprünge von Macht, Wohlstand und Armut. Frankfurt am Main: Fischer, 2013, p. 259.

[345] MOKYR, Joel. *The Enlightened Economy*: an Economic History of Britain, 1700 – 1850. New Haven: Yale University Press, 2009, p. 91.

[346] MOKYR, Joel. *The Enlightened Economy*: an Economic History of Britain, 1700 – 1850. New Haven: Yale University Press, 2009, pp. 403 e ss.; sobre o papel limitado de patentes para o crescimento econômico sustentável, cf. também MOKYR, Joel. *The Gifts of Athena*: Historical Origins of the Knowledge Economy. Princeton: Princeton University Press, 2002, pp. 295 e ss.

§ 6 A VARIANTE ANGLO-AMERICANA: *GENTLEMAN*

importância de instituições informais para os processos de estabelecimento da subjetividade jurídica burguesa na Inglaterra. Autores do início da Idade Moderna, tais como Galileu, Campanella, Descartes, Spinoza e Grotius, contrapõem liberdades às barreiras de uma ordem fundada em Deus e, dessa forma, começam a dar nova vida ao conceito de uma *libertas philosophandi* que remonta à Antiguidade. De modo comparável, os baconianos e outros usam o meio da escrita para experimentar e exercitar a representação de uma pessoa na forma do trabalho intelectual.[347] Assim é treinada uma postura intelectual em relação ao mundo inédita, que também é comunicada e difundida em livros impressos; Spinoza chega até a dar expressão à reivindicação de liberdade científica no subtítulo de seu *Tractatus Theologico-Politicus* de 1670. A tradição da *libertas philosophandi* pode ser de difícil comparação com noções jurídicas posteriores de liberdade acadêmica, mas sua importância na cultura inglesa moderna mostra que qualquer teoria sobre a formação da subjetividade jurídica hoje deve ter uma abordagem ampla e não se limitar precipitadamente a alguns campos sociais, como o exercício da liberdade de crença. Embora seja correto buscar as origens do conceito universal moderno de subjetividade jurídica na Inglaterra e na América do Norte, é unilateral enfocar apenas práticas religiosas e seu reconhecimento formal em códigos e cartas no século XVII para proteção do livre exercício de crença em Rhode Island, como fez Georg Jellinek.[348] Ainda assim, Jellinek resistiu à tentação de fazer o sujeito de direito burguês e seus direitos individuais de liberdade emergirem das teorias sobre a propriedade e o trabalho do Direito natural moderno e de seu suposto "individualismo possessivo"

---

[347] KAHN, Victoria A. *Wayward Contracts*: the Crisis of Political Obligation in England, 1640-1674. Princeton: Princeton University Press, 2004, p. 23 (com referência a ARMSTRONG, N./TENNENHOUSE, L. *The Imaginary Puritan*, 1992).

[348] JELLINEK, Georg. *Die Erklärung der Menschen-und Bürgerrechte* (3ª ed. 1919). Saarbrücken: Edition Classic, Verlag Dr. Müller, reimpressão: 2006, p. 50.

– uma tentação à qual ainda hoje sucumbem o marxismo e partes da Teoria Crítica.

De modo geral, uma reconstrução adequada da origem da subjetividade jurídica burguesa não deve limitar-se a uma análise do reconhecimento jurídico de práticas de liberdade de caráter geral através de documentos oficiais, tais como cartas, declarações e constituições. Do mesmo modo que, na Inglaterra, a consciência do indivíduo como uma autoridade intelectual potencial precede a autoconsciência política do indivíduo como um agente político livre, seria possível falar, acompanhando Bernhard Waldenfels, da origem da subjetividade jurídica a partir do mundo da vida: a postura técnica em relação ao mundo nidifica no mundo da vida da burguesia primitiva e torna possível uma ação produtiva, em cuja consumação sedimentam-se experiências de liberdade até então desconhecidas. Surgem assim determinados campos de ação social delimitados, nos quais certas práticas de liberdade adaptam-se e solidificam-se, para afinal excluir outras possibilidades de conduta.[349] O tratado *Areopagitica* (1644), de John Milton, seria um exemplo disso: ao escrever e falar em favor da impressão gratuita não licenciada, Milton promove a difusão de um entendimento do trabalho intelectual como contemplação produtiva.[350] Ao fazê-lo, Milton contribui para solidificar a experimentação pessoal de um pensamento que se liberta de barreiras religiosas numa mentalidade cultural de validade universal que pode então se tornar explícita em discursos literários como direitos dos indivíduos à liberdade de expressão ou à liberdade de impressão. Essa dimensão instituída subliminar da subjetividade jurídica também faz parte da história da constituição de direitos universais de liberdade em declarações e Constituições escritas, como as declarações de direitos nos Estados

---

[349] Cf. WALDENFELS, Bernhard. "Die Herkunft der Normen aus der Lebenswelt". In: _____. *In den Netzen der Lebenswelt*. Frankfurt am Main: Suhrkamp, 1985, pp. 129 e ss.

[350] PICCIOTTO, Joanna. *Labors of Innocence in Early Modern England*. Cambridge: Harvard University Press, 2010, p. 416.

§ 6 A VARIANTE ANGLO-AMERICANA: *GENTLEMAN*

Unidos, em alguns estados como Virgínia (1776), ou a *Declaration of Independence* (1776) e a *Bill of Rights* (1791), no plano federal.

Portanto, é possível seguir a teoria das instituições inclusivas no sentido de que as práticas de liberdade que se formam na sociedade e seu reconhecimento como direitos formais de liberdade desempenharam um papel importante no processo de industrialização na Grã-Bretanha. Mas o sujeito burguês não atua dentro de uma ordem normativa claramente delimitada, que teria sido criada unicamente por tratados eruditos, decisões judiciais, atos parlamentares ou pela proclamação solene em declarações de direitos. Pelo contrário, foi decisivo o surgimento de um mundo técnico e de um corpo social com padrões culturais e mentais bastante excepcionais na comparação europeia, com uma abertura fundamental para ideais, experimentos e conhecimento útil, associada a um individualismo orientado para a sociedade, que, segundo Max Weber, leva a uma vinculação fortemente convencional da ética nos negócios e cujo titular pessoal Joel Mokyr identificou acertadamente como sendo o tipo do *gentleman*. Algo semelhante pode ser constatado quanto às colônias inglesas na América do Norte. O individualismo social ali difundido, exacerbado em comparação com noções mais antigas de direitos de liberdade em vigor na Europa continental,[351] o papel significativo desempenhado na Revolução Americana pela ideia de direitos naturais, a noção de que todos os homens são criados iguais e dotados por seu Criador de certos direitos inalienáveis – tudo isso pressupõe a ascensão de uma classe média burguesa e somente é possível num ambiente cultural influenciado por ela.[352] A Declaração

---

[351] Cf. HAAKONSSON, Knud. "From Natural Law to the Rights of Man". *In*: LACEY, Michael J.; HAAKONSSON, Knud (Coord.). *A Culture of Rights*: the Bill of Rights in Philosophy. Cambridge: Cambridge University Press, 1991, pp. 19 e ss.; SELIGMAN, Adam B. *The Idea of Civil Society*. Princeton: UP, 1995, pp. 71 e ss. e 110.

[352] WAHRMAN, Dror. *The Making of the Modern Self*: Identity and Culture in Eighteenth-Century England. New Haven: Yale University Press, 2006, pp. 305 e ss.

de Independência de 1776, para a qual os direitos naturais eram verdades identificadas e evidentes, é então apenas expressão de um paradoxo,[353] se for acentuado unilateralmente o ato político formal da proclamação dos direitos humanos e deixada de lado a naturalização gradual e incremental de direitos que precedeu esses atos, as formas de sua instituição em contextos dispersos de prática social.

Assim se desloca para o centro das reflexões feitas aqui a importância do poder instituinte, tal como Vincent Descombes entende-o, o infrapoder, como Cornelius Castoriadis também chama.[354] A formação de subjetividade jurídica pressupõe um infrapoder, práticas de liberdade dispersas na sociedade, que se naturalizam em diferentes mundos da vida e contextos – na família, nos processos de trabalho, na esfera pública etc. – tornando-se hábitos coletivos – e que possibilita que Hobbes faça uma distinção conceitualmente clara e terminologicamente consistente entre lei (*law*) e Direito (*right*).[355] Uma ordem liberal não se baseia na "aplicação" de direitos claramente definidos *ex ante*, primeiramente inferidos da história das ideias e especificados na teoria, para depois serem ancorados na lei e, em seguida, entregues a uma ampla massa de titulares de direitos. Pelo contrário, deve-se partir do princípio de que a sociedade sempre possui instituições. Estas também estão presentes no espaço psíquico interno dos indivíduos e apoiam a estruturação de uma interioridade complexa; assim como o vizinho de Adam Smith, elas contribuem para um autocontrole das forças psíquicas e para o equilíbrio de traços desintegradores e desestabilizadores.

---

[353] Nesse sentido, por exemplo, ZUCKERT, Michael P. *The Natural Rights Republic*. Notre Dame: University of Notre Dame Press, 1996, pp. 41 e ss.

[354] CASTORIADIS, Cornelius. "Macht, Politik, Autonomie". In: _____. *Ausgewählte Schriften. Bd. 1*: Autonomie oder Barbarei. Lich: Edition AV, 2006, pp. 141 e 158.

[355] STRAUSS, Leo. *Hobbes' politische Wissenschaft und zugehörige Schriften – Briefe, Gesammelte Schriften*. vol. 3. Stuttgart/Weimar: Metzler, 2001/2008, pp. 178 e ss.

§ 6 A VARIANTE ANGLO-AMERICANA: *GENTLEMAN*

Isso também foi um pressuposto importante para instauração de um sujeito burguês livre, reflexivo e que se torna consciente de si mesmo como o *gentleman*. Sem esse pressuposto, não teriam existido inventores e empresários como James Watt, Richard Trevithick, Richard Arkwright e Isambard Kingdom Brunel. Fazem parte do sujeito de direito liberal moderno práticas de liberdade que se autoinstituem e formam um mundo da vida em que o *gentleman* se movimenta e que o faz ter orgulho de ter nascido um homem livre.

Todos os direitos formais e todos os direitos constituídos baseiam-se numa confrontação prática com o mundo e assim é preciso, para que sejam mais do que proclamações de projetos puramente políticos. A correção dessa tese também pode ser demonstrada pela transformação do direito contratual inglês a partir do início do século XVII. Na esteira da crise da monarquia inglesa e de suas forças vinculantes tradicionais, bem como do aumento incipiente da importância das transações comerciais e monetárias, o caráter do contrato econômico (de Direito Privado) modifica-se: de uma obrigação metafísica, ancorada na alma dos sujeitos (*pacta sunt servanda*), o vínculo contratual passa a ser uma vontade articulada na linguagem falada, uma intenção de agir que se torna reconhecível no discurso.[356] Isso enfatiza o caráter linguístico de convenções contratuais e sublinha a natureza construtiva estética e artificial do contrato, a criação, a produção de direitos e deveres até então desconhecidos, diferentemente da mera confirmação de posições jurídicas pré-existentes na forma de *status*.[357] Essa transformação

---

[356] KAHN, Victoria A. *Wayward Contracts*: the Crisis of Political Obligation in England, 1640-1674. Princeton: Princeton University Press, 2004, p. 47.

[357] Cf. KAHN, Victoria A. *Wayward Contracts*: the Crisis of Political Obligation in England, 1640-1674. Princeton: Princeton University Press, 2004, pp. 33-41 e ss. que comprova esta natureza não apenas para o contrato econômico (ou de Direito Privado), mas também para o contrato político (ou contrato social) desde Grotius e Hobbes. Esse elemento construtivo subjetivo já é realçado por Nietzsche em *Genealogia*

do entendimento das obrigações contratuais depende, por sua vez, da instituição de mecanismos informais de autovinculação entre homens de negócios honrados, do ideal do *gentleman*, e tem menos a ver com o fato de prover "o contrato de finalidade com a garantia da coercitividade jurídica".[358] A possiblidade de cobrar dívidas no tribunal ou de impor o cumprimento de contratos por meio de tribunais e coação estatal pressupõe uma metamorfose do aspecto instituído da subjetividade jurídica em direção a um autoentendimento burguês. Nesse autoentendimento, a vinculação das partes a contratos celebrados deve tornar-se uma normalidade ancorada na cultura, somente então juristas podem tornar essa vinculação uma obrigação legal explícita efetiva e – como Sir Edward Coke – começar a racionalizar o sistema jurídico e judicial do *common law*.

---

da Moral e por Weber em *Sociologia do Direito*. Weber também usa para tanto a distinção entre "contratos de finalidade" e "contratos de *status*".

[358] WEBER, Max. *Wirtschaft und Gesellschaft*: Grundriß der verstehenden Soziologie. 5ª ed. Tübingen: Mohr, 1980, p. 401.

§ 7 A VARIANTE CONTINENTAL: *HONNÊTE HOMME* E *BILDUNGSBÜRGER*

7.1 O universo mundano dos salões de Paris

A elevação social da nobreza francesa repousava originalmente na capacidade e na disposição para servir ao rei e à pátria com armas, inclusive com risco para a própria vida e propriedade. A isso também estava associado o conceito de honra. Todavia, a partir do século XVII, o ideal de personalidade nobre destaca-se de seu contexto cortesão militar e transforma-se num tipo que diverge do autoentendimento tradicional da nobreza de espada, a *noblesse d'épée*.[359] No lugar de uma disposição para usar a violência a qualquer momento

---

[359] SCHILLING, Lothar. *Das Jahrhundert Ludwigs XIV*: Frankreich im Grand Siècle 1598 – 1715. Darmstadt: Wissenschaftliche Buchgesellschaft, 2010, p. 20; cf. também HÖFER, Annette; REICHARDT, Rolf; FUNKE, Hans-Günther. "Honnête homme, Honnêteté, Honnêtes gens". *In*: HÖFER, Annette; REICHARDT, Rolf (Coord.). *Handbuch politisch-sozialer Grundbegriffe in Frankreich 1680-1820*. vol. 7. Munique: De Gruyter, 1986, pp. 7-15 e ss.

e de uma bravura heroica, surge um novo tipo de nobre, o *homme honnête*, para o qual são determinantes um refinamento pronunciado das maneiras e um *esprit de société* especial: cortesia nos modos e a capacidade da conversação espirituosa, alegria (*gaieté*), amabilidade (*amabilité*) e cosmopolitismo são talvez as qualidades mais importantes de um *homme honnête* exemplar. Em outras palavras, o *homme honnête* é o produto das boas maneiras cívicas, bem como de uma cultura de conversação altamente evoluída, que, para a historiadora da literatura italiana Benedetta Craveri – assim como já antes dela, a *polite society*, para Adam Ferguson ou Adam Smith – equivale a uma feminização do social.[360] O lugar onde as novas virtudes são praticadas e treinadas e a conversa prospera é o universo mundano dos salões parisienses. Embora a cultura dos salões parisienses e da corte de Versalhes permaneçam permeáveis uma à outra e deva-se evitar um contraste muito acentuado[361] – aqui uma cultura da cortesia, acolá uma cultura da etiqueta – os salões urbanos criam um mundo que se priva da influência do rei e da cultura de Versalhes. Desse modo, a cultura erudita e a esfera pública urbana de Paris são valorizadas de maneira semelhante em relação à cultura da corte, como já era o caso antes em Londres.

O *homme honnête* e a virtude de *honnêteté* associada a ele remontam a uma apropriação e a uma metamorfose do ideal do cortesão das cidades da Renascença italiana.[362] Esse ideal, por sua

---

[360] CRAVERI, Benedetta. *The age of conversation*. Nova York: Nova York Review Books, 2005, pp. 4 e ss. e 241; cf. também LILTI, Antonie. *The world of the salons*: sociability and worldliness in eighteenth-century Paris. Oxford: Oxford University Press, 2015.

[361] Isto é enfatizado por LILTI, Antonie. *The world of the salons*: sociability and worldliness in eighteenth-century Paris. Oxford: Oxford University Press, 2015, pp. 15-23.

[362] CRAVERI, Benedetta. *The age of conversation*. Nova York: Nova York Review Books, 2005, p. 233; BURKE, Peter. *The Fortunes of the "Hofmann"*: on the Impact of a Renaissance Breviary on Appropriate Behavior. Berlim: 1996, pp. 111 e 147; HÖFER, Annette; REICHARDT, Rolf; FUNKE, Hans-Günther. "Honnête homme, Honnêteté, Honnêtes

§ 7 A VARIANTE CONTINENTAL: *HONNÊTE HOMME* E...

vez, teve um precursor na paideia grega.[363] Do *Il Cortegiano* [*O Cortesão*] de Baldassare Castiglione (1528), onde o ideal de vida do cortesão é transmitido na forma literária com intenção retórica e instrutiva, pode-se extrair que se esperava do perfeito cortesão italiano que ele fosse espirituoso, amável e afável – e aperfeiçoar a própria língua.[364] Assim, já nas cidades-república italianas, a língua evolui para se tornar o meio de uma maior sociabilidade. O entendimento sobre ideias, sentimentos e preocupações é associada a um componente lúdico e divertido e, de forma análoga, a partir do início do século XVII, a aristocracia francesa abre-se para uma sociabilidade sustentada por cortesia e amabilidade, em que a arte de agradar aos outros torna-se central. Isso tem um efeito duplo: o sujeito que se emburguesa e suas obras tornam-se agora dependentes dos julgamentos e opiniões dos outros, que, por sua vez, reagem sobre o sentimento de autoestima do indivíduo. A estima e o reconhecimento dentro do grupo de referência do salão contribuem assim para a consolidação de uma identidade "cosmopolita" da nobreza que se torna mais flexível. Ao mesmo tempo, começa a vigorar nos salões um elemento de reciprocidade nas relações sociáveis entre os interlocutores. De modo análogo, classe, origem e direitos de nascimento são desvalorizados. Isso resulta numa forte tensão psíquica: o *homme honnête* é e continua sendo um filho da aristocracia parisiense, mas seu ideal, em máxima realização, tende a assumir um caráter igualitário burguês.

---

gens". *In*: HÖFER, Annette; REICHARDT, Rolf (Coord.). *Handbuch politisch-sozialer Grundbegriffe in Frankreich 1680-1820*. vol. 7. Munique: De Gruyter, 1986, p. 9.

[363] CRAVERI, Benedetta. *The age of conversation*. Nova York: Nova York Review Books, 2005, p. 240.

[364] Cf. BURKE, Peter. *Die Geschicke des "Hofmann"*: zur Wirkung eines Renaissance-Breviers über angemessenes Verhalten. Berlim: Wagenbach, 1996, pp. 39 e ss.; BURCKHARDT, Jacob. *Die Kultur der Renaissance in Italien*. Viena: Phaidon-Verlag, 1934, p. 216.

Esse caráter igualitário e que transcende classes também se expressa no fato de os salões parisienses estarem abertos a escritores e eruditos burgueses, a prelados, diplomatas estrangeiros e a mulheres (figura 9).[365] Muitas vezes, os salões são até mesmo iniciados por mulheres, como o quarto azul da Marquesa de Rambouillet, com o qual começa a história dos salões parisienses.[366] Mas as mulheres não assumem somente o papel de anfitriãs ou arquitetas (a Marquesa também definiu a decoração e o mobiliário homogêneos do quarto azul destinado aos encontros conviviais), elas mesmas se tornam parte do processo de transformação de subjetividade. Assim como as liberdades e as possibilidades de educação para as mulheres crescem na Inglaterra sob a influência civilizadora da *polite society* do início da Idade Moderna,[367] o mesmo acontece na França aristocrática. No mundo sofisticado dos salões parisienses, essa mudança culmina na possibilidade de se tornar uma *honnête femme* contra a realidade do Antigo Regime dominado por homens. Isso é exemplificado pelo salão da Marquise de Lambert, onde escritores e estudiosos como Montesquieu e De La Motte circulam e formam um centro intelectual do século XVIII.[368] Nele, por exemplo, difunde-se a convicção de que cortesia e decoro nas boas maneiras refletem um espírito moldado pela cortesia e pelo decoro de modo muito semelhante a que uma boa linguagem reproduz um bom pensamento. O desejo de estima, diz a Marquesa de Lambert a esse respeito, é ao mesmo tempo a

---

[365] Cf. LILTI, Antonie. *The world of the salons*: sociability and worldliness in eighteenth-century Paris. Oxford: Oxford University Press, 2015, pp. 51 e ss. e 91 e ss.; FUMAROLI, Marc. *The Republic of Letters*. Trad. para o inglês de Lara Vergnaud. Londres: Yale University Press, 2018, pp. 111 e ss.

[366] CRAVERI, Benedetta. *The age of conversation*. Nova York: Nova York Review Books, 2005, pp. 27 e ss.

[367] Cf. THOMAS, Keith. *In pursuit of civility*: manners and civilization in early modern England. New Haven: Yale University Press, 2018, pp. 48 e ss. e 167 e ss.

[368] Cf. CRAVERI, Benedetta. *The age of conversation*. Nova York: Nova York Review Books, 2005, pp. 263 e ss.

§ 7 A VARIANTE CONTINENTAL: *HONNÊTE HOMME* E...

alma da sociedade; ele reúne a todos, tanto uns quanto outros, e as mulheres são expressamente incluídas nessa totalidade.[369]

Figura 9 - *Leitura da tragédia de Voltaire "O Órfão da China" no salão de Madame Geoffrin*, Anicet Charles Gabriel Lemonnier, 1812, Web Gallery of Art

O crescimento da importância das maneiras protoburguesas na sociedade aristocrática francesa também foi notado por David Hume. Hume conheceu a França, entre outros países, numa estadia de dois anos como secretário do embaixador britânico em Paris, durante o reinado de Luís XV. Como liberal, Hume teve sem dúvida durante toda a vida a firme convicção de que uma ciência independente e a vida intelectual podem desenvolver-se particularmente bem numa sociedade comercial caracterizada por liberdades civis e, para isso, na visão de Hume, as condições na Inglaterra e na Escócia eram muito mais favoráveis do que na França. Mas a França é para Hume

---

[369] CRAVERI, Benedetta. *The age of conversation*. Nova York: Nova York Review Books, 2005, p. 269.

o exemplo mais significativo de um florescente amor pelo conhecimento dentro das possibilidades de uma monarquia absoluta. A França aproximou as belas artes e as ciências mais da perfeição do que qualquer outra nação e, além disso, sabe unir o aperfeiçoamento do conhecimento na vida cotidiana a um modo de vida refinado. A esse respeito, Hume observa:

> Mas o exemplo mais eminente do florescimento do aprendizado em governos absolutos, é o da FRANÇA, que quase nunca gozou de qualquer liberdade estabelecida, e ainda assim aproximou tanto as artes e as ciências da perfeição como qualquer outra nação. Os INGLESES são, talvez, maiores filósofos; os ITALIANOS, melhores pintores e músicos; os ROMANOS eram maiores oradores: Mas os FRANCESES são o único povo, com exceção dos GREGOS, que foram ao mesmo tempo filósofos, poetas, oradores, historiadores, pintores, arquitetos, escultores e músicos. Com relação ao teatro, eles excederam até mesmo os GREGOS, que excediam de longe os INGLESES. E, na vida comum, eles aperfeiçoaram em grande medida aquela arte, a mais útil e agradável de todas, l'Art de Vivre, a arte da sociedade e da conversação.[370]

---

[370] HUME, David. "Of Civil Liberty". *In*: _____. *Essays*: Moral, Political, and Literary. Organização, prefácio, notas e glossário de Eugene F. Miller. Indianapolis: Liberty Fund, 1985, pp. 90 e ss.; CRAVERI, Benedetta. *The age of conversation*. Nova York: Nova York Review Books, 2005, p. 236. [Em inglês no original: "But the most eminent instance of the flourishing of learning in absolute governments, is that of FRANCE, which scarcely ever enjoyed any established liberty, and yet has carried the arts and sciences as near perfection as any other nation. The ENGLISH are, perhaps, greater philosophers; the ITALIANS better painters and musicians; the ROMANS were greater orators: But the FRENCH are the only people, except the GREEKS, who have been at once philosophers, poets, orators, historians, painters, architects, sculptors, and musicians. With regard to the stage, they have excelled even the GREEKS, who far excelled the ENGLISH. And, in common life, they have, in a great measure, perfected that art, the most useful and agreeable of any, *l' Art de Vivre*, the art of society and conversation"].

§ 7 A VARIANTE CONTINENTAL: *HONNÊTE HOMME* E...

Mas Hume não reconhece apenas a excepcionalidade das técnicas altamente elaboradas da sociabilidade e da conversação na cultura aristocrática francesa, mas também desenvolve um senso aguçado das tensões que resultam da abertura dessa cultura para uma sociabilidade protoburguesa: o *homme honnête* nasce de um estado monárquico que nega a liberdade burguesa tanto quanto a ideia da igualdade entre os homens. No entanto, o estilo de vida civilizado e convivial dos salões parisienses produz uma forma inesperada de liberdade, em princípio, para todos. É que, assim acreditava Hume firmemente, onde quer que uma cortesia de boas maneiras prosperasse, nenhuma das artes liberais seria totalmente negligenciada ou mesmo desprezada.[371]

A transformação do ideal aristocrático de personalidade num *homme honnête* protoburguês é, principalmente, uma consequência do enfraquecimento político da nobreza francesa pela monarquia. A perda do direito de participação da nobreza no governo monárquico após as revoltas e guerras civis entre 1648 e 1653 (*Fronde*) e a expansão do Estado central francês desde os ministros cardeais Richelieu e Mazarin, intensificada com a ajuda de uma política draconiana, tornaram a nobreza hereditária, politicamente enfraquecida, receptiva a mudanças da própria identidade num grau bastante incomum.[372] Inovações são aceitas muitas vezes até mesmo quando subvertem a legitimidade de uma classe – desde que prejudiquem apenas a monarquia. Por exemplo, quando, na *Querelle des Bouffons*,

---

[371] HUME, David. "Of the Rise and Progress of the Arts and Sciences". In: _____. *Essays*: Moral, Political, and Literary. Organização, prefácio, notas e glossário de Eugene F. Miller. Indianapolis: Liberty Fund, 1985, p. 127; CRAVERI, Benedetta. *The age of conversation*. Nova York: Nova York Review Books, 2005, p. 237; cf. também LUHMANN, Niklas. "Interaktion in Oberschichten". In: _____. *Gesellschaftsstruktur und Semantik, Bd. 1*. Frankfurt am Main: Suhrkamp, 1980, pp. 72 e ss. (sobre a conversão das diferenças de classe em igualdade).

[372] GREENFELD, Liah. *Advanced Introduction to Nationalism*. Cheltenham: Edward Elgar, 2016, p. 27.

d'Alembert, juntamente com Diderot, d'Holbach, Rousseau e Mably, defende a ópera italiana contra a ópera francesa e equipara a liberdade da música à liberdade do comércio, do casamento, da imprensa e do livro impresso, não se trata apenas de uma defesa da liberdade das belas artes, mas também de invectivas contra a corte e o governo monárquico, de um ataque à hegemonia da cultura de Versalhes.[373] Esse ressentimento contra a monarquia, amplamente difundido na nobreza, fomenta uma consciência liberal, mas que permanece intimamente entrelaçada com o corpo político e reflete-se, na Revolução Francesa, numa fixação no cidadão e nos direitos de liberdade a ele atribuídos.

Diferentemente do *gentleman*, o *homme honnête* move-se num espaço social e cultural em que o caráter dominante do estado monárquico e de suas instituições é preservado. Com certeza, o mundo da vida do *homme honnête* não é mais o do cortesão italiano. Ela se expande além da cultura da corte para os salões urbanos e para uma topografia de lugares que expandem a esfera pública com uma dimensão nacional. O muito viajado Voltaire, na segunda metade do século XVIII, não é apenas o homem mais famoso da Europa, mas também um superstar nacional francês que, ao visitar Paris mais uma vez em 1778, em idade avançada, coloca a cidade a seus pés, ganhando dela uma chuva de honras.[374] Assim, na França, cultiva-se um ideal do individualismo burguês comparável à cultura burguesa anglo-americana, mas ainda dentro de uma estrutura em que a noção de superioridade da aristocracia permanece intocada. Mesmo a abolição de todos os privilégios aristocráticos pela Revolução de 1789 não elimina o espírito de desigualdade e as relações de classe fixas. Mais tarde, a mente aguçada de Madame de Staël atribuirá

---

[373] BLANNING, Tim C. W. *Das Alte Europa 1660-1789*: Kultur der Macht und Macht der Kultur. Darmstadt: Wissenschaftliche Buchgesellschaft, 2006, pp. 332 e ss.

[374] Cf. LILTI, Antoine. *The Invention of Celebrity*. Cambridge: Polity Press, [2017] 2018, pp. 14 e ss.

§ 7 A VARIANTE CONTINENTAL: *HONNÊTE HOMME* E...

a essa herança da cultura francesa um "espírito de subordinação revoltante",[375] e este espírito ainda está vivo no primeiro terço do século XIX quando, em *O Vermelho e o Preto* de Stendhal, a palavra *monsieur* (de *mon sire*, meu senhor) é usada, como antes da Revolução, para invocar um *status* aristocrático de grande importância.[376]

O domínio permanente de elementos políticos da cultura aristocrática na França também impediu uma abertura imparcial às inovações econômicas e técnicas. Apesar de uma política financeira e econômica mercantilista impulsionada por Colbert, o comércio e a aristocracia ainda são incompatíveis para Voltaire e Montesquieu.[377] Seguindo o estudioso, filólogo e romancista Erich Auerbach, essa posição também irradia para a burguesia francesa, mais exatamente, na medida em que esta tende a negar sua base material de existência. Em Molière – como em todos os outros autores – não só os camponeses e outros tipos das classes mais baixas apareceriam unicamente como personagens cômicos, mas também negociantes, tabeliães, médicos e farmacêuticos. Auerbach atribui isso ao fato de o ideal social do *homme honnête* não ter permitido que as bases econômicas da vida burguesa e da especialização profissional fossem

---

[375] Cf. GAUCHET, Marcel. "Madame de Staël". *In*: FURET, François; OZOUF, M. (Coord.). *Kritisches Wörterbuch der französischen Revolution*. Frankfurt am Main: Suhrkamp, 1996, pp. 1.621-1624.

[376] MCCLOSKEY, Deirdre M. *Bourgeois Equality*: How Ideas, Not Capital or Institutions, Enriched the World. Chicago: University of Chicago Press, 2016, p. 245.

[377] GREENFELD, Liah. *The Spirit of Capitalism*: Nationalism and Economic Growth. Cambridge: Harvard University Press, 2001, pp. 134 e ss.; sobre os preconceitos da nobreza francesa contra o comércio, cf. também FUMAROLI, Marc. *The Republic of Letters*. Trad. para o inglês de Lara Vergnaud. Londres: Yale University Press, 2018, pp. 59 e ss.; sobre as dificuldades daí resultantes para a burguesia do Antigo Regime, vide também SEIGEL, J. E. *Modernidade e Vida Burguesa*: Sociedade, Política e Cultura na Inglaterra, França e Alemanha desde 1750. Cambridge: 2012, pp. 85 e ss.

reveladas se alguém quisesse ser totalmente válido na sociedade.[378] Somente sob a impressão do crescente desafio é que a Grã-Bretanha, economicamente próspera e em expansão colonial, começou a representar para a posição política e o papel da França no sistema de poder europeu, é que essa postura se modifique. Mas temas como tecnologia, engenharia, artesanato, comércio e economia apenas se tornam valorizados e objeto de política nacional na França no último terço do século XVIII. Escolas e instituições de ensino[379] orientadas para conhecimentos práticos e úteis – como a *École polytechnique* – não são mesmo fundadas antes do final do século.

A rejeição do comércio, que distingue tão fortemente a França da Grã-Bretanha, tem uma correspondência marcante numa mudança de significado que o conceito de honra sofre em ambos os países no século XVII. Deirdre McCloskey chamou a atenção para isso várias vezes em sua trilogia sobre a burguesia.[380] Na Inglaterra, o entendimento aristocrático de honra (*honesty*) como nobre, socialmente elevado e honrado muda para um campo de significado burguês que gira em torno de expressões como íntegro (*upright*), sincero (*sincere*) e franco (*truth-telling*). Essa mudança já deixa seus

---

[378] AUERBACH, Erich. *Mimesis*: Dargestellte Wirklichkeit in der Abendländischen Literatur (1946). Bern: Francke, 1982, p. 350.

[379] GREENFELD, Liah. *The Spirit of Capitalism*: Nationalism and Economic Growth. Cambridge: Harvard University Press, 2001, pp. 132 e ss.; a esse respeito também, LANDES, David S. *Wohlstand und Armut der Nationen*: Warum die einen reich und die anderen arm sind-The Wealth and the Poverty of Nations. Munique: Pantheon, 2009, pp. 248 e ss. (com a observação de que o francês médio ainda considera a Grã-Bretanha como seu principal rival europeu).

[380] A esse respeito e sobre o que se segue, MCCLOSKEY, Deirdre M. *Bourgeois Equality*: How Ideas, Not Capital or Institutions, Enriched the World. Chicago: University of Chicago Press, 2016, pp. 235 e ss.; cf. também WEBER, Max. "Die protestantische Ethik und der Geist des Kapitalismus". *In*: _____. *Gesammelte Aufsätze zur Religionssoziologie I* (1920). Tübingen: Mohr Siebeck, 1986, pp. 160, 202 e 219, que designa a fórmula de *"honesty is the best policy"* como sendo de capitalismo primitivo, associando-a ao puritanismo e a Benjamin Franklin.

§ 7 A VARIANTE CONTINENTAL: *HONNÊTE HOMME* E...

primeiros traços na Guerra Civil inglesa: nos debates de Putney de 1647, a honra é usada repetidamente num sentido não aristocrático, e especialmente nas intervenções de Cromwell no sentido burguês de justo (*just*), sincero (*sincere*) e íntegro (*upstanding*).[381] Cento e dez anos depois, Adam Smith admira virtudes como sinceridade (*sincerity*), verdade (*truth*) e inocência (*candor*) [sic]: o espelho dos outros que o si internaliza, é agora representado pelo homem geralmente honrado, o *"commonly honest man"* – uma equiparação de honra e normalidade burguesa que teria sido uma contradição, se não um absurdo, ainda para Shakespeare.[382] Ainda segundo McCloskey, esse entendimento igualitário de honra acabou por prevalecer no Romantismo inglês, por exemplo, no trabalho de William Wordsworth, enquanto a França mostrou um evolução divergente. De fato, a concepção aristocrática de honra também se abre para novas ideias na França. Desde o século XVII, ela se adapta ao ar parisiense e passa a ser associada a "cético", "anticlerical", a uma abertura para Voltaire e o Iluminismo. Em vez de duques, agora são exultados humanistas – mas não donos de lojas.[383]

Apesar da ascensão de um *homme honnête* cortês, dado à conversação, sociável e igualitário, a França foi incapaz de superar o desprezo aristocrático da sociedade comercial. Com isso, virtudes burguesas como honestidade e sinceridade só podem se desenvolver

---

[381] MCCLOSKEY, Deirdre M. *Bourgeois Equality*: How Ideas, Not Capital or Institutions, Enriched the World. Chicago: University of Chicago Press, 2016, p. 239.

[382] MCCLOSKEY, Deirdre M. *Bourgeois Equality*: How Ideas, Not Capital or Institutions, Enriched the World. Chicago: University of Chicago Press, 2016, pp. 240 e ss. (= *eighteenth-century Scots-Lowland talk vs. old-southern-English talk*); cf. também HIRSCHMAN, Albert O. *Leidenschaften und Interessen*: politische Begründungen des Kapitalismus vor seinem Sieg. Trad. para o alemão de Sabine Offe (*The Passions and the Interests*). Frankfurt am Main: Suhrkamp, 1984, p. 120.

[383] MCCLOSKEY, Deirdre M. *Bourgeois Equality*: How Ideas, Not Capital or Institutions, Enriched the World. Chicago: University of Chicago Press, 2016, p. 244.

de forma lenta, e assim continua difícil estabelecer relações sociais estáveis de longo prazo além da família, parentesco e amizade pessoal. Isso, porém, por sua vez, é um importante pressuposto social e cultural para a formação de uma subjetividade jurídica burguesa. Precisamente as práticas econômicas liberais (por exemplo, liberdade contratual ou liberdade de associação) pressupõem um entendimento burguês de honra: somente quando se pode partir do princípio de que os parceiros comerciais são fundamentalmente honestos e confiáveis, é que contratos e colaborações entre estranhos tornam-se realmente possíveis e prováveis. E somente quando a lógica da proteção e da ajuda, já conhecida por Cícero, pode ser superada, é que podem surgir formas operacionais abstratas de uma economia industrial baseada na divisão do trabalho.[384] Por conseguinte, formas jurídicas mais abstratas, que transcendem os contextos locais são, muito mais na França do que na Grã-Bretanha ou América, um produto do poder estatal centralizado, primeiro a monarquia e depois, após a Revolução de 1789, projetos napoleônicos como o do *Code Civil*.

Que essas diferenças entre as virtudes da aristocracia e as virtudes econômicas da vida empresarial burguesa descrevem uma tensão fundamental que não se limita à França monárquica é demonstrada por um breve olhar comparativo sobre outros países europeus continentais. Virtudes burguesas como honestidade e pontualidade confrontam-se, especialmente na Península Ibérica, com um ideal de personalidade que ainda se alinham por muito tempo com as paixões ferozes e turbulentas do ideal aristocrático de personalidade. A idealização do cavaleiro lutador e uma cultura em que tudo o que é social foi construído sobre o laço imediato de pessoa com pessoa obstrui a confiança em instituições impessoais, como a aplicação precisa e estritamente igualitária dos dispositivos jurídicos formais. Com a colonização espanhola e portuguesa, esse

---

[384] Cf. também as referências em MCCLOSKEY, Deirdre M. *The bourgeois virtues*: ethics for an age of commerce. Chicago: University of Chicago Press, 2006, pp. 128 e 158 e ss.

§ 7 A VARIANTE CONTINENTAL: *HONNÊTE HOMME* E...

padrão foi transportado para grande parte da América do Sul.[385] Amizade e confiança pessoal continuam sendo um bem tão importante em quase todos os países sul-americanos que a vida empresarial tem dificuldade em confraternizar com uma mentalidade burguesa de respeitabilidade e com suas instituições formais impessoais. Essa deficiência é bem expressa num caso relatado pelo historiador e sociólogo brasileiro Sérgio Buarque de Holanda: um comerciante da Filadélfia, já nos anos 1930, expressa seu espanto de que, "como ele havia constatado, tanto no Brasil quanto na Argentina, você tem que tornar a pessoa um amigo para conquistá-la como cliente".[386] Essa desconfiança fundamental nos mecanismos formais da configuração social, que Holanda também relaciona com o homem cordial (para quem a família, o privado e íntimo, o vínculo afetivo, são o modelo de todo tipo de relação social), não parece ter desaparecido da sociedade brasileira até os dias de hoje.[387] No entanto, existem agora

---

[385] Cf. BUARQUE DE HOLANDA, Sérgio. *Die Wurzeln Brasiliens*. Trad. para o alemão de Maralde Meyer-Minnemann. Frankfurt am Main: Suhrkamp, 1995, pp. 128 e ss. e 160 e ss.

[386] BUARQUE DE HOLANDA, Sérgio. *Die Wurzeln Brasiliens*. Trad. para o alemão de Maralde Meyer-Minnemann. Frankfurt am Main: Suhrkamp, 1995, p. 182.

[387] BUARQUE DE HOLANDA, Sérgio. *Die Wurzeln Brasiliens*. Trad. para o alemão de Maralde Meyer-Minnemann. Frankfurt am Main: Suhrkamp, 1995, p. 177; cf. também FREYRE, Gilberto. *Herrenhaus und Sklavenhütte. A Picture of Brazilian Society* [*Casa Grande e Senzala*] (1933). Munique: Klett Cotta, 1990; SOUZA, Jessé. *Die Naturalisierung der Ungleichheit*: ein neues Paradigma zum Verständnis peripherer Gesellschaften. Wiesbaden: Verlag für Sozialwissenschaften, 2008, pp. 164-178, interpreta o personalismo brasileiro – diferentemente de Holanda – como um fenômeno de desigualdade entre a classe média e a classe baixa brasileira. Devo essa referência a meu colaborador Ricardo Campos; de modo semelhantes – numa reconstrução da teoria dos sistemas – NEVES, Marcelo. *Zwischen Themis und Leviathan, eine schwierige Beziehung*: eine Rekonstruktion des demokratischen Rechtsstaates in Auseinandersetzung mit Luhmann und Habermas. Baden-Baden: Nomos, 2000, pp. 183 e ss. Para Neves, o personalismo representa um problema geral para o sistema jurídico. Entre outras coisas, ele observa uma "instrumentalização dos mecanismos jurídicos

grandes diferenças entre áreas urbanas e rurais, e especialmente na região altamente industrializada e de alto crescimento de São Paulo, a situação é mais ambivalente, se não outra.[388]

Imaginação, tendência à experimentação, amor pelo conhecimento, criatividade tecnológica e sociabilidade fazem parte do estilo de vida burguês. Já no século XVI, a forma experimental de pensar, com seus métodos formais e indutivos, determinou os processos de produção da verdade na Inglaterra e, de modo comparável, a vida dos comerciantes ingleses baseava-se em parte na experimentação e observação arriscadas ainda antes disso.[389] Em contrapartida, na França, ainda por muito tempo, a cultura burguesa continua encontrando um ideal de imobilidade aristocrática e a desvalorização de todo tipo de trabalho e atividade comercial persistentes. De fato, o *homme honnête* desenvolveu traços burgueses, especialmente uma sociabilidade e um cosmopolitismo sustentados por cortesia, no qual não-nobres também eram tratados como iguais dentro de uma

---

orientada por formas de relações políticas, econômicas para boas relações"; ele enfatiza a "importância dos favores e das relações patrão/cliente", bem como – especialmente no caso das classes mais baixas e marginalizadas – uma tendência à não concretização dos direitos humanos estabelecidos na Constituição como direitos fundamentais e, de modo geral, uma "privatização" do Estado. Ainda segundo Neves, em muitos aspectos, as expectativas sociais de comportamento não correspondem àquelas da Constituição formal; a esta falta relevância jurídica e força normativa; cf. também NEVES, Marcelo. "Ideas in Another Place: Liberal Constitution and the Codification of Private Law at the Turn of the 19th Century in Brazil". *In*: POLOTTO, María Rosario; KEISER, Thorsten; DUVE, Thomas (Coord.). *Derecho privado y modernizacion*: América Latina y Europa en la primera mitad del siglo XX. Frankfurt am Main: Max Planck Institute for European Legal History, 2015, pp. 47 e ss. (para o Direito civil do final do século XIX e início do século XX).

[388] Cf. ACEMOĞLU, Daron; ROBINSON, James A. *Warum Nationen scheitern*: die Ursprünge von Macht, Wohlstand und Armut. Frankfurt am Main: Fischer, 2013, pp. 534 e ss.

[389] MCCLOSKEY, Deirdre M. *Bourgeois Equality*: How Ideas, Not Capital or Institutions, Enriched the World. Chicago: University of Chicago Press, 2016, pp. 411 e ss.

§ 7 A VARIANTE CONTINENTAL: *HONNÊTE HOMME* E...

determinada estrutura. Todavia, as maneiras protoburguesas dos salões parisienses encontram seu limite na familiaridade prévia de seus visitantes com a instituição da monarquia. A imagem superpoderosa da soberania apodera-se do *homme honnête* e faz com que ele lute com uma divisão profunda: ele se vê como um outro entre iguais, mas lhe falta o espelho da sociedade comercial, na qual até mesmo pessoas comuns como comerciantes e negociantes podem ser honrados.[390] Nesse aspecto, o *homme honnête* continua preso à cultura aristocrática: assim como os portugueses, por exemplo, apesar de seus grandes êxitos iniciais na tecnologia da navegação, eram notáveis já no século XVII por sua falta de abertura a inovações de todos os tipos, a modernização do ideal de personalidade entre as classes altas francesas em Paris,[391] uma tendência à época, continua presa a meio caminho entre a cultura aristocrática e a cultura burguesa.

7.2 O *Bildungsroman* alemão

Os salões parisienses são em grande parte compostos por aristocratas ou pessoas que vêm de uma simbiose aristocrático-burguesa, como a aristocracia do funcionalismo público, a *noblesse de robe*. Na Alemanha, as coisas são bem diferentes. O ideal de personalidade do *Bildungsbürger*, o burguês intelectual, que surge na segunda metade do século XVIII, é, nessa medida, um tipo puramente burguês, pois

---

[390] Cf. também GREENFELD, Liah. *Nationalism*: five roads to modernity. Cambridge: Harvard University Press, 1992, p. 187 (falando de uma "split personality" dos franceses estabelecida pelos atavismos do passado).

[391] Cf. LANDES, David S. *Wohlstand und Armut der Nationen*: Warum die einen reich und die anderen arm sind-The Wealth and the Poverty of Nations. Munique: Pantheon, 2009, p. 152; similarmente para a Espanha, BLUMENBERG, Hans (ou Axel Colly). "Das Glück und die Probleme. Frühe Feuilletons" (1952-1955). *In*: BALMES, Hans-Jürgen. *et al. Neue Rundschau*. nº 4. Frankfurt am Main: Fischer, 2018, pp. 45-49, cita Miguel de Unamuno gritando aos espanhóis: "Deixem os outros inventarem!"

seus titulares não são aristocratas nem notáveis, mas exclusivamente cidadãos: médicos, advogados e pastores protestantes, professores universitários e professores de escola, juízes e funcionários da Administração, artistas e intelectuais.[392] Como a grande maioria deles eram de servidores reais e funcionários públicos, a *Bildungsbürgertum* tem sido descrita por historiadores como Hans-Ulrich Wehler como um agrupamento social particularmente próximo do Estado monárquico, como a *"intelligentsia* nacionalizada".[393] Com isso, Wehler, sem dúvida, atinge um ponto crucial. Mas, para corresponder ao tipo do *Bildungsbürger* alemão como um todo, não se deve acentuar esta orientação estatal de modo muito unilateral e há que se levar em conta que a cultura burguesa intelectual alemã se forma num mundo autônomo, separado da função e do Estado. Justamente quanto aos principais objetos da cultura burguesa intelectual – literatura, filosofia e música – é constitutiva a concepção de que eles são criados numa ordem independente do Estado e que sua produção segue as próprias regras e imperativos estéticos. Isso também se aplica ao *Bildungsroman*, o romance de formação, que desempenhou um papel significativo na formação de um ideal sustentável do *Bildungsbürger*.

Falar da independência da cultura burguesa intelectual em relação ao Estado não significa tratar a cultura erudita burguesa como um fenômeno autônomo em todos os aspectos. Mesmo na teoria sociológica da diferenciação funcional de Niklas Luhmann,

---

[392] KOCKA, Jürgen. "Bürgertum und Bürgerlichkeit als Probleme der deutschen Geschichte vom späten 18. zum frühen 20. Jahrhundert". *In*: _____. (Coord.). *Bürger und Bürgerlichkeit*. Göttingen: Vandenhoeck & Ruprecht, 1987, pp. 21-34.

[393] WEHLER, Hans-Ulrich. *Deutsche Gesellschaftsgeschichte 1700-1815 (Bd. 1 – 1987)*. Munique: C.H. Beck, 2008, pp. 210 e ss.; ver também KOCKA, Jürgen. "Bürgertum und Bürgerlichkeit als Probleme der deutschen Geschichte vom späten 18. zum frühen 20. Jahrhundert". *In*: _____. (Coord.). *Bürger und Bürgerlichkeit*. Göttingen: Vandenhoeck & Ruprecht, 1987, pp. 52 e ss.

§ 7 A VARIANTE CONTINENTAL: *HONNÊTE HOMME* E...

falar da autonomia do sistema artístico não implica de modo algum a suposição de sua autossuficiência. Para Luhmann, trata-se menos do *status* estético de algumas obras de arte do que da descrição das condições sociais sob as quais o modo de produção de obras de arte ocorre na Europa desde meados do século XVIII.[394] Como observou o estudioso literário americano David Wellbery, a noção de Luhmann sobre a autonomia da arte não constitui uma contradição a seu *status* como parte da realidade social, mas sim nomeia um fato social relevante para ela, que constitui a modernidade da arte e também a do *Bildungsroman*. Para Wellbery, a autonomia da arte é mais exatamente a condição decisiva para que a própria arte do romance moderno torne-se um problema.[395] Todavia, a descrição de Luhmann da arte como um sistema autônomo é acompanhada por uma rigorosa separação entre indivíduo e sociedade, a suposição problemática de que a consciência permanece sempre inteiramente consigo mesma.[396] Em razão da orientação sociológica da teoria dos sistemas sociais, a separação entre sistemas de comunicação e sistemas mentais em Luhmann leva a direcionar toda a atenção para a análise da autoprodução de sistemas de comunicação social, por exemplo, para meios como o dinheiro, o poder e a verdade, para cujas coerções sociais de motivação dos estados de consciência os correspondentes são supostos no "ambiente psíquico" dos sistemas sociais. Para nosso contexto, esse parece ser um ponto de partida

---

[394] LUHMANN, Niklas. "Die Ausdifferenzierung des Kunstsystems" (Conferência realizada no *Kunstmuseum* de Berna em 19/12/1993; debate no *Kunstmuseum* de Lucerna em 17/12/1993). Berna: Benteli, 1994, pp. 8 e 20 e ss.

[395] WELLBERY, David E. "Nachwort". *In*: KITTLER, Friedrich (Coord.). *Discourse Networks 1800/1900*. Stanford: Stanford University Press, 1990, pp. 233 e ss. Autorreferência e a autorreflexão são então um critério essencial para a validade estética do *Bildungsroman*, e a leitura da ciência da literatura deve, consequentemente, enfatizar a autorreferência dos textos, no desenho de sua própria escrita.

[396] LUHMANN, Niklas. *Die Kunst der Gesellschaft*. Frankfurt am Main: Suhrkamp, 1995, p. 84.

teórico de produtividade e avanço apenas limitados, uma vez que há que se tratar justamente de analisar com maior exatidão o processo de subjetivação ao final do qual o *Bildungsbürger* terá criado a si mesmo. Mas então é preciso descrever com mais precisão as zonas de contato e as relações de intercâmbio que levam do mundo da literatura, do trabalho de escrita artística, a uma leitura e a um leitor que transforma sua própria identidade na do protagonista de um romance, aprendendo assim a ir além de si mesmo.

Uma análise mais precisa dos nexos existentes entre a formação do *Bildungsbürger* e o *Bildungsroman* alemão não pode, portanto, prescindir de um recurso baseado na teoria do sujeito. Aqui, como faz David Wellbery, é possível recorrer, por exemplo, à teoria das mídias e à teoria literária de Friedrich Kittler, cujo obra nesse ponto foi fortemente influenciada pelo pensamento da teoria do sujeito de Michel Foucault e Jacques Lacan.[397] Com isso, ideias de decantação da subjetividade deslocam-se para o centro da atenção teórica, ou seja, concepções que não dissociam o sujeito burguês autônomo de seus contextos transubjetivos e de sua interconectividade com uma respectiva cultura historicamente determinada. Diante desse contexto, Kittler atribuiu o *Bildungsroman* alemão exemplar – o *Wilhelm Meister* de Goethe – já em 1978 ao problema da "poesia como jogo de socialização", interpretando-o como programa de uma iniciação.[398] As figuras literárias do *Bildungsroman* contri-

---

[397] Cf. WELLBERY, David E. "Foreword". *In*: KITTLER, Friedrich (Coord.). *Discourse Networks 1800/1900*. Stanford: Stanford University Press, 1990, vii e ss.; GUMBRECHT, Hans Ulrich. "Nachwort. Mediengeschichte als Wahrheitsereignis. Zur Singularität von Friedrich A. Kittlers Werk". *In*: KITTLER, Friedrich A. (Coord.). *Die Wahrheit der technischen Welt*: Essays zur Genealogie der Gegenwart. Berlim: Suhrkamp, 2013, pp. 396-400 e ss.

[398] KITTLER, Friedrich A. "Über die Sozialisation Wilhelm Meisters". *In*: KAISER, Gerhard; KITTLER, Friedrich A. (Coord.). *Dichtung als Sozialisationsspiel*: Studien zu Goethe und Gottfried Keller. Göttingen: Vandenhoeck & Ruprecht, 1978, pp. 13 e ss.; WELLBERY, David E. "Rites de Passage. Zur Struktur des Erzählprozesses in E.T.A.

§ 7 A VARIANTE CONTINENTAL: *HONNÊTE HOMME* E...

buem para a formação da identidade do *Bildungsbürger*, sendo que a imaginação e a vaidade desempenham um papel fundamental – não diferentemente da literatura contemporânea em francês ou inglês. Acompanhando-se, mais uma vez, David Wellbery, a força da imaginação está até mesmo no centro do *Bildungsroman* alemão: ela constitui a principal competência do protagonista, "enquanto a teleologia organiza sua forma progressiva narrativa".[399]

O *Bildungsroman* não se contenta, como a estética filosófica de Kant ou Schiller, com a produção gratuita de sínteses figurativamente ilustrativas. Decisivo é antes que o *Bildungsroman* estabelece uma aliança com o desejo do padrão que Wilhelm von Humboldt esboçou de forma paradigmática em Über *Göthes Hermann und Dorothea* de 1799: o poder de imaginação do poeta infunde no leitor um desejo que cresce em direção às palavras e aos sons e dá origem a um "anseio infinito por conexões sempre novas, voos sempre novos".[400] O poder da imaginação atua de forma prospectiva e é impulsionado por uma ânsia que se realiza no romance com a produção de imagens sempre novas. Ao mesmo tempo, o poder da imaginação de Humboldt dispõe de uma linha que aponta para o passado. Esta confronta o leitor com a própria história e relembra-o momentos importantes da própria vida, situações semelhantes, estados de ânimo semelhantes ou sentimentos semelhantes. O leitor

---

Hoffmanns Prinzessin Brambilla". *In*: KITTLER, Friedrich (Coord.). *Discourse Networks 1800/1900*. Stanford: Stanford University Press, 1990, pp. 118-124.

[399] WELLBERY, David E. "Die Enden des Menschen. Anthropologie und Einbildungskraft im Bildungsroman bei Wieland, Goethe, Novalis". *In*: _____. *Seiltänzer des Paradoxalen. Aufsätze zur ästhetischen Wissenschaft*. Munique: Hanser, 2006, pp. 70-72.

[400] Citado segundo WELLBERY, David E. "Die Enden des Menschen. Anthropologie und Einbildungskraft im Bildungsroman bei Wieland, Goethe, Novalis". *In*: _____. *Seiltänzer des Paradoxalen. Aufsätze zur ästhetischen Wissenschaft*. Munique: Hanser, 2006; cf. também STETTER, Christian. *Schrift und Sprache*. Frankfurt am Main: Suhrkamp, 1997, pp. 405 e ss.

não precisa estar consciente dessas vivências em detalhes, mas os traços dessas vivências ainda estão presentes em sua memória e são evocados na leitura do romance. O poder da imaginação ativa no *Bildungsroman*, na conclusão de Wellbery, "organiza o presente como uma reedição de constelações de interação passadas, opera no imaginário uma realização um dia almejada".[401]

Wellbery interpreta o *Bildungsroman* como uma expressão de programas narrativos "que conduzem o 'homem' através do perigo do perder a si mesmo, que surge de sua condição, e o conduz a si mesmo".[402] Embora o arco narrativo entre origem e objetivo da individuação humana seja concebido como progressão, como formação do sujeito (como forma de uma realização um dia desejada), ao mesmo tempo, ele está associado à noção de transferência de Freud, de modo que o poder do imaginário parece ser equiparado à repetição do passado. Todavia, pode ser duvidoso que uma conexão entre o poder da imaginação a uma mera repetição do passado realmente corresponda ao *Bildungsroman*. O fato de o *Bildungsroman* estender um arco narrativo entre origem e objetivo de um processo de subjetivação, e de Wellbery interpretar o fim da progressão narrativa, ao mesmo tempo, como retorno a seu início, pode não fazer corresponder plenamente à abertura da formação do eu no *Bildungsroman*. Naturalmente, no caso de *Wilhelm Meister*

---

[401] WELLBERY, David E. "Die Enden des Menschen. Anthropologie und Einbildungskraft im Bildungsroman bei Wieland, Goethe, Novalis". In: _____. *Seiltänzer des Paradoxalen. Aufsätze zur ästhetischen Wissenschaft*. Munique: Hanser, 2006, p. 73.

[402] WELLBERY, David E. "Die Enden des Menschen. Anthropologie und Einbildungskraft im Bildungsroman bei Wieland, Goethe, Novalis". In: _____. *Seiltänzer des Paradoxalen. Aufsätze zur ästhetischen Wissenschaft*. Munique: Hanser, 2006, p. 111; em sentido semelhante, MORETTI, Franco. *The Way of the World*: the Bildungsroman in European Culture. Londres: Verso, 2000, p. 24 (no *Bildungsroman*, felicidade é o sintoma subjetivo de uma socialização objetivamente concluída – completa – e isto está intimamente ligado ao casamento e à família).

§ 7 A VARIANTE CONTINENTAL: *HONNÊTE HOMME* E...

de Goethe, o próprio Wellbery fala de uma abertura para um campo intertextual ilimitado que escapa a uma perspectiva unificadora e exige do leitor um modo de regulagem plural.[403] Aqui, além de uma temática antropológica, poderia estar escondida uma temática cultural e medial que não se esgota e se resume a uma mera repetição do passado, mas é, sim, uma reprodução subjetivada de estruturas que são similares às estruturas originais, mas que, de forma categórica, não devem ser idênticas a elas.[404] Então, o *Bildungsroman* seria uma formação do eu que se abre para processos de autotransformação, uma experiência comparável à "mimese poética" de Humboldt.

Não importando como essas questões são decididas afinal, as reflexões aqui mencionadas mostram que o *Bildungsroman* é uma contribuição para a autodescoberta burguesa na Alemanha. Ele aguça o sentido para a essência interior individual do burguês e, ao mesmo tempo, chama a atenção para os perigos do fracasso de uma formação bem-sucedida da identidade, para a predisposição ao engano e à sedução até mesmo do homem burguês. O *Bildungsroman* também contribui para a alta estima de que gozam virtudes burguesas como honestidade, retidão, veracidade, franqueza e um senso de honra que evita toda pretensão, tais como elas são propagadas não apenas em romances, mas também no teatro, por exemplo em *Intriga e Amor* de Schiller (1784).[405] Nesses processos de apropriação e habituação, a leitura privada e o ambiente talvez desempenhem um papel maior do que na Inglaterra ou na França, ainda mais porque ordens secretas,

---

[403] WELLBERY, David E. "Die Enden des Menschen. Anthropologie und Einbildungskraft im Bildungsroman bei Wieland, Goethe, Novalis". In: _____. *Seiltänzer des Paradoxalen. Aufsätze zur ästhetischen Wissenschaft.* Munique: Hanser, 2006, pp. 89 e ss.

[404] Com base em MORETTI, Franco. *The bourgeois*: between history and literature. Londres: Verso, 2013, p. 56. (citação em alemão segundo a tradução de Frank Jakubzik: *Der Bourgeois*: Eine Schlüsselfigur der Moderne. Berlim: Suhrkamp, 2014).

[405] BORCHMEYER, Dieter. *Was ist Deutsch? Die Suche einer Nation nach sich selbst.* Berlim: Rowohlt, 2017, p. 36.

sociedades de leitura e círculos literários entre amigos, tais como eles surgem gradualmente no século XVIII também na Alemanha, estão espalhados pelo interior e cidades mais de tamanho médio. Mas mesmo levando-se em conta que o *Bildungsroman* não pode evocar as mesmas vivências em todos os leitores, ele continua sendo um assunto comum. Assim como os salões de Paris ou os cafés de Londres, o *Bildungsroman* – muito parecido, por exemplo, com a música doméstica[406] – contribui para a história do desenvolvimento de formas de subjetividade burguesa na Alemanha. A burguesia econômica pode conectar a isso, desenvolvendo novas formas sociais de trabalho e vida, que possibilitam, mais tarde, que o discurso jurídico capte e formalize esse padrão mental de modo mais abstrato na doutrina dos direitos subjetivos – como vontade própria ou persecução de interesses próprios.

É pouco provável que o deslocamento da formação do sujeito para as regiões do privado e do puramente intelectual tenha sido a origem de uma evolução cultural na Alemanha que diverge do de outros países ocidentais. A orientação para as belas artes plásticas e a revalorização do privado e do puramente intelectual, como se pode ver na autoestilização de um pintor paisagista como Caspar David Friedrich (figura 10), foi desencadeada supostamente menos por uma cultura especificamente alemã da interioridade, por um "espírito alemão" distante da política,[407] do que por uma falta de identidade nacional. Diferentemente da França, por exemplo, onde a nobreza converteu-se ao nacionalismo em grande número a partir de meados do século XVIII e o recurso à vontade da nação acabou por se tornar o principal veículo político para a derrubada do Antigo Regime, a

---

[406] Cf. apenas BUDDE, Gunilla-Frederike. "Musik in Bürgerhäusern". *In*: BÖDEKER, Hans Erich (Coord.). *Le concert et son public*: mutations de la vie musicale en Europe 1780 à 1914. Paris: Éditions de la Maison des Sciences de l'Homme, 2002, pp. 427 e ss.

[407] Cf. BORCHMEYER, Dieter. *Was ist Deutsch? Die Suche einer Nation nach sich selbst*. Berlim: Rowohlt, 2017, pp. 43 e ss. (essa tese remonta a Richard Wagner).

§ 7 A VARIANTE CONTINENTAL: *HONNÊTE HOMME* E...

ideia de nação na Alemanha não emana nenhum fascínio especial nem para a nobreza nem para a burguesia até a derrota esmagadora da Prússia na dupla batalha de Jena e Auerstedt. Esse vazio é preenchido na burguesia pelo conceito de educação. Isso torna possível, entre outros, para o alemão no início do período romântico – por exemplo, em August Wilhelm Schlegel ou Novalis – adquirir uma coloração fortemente cosmopolita e universalista, na qual a burguesia intelectual transforma-se numa burguesia cosmopolita.[408] Mas esse traço cosmopolita não está isento de ambivalências: ele pode, como na ideia de Goethe sobre a literatura mundial como cultura da humanidade, levar a uma revalorização de poesias estrangeiras e diferentes e supor a concepção de uma inseparabilidade entre Oriente e Ocidente.[409] Mas ele também pode carregar elementos missionários, com uma reivindicação de validade mundial, o que levou Liah Greenfeld, por exemplo, a situar no Romantismo o nascimento da ideia de uma sociedade totalitária na Alemanha.[410]

---

[408] BORCHMEYER, Dieter. *Was ist Deutsch? Die Suche einer Nation nach sich selbst*. Berlim: Rowohlt, 2017, pp. 44 e ss. Borchmeyer também mostra que esta coloração permanece preservada no fragmento de poema de Schiller *Deutsche Größe* (1801) e em *Reden an die deutsche Nation* de Fichte (1808).

[409] BORCHMEYER, Dieter. *Was ist Deutsch? Die Suche einer Nation nach sich selbst*. Berlim: Rowohlt, 2017, p. 49.

[410] GREENFELD, Liah. *Advanced Introduction to Nationalism*. Cheltenham: Edward Elgar, 2016, pp. 55-61 (na p. 64 Greenfeld fala mais uma vez da "late ighteenth century Romantic mentality with the totalitarian aspiration at its core"); em mais detalhes, GREENFELD, Liah. *Nationalism*: five roads to modernity. Cambridge: Harvard University Press, 1992, pp. 275 e ss.

Figura 10 - *Caspar David Friedrich em seu estúdio*,
Georg Friedrich Kersting, 1811, Hamburger Kunsthalle

Mas não estou certo de que Liah Greenfeld tenha razão a esse respeito. Num ponto, porém, suas observações certamente são acertadas: a cultura da burguesia intelectual alemã, ao contrário da variedade anglo-americana, é caracterizada por uma marcada orientação para o Estado, o que leva a uma desvalorização do corpo social que se prolonga por muito tempo. Adam Müller equipara vida social e civil (estatal), Hegel produz sínteses maravilhosas de Estado e sociedade; e até mesmo a ideia liberal de Wilhelm von Humboldt sobre a universidade tem seu assento no corpo político, não no corpo social. Essa proximidade com o Estado monárquico juntamente com sua cultura (militar) aristocrática, que desempenha um papel central

§ 7 A VARIANTE CONTINENTAL: *HONNÊTE HOMME* E...

na identidade coletiva dos alemães até o século XX,[411] tem como consequência que a classe média intelectual pouco interesse mostra pela ideia de uma sociedade burguesa comercial. Em vez disso, a sociedade liberal na Alemanha intelectual encontra-se já em Hegel sob o sinal negativo de uma perda da moralidade, para finalmente acabar como meio de alienação do homem em relação a si mesmo no jovem Marx. Em todo caso, pensamento experimental, conhecimento útil, criatividade tecnológica ou práticas artesanais não são objetos comparáveis à música, à filosofia e à literatura na Alemanha intelectual. O famoso ditado de Richard Wagner de que ser alemão significa fazer uma coisa para si mesmo é, em primeiríssimo lugar, uma declaração contra o pensamento utilitário inglês. Ele é tão significativo da longevidade desse estado de espírito, que um filósofo da importância de Theodor W. Adorno ainda era capaz de extrair dele um núcleo de verdade em 1965, qual seja, a convicção de que sem esse "para si mesmo", a filosofia alemã e a grande música alemã não poderiam ter surgido.[412]

---

[411] Cf. GILOI, Eva. *Monarchy, Myth, and Material Culture in Germany 1750-1950*. Nova York: Cambridge University Press, 2011, pp. 83 e 137 (usando o exemplo da coleta de relíquias reais na Prússia); cf. também LEIPOLD, Helmut. *Kulturvergleichende Institutionenökonomik*: Studien zur kulturellen, institutionellen und wirtschaftlichen Entwicklung. Stuttgart: Lucius & Lucius, 2006, pp. 248 e ss. Essa proximidade com o Estado também determina, por exemplo, o trabalho do medievalista Ernst Kantorowicz, especialmente sua fase de Weimar. LERNER, Robert E. *Ernst Kantorowicz*: eine Biographie. Stuttgart: Klett-Cotta, 2020, pp. 122-131 e 136, observa apropriadamente que o Friedrich Buch, em seu culto ao herói, é não apenas um tesouro de pensamentos e terminologia antiliberal, mas também carece de qualquer forma de explicação mais realista, e que fatores políticos, quanto mais econômicos, não aparecem ali. É justamente na veneração do dinamismo criativo – no caso de Friedrich Gundolf, o poder da educação – de homens grandes e extraordinários que, supostamente, estão isentos de coerções externas, que a cultura burguesa intelectual alemã ainda se apega a esquemas aristocráticos de Weimar.

[412] ADORNO, Theodor W. "Was ist deutsch?" *In*: _____. *Gesammelte Schriften Bd. 10.2*. Frankfurt am Main: Suhrkamp, 1977, p. 694.

7.3 Subjetivação como submissão e autorização

7.3.1 Interpelação e submissão

Em *Idéologie et appareils idéologiques* [Ideologia e aparelhos ideológicos], trabalho publicado pela primeira vez em 1970, o filósofo político francês Louis Althusser formulou uma teoria da invocação ainda hoje influente. Subjetividade ali torna-se o efeito de uma interpelação, que deve ser imaginada na linha de uma simples e cotidiana invocação por um policial numa rua: o policial grita "Ei, o senhor aí!", o indivíduo chamado volta-se e "através dessa simples virada psíquica de 180 graus, ele se torna um *sujeito*".[413] O ponto central da teoria da invocação é que a prática policial sujeita o indivíduo não apenas aos "aparatos estatais repressivos", mas que os "aparatos estatais ideológicos" constituem o indivíduo como sujeito jurídico ao mesmo tempo por meio do chamado. Em Christoph Menke, isso se torna uma sujeição que transforma os sujeitos, em primeiríssimo lugar, sujeitos.[414] Para Menke, trata-se mais precisamente de um tipo de sujeição produtiva e autorizadora, de uma determinação prévia de forma e estrutura do Direito Privado, que também engloba o direito subjetivo e os direitos de liberdade, na medida em que habilita o indivíduo "a querer e a agir como bem entende" e, assim, "autoriza a vontade própria dos sujeitos".[415] Isso

---

[413] ALTHUSSER, Louis. "Ideologie und ideologische Staatsapparate (Notizen für eine Untersuchung)". *In*: _____. *Ideologie und ideologische Staatsapparate. 1. Halbband*. Hamburgo: VSA, 2016, pp. 37 e ss. e 88; cf. também MÜLLER-TUCKFELD, Jens Christian. "Gesetz ist Gesetz. Anmerkungen für eine Untersuchung der juridischen Anrufung". *In*: BÖKE, Henning; MÜLLER-TUCKFELD, Jens Christian; REINFELT, Sebastian (Coord.). *Denkprozesse nach Althusser*. Hamburg: Argument-Verlag, 1994, pp. 182-190.

[414] MENKE, Christoph. *Kraft*: ein Grundbegriff ästhetischer Anthropologie. Frankfurt am Main: Suhrkamp, 2008, p. 43.

[415] MENKE, Christoph. *Kraft*: ein Grundbegriff ästhetischer Anthropologie. Frankfurt am Main: Suhrkamp, 2008. Menke refere-se, sobretudo,

§ 7 A VARIANTE CONTINENTAL: *HONNÊTE HOMME* E...

estabelece uma dialética entre o processo de formação do sujeito e o ato de sujeição a um soberano, tal como Michel Foucault já a descrevia em *Vigiar e punir* (1975) como o coração dos processos disciplinares – como *assujettissement* [sujeição].[416] A partir disso, Daniel Loick desenvolve uma constituição paradoxal do sujeito jurídico: o sujeito jurídico é subjugado pela autorização,[417] e esse sujeito jurídico subjugante-subjugado é reconduzido por Loick, seguindo a genealogia da moral de Nietzsche, a uma juridificação da subjetividade humana e a seus processos de formação que vem impondo-se desde a Antiguidade romana.

É certo que se pode acompanhar Althusser, na medida em que sua imagem da invocação certamente se enquadra no modelo europeu continental de subjetivação. Todavia, o pressuposto implícito desse modelo é um corpo político que separa, primeiro, as famílias e depois, os indivíduos de suas dependências locais, que, originalmente, possuem múltiplas camadas, de modo que no final deste processo de separação os indivíduos apenas podem ser invocados por um sujeito central, o Estado, que tem o monopólio do uso da força.[418]

---

aos direitos subjetivos do Direito Privado, que são interpretados como direitos para "ensejo do arbítrio". O sentido dos direitos de liberdade liberais reside então na privatização e na despolitização do social.

[416] FOUCAULT, Michel. *Überwachen und Strafen*: die Geburt des Gefängnisses [*Vigiar e Punir. Nascimento da Prisão*]. Frankfurt am Main: Suhrkamp, 1993, pp. 42 e 238.

[417] LOICK, Daniel. *Juridismus*: Konturen einer kritischen Theorie des Rechts. Berlim: Suhrkamp, 2017, pp. 185-195.

[418] ENGELMANN, Andreas. *Rechtsgeltung als institutionelles Projekt*: zur kulturellen Verortung eines rechtswissenschaftlichen Begriffs. Weilerswist: Velbrück, 2020, pp. 79 e ss., mostra que o recurso a um conceito de Estado baseado na violência também desempenha um papel central na análise materialista da forma jurídica – por exemplo, em Georg Lukács, Eugen Paschukanis, Oskar Negt ou Sonja Buckel – para a ideia de coesão social, enquanto em seus trabalhos tardios, Marx situou o centro da socialização na economia política e, por conseguinte, na sociedade. Nos trabalhos finais de Marx, o sujeito jurídico também é expressão da forma da mercadoria, não de uma forma política.

Em outras palavras, a noção de uma sujeição subjetiva pressupõe uma forte imagem da soberania, tal como há muito ela acompanha, em particular, a história do Estado monárquico na França. Mas só porque essa autoimagem da soberania foi historicamente dominante na Europa continental por muito tempo, não se pode fazer dela um modelo universalmente válido, que vai desde a Antiguidade romana até o presente. É que ao lado do modelo continental de subjetivação, surge na variante anglo-americana da cultura burguesa um modelo de subjetivação de autocontrole e da auto-organização baseado numa dinâmica horizontal da observação dos outros e de si, num sistema da simpatia, no qual o indivíduo reflete-se numa rede – torna-se seguro da reciprocidade.[419] Além disso, esse sistema descentralizado de formação do sujeito tem suas raízes na cidade e não no Estado territorial. Ele pode ser retraçado até a cultura democrática da Antiguidade.[420] As leis e o senso comum eram ancorados nas redes urbanas de comunicação e relacionamento: o chamado na situação carcerária de Críton, que fala na consciência do possível infrator – Sócrates – faz valer a voz da cidade[421] – e não a de um grande Estado centralista.

Embora a Declaração dos Direitos do Homem e do Cidadão de agosto de 1789 ainda seja considerada como o evento decisivo na história dos direitos de liberdade no continente europeu, é crucial que na França pré-revolucionária falte uma instituição social abrangente de subjetividade jurídica burguesa. De fato, o ideal de personalidade do *homme honnête* abre a cultura da nobreza para certos aspectos da cultura burguesa relacionados às belas-artes, mas negociantes, comerciantes, lojistas, inventores e empresários, até o século XIX,

---

[419] HONT, Istvan. *Politics in Commercial Society*: Jean-Jacques Rousseau and Adam Smith. Cambridge: Havard University Press, 2015, p. 33.
[420] Cf. OBER, Josiah. *The Rise and Fall of Classical Greece*. Princeton: Princeton University Press, 2015, pp. 45 e ss.
[421] WALDENFELS, Bernhard. *Platon*: Zwischen Logos und Pathos. Berlim: Suhrkamp, 2017, pp. 163-166.

§ 7 A VARIANTE CONTINENTAL: *HONNÊTE HOMME* E...

pertencem, na França, a uma espécie de contracultura, em vez de um componente genuíno da sociabilidade superior. O lado instituído da subjetividade jurídica permanece fraco e vulnerável justamente nas esferas tecnológica e econômica: assim como não se fala de profissão ou atividade econômica nas abastadas casas das comédias de Molière,[422] a subjetividade jurídica tampouco repousa sobre as práticas de liberdade e modos de vida de um individualismo autônomo. A ideia da soberania também nunca dominou a cultura francesa totalmente. Ela sempre esteve numa relação tensional com a tradição liberal, que valoriza a auto-organização das ordens independentes em relação ao Estado e enfatiza a importância de costumes, normas e convenções sociais para os processos de formação do Direito.[423] A proclamação dos direitos do homem e do cidadão na Paris revolucionária, entretanto, pertence menos a essa tradição liberal e é mais parte integrante de um projeto político filosófico que se insere inteiramente na tradição da soberania do Estado monárquico. Esse projeto opera uma transformação da sociedade através do Estado e compromete o cidadão como *citoyen* com esse processo de mudança.[424]

---

[422] AUERBACH, Erich. *Mimesis*: Dargestellte Wirklichkeit in der Abendländischen Literatur (1946). Bern: Francke, 1982, p. 350.

[423] Em *Pensamentos* de Blaise Pascal, de 1670 – Fragmento 294 – é o hábito que, sozinho, faz de toda lei e sua transmissão sua única razão, o fundamento místico de sua autoridade. E mesmo antes – cf. BARUDIO, Günter. *Das Zeitalter des Absolutismus und der Aufklärung*: 1648-1779. Frankfurt am Main: S. Fischer, 1981, pp. 89 e ss. – pode-se ler: Se o príncipe soberano é o mestre da lei, os cidadãos privados são os mestres do Direito consuetudinário.

[424] Cf. KNOTT, Sarah. *Sensibility and the American Revolution*. Chapel Hill: University of North Carolina Press, 2009, pp. 21 e 198 e ss.; HUNT, Lynn Avery. *Inventing human rights*: a history. Nova York: Norton, 2008, pp. 113 e ss.; LADEUR, Karl-Heinz. *Der Anfang des westlichen Rechts*: die Christianisierung der römischen Rechtskultur und die Entstehung des universalen Rechts. Tübingen: Mohr Siebeck, 2018, p. 31.

7.3.2 Autorização pelo Estado

Assim como na França, na Alemanha burguesa dos primeiros tempos, falta a instituição de práticas de liberdade distribuídas na sociedade. Na Inglaterra, um laboratório da mente surgiu a partir da apreciação do pensamento experimental já no século XVII.[425] Isso também irradia para o artesanato e tem nele um meio importante. Josiah Wedgwood, a quem remonta a industrialização da cerâmica, empreendeu 5 mil experimentos para encontrar o azul jaspe: "Everything yields to experiment" foi o lema de vida deste pioneiro da produção em massa de belas cerâmicas.[426] A burguesia intelectual alemã mostrou um entusiasmo comparável pela experimentação no campo da cultura erudita. Entretanto, música, filosofia e literatura tendem a desenvolver seu impacto em instituições privadas, familiares ou estatais, tais como universidades, escolas e salas de concertos, enquanto novas tecnologias e conhecimentos úteis tendem a ser considerados comuns. A distância da cultura burguesa intelectual em relação ao comércio, aos negócios e às novas tecnologias também deixa sua marca no prestígio abstrato e generalizador do estilo alemão de escrita intelectual. Esse estilo move a escrita privada e isolada para uma posição superior em relação à linguagem cotidiana, enquanto a prosa inglesa até hoje mantém uma proximidade com o vernáculo cotidiano das relações sociais; seu lar são as *commercial society*, não um mundo de autoestilização acadêmica completamente dissociado dela em maior ou menor medida.[427] Em resumo, de fato,

---

[425] PICCIOTTO, Joanna. *Labors of Innocence in Early Modern England*. Cambridge: Harvard University Press, 2010, pp. 259 e ss. (*Laboratory of the Mind*).

[426] MCCLOSKEY, Deirdre M. *Bourgeois Equality*: How Ideas, Not Capital or Institutions, Enriched the World. Chicago: University of Chicago Press, 2016, p. 522.

[427] WELLBERY, David E. "Foreword". *In*: KITTLER, Friedrich (Coord.). *Discourse Networks 1800/1900*. Stanford: Stanford University Press, 1990, XXV (no âmbito de uma análise do estilo de escrita de Friedrich Kittler).

§ 7 A VARIANTE CONTINENTAL: *HONNÊTE HOMME* E...

na Alemanha do final do século XVIII, aspectos importantes da subjetividade burguesa são estabelecidos, mas com isso, paixões interiores, experiências e sentimentos primitivos continuam sendo estruturas coloquiais e pontos de referência dominantes do individualismo crescente.[428] Somente no século XIX, com o início da industrialização e o fortalecimento da burguesia econômica, essa situação se altera.

A restrição das práticas de liberdade da classe média intelectual ao mundo das belas-artes e sua dependência de prestações e subsídios do Estado ainda influenciam as construções legais da subjetividade legal no século XIX. De fato, a Ciência do Direito alemã, tomando por base o moderno Direito natural inglês, desenvolveu inicialmente a ideia de que a origem dos direitos subjetivos estava na liberdade dos sujeitos que fundam uma comunidade jurídica. Mas ele associa essa ideia com uma separação nítida entre Estado e sociedade, sendo que esta reduz-se a seu aspecto privado e pessoal e a existência de direitos subjetivos é restringida às relações de Direito Privado entre indivíduos e indivíduos. Savigny, por exemplo, parte primeiramente do princípio de uma relação jurídica entendida como uma relação orgânica de vida entre pessoas, mas de novo a desmantela imediatamente na etapa seguinte, quando reconduz o Direito Privado a um poder que cabe às pessoas, a "um campo em que sua vontade prevalece".[429] Essa equiparação do direito subjetivo com uma vontade pessoal – um legado continental – facilita posteriormente a ocultação do poder instituinte, das relações orgânicas da vida, e sua substituição mais ou menos completa pelo Poder Constituinte estatal. Assim como Savigny, Carl-Friedrich von Gerber constrói o Direito Privado como um sistema de possibilidades volitivas que remete ao poder de

---

[428] De acordo com KITTLER, Friedrich A. *Eine Kulturgeschichte der Kulturwissenschaft*. Munique: Wilhelm Fink, 2000, p. 61, a essência individual interior, o autossentido, o autopensado e o autodescoberto, também é fundamental para a imagem da família burguesa emergente.

[429] SAVIGNY, Friedrich Carl von. *System des heutigen Römischen Rechts*, Bd. 1. Berlim: Veit, 1840, p. 7.

vontade da personalidade humana (ou de uma personalidade reproduzida segundo ela). Ao mesmo tempo, ele amplia essa representação formalista ao Direito Público, com a consequência de que o Estado passa a ser absorvido pela vontade do Estado e o direito subjetivo é transformado num poder de vontade conferido pelo Estado.[430] O cerco jurídico de um território onde prevalece a vontade de pessoas de Direito é, no entanto, necessariamente secundário, "já que, afinal, os modernos deixaram de ser seres sociais tanto quanto todos os outros seres humanos".[431]

Esse movimento de formalização da subjetividade jurídica é retomado por Georg Jellinek. Por um lado, sua construção jurídica atualiza a separação entre Estado e sociedade: a origem dos direitos subjetivos continua sendo as relações de Direito Privado,[432] mas a par disso, Jellinek concebe um reconhecimento de direitos subjetivos na relação entre cidadão e Estado. Enquanto no Direito Privado o sujeito de direito é autorizado a perseguir livremente seus interesses através de um estar autorizado a fazer e de um poder fazer, o Direito Público subjetivo limita-se exclusivamente à capacidade de estar autorizado a acionar normas jurídicas no interesse individual.[433] Diante do contexto histórico de uma sociedade marcada pela monarquia, essa construção, que enfatiza o interesse individual, exibe traços liberais. Mas Jellinek compra a expansão do âmbito de aplicação dos direitos subjetivos pelo preço da aparência de que o sujeito jurídico é

---

[430] Cf. OERTZEN, Peter von. *Die soziale Funktion des staatsrechtlichen Positivismus*: eine wissenssoziologische Studie über die Entstehung des formalistischen Positivismus in der deutschen Staatsrechtswissenschaft. Frankfurt am Main: Suhrkamp, 1974, p. 180.

[431] Cf. DESCOMBES, Vincent. *Die Rätsel der Identität*. Berlim: Suhrkamp, 2013, p. 148.

[432] Cf. JELLINEK, Georg. *Allgemeine Staatslehre*. 3ª ed. 5ª reimpressão. Berlim: Springer, 1929, p. 418.

[433] JELLINEK, Georg. *System der subjektiven öffentlichen Rechte* (reimpressão da 2ª ed.). Tübingen: 1905. Aalen: Scientia-Verlag, 1964, pp. 44 e 51.

§ 7 A VARIANTE CONTINENTAL: *HONNÊTE HOMME* E...

fundado pelo Estado. Em vez de buscar o início do direito subjetivo nos processos de estabelecimento de práticas sociais liberais, como fez o próprio Jellinek como historiador, a liberdade torna-se objeto de um ordenamento jurídico fortemente delimitado em relação a seu estágio cultural preliminar, e o Estado torna-se o garantidor de sua vinculatoriedade. Segundo Jellinek, toda permissão para exercer minha liberdade em relação ao outro baseia-se no pressuposto "de que o Estado reconhecerá e protegerá essa liberdade em seu exercício dentro dos limites do permitido".[434]

Por trás dessas reflexões estão as seguintes suposições: a doutrina jurídica francesa só conhece competências de autoridades estatais, mas não direitos individualizados dos indivíduos. Nessa tradição, o Direito Público subjetivo é reduzido a um mínimo ou até mesmo completamente eliminado. O moderno Direito natural inglês, por outro lado, dota os indivíduos com direitos de liberdade e cria uma espécie de Direito pré-estatal ilimitado em si com a ajuda de direitos subjetivos. Para Jellinek, este Direito é concebível como interesse privado, mas não deixa espaço nenhum para a construção de um Direito Público subjetivo; na verdade, se pensado a fundo e com lógica, ele seria equivalente à destruição do Estado. Portanto, sua solução consiste em reconhecer o Direito Público subjetivo fundamentalmente, mas deixando a normatização de seu conteúdo concreto para o Estado. Entretanto seu conteúdo está vinculado à forma da lei, mas não a um padrão material: o Estado pode cobrar impostos de qualquer valor, mas o cidadão tem o direito de não pagar um imposto mais alto do que o fixado por lei; toda liberdade é simplesmente liberdade em relação à coação ilegal,[435] A subjetividade jurídica, portanto, não surge a partir de práticas de liberdade dispersas na sociedade e das formas cívicas de vida que

---

[434] JELLINEK, Georg. *System der subjektiven öffentlichen Rechte* (reimpressão da 2ª ed.). Tübingen: 1905. Aalen: Scientia-Verlag, 1964, p. 50.

[435] JELLINEK, Georg. *System der subjektiven öffentlichen Rechte* (reimpressão da 2ª ed.). Tübingen: 1905. Aalen: Scientia-Verlag, 1964, p. 103.

delas resultam, com as quais a atuação estatal é relacionada e pelas quais é limitada em suas possibilidades. Pelo contrário, o sujeito de direito é dividido num aspecto social (jurídico-privado) e num aspecto estatal (jurídico-público), o que também tem como resultado que, no Direito Público, o ser humano cívico aparece como sujeito de direito unicamente em sua relação com o Estado.

Como Jellinek quer evitar tanto uma negação completa da liberdade individual quanto uma liberdade pré-estatal supostamente ilimitada, sua construção jurídica da subjetividade jurídica pende, em última análise, entre uma visão anglo-americana liberal e uma visão europeia continental centrada no Estado. Assim, por exemplo, a personalidade jurídica do indivíduo é, em princípio, removida da soberania política, mas o Estado aparece no palco repetidamente como poder governante original, em cuja razão herdada o Direito Privado também se funda.[436] Uma tensão comparável ainda pode ser comprovada em Max Weber na parte da Sociologia do Direito sobre as formas de fundamentação dos direitos subjetivos. Por um lado, a posição de Weber não é totalmente clara: às vezes, a liberdade contratual é concedida por "autonomia de autorização regulamentada por esquemas jurídicos";[437] outras vezes, ela aparece como sendo limitada posteriormente pelo Direito formal, ou seja, como sendo antecipadamente praticada na sociedade. Mas, no conjunto, o Estado e seu poder soberano constituem o ponto de referência decisivo de todas as construções jurídicas e sociológicas de Weber: uma representação de liberdade contratual criada pela autorização política – pela "proposição jurídica" – domina não apenas o direito subjetivo do Direito Privado;[438] a ideia de criação (política) do Direito

---

[436] JELLINEK, Georg. *System der subjektiven öffentlichen Rechte* (reimpressão da 2ª ed.). Tübingen: 1905. Aalen: Scientia-Verlag, 1964, pp. 82 e ss.
[437] WEBER, Max. *Wirtschaft und Gesellschaft*: Grundriß der verstehenden Soziologie. 5ª ed. Tübingen: Mohr, 1980, p. 439.
[438] WEBER, Max. *Wirtschaft und Gesellschaft*: Grundriß der verstehenden Soziologie. 5ª ed. Tübingen: Mohr, 1980, p. 398.

§ 7 A VARIANTE CONTINENTAL: *HONNÊTE HOMME* E...

também aparelha o tratamento dos direitos do homem e do cidadão nas constituições do século XVIII.[439] Se essa abordagem for pensada a fundo e de forma lógica, a distinção entre direitos subjetivos e leis, comum no pensamento jurídico anglo-americano pelo menos desde Hobbes, nada mais é do que uma aberração terminológica. Direitos apenas existem, então – como mais tarde em Hans Kelsen –, "porque e na medida em que o Direito objetivo normatiza-os".[440]

---

[439] Cf. WEBER, Max. *Wirtschaft und Gesellschaft*: Grundriß der verstehenden Soziologie. 5ª ed. Tübingen: Mohr, 1980, pp. 496 e ss.

[440] KELSEN, Hans. *Reine Rechtslehre. Einleitung in die rechtswissenschaftliche Problematik* [*Teoria Pura do Direito*] (1934). Tübingen: Mohr, 2008, p. 60.

§ 8 CULTURA GESTORIAL

8.1 A ascensão das grandes empresas

A mutação histórica da sociedade moderna e de seus sistemas simbólicos culturais é projetada neste livro em três ideais de personalidade, cada um dos quais representa uma determinada constelação histórica particular e permanece ligado ao outro no plano da história do desenvolvimento. A base para tanto é uma modelização em cujo centro situam-se condições de possibilidade que desencadeiam, em certos pontos do desenvolvimento histórico, fases mais ou menos duradouras de mudanças profundas e capazes de transformar fundamentalmente a ordem social. Nessa modelização, o objetivo é manter a ideia da historicidade do mundo, mas não no sentido de uma evolução histórica contínua ou mesmo orientada para determinado objetivo, em que somente se realiza aquilo que já estava nela disposto *ex ante*, mas sim como processo livre, diante de um futuro que não pode ser previsto. Aqui, no lugar de um desenvolvimento histórico contínuo, entra uma concentração em incisões, em fraturas e transformações profundas, em que as evoluções conceituais e semânticas na ciência, por um lado, e as evoluções fenomenológicas, por outro, são relacionados uns aos outros.[441] Esse modelo conta mais com arranjos

---

[441] Cf. RHEINBERGER, Hans-Jörg. "Historisierung der Wissenschaft oder wie das Neue in die Welt kommt". In: _____. *Experimentalität*:

complexos de continuidade e descontinuidade e menos com recomeços genuínos.[442] O mesmo acontece no caso da cultura gestorial. Com o surgimento de grandes empresas de produção industrial em massa, como ocorre primeiro na América do Norte, a partir do final do século XIX,[443] o ideal de personalidade do *gentleman* perde sua posição predominante referencial e é substituído pela do gestor,[444] mas somente no sentido de que o gestor passa a aparecer ao lado do *gentleman*, remodelando e transformando o ideal burguês de personalidade, mas não o substituindo por completo.[445]

Hans-Jörg Rheinberger im Gespräch über Labor, Atelier und Archiv. Berlim: Kulturverlag Cadmos, 2018, pp. 160-165; sobre a relação entre formação conceitual (filosófica) e sua dependência de um campo de percepção histórico, cf. DELEUZE, Gilles; GUATTARI, Félix. *Was ist Philosophie?* Frankfurt am Main: Suhrkamp, 2000, pp. 21 e ss.

[442] A reconciliação entre estruturas sincrônicas e evoluções diacrônicas é, em vista do perigo que surge na teoria da evolução, que o passado se torne a pré-história do novo, uma empreitada de difícil resolução e na qual não posso adentrar aqui. Outras reflexões sobre a esse respeito em POURCIAU, Sarah M. *The Writing of Spirit*: Soul, System, and the Roots of Language Science. Nova York: Fordham University Press, 2017; LADEUR, Karl-Heinz. *Der Anfang des westlichen Rechts*: die Christianisierung der römischen Rechtskultur und die Entstehung des universalen Rechts. Tübingen: Mohr Siebeck, 2018, pp. 64 e ss.

[443] Cf. CHANDLER, Alfred Dupont. *Scale and Scope*: the Dynamics of Industrial Capitalism. Cambridge: The Belknap Press of Harvard University, 1990, pp. 51 e ss.; ZUNZ, Olivier. *Making America Corporate*: 1870 – 1920. Chicago: Chicago University Press, 1990.

[444] CHANDLER, Alfred Dupont. *The visible hand*: the managerial revolution in American business. Cambridge: The Belknap Press of Harvard University, 1977, p. 3 ("an entirely new class of businessman"), pp. 490 e ss.; KONDYLIS, Panajotis. *Der Niedergang der bürgerlichen Denk- und Lebensform*: die liberale Moderne und die demokratische Postmoderne. Weinheim: VCH, 1991, p. 184; RECKWITZ, Andreas. *Das hybride Subjekt*: eine Theorie der Subjektkulturen von der bürgerlichen Moderne zur Postmoderne. Weilerswist: Velbrück Wissenschaft, 2010, pp. 336-344 ("engenheiro-chefe").

[445] A formulação apoia-se em ASSMANN, Jan. *Achsenzeit*: eine Archäologie der Moderne. Munique: C.H. Beck, 2018, p. 274.

§ 8 CULTURA GESTORIAL

A assunção da gestão e do desenvolvimento estratégico de grandes empresas proporciona ao gestor empregado uma reputação social semelhante àquela antes desfrutada pelo empresário autônomo. Porém, ao contrário do *self-made man* burguês, os gestores dependem de um modo empresarial de vida e trabalho; *top managers*, em particular, devem desenvolver um alto grau de sensibilidade às expectativas dirigidas a eles pelas empresas. Por isso, faz parte do ideal do gestor investir seu poder de imaginação, em seu conhecimento, em sua habilidade técnica, em sua destreza estratégica e em sua ousadia no crescimento de empresas industriais pertencentes a outras pessoas. Para citar apenas um exemplo: durante seu tempo como presidente – de 1970 a 1993 –, Eberhard von Kuenheim (que, juntamente com Ferdinand Piëch, foi provavelmente o mais importante gestor de uma montadora de automóveis da segunda metade do século XX na Alemanha) transformou a BMW, uma pequena fabricante de veículos de cerca de 20 mil funcionários e um bilhão de marcos alemães de faturamento, em uma marca *premium* global, com 70 mil funcionários e cerca de 30 bilhões de marcos alemães de faturamento anual (figura 11). Esse lado criativo da cultura gestorial é negligenciado quando o gestor é reduzido a um *homo economicus* e o empreendimento industrial é limitado a uma instituição de disciplinamento da força de trabalho, no qual, como diz Michel Foucault, "o indivíduo torna-se governamentalizável".[446] Pelo contrário, ao transformar empresas em objeto de liberdade criativa e subjetividade, gestores tornam-se agentes da geração de conhecimentos novos, progresso tecnológico e crescimento econômico.

---

[446] Nesse sentido, FOUCAULT, Michel. *Die Geburt der Biopolitik Geschichte der Gouvernementalität II*: Vorlesungen am Collège de France 1978/1979. Berlim: Suhrkamp, 2006, p. 349.

Figura 11 - Sven Simon. Eberhard von Kuenheim. 1965, Picture Alliance

Com isso, o ideal de personalidade do gestor associa-se ao modelo do *gentleman*. Na Inglaterra do início da Era Moderna, o acervo de conhecimento existente já havia sido confrontado com um modo de pensar experimental, um laboratório da mente, que, por sua vez, repousava na premissa de que o mundo podia ser feito e configurado por meio de esboços, obras e tecnologias fantásticas. A disseminação dessa forma de pensar e sua transformação em um procedimento metodológico de invenção colocou em marcha um processo sustentável de progresso tecnológico e crescimento econômico em meados do século XVIII,[447] no qual a indústria do algodão tornou-se o setor líder da primeira fase de industrialização. Assim surgiram os primeiros empreendimentos industriais, como a fiação de algodão fundada por Richard Arkwright em Cromford/Derbyshire, em 1771. Mas essas primeiras fábricas, e ainda aquelas que as seguiram, eram tipicamente empresas que estavam nas mãos de um único proprietário ou pertenciam a consórcios de apenas algumas poucas pessoas.[448] Somente em uma etapa evolutiva poste-

---

[447] Cf. MOKYR, Joel. "The Past and the Future of Innovation: Some Lessons from Economic History". *Explorations in Economic History*, vol. 69, 2018, pp. 13-15 e ss.

[448] Cf. MOKYR, Joel. *The Enlightened Economy*: an Economic History of Britain, 1700 – 1850. New Haven: Yale University Press, 2009, pp. 348 e ss. (com muitos detalhes históricos); KOCKA, Jürgen. "Eigentümer

§ 8 CULTURA GESTORIAL

rior é que começa a ascensão das grandes empresas. A organização corporativa desvincula-se de seus proprietários e de suas famílias, propriedade do capital e administração empresarial são separadas, fazendo com que os gestores possam avançar para posições de liderança, concentrando a inteligência da empresa em uma hierarquia gestorial e impulsionando a dinâmica tecnológica, econômica e de conhecimento da sociedade moderna.

Esse processo é acompanhando por uma ampla reestruturação da ordem de conhecimento da sociedade moderna. Se, na cultura burguesa, poder de imaginação, abertura para o novo e criatividade técnica estavam repartidos entre indivíduos que costumavam agir de forma amadora e artesanal, na cultura gestorial, a produção de conhecimento é mais fortemente profissionalizada, academicizada e deslocada para dentro de organizações corporativas. E se o empresário burguês ainda podia ser inventor, engenheiro, técnico, comerciante e capitalista em uma só pessoa, na grande empresa, esses papéis são diferenciados: a formação burguesa perde sua validade universal e é substituída por conhecimento especializado, por determinadas qualificações técnicas que os indivíduos devem adquirir. Assim, a Bayer, por exemplo, no final do século XIX, recruta suas equipes de liderança no *pool* nacional de químicos com formação acadêmica.[449] O conhecimento especializado, por sua vez, é concentrado na empresa em forma de grupos, em departamentos especiais, como no laboratório, no financeiro, na controladoria, no planejamento de produtos etc. Com isso, a totalidade das qualificações e a inteligência concentrada na empresa tornam-se tão complexas que ninguém mais consegue ter uma visão geral delas. Desse modo, por um lado,

---

– Manager – Investoren. Unternehmer im Wandel des Kapitalismus". *In*: MAURER, Andrea (Coord.). *Handbuch der Wirtschaftssoziologie*. 2ª ed. Wiesbaden: Springer, 2017, pp. 551-557 e ss.

[449] PLUMPE, Werner. *Carl Duisberg 1861–1935*: Anatomie eines Industriellen. Munique: C.H. Beck, 2016, p. 151; CHANDLER, Alfred Dupont. *Scale and Scope*: the Dynamics of Industrial Capitalism. Cambridge: The Belknap Press of Harvard University, 1990, pp. 476 e ss.

a sociedade industrial e a cultura gestorial contribuem para o declínio do ideal de formação humanística,[450] mas, por outro, torna-se possível fabricar produtos novos e quantidades de produtos antes inconcebíveis. Assim, por exemplo, a produção industrial de penicilina por empresas britânicas e americanas, como Glaxo, Merck e Pfizer, permitiu que, durante a Segunda Guerra Mundial, os Aliados combatessem infecções de feridas de modo eficaz e em larga escala, enquanto os soldados alemães precisavam ser submetidos a amputações com muito mais frequência quando eram feridos e ainda morriam em massa em razão dessas infecções.

O fato de a produção de conhecimento ser transferida para a empresa não significa que a produção empresarial se baseie exclusivamente nos serviços da própria empresa. Como tecnologias da sociedade industrial são compostas de centenas e até milhares de componentes, a busca por inovações não ocorre apenas em laboratórios próprios da empresa, mas também, por exemplo, em formas de divisão de trabalho e cooperação entre diferentes empresas ou mediante envolvimento da indústria fornecedora. Também fazem parte dessas redes de relacionamento contribuições dadas a montante por instituições de ensino públicas ou privadas, tais como escolas e universidades ou por um sistema particularmente aprimorado de treinamento profissional.[451] Um exemplo significativo disso é a antiga *Hochschule für Gestaltung* de Ulm (1953-1968). Sem os *designers* industriais ali formados, como Immo Krumrey, Alexander Neumeister

---

[450] Cf. TRILLING, Lionel. "Mind in the Modern World". *In*: _____. *The Last Decade*: Essays and Reviews, 1965-75. Nova York: Harcourt Brace Jovanovich, 1979, pp. 100-108; KONDYLIS, Panajotis. *Der Niedergang der bürgerlichen Denk- und Lebensform*: die liberale Moderne und die demokratische Postmoderne. Weinheim: VCH, 1991, p. 184.

[451] IVERSEN, Torben; SOSKICE, David. *Democracy and prosperity*: reinventing capitalism through a turbulent century. Princeton: Princeton University Press, 2019, pp. 37 e ss. e 102 e ss. (sobre o significado de uma *skilled workforce*); FUKUYAMA, Francis. *Trust*: the Social Virtues and the Creation of Prosperity. Nova York: Free Press, 1996, pp. 237 e ss. (sobre a formação profissional na Alemanha).

§ 8 CULTURA GESTORIAL

ou Ferdinand A. Porsche, muitos produtos de sucesso da indústria alemã do Pós-Guerra não teriam existido – desde o Porsche 911 até o trem rápido ICE.[452] Já a dinâmica criativa da cultura gestorial vai muito além do próprio empreendimento industrial, na medida em que os círculos que as empresas dirigidas por gestores traçam se tonram ainda mais amplos conforme elas crescem, instituindo assim um modo de vida que dirige a evolução da sociedade como um todo para caminhos novos. Basta pensar na indústria automobilística: é provável que até hoje não exista quase nenhuma outra tecnologia ou indústria de massa que tenha transformado as cidades, as paisagens, as infraestruturas, as condições de trabalho, a vida cotidiana e a percepção do meio ambiente de modo tão permanente quanto o transporte individual motorizado. Nesse aspecto, a organização corporativa de grande porte incorpora, sem dúvida, um "fenômeno chave da modernidade".[453]

Embora a ascensão de empresas dirigidas por gestores pareça ser, à primeira vista, um fenômeno mundial, dificilmente se pode falar de um efeito global da *corporate revolution* americana. É que de fato a empresa dirigida por gestores somente consegue desenvolver-se onde os indivíduos estão dispostos a comprometer-se de forma duradoura com grandes organizações empresariais e a aceitar e internalizar as expectativas e restrições associadas a esse comprometimento. Isso, por sua vez, pressupõe certo grau de disposição para a cooperação nas relações sociais de troca para além da ordem familiar e de parentesco. Para tanto, o corpo social deve separar-se do corpo político, comércio e mercados devem ser capazes de desenvolver-se,

---

[452] A *Apple* ainda se baseia no *design* industrial alemão do pós-guerra, nos produtos da *Braun*, projetados por Dieter Rams: Steve Jobs apreciava os *designs* de Dieter Rams e Steve Ive, o *designer* chefe e "pai" do *iPhone* e do *iPod*, também reconheceu a influência da *Braun* no desenho de seus produtos em várias ocasiões.

[453] MATYS, Thomas. *Legal Persons-"Kämpfe" und die organisationale Form*. Wiesbaden: VS Verlag für Sozialwissenschaften, 2012, p. 27 (o conceito vem de Klaus Türck).

e a gentileza e as maneiras suaves devem poder substituir violência e guerra ("*doux commerce*").[454] Todos esses pressupostos já se encontram difundidos justamente na variante anglo-americana da cultura burguesa. Adam Smith ainda considerava impossível que diretores cuidassem do dinheiro de outras pessoas com a mesma vigilância empenhada na lida com o próprio dinheiro.[455] Mas Smith não estava certo. Como a mola motriz do individualismo burguês anglo-americano é a simpatia pelos outros (não o egocentrismo),[456] no caso, pelo contrário, a formação voluntária de grupos, a sociabilidade espontânea, conseguem permanecer vivas e introduzir-se na cultura gestorial americana como um legado burguês.

Com certo atraso temporal e sob a pressão da evolução industrial na Inglaterra e na América do Norte, grandes empresas dirigidas por gestores ganharam importância também na Alemanha. Se a burguesia intelectual se apresentava inicialmente como um grupo relativamente homogêneo formado por aristocracia e classes inferiores rurais, a proporção de empresários, profissionais liberais, funcionários de nível superior, banqueiros e diretores não param de aumentar no século XIX.[457] Os ambientes burgueses pluralizam-se, e ao lado da burguesia intelectual, surge uma próspera burguesia econômica. Embora esta compartilhe muitas das características e visões da burguesia intelectual, ela se desprende daquele ideal de instrução idealista de forma mais enérgica e precoce do que a última, para tornar a consciência

---

[454] STORR, Virgil Henry; CHOI, Ginny Seung. *Do Markets Corrupt our Morals?* Cham: Palgrave MacMillan, 2019, pp. 49-53 e ss.; BOETTKE, Peter J. *F. A. Hayek Economics, Political Economy and Social Philosophy*. Londres: Palgrave Macmillan, 2018, pp. 261-266.

[455] SMITH, Adam. *An Inquiry into the Nature and Causes of the Wealth of Nations* (1776). vol. 2. Oxford: Oxford University Press, 1976, livro V, cap. I.

[456] MANENT, Pierre. *A World beyond Politics? A Defense of the Nation-State*. Princeton: Princeton University Press, 2006, pp. 110 e ss.

[457] WEHLER, Hans-Ulrich. *Deutsche Gesellschaftsgeschichte 1849-1914 (Bd. 3 – 1995)*. Munique: C.H. Beck, 2008, pp. 112 e ss. e 716 e ss.

§ 8 CULTURA GESTORIAL

burguesa receptiva ao conhecimento científico-natural, técnico e econômico. Essa evolução foi tão rápida que antes de 1900, por exemplo, a indústria química alemã conseguiu compensar o avanço na produção de corantes sintéticos da Grã-Bretanha, que tinha uma enorme e tradicional indústria química pesada, e assumiu a liderança mundial no setor de química, com empresas como BASF, Hoechst, Bayer e Agfa.[458] Nessa evolução, Carl Duisberg desempenhou um papel proeminente como presidente da Bayer (figura 12)[459] – ele que foi, talvez, o executivo mais importante do início do século XX na Alemanha, ao lado de Walther Rathenau.

Figura 12 - Carl Duisberg, 1909, retrato de Max Liebermann, Bayer Kultur

---

[458] Sobre esse exemplo, LANDES, David S. *Wohlstand und Armut der Nationen*: Warum die einen reich und die anderen arm sind-The Wealth and the Poverty of Nations. Munique: Pantheon, 2009, pp. 301 e ss.; PLUMPE, Werner. "Die Wirtschaft des Kaiserreichs. Anmerkungen zur Genealogie des deutschen Kapitalismus". *In*: MAYER, Tilmann; PAQUÉ, Karl-Heinz; APELT, Andreas H. (Coord.). *Modell Deutschland*. Berlim: Duncker & Humblot 2013, pp. 13-22.

[459] PLUMPE, Werner. *Carl Duisberg 1861–1935*: Anatomie eines Industriellen. Munique: C.H. Beck, 2016.

De modo geral, a ascensão das grandes empresas engloba aqueles países em que vigora um grau de confiança entre estranhos tão elevado que formas voluntárias de coordenação social entre indivíduos desconhecidos entre si conseguem estabelecer-se, levando até mesmo à formação de organizações sólidas. Além de Estados Unidos e Grã-Bretanha, podemos incluir nesse grupo países como Alemanha e Japão, onde grandes empresas dirigidas por gestores representam boa parte do poder econômico a partir do final do século XIX (ainda que o número de empresas familiares na Alemanha nunca tenha sido insignificante e que a influência familiar em grandes corporações tenha sido grande por muito tempo em países como Grã-Bretanha e Japão).[460] Em contrapartida, a constituição de empresas permanece mais intimamente associada às famílias em países como Itália, Coréia do Sul e França.[461] De fato, na França pós-revolucionária, partes da aristocracia e da alta burguesia oscilam lentamente em direção aos valores de uma cultura comercial e de uma sociedade industrial: a sociedade de notáveis começa a abrir suas portas para empresários, banqueiros, técnicos, mestres ferreiros e negociantes ricos,[462] ao passo que o ideal do *honnête homme* debilita-se até se tornar mera integridade e perder sua função exemplar.[463] Todavia, a cultura aristocrática ainda persistente por muito tempo e dificulta a formação

---

[460] FUKUYAMA, Francis. *Trust*: the Social Virtues and the Creation of Prosperity. Nova York: Free Press, 1996, especialmente pp. 49 e ss. e 161 e ss. (Japão), pp. 209 e ss. (Alemanha).

[461] FUKUYAMA, Francis. *Trust*: the Social Virtues and the Creation of Prosperity. Nova York: Free Press, 1996, pp. 61 e ss.

[462] LANDES, David S. *Wohlstand und Armut der Nationen*: Warum die einen reich und die anderen arm sind-The Wealth and the Poverty of Nations. Munique: Pantheon, 2009, pp. 284 e ss. (usando o exemplo de Le Creusot e o desenvolvimento das técnicas associadas ao ferro e ao carvão na França).

[463] HÖFER, Annette; REICHARDT, Rolf; FUNKE, Hans-Günther. "Honnête homme, Honnêteté, Honnêtes gens". *In*: HÖFER, Annette; REICHARDT, Rolf (Coord.). *Handbuch politisch-sozialer Grundbegriffe in Frankreich 1680-1820*. vol. 7. Munique: De Gruyter, 1986, pp. 7 e ss. e 69 e ss.

§ 8 CULTURA GESTORIAL

de uma *commercial sociability* na França. Ainda no século XX, por exemplo, essa deficiência prejudica a cooperação entre o meio bancário parisiense e a indústria rural e por isso, precisa ser compensada várias vezes por uma política industrial estatal expansiva.[464]

As diferenças entre a cultura burguesa anglo-americana e europeia continental refletem-se na cultura gestorial, dividindo-a em duas vias evolutivas distintas. Em uma primeira abordagem, seguindo o historiador econômico e empresarial americano Alfred D. Chandler, essa distinção pode ser descrita como aquela entre um *"competitive managerial capitalism"*, de um lado, e um *"cooperative managerial capitalism"*, de outro.[465] Enquanto o capitalismo gestorial competitivo é orientado principalmente para o aspecto da auto-organização social, do processo de descoberta do mercado e da constituição de instituições privadas autônomas, capitalismo gestorial cooperativo significa definir a grande empresa dirigida por gestores mais pelos interesses do Estado nacional. Isso se reflete em particular em um comportamento marcadamente cooperativo por parte das empresas que competem entre si, que pode chegar ao ponto de o Estado tolerar a formação contrária à competitividade de grupos e cartéis, que são aceitos em prol de um aumento do desempenho econômico nacional e, não raramente, de finalidades político-militares também. Com o triunfo do Estado social após o final da Segunda Guerra Mundial, o entendimento europeu continental da empresa torna-se então mais pluralizado, e a unidade da empresa passa a ser concebida como um

---

[464] FUKUYAMA, Francis. *Trust*: the Social Virtues and the Creation of Prosperity. Nova York: Free Press, 1996, pp. 113-121.

[465] CHANDLER, Alfred Dupont. *Scale and Scope*: the Dynamics of Industrial Capitalism. Cambridge: The Belknap Press of Harvard University, 1990, pp. 47 e ss. e 393 e ss.; em sentido semelhante, hoje, TEUBNER, Gunther. "Transnationale Wirtschaftsverfassung: Franz Böhm und Hugo Sinzheimer jenseits des Nationalstaates". *ZaöRV*, vol. 74, 2014, pp. 733-751 (*"liberal market economies vs. coordinated market economies"*), seguindo HALL, Peter A.; SOSKICE, David W. (Coord.). *Varieties of capitalism*: the institutional foundations of comparative advantage. Nova York: Oxford University Press, 2001.

feixe organizado de interesses de grupos pluralistas. Na década de 1970, essa pluralização da empresa é condensada na ideia de uma Constituição Econômica, definida pela ideia de observar relações jurídicas sempre em associação com e como a transformação de relações sociais.[466] Mas aqui o Estado ainda funciona como ponto de referência unificador e "integrador" dos sujeitos de Direito, agora envolvidos na Constituição Econômica de forma coletiva. Em oposição, para o gestor americano, a conexão dos fragmentos do mundo formando um universo sempre provisório continua sendo o padrão de conduta marcante.

8.2 O laboratório de pesquisa e desenvolvimento

Enquanto as práticas de liberdade tomam forma como direitos formais individuais na sociedade burguesa, o grande empreendimento industrial produz práticas inéditas do exercício da liberdade corporativa, sem que com isso as práticas de liberdade e os direitos de liberdade individuais desapareçam. Mas, agora, no centro do novo modo de trabalho e vida do gestor encontra-se a empresa, em cujas operações ele está firmemente envolvido como executivo e *CEO* e em cujo nome ele atua e toma decisões. Na esteira de Karl-Heinz Ladeur, é possível descrever essa mutação estrutural, de modo mais geral, como uma "remodelação secundária" do modelo jurídico da "sociedade dos indivíduos", que, com o surgimento de grandes empreendimentos industriais, é complementada por um novo tipo de modelo jurídico da "sociedade das organizações".[467] Essa modelização teórico-estrutural e teórico-evolutiva parece particularmente

---

[466] TEUBNER, Gunther. "Von 'Wirtschaftsverfassung I, II' zum 'selbstgerechten Rechtsverfassungsrecht': Zur Kritizität von Rudolf Wiethölters 'kritischer Systemtheorie'". *KJ*, nº 4, 2019, pp. 601-606.

[467] LADEUR, Karl-Heinz. *Recht-Wissen-Kultur*: die fragmentierte Ordnung. Berlim: Duncker & Humblot, 2016, p. 75; cf. também TEUBNER, Gunther. "Zum transsubjektiven Potential subjektiver Rechte. Gegenrechte in ihrer kommunikativen, kollektiven und institutionellen Dimension". *In*: FRANZKI, Hannah; HORST, Johan;

§ 8 CULTURA GESTORIAL

produtiva quando avalia de modo correto a contribuição do Direito formal para a história do desenvolvimento da subjetividade jurídica: a metamorfose experimentada pelo campo semântico da subjetividade jurídica durante a fase de mudança evolutiva radical na transição para a sociedade das organizações também é, historicamente, o resultado de uma transformação incremental das práticas sociais. Ela procede de uma mutação não intencional do conhecimento, das tecnologias, das formas de cooperação econômica, dos fluxos de materialidade e de padrões semânticos gerais da sociedade, os quais são resumidos aqui com intuito normativo no conceito de cultura gestorial.

A transformação dos processos de geração de novos conhecimentos e novas tecnologias na cultura gestorial são um bom exemplo dessa mutação do aspecto instituído da subjetividade jurídica e dos direitos subjetivos. Não é apenas na indústria química que ocorre uma "industrialização da invenção" no último terço do século XIX.[468] Outros ramos da indústria também começam a criar e operar laboratórios internos de pesquisa e desenvolvimento. Perto de Nova York surge em 1876, com o Menlo Park de Thomas Edison (figura 13), o primeiro laboratório interdisciplinar de pesquisa e desenvolvimento da história da técnica. Menlo Park, onde se desenvolveu, além do fonógrafo, a lâmpada incandescente de filamentos de bambu carbonizado de Edison, serviu mais tarde de modelo para a criação de laboratórios de pesquisa e desenvolvimento na indústria de telecomunicações (Laboratórios Bell) e na indústria de computadores (Xerox PARC), por exemplo. Nos laboratórios empresariais, a base individualista da colaboração, o pesquisador individual e suas contribuições para a descoberta ou o desenvolvimento de novas tecnologias e produtos não se perdem em absoluto.

FISCHER-LESCANO, Andreas (Coord.). *Gegenrechte*: Recht jenseits des Subjekts. Tübingen: Mohr Siebeck, 2018, pp. 357-362 e ss.

[468] MEYER-THUROW, Georg. "The Industrialization of Invention. A Case Study from the German Chemical Industry". *Isis*, vol. 73, 1982, pp. 363 e ss.

Mas os processos de geração de conhecimento e desenvolvimento tecnológico passam a ser parte integrante de grandes empresas, que fazem o planejamento estratégico de seus produtos, aperfeiçoam-nos cada vez mais ao longo de décadas ou começam a fazer experimentos com um excedente de alternativas técnicas. Em síntese, na sociedade industrial, conhecimento útil e novas tecnologias são gerados de forma sistemática em grandes empresas por especialistas e *experts*, ao passo que diminui a importância de pequenas empresas, empresas artesanais ou oficinas.

Figura 13 - Thomas Edison e colaboradores no laboratório de Menlo Park, em 1880, The Henry Ford Collection

Nos laboratórios próprios da empresa, tornam-se possíveis novas experiências compartilhadas, às quais podem ser associadas reflexões teóricas, contribuindo assim para o contorno semântico e conceitual dessas mesmas experiências. Desse modo, entre as duas grandes guerras, a teoria da ciência já esboça um quadro mais nítido da constituição social e histórica do conhecimento. Autores como Ludwik Fleck enfatizam então o elemento social e cultural nas práticas

§ 8 CULTURA GESTORIAL

de geração de conhecimento, bem como a historicidade inerente a essas práticas.[469] Isso reforça a impressão de que processos de pesquisa não têm um início axiomático ou de outro tipo, mas sempre já se iniciaram, e que toda evolução e origem de um fato científico baseia-se em um fato científico pré-existente. "Onde e quando quer que comecemos, em toda parte, estamos bem no meio".[470] A figura de um sujeito cognoscitivo que pode prescindir das experiências que outros tiveram dá lugar à ideia de hábitos de percepção determinados por processos grupais e sobre os quais cada participante deve ser primeiramente instruído. O fato científico torna-se assim parte de um processo transubjetivo de geração de conhecimento que avança em seu próprio contexto histórico, tornando todo o conhecimento uma "questão de modo de pensar", dependente do tempo e da situação.[471] Consequentemente, na epistemologia de Fleck, a autoria de descobertas e invenções não se situa mais no pesquisador individual e em seus atos cognitivos, mas em uma "comunidade de pessoas [*envolvidas*] na troca de ideias", no detentor de uma "área de pensamento" historicamente evoluída, de um "determinado acervo de conhecimentos e de um nível cultural"; a noção do "coletivo de pensamento" de Fleck representa isso.[472] As comunidades de pes-

---

[469] FLECK, Ludwik. *Entstehung und Entwicklung einer wissenschaftlichen Tatsache*: Einführung in die Lehre vom Denkstil und Denkkollektiv (1935). Frankfurt am Main: Suhrkamp, 2017, pp. 31 e ss. e 52 e ss.; RHEINBERGER, Hans-Jörg. *Historische Epistemologie zur Einführung*. Hamburg: Junius-Verlag, 2007, pp. 48 e 54.

[470] FLECK, Ludwik. "Zur Krise der 'Wirklichkeit'" (1929). *In*: _____. *Erfahrung und Tatsache*: Gesammelte Aufsätze. Frankfurt am Main: Suhrkamp, 1983, pp. 46/47.

[471] RHEINBERGER, Hans-Jörg. *Historische Epistemologie zur Einführung*. Hamburg: Junius-Verlag, 2007, p. 52; FLECK, Ludwik. *Entstehung und Entwicklung einer wissenschaftlichen Tatsache*: Einführung in die Lehre vom Denkstil und Denkkollektiv (1935). Frankfurt am Main: Suhrkamp, 2017, pp. 129 e ss.

[472] FLECK, Ludwik. *Entstehung und Entwicklung einer wissenschaftlichen Tatsache*: Einführung in die Lehre vom Denkstil und Denkkollektiv (1935). Frankfurt am Main: Suhrkamp, 2017, pp. 54 e ss.

quisa dos laboratórios e das oficinas substituem os pesquisadores e inventores que trabalham por conta própria, uma vez que produtos e tecnologias industriais complexos somente podem ser desenvolvidos em contextos condensados na forma de organizações.

Quando essas experiências repetem-se, cria-se uma situação aberta para bifurcações evolutivas, que torna concebível um deslocamento da noção de subjetividade e, portanto, um desarranjo do campo semântico da livre atuação científica: passa a ser possível expressar a visão de que o pensamento científico é meramente um fato social que não pode ser situado – ou, pelo menos, não totalmente – dentro dos limites intelectuais de um indivíduo pesquisador.[473] Essa ideia, por sua vez, permite flexibilizar a ligação até então exclusiva entre práticas de liberdade científica e os processos de consciência de um único sujeito pesquisador, ampliando essas práticas para incluir um componente corporativo e fixando a semântica da liberdade além das fronteiras de indivíduos pesquisadores. A discussão jurídica sobre a natureza da liberdade científica também remete a essas visões epistemológicas. Não é coincidência que tenha sido durante a República de Weimar que essa discussão atingiu seu primeiro ápice na Ciência do Direito de língua alemã. Contrariando o positivismo jurídico dominante, para o qual o direito fundamental da liberdade científica expressa nada mais nada menos do que o princípio da administração legal, para um autor como Rudolf Smend, aberto a inovações, a ideia central do art. 142 da Constituição de Weimar reside no "reconhecimento da legalidade intrínseca da vida científica".[474] Essa discussão é retomada mais tarde na Alemanha em concepções que interpretam a liberdade científica como um "direito

---

[473] FLECK, Ludwik. *Entstehung und Entwicklung einer wissenschaftlichen Tatsache*: Einführung in die Lehre vom Denkstil und Denkkollektiv (1935). Frankfurt am Main: Suhrkamp, 2017, p. 129.

[474] SMEND, Rudolf. "Das Recht der freien Meinungsäußerung" (1928). In: _____. *Staatsrechtliche Abhandlungen und andere Aufsätze*. Berlim: Duncker & Humblot, 1968, pp. 89-106.

§ 8 CULTURA GESTORIAL

fundamental de organização"[475] ou até mesmo que a descrevem como um "direito fundamental impessoal".[476]

Com o reconhecimento da legalidade intrínseca da comunicação e dos contextos de atuação científicos, valoriza-se um elemento transubjetivo da liberdade, para além de uma referência puramente individual ao conhecimento científico. Mas, nas novas construções jurídicas, as referências coletivas de liberdade intelectual não são entendidas como liberdade social, mas, em última instância, situadas no campo do público e do estatal: como a pesquisa científica em universidades ou em outras organizações públicas é estruturada pelo próprio Estado, o direito fundamental da liberdade científica protege a isenção da universidade como grande organização pública do Estado. O modelo desses santuários é o pastorado protestante, que garante a independência em funções espirituais.[477] Essa solução

---

[475] SCHMIDT-AßMANN, Eberhard. "Die Wissenschaftsfreiheit nach Art. 5 Abs. 3 GG als Organisationsgrundrecht". *In*: BECKER, Bernd *et al* (Coord.). *Festschrift für Werner Thieme zum 70. Geburtstag*. Colônia: Carl Heymanns, 1993, pp. 697 e ss.; ZECHLIN, Lothar. "Wissenschaftsfreiheit und Organisation. Die 'Hochschullehrermehrheit' im Grundrechtsverständnis der autonomen Universität". *Ordnung der Wissenschaft*, 3, 2017, pp. 161 e ss.; AUGSBERG, Ino. "Wissenschaftsverfassungsrecht". *In*: VESTING, Thomas; KORIOTH, Stefan (Coord.). *Der Eigenwert des Verfassungsrechts*. Tübingen: Mohr Siebeck, 2011, pp. 187-191; TRUTE, Hans-Heinrich. *Die Forschung zwischen grundrechtlicher Freiheit und staatlicher Institutionalisierung*. Tübingen: Mohr Siebeck, 1994.

[476] Cf. RIDDER, Helmut. *Die soziale Ordnung des Grundgesetzes*: Leitfaden zu den Grundrechten einer demokratischen Verfassung. Opladen: Westdeutscher Verlag, 1975, p. 134 (literalmente, Ridder fala de um "direito fundamental impessoal"); AUGSBERG, Ino. "Subjektive und objektive Dimensionen der Wissenschaftsfreiheit". *In*: VOIGT, Friedemann (Coord.). *Freiheit der Wissenschaft*: Beiträge zu ihrer Bedeutung, Normativität und Funktion. Berlim/Boston: De Gruyter, 2012, pp. 65-89.

[477] SMEND, Rudolf. "Das Recht der freien Meinungsäußerung" (1928). *In*: _____. *Staatsrechtliche Abhandlungen und andere Aufsätze*. Berlim: Duncker & Humblot, 1968, p. 109.

é insatisfatória, na medida em que ignora o aumento da importância das práticas sociais de produção de conhecimento, sobretudo porque os grandes laboratórios de pesquisa da indústria química já haviam contribuído para o enorme crescimento econômico após 1895 – ou seja, muito antes das reflexões discutidas em Weimar.[478] Além disso, essa concepção centrada no Estado desconsidera a cooperação entre empresas privadas e universidades estatais, já difundida durante o Império Alemão. Tais contatos eram comuns, por exemplo, entre indústria química e institutos universitários de química. Industriais como Carl Duisberg não só participavam das discussões sobre políticas de ensino superior, mas também exerciam influência na estruturação dos estudos, nos programas de doutorado e na nomeação de professores em universidades e escolas técnicas superiores.[479]

Porém, essas reduções e deficiências nas concepções jurídicas de liberdade científica em nada alteram a constatação de que a atuação científica e tecnológica se adapta, em um primeiro momento, a práticas coletivas inéditas. Em uma primeira fase, são consolidadas em empresas privadas práticas culturais e institucionais de pesquisa e experimentação científica até então desconhecidas; somente então é que os juristas podem falar explicitamente de uma nova dimensão da liberdade científica como direito fundamental de organização ou como direito fundamental impessoal. Além disso, as novas práticas do pesquisar e do experimentar em forma de oficina podem ser protegidas e incentivadas pelo reconhecimento por parte do Estado

---

[478] Cf. apenas HOMBURG, Ernst. "The Emergence of Research Laboratories in the Dyestuffs Industry 1870-1900". *The British Journal*, vol. 25, 1992, pp. 91-98 e ss.; PLUMPE, Werner. "Die Wirtschaft des Kaiserreichs. Anmerkungen zur Genealogie des deutschen Kapitalismus". *In*: MAYER, Tilmann; PAQUÉ, Karl-Heinz; APELT, Andreas H. (Coord.). *Modell Deutschland*. Berlin: Duncker & Humblot 2013, pp. 13 e ss.

[479] PLUMPE, Werner. *Carl Duisberg 1861–1935*: Anatomie eines Industriellen. Munique: C.H. Beck, 2016, pp. 151 e ss.

§ 8 CULTURA GESTORIAL

de direitos coletivos formais, como a admissibilidade de patentes de propriedade da empresa. Assim foi mais uma vez no caso da indústria química alemã: após a fundação dos primeiros laboratórios de pesquisa industrial do setor químico entre 1860 e 1870,[480] estes foram transformados em grandes laboratórios científicos com a aprovação da *Reichspatentgesetz* [*Lei de Patentes do Reich*] em 1877, e sua função logo passou a ser a de acumular um portfólio o mais vasto possível de patentes de propriedade da empresa.[481] O Estado consegue assimilar, estabilizar e até mesmo consolidar uma dinâmica já em curso na sociedade através de uma legislação inteligente, assegurando, por exemplo, que um sistema de patentes seja aberto, eficiente e acessível não apenas a inventores de famílias ricas e influentes.[482] Mas a transição de formas burguesas individuais para formas coletivas de desenvolvimento de produtos e de tecnologia estabilizadas no plano organizacional já deve ter começado, caso contrário, por mais que um sistema de lei de patentes tenha boas intenções, ele não passará de papel impresso.

Em compensação, a ideia hoje difundida de que as generalizações anônimas do Direito estatal positivo e suas instituições constituídas são as únicas capazes de lidar com a complexidade e as incertezas do capitalismo ocidental[483] despreza a força normativa e

---

[480] Cf. HOMBURG, Ernst. "The Emergence of Research Laboratories in the Dyestuffs Industry 1870-1900". *The British Journal*, vol. 25, 1992, p. 98; MEYER-THUROW, Georg. "The Industrialization of Invention. A Case Study from the German Chemical Industry". *Isis*, vol. 73, 1982, pp. 363 e ss. (que enfatiza o caráter evolucionário desse desenvolvimento).

[481] HOMBURG, Ernst. "The Emergence of Research Laboratories in the Dyestuffs Industry 1870-1900". *The British Journal*, vol. 25, 1992, pp. 103 e ss.

[482] ACEMOĞLU, Daron; ROBINSON, James A. *Warum Nationen scheitern*: die Ursprünge von Macht, Wohlstand und Armut. Frankfurt am Main: Fischer, 2013, p. 57 (quanto à situação nos Estados Unidos do século XIX).

[483] DEAKIN, Simon; GINDIS, David; HODGSON, Geoffrey M.; KAINAN, Huang; PISTOR, Katharina. "Legal Institutionalism: Capitalism and

as contribuições de caráter pré-estruturador oriundas de processos informais de experimentação com novas possibilidades em grandes empresas industriais. A supervalorização amplamente difundida da eficiência de sistemas jurídicos formais (estatais) também vem do fato de que o Direito ocidental moderno ainda é demasiadamente identificado à lei como poder ordenador – e demasiado pouco associado aos direitos de liberdade social e a outros direitos subjetivos que constantemente confrontam o ordenamento social existente com uma fonte de liberdade criativa que aponta para além de si mesma, a qual é repartida na cultura gestorial em uma pluralidade de grandes empresas concorrentes entre si.

8.3 Confiança entre estranhos

8.3.1 O legado da sociabilidade espontânea

Não obstante a cultura americana seja descrita muitas vezes como "extremamente individualista", ela foi caracterizada por um associativismo social acentuado e de disseminação geral durante boa parte do século XX. Só em tempos mais recentes é que a propensão do individualismo americano para a sociabilidade espontânea perdeu seu caráter evidente.[484] O escritor James Fenimore Cooper, que nasceu

---

the Constitutive Role of Law". *Journal of Comparative Economics*, vol. 45, 2017, pp. 188 e ss.; de modo crítico, SCHUPPERT, Gunnar Folke. "The Vienna Initiative: A New Mode of Governance? Comment on K. Pistor, 'Innovation and the Role of Public-Private Collaboration in Contract Governance'". *In*: GRUNDMANN, Stefan; MÖSLEIN, Florian; RIESENHUBER, Karl (Coord.). *Contract governance*: dimensions in law and interdisciplinary research. Oxford: Oxford University Press, 2015, pp. 431-436. O recente trabalho de PISTOR, Katharina. *The code of capital*: how the law creates wealth and inequality. Princeton: Princeton University Press, 2019, também é orientado de forma demasiadamente unilateral por instituições formais – pelo *"empire of law"*.

[484] FUKUYAMA, Francis. *Trust*: the Social Virtues and the Creation of Prosperity. Nova York: Free Press, 1996, pp. 10 e ss. e 269 e ss.

§ 8 CULTURA GESTORIAL

em Nova Jersey e retornou à Costa Leste dos Estados Unidos em 1833 após uma longa estadia na Grã-Bretanha, acreditava até que era possível observar entre seus compatriotas uma degradação geral das boas maneiras e da etiqueta. Mas, ao mesmo tempo, admitia que essa deficiência em relação aos britânicos era compensada por uma maior amistosidade e sociabilidade entre os americanos.[485] Alguns anos depois apenas, Alexis de Tocqueville reconduziu a impressionante capacidade de associação voluntária dos americanos às múltiplas instituições, existentes nas mais diferentes formas, que lembravam constantemente a cada cidadão "que ele vive em sociedade".[486] Max Weber tinha exatamente a mesma visão: a democracia americana não era "um amontoado de areia disforme de indivíduos, mas um emaranhado de associações estritamente exclusivistas, mas voluntaristas".[487] Mesmo Adorno, que mantinha grande distância do *way of life* americano, inclusive após seus anos de exílio em Nova York e na Califórnia, entre 1938 e 1953, caracterizava o individualismo americano como um "para outro" onipresente em que "até no *keep smiling*, também prospera simpatia, empatia e interesse pelo destino do mais fraco".[488] É esse senso de comunidade que constitui o recurso cultural que a partir da segunda metade do século XIX no Estados Unidos, torna possível vincular indivíduos bem formados e talentosos

---

[485] THOMAS, Keith. *In pursuit of civility*: manners and civilization in early modern England. New Haven: Yale University Press, 2018, pp. 334 e ss.

[486] Citado aqui segundo LEIPOLD, Helmut. *Kulturvergleichende Institutionenökonomik*: Studien zur kulturellen, institutionellen und wirtschaftlichen Entwicklung. Stuttgart: Lucius & Lucius, 2006, p. 240; cf. também THOMAS, Keith. *In pursuit of civility*: manners and civilization in early modern England. New Haven: Yale University Press, 2018, p. 335.

[487] WEBER, Max. "Die protestantische Ethik und der Geist des Kapitalismus". In: _____. *Gesammelte Aufsätze zur Religionssoziologie I* (1920). Tübingen: Mohr Siebeck, 1986, p. 215.

[488] ADORNO, Theodor W. "Was ist deutsch?" *In*: _____. *Gesammelte Schriften Bd. 10.2*. Frankfurt am Main: Suhrkamp, 1977, p. 697.

com grandes empresas, iniciando assim a transição evolutiva da sociedade burguesa para a sociedade industrial.

A importância da ancoragem social das orientações simpáticas para a constituição de grandes corporações fica demonstrada em uma comparação entre os Estados Unidos e a Itália. Enquanto, no primeiro, grandes empresas dirigidas por gestores dominam rapidamente a vida econômica (em 1929, gestores já dirigem 44% das 200 maiores empresas industriais americanas, e em 1960, elas representam mais de dois terços do capital total comercial industrial), 86% das empresas italianas ainda hoje são conduzidas por famílias (na França e na Alemanha, este é o caso de apenas 25% das empresas, e na Grã-Bretanha, de apenas 10%).[489] Essa também é mais uma prova da profundidade do enraizamento da vida econômica na vida social e não pode ser entendida separadamente dos hábitos, usos e modos da sociedade em que se apresenta. Nesse contexto, Francis Fukuyama tem nos lembrado sempre com acerto a importância econômica primordial da confiança entre estranhos, da qual depende a auto-organização social para além da ordem familiar e de formas associativas de parentesco.[490] Segundo Fukuyama, enquanto a sociedade americana é uma sociedade de *high trust*, a constituição de grandes empresas na Itália é obstruída por

---

[489] BUNDESVERBAND DER DEUTSCHEN INDUSTRIE. Comunicado de imprensa de 29 jun. 2016; BERGHOFF, Hartmut. *Moderne Unternehmensgeschichte*. Berlim: De Gruyter, 2016, pp. 78 e ss.; KOCKA, Jürgen. "Eigentümer – Manager – Investoren. Unternehmer im Wandel des Kapitalismus". In: MAURER, Andrea (Coord.). *Handbuch der Wirtschaftssoziologie*. 2ª ed. Wiesbaden: Springer, 2017, pp. 551 e ss.

[490] FUKUYAMA, Francis. *Trust*: the Social Virtues and the Creation of Prosperity. Nova York: Free Press, 1996; cf. também, de modo geral, ISMAY, Penelope. *Trust among Strangers*: friendly Societies in Modern Britain. Cambridge: Cambridge University Press, 2018 (este estudo mostra como as instituições do Estado do Bem-Estar inglês surgiram a partir de um espírito de autoajuda e de construção espontânea de associações, a partir de práticas enraizadas na sociedade, mas não de uma "solidariedade de classes" abstrata).

§ 8 CULTURA GESTORIAL

estruturas familiares específicas. No norte da Itália, justamente, de economia altamente desenvolvida, e especialmente em regiões como Toscana e Emília Romanha, as famílias italianas são complexas, no sentido de, juntamente com seus filhos casados e avós, formarem uma unidade – a base da típica empresa familiar italiana, que teve um antecedente histórico de séculos no sistema de arrendamento rural com pagamento das prestações *in natura*, vigente no norte da Itália. Foi somente após a Segunda Guerra Mundial, sob a influência das forças de ocupação americanas, que esse sistema de arrendamento entrou em colapso.[491]

8.3.2 Do homem dirigido internamente ao homem dirigido externamente?

O fato de novas formas organizacionais de sociabilidade serem experimentadas e desenvolvidas nas grandes empresas é um ponto de partida ao qual a psicologia social americana dos anos 50 dedicou demasiado pouca atenção. Em vez disso, em David Riesman, o individualismo americano metamorfoseia-se na uniformidade e no conformismo de uma classe média em expansão. Para tanto, Riesman cunhou a distinção tipológica entre caráter "dirigido externamente" e caráter "dirigido internamente".[492] Mas a imagem do gestor como caráter dirigido externamente somente pode surgir quando a cultura gestorial é descrita primariamente como cultura de consumidores, e se o gestor for considerado unicamente como

---

[491] FUKUYAMA, Francis. *Trust*: the Social Virtues and the Creation of Prosperity. Nova York: Free Press, 1996, pp. 97-107 e ss. O sistema de arrendamento mediante pagamento *in natura* do norte da Itália, que – diferentemente do sistema de trabalhadores diaristas do sul da Itália, os *bracciante* – baseava-se em contratos de longo prazo entre o proprietário de terra e o chefe de família homem, é ilustrado de forma magnífica em *Canale Mussolini* [Canal Mussolini] de Antonio Pennacchi (2013).

[492] RIESMAN, David. *The lonely crowd*: a study of the changing American character. New Haven: Yale University Press, 1950, p. 9 ("other-directed" *versus* "inner-directed").

um expoente de um estilo de vida marcado pela cultura de massas, preocupado, em primeiro lugar, com a garantia da conformidade do próprio comportamento.[493] Riesman busca provas desse conformismo, sobretudo, naqueles contextos da vida em que a sociedade industrial transforma as agências de formação da personalidade, na mudança dos papéis de pais e professores, na constante sedução do consumo de massa, nas reluzentes ruas comerciais das grandes cidades, na constante exposição aos meios de comunicação de massa e à cultura *pop* etc.[494] A orientação externa pelo menor denominador comum de um modo de vida uniforme substitui assim princípios religiosos e morais internos sólidos. Porém, em uma perspectiva desse tipo, o elemento experimental e criativo da cultura gestorial sustentada por grandes empresas é demasiadamente desprezado.

No final de sua análise sobre a massa solitária, Riesman faz o seguinte resumo: as enormes potencialidades para a diversidade inerentes à capacidade das pessoas de terem experiências diferentes podem ser avaliadas pelo próprio indivíduo dirigido internamente, para que ele não seja tentado nem obrigado a adaptar-se ou, se a adaptação falhar, a ceder à anomia. Por isso, para Riesman, a ideia de que as pessoas nascem livres e iguais é ao mesmo tempo verdadeira e falsa: as pessoas são criadas como seres distintos e perdem sua liberdade social e autonomia individual quando tentam tornar-se como as outras. O autor escreve:

> Mas embora tenha dito muitas coisas neste livro sobre as quais não estou certo, de uma coisa tenho a certeza: as enormes potencialidades da diversidade na natureza e a capacidade dos homens de diferenciar sua experiência podem ser avaliadas

---

[493] RIESMAN, David. *The lonely crowd*: a study of the changing American character. New Haven: Yale University Press, 1950, p. 21 ("other-direction is the dominant mode of insuring conformity").

[494] RIESMAN, David. *The lonely crowd*: a study of the changing American character. New Haven: Yale University Press, 1950, pp. 36 e ss. e 55 e ss. (pais, professores), pp. 158 e ss. (cultura popular).

§ 8 CULTURA GESTORIAL

pelo próprio indivíduo, para que ele não seja tentado e coagido ao ajuste ou, caso este venha a falhar, à anomia. A ideia de que os homens são criados livres e iguais é verdadeira e enganadora ao mesmo tempo: os homens são criados diferentes; eles perdem sua liberdade social e sua autonomia individual ao procurar tornarem-se iguais uns aos outros.[495]

A cultura de massa também caracteriza o homem organizacional de William H. Whyte, que permanece cinzento e mediano (figura 14).[496] Em Whyte, ele se torna a roda de uma máquina que o captura por completo, ao passo que a grande corporação, ao inverso, é dominada por um clima em que os funcionários olham assustados de esguelha, para sentir em seu entorno imediato aquela confirmação e aquela justificação para suas ações que eles não são mais capazes de obter com base no próprio discernimento. Esse poder suave do conformismo estende-se até para a vida privada dos gestores. Ainda nos subúrbios, a vida gira em torno, primariamente, de não ser diferente demais dos outros nem de ficar para trás em termos de número de filhos, tamanho da casa, ou prestígio que o carro emana, por exemplo; *"living up to the Joneses"* é uma fórmula que Whyte encontra para tanto na edição de 10 de janeiro de 1954

---

[495] RIESMAN, David. *The lonely crowd*: a study of the changing American character. New Haven: Yale University Press, 1950, pp. 36 e ss. e 55 e ss. (pais, professores), pp. 158 e ss. (cultura popular) [N.T. Em inglês no original: "But while I have said many things in this book of which I am unsure, of one thing I am quite sure: the enormous potentialities for diversity in nature's bounty and men's capacity to differentiate their experience can become valued by the individual himself, so that he will not be tempted and coerced into adjustment or, failing adjustment, into anomie. The idea that men are created free and equal is both true and misleading: men are created different; they lose their social freedom and their individual autonomy in seeking to become like each other"].

[496] LILLA, Mark. *The once and future liberal*: after identity politics. Oxford: Hurst, 2018, p. 82, adverte com razão que o homem organizacional supostamente conformista encarna a figura paterna da qual o movimento norte-americano de 1968 procurava fugir. Por isso também, um exame mais atento dessa figura é importante hoje em dia.

do *The New York Times*.[497] Como já em Riesman, em Whyte, a perda da autonomia individual também resulta do fato de o elemento criativo e inventivo da humanidade organizacional, que incorpora a força criativa da cultura burguesa e dá-lhe continuidade em uma nova forma – a grande corporação, – ser escondido ou, pelo menos, fortemente desconsiderado. E assim como Riesman, Whyte também trabalha com uma distinção sociopsicológica interna/externa problemática: uma nova "ética social" externa,[498] que, segundo ele, fornece a orientação para a nova vida organizacional e faz com que as exigências e restrições a ela associadas pareçam aceitáveis e legítimas, substituindo uma ética protestante interna decadente. Para Whyte, o que em outros tempos (ou seja, burgueses) teria parecido uma *"bill of no rights"* converteu a ética social em uma reformulação ideológica do individualismo.[499]

---

[497] WHYTE, William H. *The Organization Man*. Nova York: Doubleday, 1957, p. 313, nota de rodapé; cf. também RECKWITZ, Andreas. *Die Gesellschaft der Singularitäten*: zum Strukturwandel der Moderne. Berlim: Suhrkamp, 2017, p. 101 (consumo da imitação). A fórmula refere-se à expressão "Keeping up with the Joneses", largamente empregada no mundo de fala inglesa, na primeira metade do século XX, que tinha como objetivo fazer uma comparação com o próximo como padrão da própria posição social.

[498] WHYTE, William H. *The Organization Man*. Nova York: Doubleday, 1957, p. 6.

[499] WHYTE, William H. *The Organization Man*. Nova York: Doubleday, 1957, p. 6.

§ 8 CULTURA GESTORIAL

Figura 14 - Bob Sandberg - LOOK Magazine. *Passageiros pendulares na plataforma*. Park Forest, Illinois, 1954

Foto: Bob Sandberg

Essa perspectiva parece pouco convincente. Para o trabalho diário dos gestores, é muito provável que sempre tenham sido significativos o plano do coleguismo e os fluxos de comunicação entre funcionários, mesmo aqueles que fogem à hierarquia formal. É verdade que, tipicamente, o grande empreendimento industrial é estruturado por divisão do trabalho e integrado de forma vertical. Seus departamentos subdivididos e coordenados de modo sistemático estão interligados e são orientados para uma liderança central, complementada na década de 1960 por estruturas de direção descentralizadas e divisionais, sem que isso tenha alterado substancialmente o esquema organizacional hierárquico.[500] Por mais forte que tenha

---

[500] CHANDLER, Alfred Dupont. *Strategy and Structure*: chapters in the History of Industrial Enterprise. Cambridge: MIT, 1980, pp. 24 e ss.

sido na origem (e ainda hoje é) a importância da constituição hierárquica, é bem possível que uma de suas funções sempre tenha sido a de garantir mecanismos de coordenação horizontal.[501] Em outras palavras, para o gestor, o comportamento de seu *peer group* é decisivo, mas esse comportamento dificilmente pode ser caracterizado como dirigido externamente: o espelho da sociedade continua tendo grande importância também para o gestor. O *gentleman* já se orienta pelas expectativas formadas na sociedade, ao passo que a consciência do indivíduo é fortemente enfatizada no tipo ideal do caráter dirigido internamente. Essa objeção também deve ser tolerada pelo "homem organizacional" de Whyte. Sua ética social tem como reverso um individualismo autossuficiente (protestante),[502] que nunca deveria ter existido como tal. De certo modo, essa imagem reproduz-se hoje em Andreas Reckwitz. Para este, a Modernidade organizada é guiada por uma "forte semântica do social", uma existência autônoma e superior, à qual o indivíduo tem que se submeter.[503]

A crítica da distinção entre caráter dirigido interna e externamente é determinante para o entendimento da cultura gestorial aqui desenvolvido e, portanto, merece aprofundamento e esclarecimento. Assim como, do ponto de vista antropológico, é difícil imaginar o homem sem a marca dos componentes dirigidos externamente, tampouco um processo de subjetivação pode renunciar a uma forte semântica do social. É preciso até ir mais além. Como ensina a

---

e 57 e ss.; BERGHOFF, Hartmut. *Moderne Unternehmensgeschichte*. Berlim: De Gruyter, 2016, pp. 66 e ss.; cf. também BOLTANSKI, Luc; CHIAPELLO, Eve. *Der neue Geist des Kapitalismus*. Édition discours, 38. Colônia: Herbert von Halem Verlag, 2018, pp. 91 e ss.

[501] Ainda mais amplamente, LUHMANN, Niklas. *Organisation und Entscheidung*. Opladen: Springer, 2000, especialmente pp. 210 e ss. e 312/313.

[502] WHYTE, William H. *The Organization Man*. Nova York: Doubleday, 1957, pp. 14 e ss. ("The Decline of the Protestant Ethic").

[503] RECKWITZ, Andreas. *Die Gesellschaft der Singularitäten*: zum Strukturwandel der Moderne. Berlim: Suhrkamp, 2017, p. 44.

teoria do espectador imparcial de Adam Smith, o sujeito burguês primitivo já tem um habitante dentro de seu peito, um *"man within the breast"*.[504] Esse homem *within* representa mais do que o conhecimento dos outros, ele é nada menos do que um tribunal superior, um grande juiz e árbitro de nosso comportamento, "the great judge and arbitrer of our conduct".[505] Acompanhando Bernhard Waldenfels, também seria possível afirmar: quando nos relacionamos com outros "de fato, existe sempre um terceiro envolvido".[506] Em cada encontro humano inscreve-se um "vestígio original do ser com", que necessariamente "imprime os traços de um terceiro" no encontro de duas pessoas, de toda e qualquer díade.[507] Com acerto, Waldenfels associa à instância do terceiro não apenas um "terceiro pessoal",[508] pessoas comprometidas com neutralidade e objetividade, como os juízes, os terapeutas, os mensageiros ou as testemunhas, mas também um "terceiro anônimo",[509] ordens impessoais como, por exemplo, a linguagem ou a legislação destinada a um público geral, que coordena o que acontece entre sujeitos.[510] Desse modo, com a instância do terceiro, Waldenfels refere-se por fim à memória coletiva da cultura ocidental como meio de uma autoverificação generalizável do

---

[504] SMITH, Adam. *Theory of Moral Sentiments* (1790). (Reimpressão da 6ª edição). Nova York: Penguin, 2009, III.2.

[505] SMITH, Adam. *Theory of Moral Sentiments* (1790). (Reimpressão da 6ª edição). Nova York: Penguin, 2009, III.2.; cf. também STORR, Virgil Henry. "The Impartial Spectator and the Moral Teachings of Markets". *SSRN*, 2013.

[506] WALDENFELS, Bernhard. *Sozialität und Alterität*: Modi sozialer Erfahrung. Berlim: Suhrkamp, 2015, p. 63.

[507] WALDENFELS, Bernhard. *Antwortregister*. Frankfurt am Main: Suhrkamp, 1994, p. 423.

[508] WALDENFELS, Bernhard. *Platon*: Zwischen Logos und Pathos. Berlim: Suhrkamp, 2017, p. 67.

[509] WALDENFELS, Bernhard. *Platon*: Zwischen Logos und Pathos. Berlim: Suhrkamp, 2017.

[510] WALDENFELS, Bernhard. *Sozialität und Alterität*: Modi sozialer Erfahrung. Berlim: Suhrkamp, 2015, p. 191.

homem moderno; da mesma forma como a concepção de Smith do espectador imparcial dificilmente poderia ter sido formulada dessa maneira sem a pré-história do universalismo cristão.[511]

O terceiro torna-se necessário na fenomenologia responsiva, porque esta responde à questão sobre as condições da possibilidade de ordem social a partir de uma alteridade radical, um responder a pretensões alheias: o social é concebido como um deslocamento contínuo que equipara algo que não é igual. Como Waldenfels formula em referência a Nietzsche e Marx, toda base comum vem de uma "equiparação do não igual" ou – na terminologia de Emmanuel Levinas – de uma "comparação do incomparável".[512] Com isso, o social é caracterizado primariamente por um excedente de estranheza e alteridade que não pode ser apagado, o qual supostamente rompe o círculo social e – de modo semelhante ao terceiro formador do sujeito e da sociedade de Georg Simmels[513] – cujo objetivo é gerar um corte na ligação. Waldenfels também deseja que esse excedente seja entendido de forma explícita, como um fenômeno que deve ser situado para além da alternativa do individualismo e do holismo.[514] De fato, é bem possível que a instância do terceiro e um sistema de

---

[511] LADEUR, Karl-Heinz. *Der Anfang des westlichen Rechts*: die Christianisierung der römischen Rechtskultur und die Entstehung des universalen Rechts. Tübingen: Mohr Siebeck, 2018, p. 133; cf. também RAPHAEL, David D. *The Impartial Spectator*: Adam Smith's moral philosophy. Oxford: Oxford University Press, 2009, pp. 63 e ss. e 98 e ss. (sobre a relação entre filosofia moral e teologia).

[512] WALDENFELS, Bernhard. *Sozialität und Alterität*: Modi sozialer Erfahrung. Berlim: Suhrkamp, 2015, p. 66.

[513] A esse respeito, LÜDEMANN, Susanne. "Ödipus oder ménage à trois. Die Figur des Dritten in der Psychoanalyse". *In*: EßLINGER, Eva; SCHLECHTRIEM, Tobias; SCHWEITZER, Doris; ZONS, Alexander (Coord.). *Die Figur des Dritten*: ein kulturwissenschaftliches Paradigma. Berlim: Suhrkamp, 2010, pp. 80-84 e ss. Neste ponto, pode-se pensar também na forte posição de um grande terceiro na Teoria do Direito de Pierre Legendre.

[514] WALDENFELS, Bernhard. *Sozialität und Alterität*: Modi sozialer Erfahrung. Berlim: Suhrkamp, 2015, p. 66.

crenças ligado a ela sejam indispensáveis para processos de formação de ordem social, mas talvez essa instância pertença muito mais à normalidade da sociedade moderna do que Waldenfels parece supor. O terceiro poderia ser concebido então como elemento de uma subjetividade excedente, "excessiva", que confronta a ordem social e seus limites continuamente com uma estranheza autogerada, por exemplo, na forma de novos tipos de conhecimento e de novas tecnologias. É assim também que entendo Karl-Heinz Ladeur quando ele fala da "ambiguidade e abertura do processo social do experimentar com as 'pontas soltas', abertas conforme a situação, da gramática das possibilidades inscritas nas formas de vida".[515] Isso seria uma ênfase da agitação endógena da sociedade moderna, da contínua reestruturação dos processos transubjetivos do conhecimento social, e menos uma pretensão alheia resultante de situações excepcionais e que quebra a normalidade da vida cotidiana.

Mas não importa como esses difíceis problemas conceituais são resolvidos: as reflexões anteriores pretendiam mostrar que a história do desenvolvimento, que leva da cultura burguesa à cultura gestorial, não pode ser adequadamente descrita como mutação do homem dirigido internamente para o homem dirigido externamente. As ideias da psicologia social americana da década 1950 passam a negligenciar o fato de que a formação de subjetividade sempre dependeu do espelho dos outros, do vizinho e da sociedade. E esse processo não é concebível sem tensões consideráveis: em uma ordem social liberal, o si não pode simplesmente colocar-se no lugar do outro, mas deve sim aprender a empatizar com o outro e com sua alteridade e a aceitar sua individualidade;[516] o si deve ser capaz,

---

[515] LADEUR, Karl-Heinz. *Der Anfang des westlichen Rechts*: die Christianisierung der römischen Rechtskultur und die Entstehung des universalen Rechts. Tübingen: Mohr Siebeck, 2018, p. 50; cf. também LADEUR, Karl-Heinz. *Die Textualität des Rechts*: zur poststrukturalistischen Kritik des Rechts. Weilerswist: Velbrück, 2016, pp. 139 e 161.

[516] LUHMANN, Niklas. "Arbeitsteilung und Moral. Durkheims Theorie". In: DURKHEIM, Émile. *Über die soziale Arbeitsteilung*: Studie über

portanto, de adaptar sua própria autoimagem e as contradições da própria identidade às expectativas dos outros em situações sempre novas. O sujeito age e pensa sempre à sombra da cultura de onde vem, e tanto subjetividade quanto subjetividade jurídica somente podem ser representadas em um conceito relacional que envolve o eu em relações, não podendo o sujeito ser pensado como ilha pré--cultural, autônoma.[517] Com o surgimento do gestor, a sombra da cultura migra da vizinhança burguesa para a grande empresa e para as redes relacionais ligadas a ela. Com isso, no entanto, o controle do comportamento social não é simplesmente deslocado de dentro para fora, mas o espelho da sociedade é adaptado a novas formas de conhecimento e a novas condições tecnológicas e econômicas.

8.4 Gestores nos Estados Unidos e na Alemanha

8.4.1 O gestor americano

Em seu ensaio *Whitman*, Gilles Deleuze distingue "o sempre fracionado, fragmentário e relativo eu" dos anglo-saxões "do ego substancial, total e solipsista dos europeus".[518] Para Deleuze, os americanos possuem um senso original e inato do fragmento, ao passo que precisam primeiro adquirir um senso da totalidade e da bela composição; inversamente, os europeus precisam obter primeiro um senso do fragmento, ao passo que possuem um senso natural de totalidade orgânica e composição.[519] A poesia de Walt Whitman é um exemplo típico disso. Para Whitman, a escrita é fragmentária,

---

    die Organisation höherer Gesellschaften. Organização e introdução de Niklas Luhmann. Frankfurt am Main: Suhrkamp, 1988, pp. 19-22.

[517] A formulação é encontrada em COHEN, Julie E. "What Privacy is For". *Harvard Law Review*, vol. 126, 2013, pp. 1904-1906.

[518] DELEUZE, Gilles. "Whitman". In: _____. *Kritik und Klinik*. Frankfurt am Main: Suhrkamp, 2000, pp. 78/79.

[519] DELEUZE, Gilles. "Whitman". In: _____. *Kritik und Klinik*. Frankfurt am Main: Suhrkamp, 2000, pp. 78/79.

§ 8 CULTURA GESTORIAL

e o escritor americano tem o dever consigo mesmo de escrever em fragmentos. Em *Specimen Days* [Dias de Amostras] de Whitman (1882), amostras, exemplos, cenários e dias transformaram o mundo em uma coleção de modelos. Para Deleuze, essa coleção de modelos é sustentada por uma valorização das referências, por uma invenção contínua de relações não preexistentes e que não se inserem em uma totalidade; por singularidades que assumem cores sempre novas, produzindo assim uma poesia mais colorista do que quase qualquer outra. Ao mesmo tempo, segundo o autor, essa poesia é convulsivante, um mero fragmento de um permanente desatino, do calor, da fumaça e da excitação da época. A particularidade da poesia de Whitman não é, portanto, o fragmentário como tal, mas "a espontaneidade do fragmentário".[520] Além disso, Deleuze descobre outro lado em Whitman. Para ele, nesse lado, Whitman antepõe ao fragmento uma ideia do todo que convida à fusão. Aqui, a poesia funciona como órgão de uma totalidade unificadora, cujo objetivo é transformar uma nação marcada pela guerra de secessão em uma "sociedade de camaradas".[521]

A poesia de Whitman parece assim articular uma tensão não dissolvida. Por um lado, ela cria uma forma para o fragmentário, inclusive para o vaguear e o vagabundear, conferindo uma voz literária à alma do vagabundo.[522] Por outro, ela conhece uma profunda ânsia por unidade e totalidade. À poesia que liga o sujeito por meio

---

[520] DELEUZE, Gilles. "Whitman". *In*: _____. *Kritik und Klinik*. Frankfurt am Main: Suhrkamp, 2000.

[521] DELEUZE, Gilles. "Whitman". *In*: _____. *Kritik und Klinik*. Frankfurt am Main: Suhrkamp, 2000, p. 83; cf. também MELTZER, Mitchell. *Secular Revelations*: the Constitution of the United States and Classic American Literature. Cambridge: Harvard University Press, 2005, pp. 111 e ss. (para quem Whitman é "the poet par excellence of a constitutional poetics").

[522] MELTZER, Mitchell. *Secular Revelations*: the Constitution of the United States and Classic American Literature. Cambridge: Harvard University Press, 2005, pp. 111-120.

de uma rede dinâmica de relações a uma espécie de um todo agregado que vem depois dos fragmentos vem se opor a uma poesia em busca de uma unidade superior. Esse lado culmina na confissão de Whitman de ser um hegeliano que qualifica a América como país da realização dos direitos fundamentais de uma totalidade orgânica.[523] Se, no entanto, em última instância, essa poesia posiciona-se do lado do espontâneo e fragmentário, é porque ela deseja ser uma literatura popular e democrática.[524] Assim como Ralph Waldo Emerson já não pede o sublime, o distante e o romântico, mas saúda o cotidiano,[525] a poesia de Whitman também é sustentada por uma busca do habitual. Sua poesia é uma poesia do homem mediano, da criatura da América, não a de um indivíduo elevado acima de outros.[526] Assim se manifesta na poesia de Whitman uma lógica de sociabilidade espontânea: ele transforma o sujeito em qualquer um e o mundo compartilhado em uma forma de conexão entre homens comuns, assim como a concepção escocesa burguesa primitiva do espectador imparcial já se refere às virtudes do homem comum e não mais do

---

[523] DELEUZE, Gilles. "Whitman". *In*: _____. *Kritik und Klinik*. Frankfurt am Main: Suhrkamp, 2000, p. 81; cf. também MELTZER, Mitchell. *Secular Revelations*: the Constitution of the United States and Classic American Literature. Cambridge: Harvard University Press, 2005, pp. 111-119.

[524] DELEUZE, Gilles. "Whitman". *In*: _____. *Kritik und Klinik*. Frankfurt am Main: Suhrkamp, 2000, p. 79.

[525] Sobre a busca de Emerson pelo comum, cf. apenas BRONFEN, Elisabeth. *Stanley Cavell zur Einführung*. Hamburgo: Junius, 2009, p. 137, que cita a partir do ensaio de Emerson *The American Scholar* [O Erudito Americano]: "Não peço o sublime (*great*), o distante (*remote*), o romântico... Acolho (*embrace*) o comum (*common*), quero explorar o familiar (*familiar*) e o inferior (*low*), e sentar-me a seus pés"; e MELTZER, Mitchell. *Secular Revelations*: the Constitution of the United States and Classic American Literature. Cambridge: Harvard University Press, 2005, pp. 78-84.

[526] DELEUZE, Gilles. "Whitman". *In*: _____. *Kritik und Klinik*. Frankfurt am Main: Suhrkamp, 2000, p. 79.

§ 8 CULTURA GESTORIAL

honrável homem aristocrático.[527] O eu relativo de Whitman é, portanto, um contramodelo do ego substancial dos europeus continentais, do grande sujeito que interpela e transforma todos os outros em sujeitos submissos. Embora Whitman autodeclare-se hegeliano, sua poesia carece daquela infraestrutura do Estado continental europeu da qual não podem ser separados nem o ego dos europeus, nem o modelo continental de subjetivação como submissão/autorização.

O legado do modelo de subjetivação anglo-americano de autocontrole e auto-organização marca a cultura americana e a autoimagem do gestor. Essa continuidade fica demonstrada não apenas no fato de as grandes empresas industriais americanas da década de 1960 ainda serem dirigidas sem exceção por homens brancos, quase sempre protestantes.[528] Ela também se expressa no fato de o tipo do gestor americano movimentar-se naturalmente em um espaço social fracionado, em mercados com mecanismos de coordenação e adaptação invisíveis, seguindo assim a espontaneidade do fragmentário de Whitman. E assim como Whitman extrai daí uma rede de relações vivas que devem ser sempre recriadas e assimiladas, o ponto de referência do gestor americano é constituído pelo mundo habitual das empresas industriais do setor privado e pelas relações a elas associadas, acima de tudo, as instituições do mercado e da concorrência. Desse mundo habitual (diferentemente de um mundo heroico) provém tanto o conhecimento de liderança e administração do gestor para coordenar o trabalho de modo mais eficiente, quanto seu conhecimento para o aperfeiçoamento de meios de produção e dos processos de produção. Frederick W. Taylor trabalha de aprendiz a gerente de operações em uma siderúrgica, antes de atuar como consultor e publicar *The Principles of Scientific Management* [Os

---

[527] MCCLOSKEY, Deirdre M. *Bourgeois Equality*: How Ideas, Not Capital or Institutions, Enriched the World. Chicago: University of Chicago Press, 2016, pp. 240 e ss.

[528] KOCKA, Jürgen. "Eigentümer – Manager – Investoren. Unternehmer im Wandel des Kapitalismus". *In*: MAURER, Andrea (Coord.). *Handbuch der Wirtschaftssoziologie*. 2ª ed. Wiesbaden: Springer, 2017, p. 559.

Princípios da Administração Científica] (1911), um livro que recomenda a racionalização de processos de trabalho da empresa. Henry Ford consegue o avanço para a produção em massa de automóveis acessíveis com base em experiências já existentes em outros ramos da indústria, como o de frigoríficos, que Ford conhece durante suas viagens e visitas e cujas inovações ele combina em sua própria empresa de forma original. Essa originalidade inclui, entre outros, a redução da gama de produtos a um único modelo (Modelo T), o aperfeiçoamento e a padronização da fabricação de componentes, o aumento do fluxo interno de materiais por meio de esteiras transportadoras e calhas de alimentação e, por fim, o emprego da esteira rolante na montagem final, onde os trabalhadores ganham muito mais do que em outros setores, tornando-se assim eles mesmos potenciais compradores dos produtos que fabricam.[529]

É sobre o alicerce da auto-organização social, tal como ela se articula de forma poética em Whitman, no fragmento, na coleção de amostras ou no eterno flanar e vagabundear do vagabundo, que também se movimenta o gestor americano durante sua socialização escolar e profissional. Na Inglaterra do século XVII, a busca experimental por novos conhecimentos já era uma questão espontânea de *gentleman* instruídos, para além de todas as distinções de classe.[530] A fundação da *English Royal Society* ainda respirava esse espírito: ela surgiu em 1660 como um projeto *bottom-up* da academia invisível de Bacon, que se constituíra após sua morte, diferentemente, por exemplo, da *Académie Française*, que foi fundada

---

[529] CHANDLER, Alfred Dupont. *Scale and Scope*: the Dynamics of Industrial Capitalism. Cambridge: The Belknap Press of Harvard University, 1990, pp. 205 e ss.; BERGHOFF, Hartmut. *Moderne Unternehmensgeschichte*. Berlim: De Gruyter, 2016, pp. 305 e ss.; TRENTMANN, Frank. *Empire of Things*: How We Became a World of Consumers, from the Fifteenth Century to the Twenty-first. Londres: Penguin, 2017, p. 247.

[530] PICCIOTTO, Joanna. *Labors of Innocence in Early Modern England*. Cambridge: Harvard University Press, 2010, pp. 255-265 e 297.

§ 8 CULTURA GESTORIAL

como um projeto governamental *top-down*, por um estadista como Colbert.[531] Essa tradição de responsabilização privada pelo cultivo da ciência, pelas escolas científicas superiores e pela formação escolar tem relação também com a formação gestorial americana, que vem sendo feita desde o final do século XIX em escolas de negócios particulares, como a *Wharton School*.[532] Bem diferente é a situação na Europa continental. Ainda durante o domínio revolucionário do Terror, em 1794, é criada em Paris a *École Polytechnique*, por ordem de Gaspard Monge, então ministro da Marinha e iniciador do calendário revolucionário. Embora a fundação da *École Spéciale de Commerce et d'Industrie* por empresários franceses aconteça em 1819, continua a ser dominante na Europa continental o modelo *top-down* de criação estatal de instituições de ensino e formação. Na primeira metade do século XIX, surgem na Alemanha muitas escolas profissionalizantes estatais, escolas superiores de comércio e escolas técnicas superiores, como a *Polytechnikum Karlsruhe*, baseada no modelo francês. Essas instituições logo são imitadas também em Viena, Zurique, Praga e Moscou.[533]

---

[531] MOKYR, Joel. *A culture of growth*: the origins of the modern economy – the Graz Schumpeter Lectures. Princeton: Princeton University Press, 2017, p. 196; cf. também PICCIOTTO, Joanna. *Labors of Innocence in Early Modern England*. Cambridge: Harvard University Press, 2010, pp. 129 e ss.; THOMAS, Keith. *In pursuit of civility*: manners and civilization in early modern England. New Haven: Yale University Press, 2018, p. 136 (sobre o estilo de discussão civil dentro da jovem *Royal Society*).

[532] CHANDLER, Alfred Dupont. *Scale and Scope*: the Dynamics of Industrial Capitalism. Cambridge: The Belknap Press of Harvard University, 1990, pp. 82 e ss.; BERGHOFF, Hartmut. *Moderne Unternehmensgeschichte*. Berlim: De Gruyter, 2016, p. 75. Mesmo antes da Primeira Guerra Mundial, cerca de 10 mil graduados por ano são encaminhados ao mercado de trabalho.

[533] LANDES, David S. *Wohlstand und Armut der Nationen*: Warum die einen reich und die anderen arm sind-The Wealth and the Poverty of Nations. Munique: Pantheon, 2009, p. 295; CHANDLER, Alfred Dupont. *Scale and Scope*: the Dynamics of Industrial Capitalism. Cambridge: The Belknap Press of Harvard University, 1990, pp. 425 e ss.; WEHLER, Hans-Ulrich. *Deutsche Gesellschaftsgeschichte*

O senso original, inato do fragmento, que leva os Estados Unidos a uma unidade produzida provisoriamente e que deve ser renovada repetidamente, remete a uma dinâmica de auto-organização social que deixa sua marca inclusive na literatura científica. Um gestor e autor americano como Frederick W. Taylor está sempre pensando em empresas de economia privada e livres mercados quando recomenda a aplicação de princípios de *scientific management* para racionalização da organização do trabalho.[534] Do mesmo modo, são organizações privadas de pesquisa acadêmicas e empresarial que atraem as críticas de William H. Whyte sobre a burocratização.[535] Também para Alfred D. Chandler, empresas são de uma forma tão natural firmas que operam no mercado, quanto o gestor é uma nova subespécie do homem econômico e não do homem político.[536] Em nítida oposição a isso encontra-se a visão de autores europeus continentais. A organização de grandes negócios privados, por exemplo, é tratada em Max Weber como um caso de "soberania burocrática".[537] Como já documentam a noção de soberania e a terminologia a ela associada – competências, hierarquia funcional, instância hierárquica, aparato burocrático etc. – o paradigma da burocracia moderna para Weber é, de uma forma pouco refletida, a burocracia estatal e a literatura que a descreve. Michel Foucault alinha-se com essa tradição centrada no Estado quando inclui a sociedade empresarial em uma história de governabilidade, cuja linha, para ele, vai do Absolutismo francês

---

1849-1914 (Bd. 3 – 1995). Munique: C.H. Beck, 2008, pp. 1.191 e ss. e 1.224 e ss. (respectivamente, sobre a evolução do sistema de educação e formação na Alemanha).

[534] Cf. apenas BERGHOFF, Hartmut. *Moderne Unternehmensgeschichte*. Berlim: De Gruyter, 2016, pp. 303 e ss.

[535] WHYTE, William H. *The Organization Man*. Nova York: Doubleday, 1957, pp. 205 e ss.

[536] CHANDLER, Alfred Dupont. *Scale and Scope*: the Dynamics of Industrial Capitalism. Cambridge: The Belknap Press of Harvard University, 1990, p. 2 ("new type of economic man").

[537] WEBER, Max. *Wirtschaft und Gesellschaft*: Grundriß der verstehenden Soziologie. 5ª ed. Tübingen: Mohr, 1980, p. 551.

§ 8 CULTURA GESTORIAL

ao *homo economicus* da Escola de Chicago da década 1970.[538] O próprio Niklas Luhmann, um teórico da sociedade por excelência, trata empresas privadas e Administração Pública como expressões simplesmente diferentes de um tipo genérico de organização formal, diluindo assim as diferenças na genealogia da organização burocrática moderna existentes entre Estados Unidos e Europa continental.[539]

8.4.2 O funcionário executivo na Alemanha

A ascensão das grandes corporações à condição de agentes da produção de conhecimento, do progresso tecnológico e do crescimento econômico não pode ser reduzida ao reconhecimento formal de sociedades de capital como pessoas jurídicas e à ampliação da titularidade de direitos formais de liberdade ou de outros direitos formais. Para que se possa compreender adequadamente a mutação da subjetividade jurídica na transição da cultura burguesa para a cultura gestorial, o olhar científico deve ser dirigido mais uma vez, neste ponto, para as forças que instituem o sujeito de direito corporativo e para o gestor que age em seu nome. É esse pressuposto o que torna claro que a cultura do funcionário na Alemanha carrega uma herança específica, que já havia marcado a inteligência estatalizada da cultura burguesa instruída: na Alemanha, o gestor

---

[538] FOUCAULT, Michel. *Sicherheit, Territorium, Bevölkerung. Geschichte der Gouvernementalität I*. [*Uma História da Governamentalidade*]. Frankfurt am Main: Suhrkamp, 2004, pp. 161 e ss.; FOUCAULT, Michel. *Die Geburt der Biopolitik Geschichte der Gouvernementalität II*: Vorlesungen am Collège de France 1978/1979. Berlim: Suhrkamp, 2006, pp. 208 e 300-307; mas cf. também pp. 359 e ss., onde Foucault reflete sobre os limites do poder disciplinar programado para a submissão interna e esboça um novo complexo poder-conhecimento, que ele chama de "ambientalismo". A esse respeito, HÖRL, Erich. "Die environmentalitäre Situation. Überlegungen zum Umweltlich-Werden von Denken, Macht und Kapital". *Internationales Jahrbuch für Medienphilosophie*, vol. 4, 2018, pp. 221-230 e 232.

[539] LUHMANN, Niklas. *Organisation und Entscheidung*. Opladen: Springer, 2000, pp. 39 e ss.

corporativo continua movendo-se por muito tempo em uma tensão não dissolvida com o Estado nacional, como uma totalidade orgânica anterior à sociedade, por assim dizer, que também marca o aspecto instituído da subjetividade jurídica.[540] Acompanhando os estudos comparativos de Liah Greenfeld, essa centralização no Estado da burguesia intelectual está relacionada ao fato de que, na Alemanha, o avanço para uma economia orientada para o crescimento está preso, originalmente, a um nacionalismo econômico que tem seu mais importante protagonista em Friedrich List.[541] Segundo essa visão, a sociedade industrial na Alemanha resulta de um projeto iniciado pela burguesia intelectual e por outras elites estatais, em que dominava a firme convicção de que o mundo moderno é constituído de nações e Estados nacionais – e não de indivíduos.[542] Na competição com nações comerciais avançadas como Grã-Bretanha e Holanda, o sucesso econômico na Alemanha torna-se um símbolo de grandeza e poder do Estado, sem que a economia nacional tenha sido ancorada em um individualismo liberal burguês na mesma medida que naqueles países.

Inicialmente, a atividade empresarial na Alemanha só consegue desenvolver-se em estreita cooperação com a Administração

---

[540] Cf. JELLINEK, Georg. *System der subjektiven öffentlichen Rechte* (reimpressão da 2ª ed.). Tübingen: 1905. Aalen: Scientia-Verlag, 1964, p. 87 (onde, com relação à teoria do *status*, fala-se de uma "posição de membro do indivíduo no Estado", uma reflexão conceitual que pressupõe a dominação do Estado no campo da percepção da subjetividade de Direito).

[541] Cf. GREENFELD, Liah. *Advanced Introduction to Nationalism*. Cheltenham: Edward Elgar, 2016, pp. 103 e ss.; detalhadamente, GREENFELD, Liah. *The Spirit of Capitalism*: Nationalism and Economic Growth. Cambridge: Harvard University Press, 2001, pp. 154 e ss. e 199 e ss.

[542] GREENFELD, Liah. *Advanced Introduction to Nationalism*. Cheltenham: Edward Elgar, 2016, p. 106.

§ 8 CULTURA GESTORIAL

Pública.[543] Na Prússia, por exemplo, essas cooperações incluem uma estreita colaboração do Estado monárquico com empresas como a fundição Krupp (mais tarde, Friedrich Krupp AG), visando ao fornecimento de equipamentos militares, como canhões ou componentes para o sistema ferroviário em rápido crescimento. De fato, em um primeiro momento, a expansão do sistema ferroviário – até fins do século XIX, a força motriz dominante da industrialização na Alemanha[544] – aconteceu em uma rede amplamente ramificada de empresas privadas, investidores, bancos, sociedades comerciais e da Bolsa de Berlim. Mas antes da real estatização das ferrovias sob Bismarck, essa ramificação funciona como motor de um nacionalismo econômico cujo objetivo é suplantar a concorrência ocidental (inglesa) com êxito,[545] diferentemente, em particular, das grandes empresas ferroviárias da América do Norte, que são modelos para a construção de grandes empresas privadas em um corpo social.[546] Monopólios e empresas estatais como a das estradas de ferro mantiveram-se na Alemanha até um passado recente, por exemplo, no setor postal, das telecomunicações e de rádio e televisão. Durante muito tempo, o exercício espontâneo de práticas de liberdade social não conseguiu sequer despontar nesses campos de atividade. De fato, a *öffentlich-rechtlicher Rundfunk*[547] foi criada após o final da Segunda Guerra Mundial como uma corporação autônoma em relação ao Estado, na forma técnico-jurídica de agência, mas a mentalidade de sua equipe executiva está ligada até hoje às percepções e visões

---

[543] BERGHOFF, Hartmut. *Moderne Unternehmensgeschichte*. Berlim: De Gruyter, 2016, pp. 192 e ss.

[544] Cf. apenas WEHLER, Hans-Ulrich. *Deutsche Gesellschaftsgeschichte 1849-1914 (Bd. 3 – 1995)*. Munique: C.H. Beck, 2008, pp. 68 e ss.

[545] WEHLER, Hans-Ulrich. *Deutsche Gesellschaftsgeschichte 1849-1914 (Bd. 3 – 1995)*. Munique: C.H. Beck, 2008, p. 73.

[546] CHANDLER, Alfred Dupont. *The visible hand*: the managerial revolution in American business. Cambridge: The Belknap Press of Harvard University, 1977.

[547] N.T. Serviço Público de Radiodifusão, denominação da estrutura que abrange emissoras públicas de rádio e televisão.

de mundo da empresa político-partidária da República Federal da Alemanha e de sua cultura política.

Enquanto o gestor americano age desde o início com um senso quase natural na rede de uma sociedade que se auto-organiza, no continente, o funcionário executivo somente consegue romper com a tradição secular do Estado soberano e com o legado a ele associado de forma lenta e árdua. Até o século XX, o funcionário de nível superior permanece à sombra dos servos principescos, dos oficiais e funcionários públicos. É verdade que, desde a Idade Média tardia, a ideia de corporação, já conhecida nas cidades da Antiguidade, garantia um grau de autonomia mais ou menos pronunciado para igrejas, mosteiros, cidades, parlamentos e guildas para a atividade artesanal na Europa Ocidental. Contudo, essa autonomia sempre foi concedida dentro do corpo político, não em um corpo social dele diferenciado, que constitui uma identidade própria. Por conseguinte, na Alemanha – diferentemente do que acontece nos Estados Unidos –, o conhecimento gestorial e administrativo necessário à estruturação de hierarquias formais em grandes corporações é mais fortemente determinado pelo modelo da administração estatal, e dentro dela, em particular, pelo aparato militar. Fundadores da empresa e funcionários recepcionam documentos científicos militares e administrativos ou transmitem suas experiências como ex-funcionários públicos e soldados para o empreendimento industrial. "Organização prévia exata, responsabilidade pessoal e controle mais rigoroso possível", escreve o ex-oficial Werner von Siemens (1816-1892), "devem ser absolutamente observados".[548] Sim, já em 1855, o ex-oficial de artilharia e funcionário da administração telegráfica prussiana William Meyer é nomeado engenheiro-chefe e mandatário autorizado da Siemens & Halske, empresa antecessora da atual Siemens AG:

---

[548] Citado segundo BERGHOFF, Hartmut. *Moderne Unternehmensgeschichte*. Berlim: De Gruyter, 2016, p. 83.

§ 8 CULTURA GESTORIAL

"Tarefas de gestão e organização 'não são dificuldade para mim, estou acostumado com elas'".[549]

Com o crescimento da importância de grandes empresas e a incipiente organização sindical dos operários e funcionários comuns no último terço do século XIX, a estreita ligação das empresas privadas com a Administração Pública e o Estado é complementada por um marcado pluralismo de grupos. Após a Crise dos Fundadores de 1873, constitui-se uma rede amplamente ramificada de relações entre empresas, associações, federações, Estado e Administração Pública e, com o declínio do Império Alemão, a influência dessa rede corporativa dissemina-se ainda mais. Todavia, o individualismo da burguesia intelectual confere ao corporativismo alemão uma coloração particular: segundo as observações concordantes de James Fenimore Cooper, passando por Tocqueville e até Mark Granovetter, nos Estados Unidos, os indivíduos estão inseridos em uma pluralidade de estruturas sociais e de grupos sociais,[550] ao passo que as empresas na Alemanha não fazem parte de uma sociedade de Direito Privado genuína, não obstante sua ancoragem formal no Direito Privado. Pelo contrário, as empresas dirigidas por gestores continuam atuando à sombra de uma estatalidade que, de fato, não pode ser facilmente equiparada a noções de autoridade e campo de exercícios, mas está mais próxima da imagem de uma totalidade orgânica que vai desde o Romantismo até Otto von Gierke do que da ideia de uma espontaneidade do fragmentário. O interesse

---

[549] Citação segundo BERGHOFF, Hartmut. *Moderne Unternehmensgeschichte*. Berlim: De Gruyter, 2016, p. 83; Duisberg também opera com imagens militares, cf. PLUMPE, Werner. *Carl Duisberg 1861–1935*: Anatomie eines Industriellen. Munique: C.H. Beck, 2016, p. 151 (funcionários são soldados). A tradição militar, que se encarnou no "oficial erudito" e viu seu padrão de excelência em instituições como o Estado-Maior (prussiano) teve na Alemanha até 1945 uma importância que hoje é dificilmente imaginável.

[550] Cf. GRANOVETTER, Mark. "Economic Action and Social Structure: the Problem of Embeddedness". *American Journal of Sociology*, vol. 91, 1985, pp. 481 e ss.

corporativo continua mais intimamente ligado do que nos Estados Unidos à autoridade estatal, que se reflete então na organização da empresa como uma espécie de "devoção superior dos funcionários" (Karl-Heinz Bohrer).

O fato de o corporativismo na Alemanha ser originalmente menos individualista e social, mas mais coletivo e estatal também se expressa na maior necessidade de equilibrar interesses de grupo distintos dentro da empresa, maior para os funcionários executivos na Alemanha do que os *top managers* nos Estados Unidos. Esse processo, que introduz uma ampliação dos direitos subjetivos a grupos de interesse sociais como atores coletivos, inicia-se já no final do século XIX, tornando-se um dos pilares de sustentação da jovem República de Weimar após o final da Primeira Guerra Mundial.[551] No período anterior à sua fundação, os sindicatos e representantes do empresariado já concluem uma série de acordos corporativos que contribuem para estabilizar a transição de um Estado monárquico para um Estado democrático.[552] Com base nisso, a Constituição de Weimar normatiza uma noção abrangente de ordem e justiça para a vida econômica, que inclui, por exemplo, a garantia da liberdade de associação para preservação e fomento

---

[551] Uma evolução comparável ocorreu na Itália, particularmente em Turim, onde um grupo de aristocratas e empresários fundou a *Fabbrica Italiana Automobili Torino* (Fiat) em 1899. Após a aquisição da Fiat por Giovanni Agnelli, este experimentou várias formas de conciliação de interesses, que, após a criação dos conselhos de trabalhadores, estenderam-se à proposta de Agnelli para transformar a Fiat em uma cooperativa. Essas experiências terminaram com Mussolini e seu corporativismo.

[552] Cf. PLUMPE, Werner. *Das kalte Herz - Kapitalismus*: die Geschichte einer andauernden Revolution. Berlim: Rowohlt, 2019, pp. 325 e ss.; WEHLER, Hans-Ulrich. *Deutsche Gesellschaftsgeschichte 1914-1949 (Bd. 4 – 2003)*. Munique: C.H. Beck, 2008, pp. 116 e 221; WIETHÖLTER, Rudolf. "Thesen zum Wirtschaftsverfassungsrecht". *In*: ZUMBANSEN, Peer; AMSTUTZ, Marc (Coord.). *Recht in Recht-Fertigungen*: ausgewählte Schriften von Rudolf Wiethölter. Berlim: Berliner Wiss.-Verlag, 2013, p. 49 (a Constituição de Weimar sela compromissos de evolução histórica).

das condições laborais e econômicas (liberdade de associação, art. 159 da Constituição de Weimar), bem como elementos de uma constituição empresarial baseada na igualdade de direitos de operários, funcionários e empreendedores (comitês de trabalhadores, art. 165 da Constituição de Weimar). Isso introduz um elemento de autoridade estatal nas formas do exercício coletivo de direitos de liberdade, que, após a Primeira Guerra Mundial, no setor da indústria química, por exemplo, leva a novas estruturas de "autoadministração liberal" em uma "economia de transição organizada com autoridade estatal".[553] Depois de 1945, esse arranjo encontra uma continuação estruturada de modo mais pluralista no modelo da Parceria Social alemã: as referências semânticas da subjetividade jurídica abrem-se para processos pluralistas de grupos (empresas, sindicatos, associações), que permanecem, contudo, vinculados ao Estado e seus atores (Banco Central Alemão, autoridades antitruste, partidos) na forma de "notificações recíprocas de expectativas e comportamentos".[554] Acrescente-se a isso um sistema de acordos coletivos garantido pelo Estado com procedimentos de conciliação e sentenças arbitrais próprios e que, eventualmente, também pode ser imposto às partes da negociação coletiva.[555]

---

[553] PLUMPE, Werner. *Carl Duisberg 1861–1935*: Anatomie eines Industriellen. Munique: C.H. Beck, 2016, p. 570.

[554] WIETHÖLTER, Rudolf. "Thesen zum Wirtschaftsverfassungsrecht". *In*: ZUMBANSEN, Peer; AMSTUTZ, Marc (Coord.). *Recht in Recht-Fertigungen*: ausgewählte Schriften von Rudolf Wiethölter. Berlim: Berliner Wiss.-Verlag, 2013, p. 49; PLUMPE, Werner. *Das kalte Herz - Kapitalismus*: die Geschichte einer andauernden Revolution. Berlim: Rowohlt, 2019, pp. 457 e ss. (sobre as particularidades do desenho institucional do capitalismo na República Federal da Alemanha); cf. também DI FABIO, Udo. *Herrschaft und Gesellschaft*. Tübingen: Mohr Siebeck, 2019, pp. 197 e ss. (que descreve o corporativismo da Alemanha como uma instituição social dependente da soberania política).

[555] PLUMPE, Werner. *Das kalte Herz - Kapitalismus*: die Geschichte einer andauernden Revolution. Berlim: Rowohlt, 2019, p. 326.

Muito embora a cogestão de trabalhadores seja frequentemente considerada como o elemento central do sistema corporativo de equilíbrio de interesses e da democracia de consenso alemã,[556] é questionável que exista um nexo entre a prosperidade sustentável da economia alemã após o final da Segunda Guerra Mundial e a ampliação da Constituição Empresarial para uma Constituição Econômica mediante inclusão das relações coletivas de trabalho. De fato, é muito possível que a revalorização dos direitos de participação sindical, bem como o sistema de acordos coletivos garantido pelo Estado tenham contribuído para relações de trabalho estáveis e cooperativas entre os principais grupos de interesses sociais a partir dos anos 1950 e assegurado vantagens competitivas não desprezíveis para a indústria automobilística alemã, por exemplo, perante seus concorrentes britânicos, franceses ou italianos. Mas é difícil decidir em que medida a cogestão de trabalhadores contribui para gerar uma cooperação baseada na confiança no processo econômico e para reduzir custos de transação.[557] É que apesar de todas as vantagens que a Parceria Social pode ter tido no passado, na Alemanha, suas desvantagens residem no fato de ela substituir os procedimentos de negociação social de salários e condições de trabalho por soluções estatais formais e relativamente rígidas, retardando assim os processos de tomada de decisão nas empresas e possibilitando uma fuga para compromissos negativos. É pouco provável que isso tenha facilitado a adaptação das grandes empresas alemãs aos padrões pós-fordistas de produção flexível e modularizada que surgiram a partir da década de 1980. Talvez o segredo do sucesso da economia alemã esteja menos na cogestão como tal e mais em um interesse comum, firmemente ancorado na cultura, em uma força de trabalho bem treinada, isto é, no sistema especificamente alemão de formação na

---

[556] Cf. apenas ABELSHAUSER, Werner. *Deutsche Wirtschaftsgeschichte seit 1945*. Munique: C.H. Beck, 2004, pp. 352 e ss. e 426 e ss.
[557] ABELSHAUSER, Werner. *Deutsche Wirtschaftsgeschichte seit 1945*. Munique: C.H. Beck, 2004, pp. 430 e ss.

empresa, em instituições como aprendizados, estágios, programas de *trainee* e formação contínua na empresa.[558]

8.5 Anexo: imagens da corporação

Sobre a base de uma teoria de corporações que remonta à filosofia platônica, o Direito romano cristianizado produz um conceito de corporação no final da Idade Média que distingue claramente entre uma corporação e seus membros: a corporação é representada como uma criação das operações do Direito ou como resultado de um artifício legal.[559] Na Inglaterra do início da Era Moderna, desenvolve-se a partir daí a concepção de que a associação de várias pessoas em um empreendimento comum deve ser pensada como um *corporation aggregate*, um corpo invisível e imortal, segundo Edward Coke, que descansa exclusivamente sobre as intenções e a força da lei real. "The King giveth and the King taketh away".[560] Uma teoria corporativa nominalista que enfatiza o elemento ficcional determina também o *Leviatã* de Hobbes: assim como o *corporation aggregate* de Coke, o *Leviatã* é um corpo público e, por definição,

---

[558] Isso é enfatizado por FUKUYAMA, Francis. *Trust*: the Social Virtues and the Creation of Prosperity. Nova York: Free Press, 1996, pp. 237-245; cf. também IVERSEN, Torben; SOSKICE, David. *Democracy and prosperity*: reinventing capitalism through a turbulent century. Princeton: Princeton University Press, 2019, pp. 38 e ss. e 102 e ss. (de modo geral, sobre a importância de uma *skilled workforce* para a economia fordista).

[559] THOMAS, Yan. "'Auctoritas legum non potest veritatem naturalem tollere'. Rechtsfiktion und Natur bei den Kommentatoren des Mittelalters". *In*: MOHNHAUPT, Heinz; KERVÉGAN, François (Coord.). *Recht zwischen Natur und Geschichte*: deutsch-französisches Symposien vom 24. bis 26. November 1994 an der Universität Cergy-Pontoise. Frankfurt am Main: Klostermann, 1997, pp. 1 e ss. e 21 ("Na Idade Média, a personalidade jurídica fictícia representa um mero artifício").

[560] COKE, E. *Sutton's Hospital* (1612). Citado aqui de acordo com LASKI, Harold J. "The Early History of Corporation in England". *Harvard Law Review*, vol. 30, 1917, pp. 561 e ss. e 587.

artificial, razão pela qual Hobbes abstém-se de antemão de iluminar mais de perto a vida interior do gigante.[561] Uma vez que Hobbes faz o *Leviatã* surgir da fantasia literária de um contrato social com o qual todos os indivíduos que a ele se submetem devem concordar, sua *Commonwealth* está afinal mais próxima do eu fracionado, fragmentário e relativo dos anglo-saxões do que do ego substancial, total e solipsista dos europeus, para retomar mais uma vez as fórmulas de Gilles Deleuze citadas no início.[562]

As experiências de longa história do Direito ocidental com a autonomização de associações de pessoas certamente facilitou para os Estados nacionais no século XIX substituir a até então concessão das corporações, feita de costume pela autoridade, por uma formação livre de corporações com registro unicamente formal. Mas, uma vez que as instituições da subjetividade jurídica são deslocadas para o corpo social ou formalmente implementadas nele (em Connecticut, por exemplo, a livre constituição de corporações é reconhecida em 1837), torna-se possível uma dinâmica da experimentação com instituições jurídicas já existentes, que, por sua vez, pode incentivar a constituição de novas formas jurídicas. Um bom exemplo disso é o surgimento da forma da sociedade de capitais associados – o grupo empresarial. Sua pioneira é a *Rockefeller's Standard Oil Company*. Com a expansão da Standard Oil para mercados originalmente *upstream* e *downstream* (a empresa ampliou-se em poucas décadas, transformando-se de uma refinaria em um conglomerado multifuncional que engloba, entre outros, as atividades de produção de petróleo, operação de petroleiros, armazenagem, fabricação de embalagens e construção dos próprios navios), começa ao mesmo

---

[561] PICCIOTTO, Joanna. *Labors of Innocence in Early Modern England*. Cambridge: Harvard University Press, 2010, p. 7.

[562] Cf. também PICCIOTTO, Joanna. *Labors of Innocence in Early Modern England*. Cambridge: Harvard University Press, 2010, p. 319 (que se refere à descrição de Hooke segundo a qual Hobbes "walked the London streets freely behaving as a natural man while telling everyone else to submit to their sovereign").

tempo a experimentação com várias formas jurídico-corporativas de truste. Em janeiro de 1882, a Standard Oil reúne suas diversas firmas, distribuídas em dezenas de estados como sociedades autônomas, em um único grupo de trustes: com base em um acordo secreto, 41 acionistas transferem suas cotas a nove trustes, os quais recebem em troca certificados fiduciários devidamente validados.[563] Essa solução tem tanto êxito que é rapidamente imitada por outras empresas. Esse é um grande passo no caminho para se tornar uma grande corporação, na medida em que assim a *Standard Oil* consegue transpor a teoria *ultra vires* do Direito americano, segundo a qual uma empresa não está autorizada a adquirir ações de outras sociedades e constituir *holdings*.[564]

O reconhecimento formal de sociedades de capital e grupos empresariais descentralizados como pessoas jurídicas autônomas certamente contribui para consolidar organizações complexas como unidades corporativas.[565] Dessa estabilização jurídica da empresa faz

---

[563] CHANDLER, Alfred Dupont. *The visible hand*: the managerial revolution in American business. Cambridge: The Belknap Press of Harvard University, 1977, pp. 418 e ss.; DAMLER, Daniel. *Konzern und Moderne*: die verbundene juristische Person in der visuellen Kultur 1880–1980. Frankfurt am Main: Vittorio Klostermann, 2016, pp. 27 e ss. (com outros esclarecimentos).

[564] DAMLER, Daniel. *Konzern und Moderne*: die verbundene juristische Person in der visuellen Kultur 1880–1980. Frankfurt am Main: Vittorio Klostermann, 2016, p. 27.

[565] Cf. apenas DAMLER, Daniel. *Rechtsästhetik*: Sinnliche Analogien im juristischen Denken. Berlim: Duncker & Humblot, 2016, pp. 63 e ss. e 92; DEAKIN, Simon; GINDIS, David; HODGSON, Geoffrey M.; KAINAN, Huang; PISTOR, Katharina. "Legal Institutionalism: Capitalism and the Constitutive Role of Law". *Journal of Comparative Economics*, vol. 45, 2017, pp. 188 e ss.; ORTS, Eric W. "Theorizing the Firm: Organizational Ontology in the Supreme Court". *DePaul Law Review*, 2016, pp. 559 e ss. (sobre a discussão recente dos direitos individuais nos Estados Unidos); PERROW, Charles. *Organizing America*: Wealth, Power, and the Origins of Corporate Capitalism. Princeton: Princeton University Press 2002, p. 31 (que fala de uma "legal Revolution").

parte também a abertura do Direito para direitos empresarias formais de ação e propriedade, que são reconhecidos nos Estados Unidos ainda no século XIX.[566] Na Alemanha, direitos empresariais subjetivos também passam a ser formalmente garantidos pelo Direito Privado já no século XIX, principalmente, através da lei de patentes; somente após a Segunda Guerra Mundial é criada uma disposição constitucional própria para a titularidade de direitos fundamentais de empresas (art. 19, § 3º da Lei Fundamental). A longa tradição europeia de uma teoria jurídica das corporações, bem como seu desenvolvimento contínuo por tribunais e legislação estatais nos séculos XIX e XX forneceram assim uma contribuição importante para a ascensão social das grandes empresas de produção em massa, diferentemente, por exemplo, do Direito islâmico tradicional, que nunca deixou de obstruir a constituição de formas corporativas abstratas.[567]

Mas a história do Direito ocidental também mostra o quanto as figuras jurídicas da personalidade jurídica para corporações repousam sobre uma rede normativa de ordens instituídas. Dessa rede devem fazer parte também sistemas semânticos pré-conceituais e metafóricos para registro de um fenômeno abstrato como o da grande empresa[568] e que estruturam o escopo das possibilidades de construções jurídicas

---

[566] Cf. o rico material em MATYS, Thomas. *Legal Persons-"Kämpfe" und die organisationale Form*. Wiesbaden: VS Verlag für Sozialwissenschaften, 2012, pp. 131 e ss.; PISTOR, Katharina. *The code of capital*: how the law creates wealth and inequality. Princeton: Princeton University Press, 2019, pp. 47 e ss.; DAMLER, Daniel. *Rechtsästhetik*: Sinnliche Analogien im juristischen Denken. Berlin: Duncker & Humblot, 2016, pp. 70-88 e ss. (quanto aos Estados Unidos e à Alemanha).

[567] KURAN, Timur. *The Long Divergence*: How Islamic Law Held Back the Middle East. Princeton: Princeton University Press, 2011, pp. 97 e ss.; DAMLER, Daniel. *Rechtsästhetik*: Sinnliche Analogien im juristischen Denken. Berlim: Duncker & Humblot, 2016, pp. 112-118; LADEUR, Karl-Heinz. "Der Islam und sein Recht. Die Vermeidung der Unterscheidungen". *Archiv für Rechts- und Sozialphilosophie*, 2017, pp. 71-80 e 88.

[568] DAMLER, Daniel. "Synästhetische Normativität". *Rechtsgeschichte*, vol. 25, 2017, pp. 162-168 e ss. (que, nesse campo, enxerga a instância

§ 8 CULTURA GESTORIAL

da subjetividade jurídica. Por isso, não é tão surpreendente que as variantes da cultura burguesa aqui destacadas também se reflitam em diferentes imagens de corporações: o Direito anglo-americano é dominado por uma imagem de corporação em cujo centro estão o indivíduo e sua associação com outros. Essa imagem provém de indivíduos autônomos, que se associam em parceria para formar uma corporação, sendo que a esta é concedido unicamente um caráter fictício. Em contrapartida, o Direito europeu continental é habitado por uma metáfora holística orgânica: a corporação é destacada dos indivíduos e dotada do *status* de realidade institucional autônoma.[569] A teoria alemã da personalidade associativa real, em particular, atribui capacidade de agir pessoal à corporação ou à própria associação, ao estilizar a pessoa jurídica em um organismo comparável a um indivíduo, em uma unidade de vida intelectual corporal.[570]

A tradicional imagem anglo-americana de corporação, o indivíduo autônomo que se associa a outros indivíduos em uma parceria para formar uma corporação, volta de forma modificada nos Estados Unidos, na década de 1970. Ali, principalmente no contexto de teorias econômicas, surgem conceitos que não descrevem mais o empreendimento econômico dirigido por gestores em uma linguagem antropomórfica, como corpo ou pessoa, mas como um conjunto de relações contratuais, "a *nexus for contracting relationships*".[571] A

---

dirigente central do pensamento humano ou um poder configurador do pensamento).

[569] EZRAHI, Yaron. *Imagined Democracies*: Necessary Political Fictions. Cambridge: Cambridge University Press, 2012, p. 212. Ezrahi não se limita a imagens da empresa, mas também inclui estruturas políticas como o Estado, e refere-se essencialmente a reflexões de F. W. Maitland. A tese de Ezrahi não deixa de ser problemática em parte, mas não pode ser discutida aqui em mais detalhes.

[570] GIERKE, Otto von. *Das Wesen der menschlichen Verbände – Rektoratsrede vor der Universität Berlim am 15.10.1902*. Darmstadt: wiss. Buchgesellschaft, reimpressão: 1954, p. 15.

[571] Cf. JENSEN, Michael C.; MECKLING, William H. "Theory of the Firm. Managerial Behavior, Agency Costs and Ownership Structure". *Journal*

cultura jurídica europeia continental também produz tentativas de compreender a empresa para além das metáforas antropomórficas das concepções do século XIX, como, por exemplo, a descrição da empresa como organização autopoiética formal feita pela teoria dos sistemas.[572] Enquanto a tradição nominalista da teoria das corporações é preservada na dissolução individualista da empresa em um conjunto de relações contratuais, a teoria dos sistemas abandona as representações contratualistas da "teoria social liberal e ao mesmo tempo humanista"[573] para concentrar a análise sociológica inteiramente no plano operacional da auto-interconexão de redes de comunicação social. Aqui – baseando-se na premissa de uma rígida separação operacional de operações sociais e psicológicas – a consciência perceptiva é tratada com proposital desatenção ou apenas no sentido de que os funcionários da empresa protegem-se das exigências das organizações através de rotinas protetivas e da internalização de imperativos sociais, como cortesia.[574] Diante desse contexto sociológico, Gunther Teubner, por exemplo, concede "às próprias organizações, no sentido estrito, uma vontade própria, preferências próprias, interesses próprios e uma capacidade de comunicação própria".[575]

---

of Financial Economics, vol. 3, 1976, pp. 305 e ss.; LANGLOIS, Richard N. "The Corporation is not a Nexus of Contracts: it's an I-Phone". In: GAGLIARDI, Francesca; GINDES, David (Coord.). Institutions and evolution of capitalism: essays in honour of Geoffrey M. Hodgson. Cheltenham: Edgar Elgar Publishing, 2019, pp. 142 e ss. e 156.

[572] TEUBNER, Gunther. Recht als autopoietisches System. Frankfurt am Main: Suhrkamp, 1989, pp. 149 e ss.

[573] LUHMANN, Niklas. Organisation und Entscheidung. Opladen: Springer, 2000, pp. 107.

[574] LUHMANN, Niklas. Organisation und Entscheidung. Opladen: Springer, 2000, pp. 116 e ss.

[575] TEUBNER, Gunther. "Zum transsubjektiven Potential subjektiver Rechte. Gegenrechte in ihrer kommunikativen, kollektiven und institutionellen Dimension". In: FRANZKI, Hannah; HORST, Johan; FISCHER-LESCANO, Andreas (Coord.). Gegenrechte: Recht jenseits des Subjekts. Tübingen: Mohr Siebeck, 2018, pp. 357-362 e ss.

§ 8 CULTURA GESTORIAL

Gilles Deleuze tem um ponto aqui: ambas as imagens, tanto a do eu fracionado, fragmentário e relativo dos anglo-saxões, quanto a do ego substancial, total e solipsista dos europeus continuam funcionando até o presente recente como orientações metafóricas subliminares para construções jurídicas da corporação – tanto a "atomística" quanto a "holística".

§ 9 CULTURA DA TECNOLOGIA DA INFORMAÇÃO

9.1 *Homo digitalis* e teoria da sociedade em rede

O aparecimento do *homo digitalis* anuncia uma nova fase de agitação na história do desenvolvimento do homem criativo moderno. Se a força inovadora e a capacidade de desempenho do gestor baseavam-se em grandes empresas com departamentos de pesquisa e desenvolvimento bem-sucedidos, na cultura da tecnologia da informação, a geração de novos conhecimentos, inovações tecnológicas e crescimento econômico são promovidos por *clusters* de alta tecnologia constituídos entre empresas, instituições de pesquisa, universidades, investidores de risco e outros atores em uma determinada região. S*tart-ups*, *spin-offs* e cooperações entre empresas em forma de projetos substituem a organização corporativa estável. No lugar da lealdade dedicada pelo gestor durante décadas a uma única empresa, surge com o *homus digitalis* um ideal de personalidade que se compromete mais de modo temporário e gira em torno de uma forma de empreendimento arriscado e "lúdico". A fundação de empresas próprias ou participações acionárias em *joint ventures* que podem ser vendidas rapidamente e de forma lucrativa (e que tornam os papéis do proprietário e do funcionário potencialmente intercambiáveis) são importantes incentivos econômicos desse tipo.[576] Mas assim como incentivos econômicos já não são tudo no caso do empreendedor burguês e do gestor da sociedade industrial, eles não podem ser superestimados no caso do *homo digitalis*, marcado por valores pós-materialistas. O estilo de vida de Steve Jobs, um típico *hippie* da Costa Oeste aos vinte anos (figura 15), demonstra isso de uma forma quiçá particularmente impressionante: sobre a base de uma mentalidade influenciada pela contracultura do final da década de 1960, Jobs desenvolveu sua obsessão de toda uma vida em imaginar um mundo que ainda não existia, de criar e comercializar produtos eletrônicos de fácil utilização e estética sofisticada – uma obsessão que ele priorizou em detrimento de todo o resto, tanto da vida familiar, quanto da própria saúde.

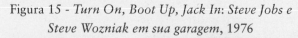

Figura 15 - *Turn On, Boot Up, Jack In*: Steve Jobs e Steve Wozniak em sua garagem, 1976

---

[576] Cf. KENNEY, Martin; PLATTON, Donald. "The Coevolution of Technologies and Institutions: Silicon Valley as the Iconic High-Technology". *In*: BRAUNERHJELM, Pontus; FELDMANN, Maryann P. (Coord.). *Cluster Genesis*: Technology Based Industrial Development. Oxford: Oxford University Press, 2006, pp. 38 e ss. e 56 e ss.

§ 9 CULTURA DA TECNOLOGIA DA INFORMAÇÃO

O novo paradigma da rede que define a cultura da tecnologia e da informação substitui fronteiras rígidas por uma dinâmica flexível de transposição de fronteiras. Essa é uma das transformações mais importantes, se não até mesmo a transformação essencial, desencadeadas por essa mais recente etapa evolutiva. Enquanto a cultura gestorial ainda era dominada por distinções estáveis e sínteses abrangentes, de modo semelhante à cultura burguesa, a cultura da tecnologia da informação é definida por graduações e faixas de variação, em que fronteiras são também transições, e sistemas encontram-se em uma relação transitiva para com seu ambiente.[577] Se as distinções e sínteses do pensamento burguês eram capazes de sobrepor o mundo de forma ordenada e traçar limites claros entre referências semânticas cognitivas e normativas no sistema jurídico, por exemplo, a cultura da tecnologia da informação é definida por uma agregação híbrida, situacional e em forma de projeto entre operações, que foge a uma sistematização e não permite mais formas e instituições de estabilidade permanente.[578] Esse "abalo do pensamento em conceitos limítrofes"[579] abrange também a noção de limites internos do sistema: uma vez que, por definição, não existe centro em uma rede, mas, no máximo, nós maiores, e como o acesso a uma rede é obrigatoriamente local,[580] as ideias de hierarquia, centralidade e central de poder perdem seu caráter evidente e durante muito tempo incontestável, especialmente na cultura europeia continental. Por conseguinte, também faz parte do novo paradigma da rede uma

---

[577] Acompanhando, na terminologia, KOSCHORKE, Albrecht. *Wahrheit und Erfindung*: Grundzüge einer allgemeinen Erzähltheorie. Frankfurt am Main: S. Fischer, 2012, pp. 119 e 385; cf. também VESTING, Thomas. *Die Medien des Rechts, Bd. 4*: Computernetzwerke. Weilerswist: Velbrück Wissenschaft, 2015, pp. 60 e 132.

[578] LADEUR, Karl-Heinz. *Die Textualität des Rechts*: zur poststrukturalistischen Kritik des Rechts. Weilerswist: Velbrück, 2016, pp. 92 e 306.

[579] LADEUR, Karl-Heinz. *Die Textualität des Rechts*: zur poststrukturalistischen Kritik des Rechts. Weilerswist: Velbrück, 2016, p. 308.

[580] MALABOU, Catherine. *Was tun mit unserem Gehirn?* Zurique: Diaphanes, 2006, p. 65.

percepção de ordem alterada: a ordem provém agora de estruturas descentralizadas, múltiplas e adaptáveis, que estão abertas para o imprevisto e conseguem privilegiar o evento em relação à lei.[581] Consequentemente, a ordem deve ser constantemente renovada e reorganizada para, peculiarmente, permanecer provisória.

Assim, com o surgimento do *homo digitalis* estaria ligada uma fase de agitação altamente dinâmica que se projeta para relacionamentos sempre novos, para além de fronteiras convencionais. Se a subjetividade criativa na cultura gestorial estava limitada à empresa, no caso do *homo digitalis* ela se difunde em formas reticuladas de trabalho e vida, tais como elas caracterizaram a indústria eletrônica americana desde o início.[582] No Vale do Silício, culturas de cooperação menos institucionalizadas, como aquelas que se tornaram possíveis, principalmente através da realização de formas eficientes de comunicação eletrônica – listas de distribuição por e-mail, grupos de notícias ou grupos de bate-papo – substituíram desde cedo hierarquias de gestão formais e aparatos de controle burocráticos, cujo suporte era o papel. Essa desformalização da comunicação corporativa interna também repercutiu – com certo lapso temporal – sobre a Europa continental. Assim, por exemplo, a partir da década de 1990, tanto na França quanto na Alemanha, termos como executivo (*cadre*) ou funcionário executivo foram substituídos pelo termo *manager*. Com isso também se impôs uma nova autoimagem da gestão empresarial: o *CEO* de hoje não é um chefe que age dentro de um regime de competências claras e regras formais, mas jogador de uma equipe e *networker*, que exerce a direção fomentando a auto-organização da empresa mediante

---

[581] MALABOU, Catherine. *Was tun mit unserem Gehirn?* Zurique: Diaphanes, 2006, p. 59.

[582] Cf. STALDER, Felix. *Kultur der Digitalität*. Berlim: Suhrkamp, 2016, p. 86.

§ 9 CULTURA DA TECNOLOGIA DA INFORMAÇÃO

acordos com os colaboradores e equilibrando o autocontrole dos funcionários por meio de incentivos de toda espécie.[583]

A relação entre homem e tecnologia também é identificada por um movimento de transposição de fronteiras. Se o ideal de personalidade do *gentleman* já não podia ser concebido sem uma postura técnica em relação ao mundo, e se gestores e engenheiros da Era Industrial tornaram possível a produção em massa de máquinas, substâncias químicas, eletricidade, automóveis moradias, por exemplo, o *homo digitalis* ostenta já no nome a relação condensadora entre ser humano e tecnologia: tecnologias da informação admitem formas cada vez mais requintadas de interação entre máquinas, produzindo objetos técnicos abertos, conjuntos e sistemas homem-máquina inéditos, em que as próprias máquinas tornam-se inteligentes e, devido às capacidades de processamento de dados hoje alcançadas, conseguem performances inatingíveis pela inteligência humana. Tecnologias da informação possibilitam a participação de computadores em procedimentos de diagnóstico médico, transações bancárias, modelos de negócios para mercados financeiros, na solução de problemas jurídicos, na tradução de idiomas estrangeiros, no tráfego de automóveis ou na comunicação pública, por exemplo, na forma de plataformas de mídia social, com práticas de comunicação (co-)estruturadas por regras que permanecem invisíveis e são implementadas por algoritmos. Consequentemente, o *homo digitalis* parece levar uma vida na interface entre mente humana e inteligência automática, e por isso mesmo precisa evocar cenários sobre um mundo pós-humano de

---

[583] Cf. apenas BOLTANSKI, Luc; CHIAPELLO, Eve. *Der neue Geist des Kapitalismus*. Édition discours, 38. Colônia: Herbert von Halem Verlag, 2018, pp. 108 e ss. e 161; GIBBONS, Robert; HENDERSON, Rebecca. "What do Managers do? Exploring Persistent Performance Differences among Seemingly Similar Enterprises". *In*: GIBBONS, Robert; ROBERTS, J. (Coord.). *Handbook of Organizational Economics*. Princeton: Princeton University Press, 2013, pp. 702-718 e ss.

forma francamente inevitável.[584] Em autores como Nick Bostrom, Vernor Vinge e Ray Kurzweil, por exemplo, essas especulações culminam na ideia de uma "singularidade tecnológica",[585] que supõe que a inteligência humana é apenas uma etapa no caminho para uma inteligência automática superior, que um dia colocará um fim à era humana.

A ideia de uma transição para a pós-humanidade não se frusta pelo fato de a inteligência artificial não ser capaz (ainda) de interligar o conhecimento especial gerado automaticamente a um conhecimento universal nem por não abranger toda a gama da inteligência humana. Mas as especulações sobre uma superinteligência artificial desconsideram a cultura da tecnologia informação, na medida em que esta – como manifestação da cultura moderna – não pode ser pensada sem a suposição de uma universalidade da subjetividade.[586] Por isso, em meu entender, o elemento decisivo da evolução da tecnologia da informação reside não tanto no fato de máquinas eletrônicas estarem se tornando cada vez mais inteligentes e poderem um dia complementar ou quiçá substituir totalmente a ação autodeterminada de seres humanos. Ele está mais no fato de

---

[584] Cf. BOSTROM, Nick. "Die Zukunft der Menschheit". *In*: _____. *Die Zukunft der Menschheit*: Aufsätze. Trad. para o alemão de Jan-Erik Strasser. Berlim: Suhrkamp, 2018, pp. 9 e ss. e 38 e ss.

[585] Cf. VINGE, Vernor. "Technological Singularity". *In*: MORE, Max; VITA-MORE, Natascha (Coord.). *Transhumanist Reader*: Classical and Contemporary Essays on the Science, Technology, and Philosophy of the Human Future. Wiley: Blackwell 2013, pp. 365 e ss. Disponível em: htpp://ebookcentral.proquest.com/lib/senc/detail.action?DocID=1138989. Acessado em: 25.07.2022; cf. também BOSTROM, Nick. "Die Zukunft der Menschheit". *In*: _____. *Die Zukunft der Menschheit*: Aufsätze. Trad. para o alemão de Jan-Erik Strasser. Berlim: Suhrkamp, 2018, pp. 43 e ss. (sobre KURZWEIL, Ray. *The singularity is near*: when humans transcend biology. Nova York: Viking, 2005).

[586] Cf. HANSEN, Mark B. N. *Feed-Forward*: On the Future of Twenty-First-Century Media. Chicago: University of Chicago Press, 2015, p. 11 (que recorre a Alfred N. Whitehead).

§ 9 CULTURA DA TECNOLOGIA DA INFORMAÇÃO

que parte da subjetividade criativa está migrando para os fluxos de materialidade das redes de computadores, sendo assim transformada em uma "environmental subjectivity",[587] que, por sua vez, deveria ser designada mais como extra-humana do que como transumana. À primeira vista, portanto, o *homo digitalis* parece ser um tipo cheio de tensões: como engenheiro eletrônico e programador, ele é membro de um ambiente de tecnologia da informação caracterizado por matemática e racionalidade lógica, ao passo que, como fundador da empresa e gestor, ele deve agir em redes de produção flexíveis e que o confrontam com circunstâncias constantemente cambiantes. Por isso, o *homo digitalis* talvez devesse ser descrito de modo mais preciso como *homo relationalis sive digitalis*,[588] mas por razões de simplicidade linguística, manterei a versão abreviada – *homo digitalis*.

Aqui, o acesso ao novo paradigma da rede é buscado por meio de uma descrição mais precisa de transformações evolutivas drásticas em sistemas simbólicos da sociedade moderna e na mutação da forma da subjetividade. Essa abordagem encontra uma correlação sociológica na teoria da sociedade em rede delineada por Manuel Castells há cerca vinte e cinco anos em *The Rise of the Network Society* [*A Sociedade em Rede*]. Nessa obra, Castells concentra-se no nexo entre a ascensão de uma forma corporativa pós-industrial de produção flexível, a empresa em rede, baseada em métodos de gestão cooperativa,[589] bem como no advento de redes digitais de computadores, que possibilitam que a obrigatoriedade da formação de hierarquias gerada pela dimensão de determinado grupo seja substituída por formas flexíveis de coordenação entre participantes

---

[587] HANSEN, Mark B. N. *Feed-Forward*: On the Future of Twenty-First-Century Media. Chicago: University of Chicago Press, 2015, p. 5.

[588] Cf. apenas LINGUA, Graziano; PEZZANO, Giacomo. "Repenser la rationalité économique. De l'homo oeconomicus à l'homo relationalis". *Noesis*, 20, 2012, pp. 283 e ss. (que usam o termo como cifra de uma nova racionalidade econômica "civil").

[589] CASTELLS, Manuel. *The Rise of Network Society*. vol. I. Cambridge: Blackwell, 1996, pp. 151 e ss.

(variáveis).[590] Esse nexo também se expressa na definição de rede de Castells: o conceito de rede é definido como um conjunto de nós interligados e descrito como estrutura dinâmica e aberta, cujo limite está no fato de que nós de rede devem compartilhar os códigos de comunicação utilizados na rede.[591] De fato, essa definição ampla e formal admite a aplicação do conceito de rede a uma grande variedade de fatos sociais, mas o discurso sobre nós interligados (*interconnected nodes*) e códigos de comunicação compartilhados sinaliza, ao mesmo tempo, que o conceito de rede não pode ser concebido sem uma infraestrutura já existente de tecnologias da informação assistidas por computadores. Por conseguinte, para Castells, a sociedade em rede também é apenas um recorte ou uma subcategoria de um movimento de transformação mais abrangente, a mutação de uma sociedade industrial em uma sociedade informacional.[592]

Além disso, a teoria sociológica de Castells parte acertadamente do princípio de que a sociedade em rede é marcada por uma dinâmica de transposição flexível de fronteiras. Em sua análise da transformação do espaço e do tempo, ela pressupõe, por exemplo, que hoje as práticas sociais estão organizadas em diferentes níveis ou estratos de espaços e fluxos materiais – da infraestrutura eletrônica, da cidade global e da elite gestorial dominante.[593] Contudo, os três níveis não estão separados de forma clara e inequívoca, mas assemelham-se a limiares ou passagens, são permeáveis um ao outro e permanecem interligados. Assim como o sujeito na semiótica da cultura de Jurij Lotman, os níveis ou estratos de Castells apresentam o caráter de uma zona de contato e troca e não de uma linha

---

[590] Cf. CASTELLS, Manuel. *The Rise of Network Society*. vol. I. Cambridge: Blackwell, 1996, pp. 164, 168 e ss. e 471.
[591] CASTELLS, Manuel. *The Rise of Network Society*. vol. I. Cambridge: Blackwell, 1996, p. 470 ("a set of interconnected nodes").
[592] CASTELLS, Manuel. *The Rise of Network Society*. vol. I. Cambridge: Blackwell, 1996, p. 21 (nota 33 – "informational society").
[593] CASTELLS, Manuel. *The Rise of Network Society*. vol. I. Cambridge: Blackwell, 1996, pp. 410 e ss.

§ 9 CULTURA DA TECNOLOGIA DA INFORMAÇÃO

divisória intransponível.[594] A partir daí é possível inferir certo ceticismo sobre a eficiência de teorias sociológicas da diferenciação, no sentido em que estas enfatizam a autonomia irrestrita de campos sociais ou de sistemas funcionais: se a rede não pode ser determinada de modo substancial, mas apenas relacional (como conjunto de nós interligados), há muitas razões para pensar que a sociedade em rede romperá com a diferenciação funcional como forma primária de diferenciação social, em vez de aumentá-la ainda mais. Em lugar de uma maioria de ordens autônomas (da economia, do Direito, da política, da ciência, da arte etc.), operando de forma independente uma da outra e segundo a própria racionalidade, talvez surja um aumento de colisões e conflitos entre elas, um adicional de "tensões heterogêneas", em vez de "racionalidades objetivas".[595] Por isso, é bem provável que a suposição de que Luhmann, "em sua teoria da desdiferenciação funcional da sociedade ainda descreve, em primeiríssimo lugar, a sociedade moderna da tipografia"[596] seja um indício importante de uma construção teórica adequada à cultura da tecnologia da informação.

O fato de que a dinâmica da transposição flexível de fronteiras talvez marque a transformação mais importante na transição

---

[594] Cf. KOSCHORKE, Albrecht. *Wahrheit und Erfindung*: Grundzüge einer allgemeinen Erzähltheorie. Frankfurt am Main: S. Fischer, 2012, pp. 116 e ss.; cf. também AUGSBERG, Ino. *Kassiber*. Tübingen: Mohr Siebeck, 2016, pp. 14 e 17 e ss. (sobre movimentos de transgressão de fronteira desse tipo – "transferências" – na perspectiva da Teoria do Direito).

[595] BAECKER, Dirk. *4.0 oder Die Lücke die der Rechner lässt*. Leipzig: Merve Verlag, 2018, p. 26; cf. também TEUBNER, Gunther. *Verfassungsfragmente*: Gesellschaftlicher Konstitutionalismus in der Globalisierung. Berlim: Suhrkamp, 2012, pp. 225 e ss. (que observa uma "dupla fragmentação" quanto à sociedade global e ao Direito global, na qual novas formas de diferenciação sobrepõem-se à diferenciação funcional).

[596] HÖRL, Erich. "Die Ökologisierung des Denkens". *Zeitschrift für Medienwissenschaft*, nº 14, vol. 1, 2016, pp. 33-38, nota 29.

evolutiva da cultura gestorial para a cultura da tecnologia da informação não significa que a sociedade em rede elimine todas as fronteiras, nem que a questão das fronteiras em si tenha se tornado obsoleta. Assim como, em Castells, a unidade e a identidade de uma rede dependem sempre de que os nós de rede compartilhem códigos de comunicação empregados na rede,[597] na perspectiva aqui adotada, a capacidade operacional de uma rede pressupõe certo grau de similaridades culturais, de confiança entre estranhos e de formas de sociabilidade espontânea. De fato, a ascensão de formas de empreendimento e cooperação em rede na economia é até mesmo acompanhada por uma profunda mutação, na qual ordens informais ganham relevância em relação a ordens formais, ou pelo menos tornam-se mais claras do que nunca em seu significado. Há quase duas décadas, Francis Fukuyama já falou nesse sentido de uma transição de uma "produção de baixo nível de confiança para uma produção baseada na confiança", que "transfere a função de coordenação de conjuntos de regras burocráticas formais para normas sociais informais".[598] A premissa para outras reflexões seria então que a autoridade e a inteligência organizadas na grande empresa em uma hierarquia gestorial formal dissolve-se e reparte-se entre os atores que participam da rede, os quais devem internalizar essa autoridade e essa inteligência de tal modo que formas reticuladas de auto-organização e autodeterminação tornem-se possíveis.[599] Essa mutação das formas econômicas de ação e coordenação acarretaria então outra metamorfose da subjetividade jurídica: como a incorporação de práticas de liberdade em estruturas sociais informais

---

[597] CASTELLS, Manuel. *The Rise of Network Society*. vol. I. Cambridge: Blackwell, 1996, p. 470.

[598] FUKUYAMA, Francis. *Der große Aufbruch*: wie unsere Gesellschaft eine neue Ordnung erfindet. Viena: Szolnay, 2000, p. 273.

[599] FUKUYAMA, Francis. *Der große Aufbruch*: wie unsere Gesellschaft eine neue Ordnung erfindet. Viena: Szolnay, 2000, p. 274. Neste ponto, é possível identificar certas semelhanças entre o pensamento liberal de Fukuyama e as análises de poder sociocríticas de Foucault, Deleuze, Boltanski e outros.

flexíveis torna-se mais visível do que nunca, o Direito formal e o discurso jurídico devem olhar com maior atenção o conhecimento silencioso e pré-conceitual do poder instituinte. Esse poder, que precede o conhecimento explícito do Poder Constituinte, criou novas formas reticuladas de trabalho e de vida. Uma teoria da subjetividade jurídica deve encontrar uma resposta para tanto que seja compatível com as evoluções, o que também significa que ela não pode ignorar a relevância do poder instituinte nem as possibilidades e restrições por ele criadas, mas deve sim aprender a conectar-se a ele.

9.2 O *cluster* regional de alta tecnologia

Na cultura da tecnologia da informação, o trabalho de pesquisa e desenvolvimento é deslocado para *clusters* regionais de alta tecnologia. Se na cultura gestorial dominava uma pesquisa e um desenvolvimento de produtos praticados sistematicamente em laboratórios próprios da empresa, a inteligência e a atividade de experimentação migram agora para uma forma local de pensamento e conhecimento. No *cluster* de alta tecnologia, diferentes atores interagem em proximidade espacial: grandes corporações, *start*-ups, *spin-offs*, universidades locais, investidores de risco, engenheiros de *software* autônomos etc. Essa ordem de conhecimento deve ser concebida como uma rede plana em que os componentes interagentes concatenam-se de modo horizontal, criando uma estrutura de alta complexidade que, não obstante sua densidade, ainda está aberta o suficiente para abandonar uma direção e uma finalidade uma vez assumidas e conseguir realizar possibilidades novas e não predefinidas no processo de trabalho. O caso paradigmático dessa clusterização é o Vale do Silício, o coração da indústria eletrônica americana.[600] Geograficamente formado por uma rede de cidades pequenas, com pouco mais de 50 mil habitantes, tais como Mountain

---

[600] Cf. KENNEY, Martin; PLATTON, Donald. "The Coevolution of Technologies and Institutions: Silicon Valley as the Iconic High-Technology". *In*: BRAUNERHJELM, Pontus; FELDMANN, Maryann

View, Menlo Park e Santa Clara, o Vale do Silício surgiu a partir da indústria de semicondutores, à qual ele também deve o nome, da tecnologia do silício, que se impôs como material para a produção de semicondutores na década de 1960. Hoje, todavia, o Vale do Silício é dominado pela indústria de *software* e por empresas como Google e Facebook ou outras, como a Apple, em que o *software* constitui um componente central do sucesso econômico de produtos eletrônicos e ideias comerciais.

O *cluster* de alta tecnologia é caracterizado por uma ordem de conhecimento experimental, um pensamento que conta com imprevisibilidades e está aberto para o inesperado. Isso fica particularmente claro no campo da produção de *softwares*.[601] Por um lado, projetistas de *software* precisam ter uma inteligência formal apurada. Eles devem possuir um talento matemático pronunciado e mostrar desempenhos excepcionais em informática, talentos que também existem hoje em grau elevado, em países como China e Rússia, por exemplo. Por outro lado, o domínio de conhecimento formal, por si só, não é garantia de sucesso. No início de cada tarefa existe uma supercomplexidade de possibilidades de processamento que não podem ser reduzidas nem mesmo solucionadas de forma produtiva de modo puramente racional; as condições iniciais nunca podem ser inferidas por completo por meio de matemática. Mesmo no decorrer da programação do código de um *software*, a etapa matemática a ser realizada em cada caso parece sempre preceder a possibilidade de seu registro pela consciência, e mesmo em retrospectiva, não é possível descrever soluções e descobertas como realizações pré-planejadas de um programador.[602] Pelo contrário, para ter sucesso,

---

P. (Coord.). *Cluster Genesis*: Technology Based Industrial Development. Oxford: Oxford University Press, 2006, pp. 38 e ss.

[601] Aqui, acompanho em grande parte GUMBRECHT, Hans Ulrich. *Weltgeist im Silicon Valley*: Leben und Denken im Zukunftsmodus. Zurique: NZZ libro, 2018.

[602] Cf. GUMBRECHT, Hans Ulrich. *Weltgeist im Silicon Valley*: Leben und Denken im Zukunftsmodus. Zurique: NZZ libro, 2018, p. 73.

§ 9 CULTURA DA TECNOLOGIA DA INFORMAÇÃO

os projetistas de *software* devem confiar na própria intuição – que não é palpável nem conceitual nem matematicamente.[603] Faz-se necessário, portanto, uma combinação de diferentes racionalidades, o que Hans-Ulrich Gumbrecht, cientista da literatura alemão que lecionou em Stanford por muito tempo e reuniu grande número de experiências com jovens cientistas da computação altamente talentosos, chama de "copresença de diferentes formas de pensamento em abertura mútua".[604]

Segundo essa ideia, projetistas de *software* devem ser capazes de um tipo de pensamento que se aproxima da contemplação, de uma concentração ao mesmo tempo focalizada e descontraída, aberta para o inesperado das próprias intuições e para o outro inesperado.[605] Em uma terminologia kantiana, seria possível dizer: a razão pura deve ser sustentada pela faculdade do juízo e por seu núcleo, o poder da imaginação. Enquanto a competência matemática mostra uma proximidade com a razão pura, a concentração descontraída mostra uma proximidade com a imaginação, com antecipações intuitivas do futuro através de imagens e visões.[606] Para usar ainda outra formulação: a forma de trabalho do *designer* de *software*, além das competências lógicas formais, inclui a capacidade de brincar com possibilidades desconhecidas e aventurar-se em terreno desconhecido, onde são encontrados eventos inesperados e sem precedentes. O elemento decisivo da forma de trabalho do *designer* de *software* residiria então no fato de que, entre a intenção de desenvolver determinado programa e o produto final, existe uma etapa incalculável e cheia de eventos que leva ao sucesso ou ao fracasso da hipótese inicial.

---

[603] Cf. GUMBRECHT, Hans Ulrich. *Weltgeist im Silicon Valley*: Leben und Denken im Zukunftsmodus. Zurique: NZZ libro, 2018, p. 84.

[604] GUMBRECHT, Hans Ulrich. *Weltgeist im Silicon Valley*: Leben und Denken im Zukunftsmodus. Zurique: NZZ libro, 2018, p. 85.

[605] GUMBRECHT, Hans Ulrich. *Weltgeist im Silicon Valley*: Leben und Denken im Zukunftsmodus. Zurique: NZZ libro, 2018, p. 84.

[606] GUMBRECHT, Hans Ulrich. *Weltgeist im Silicon Valley*: Leben und Denken im Zukunftsmodus. Zurique: NZZ libro, 2018, pp. 84 e ss.

Seguindo o filósofo e teórico da ciência Michel Serres, deparamos neste ponto com uma estrutura genérica de pesquisa científica: as ideias, os programas e dispositivos buscados pelos inventores não são definidos nem podem ser inferidos de fato no início de um processo de pesquisa, mas estão pouco claros, flutuantes e em construção.

> Não há ciência sem tecnologia, sem máquinas, sobretudo, sem (...) computadores. Todos acreditam e têm mil razões para acreditar que seus inventores – de Leibniz e Pascal a Turing e Von Neumann – tinham-nos prontos na cabeça antes de começarem a desenvolver princípios, dispositivos e programas. Não. Quem pesquisa não *sabe*, mas avança tateando, bricola, vacila, deixa suas decisões em suspenso. Não, ele não está construindo o computador de depois de amanhã; ao passo que nós, que o conhecemos e continuamos utilizando, sucumbimos facilmente à falácia de que ele o previu.[607]

O *cluster* regional de alta tecnologia parece diversificar assim um padrão reticulado de objetos e práticas, que Hans-Jörg Rheinberger descreve como "cultura experimental".[608] Para Rheinberger, isso significa um número maior de sistemas experimentais interagentes, um conjunto de campos locais de atividades de pesquisa, nos quais "objetos do conhecimento e as condições técnicas de sua produção estão combinados de forma indissociável".[609] A atenção é deslocada das ideias desincorporadas para a materialidade das coisas, e o significado dos dispositivos tecnológicos para as práticas de geração de

---

[607] SERRES, Michel. "Vorwort". *In*: AUTHIER, Michel; SERRES, Michel (Coord.). *Elemente einer Geschichte der Wissenschaft*. Frankfurt am Main: Suhrkamp, 1994, pp. 11 e ss. e 35.

[608] RHEINBERGER, Hans-Jörg. *Experimentalsysteme und epistemische Dinge*: eine Geschichte der Proteinsynthese im Reagenzglas. Frankfurt am Main: Suhrkamp, 2006, pp. 166-171 e ss.

[609] RHEINBERGER, Hans-Jörg. *Experimentalsysteme und epistemische Dinge*: eine Geschichte der Proteinsynthese im Reagenzglas. Frankfurt am Main: Suhrkamp, 2006, pp. 8 e ss.

§ 9 CULTURA DA TECNOLOGIA DA INFORMAÇÃO

conhecimento é atualizado; por isso, Rheinberger também descreve os objetos de pesquisa aos quais se aplicam os esforços de reflexão dentro de um arranjo experimental de pesquisa como "coisas epistêmicas".[610] O discurso das coisas epistêmicas (assim também entendidas estruturas, reações e funções, além de objetos físicos) foge ao dualismo cartesiano entre pensar e ser, que apenas continua existindo então como caso epistemológico limítrofe, no âmbito de uma epistemologia não cartesiana. Com isso, ao mesmo tempo – como já na cultura experimental puritana da Inglaterra do início da Era Moderna – revaloriza-se o elemento experimental no processo de geração de conhecimento: a pesquisa não parte de premissas estáveis ou de uma referência oculta para avançar orientada pela dedução e pela teoria, mas acontece de forma tateante, incremental e cheia de eventos – e em uma "indefinição e vaguidão irredutíveis características".[611] Uma experiência científica sempre em transformação, o contexto de descoberta e a prática da pesquisa deslocam-se assim para o centro de uma epistemologia histórica e social.

Nesse contexto, a observação dos outros, a interação conjunta com o material, bem como a coleta e a troca local de ideias e experiências entre indivíduos seriam de uma importância que não deve ser subestimada. Principalmente, haveria que se partir do princípio de que a relevância do conhecimento silencioso, mudo, tácito, tal como Michael Polanyi o entende,[612] não está diminuindo na cultura da tecnologia da informação, mas até mesmo aumentando ou, em todo caso, fornecendo um incentivo que permite descrever a

---

[610] RHEINBERGER, Hans-Jörg. *Experimentalsysteme und epistemische Dinge*: eine Geschichte der Proteinsynthese im Reagenzglas. Frankfurt am Main: Suhrkamp, 2006, p. 27.

[611] RHEINBERGER, Hans-Jörg. *Experimentalsysteme und epistemische Dinge*: eine Geschichte der Proteinsynthese im Reagenzglas. Frankfurt am Main: Suhrkamp, 2006.

[612] Cf. POLANYI, Michael. "The Logic of Tacit Interference". *In*: _____. *Knowing and Being*: essays by Michael Polanyi. Chicago: University of Chicago Press, 1969, pp. 138-144.

relevância do conhecimento tácito com maior precisão hoje do que no passado. O conhecimento implícito entra tanto nos processos de desenvolvimento quanto nos objetos de pesquisa, nos programas e coisas epistêmicas, assim como estes, inversamente, penetram em um extrato inconsciente ou pré-consciente do pensamento.[613] Do mesmo modo que o homem melhor assimila uma ferramenta à medida que adquire maior experiência em seu uso e se familiariza mais com ela, a prática da pesquisa experimental permanece tributária de uma familiaridade pré-conceitual com uma rede de relações, materialidades, coisas, remissões e possibilidades interrelacionadas; os processos de geração de conhecimento são fortemente determinados por associações pré-conceituais e processos inconscientes de experimentação inovadora.[614] Por conseguinte, na era do *homo digitalis*, o componente implícito faz parte do processo de geração de novos conhecimentos, sem a qual nem mesmo a aceitação de eventos imprevisíveis funcionaria.

A grande importância do conhecimento implícito também permite esclarecer a implantação regional de *clusters* de alta tecnologia. O fato de o homem organizacional ter que dar espaço a um tipo reticulado, que reajusta constantemente suas relações com outros, não pode ser confundido com o ingresso em um mundo frio e implacável da luta desregrada de todos contra todos. Abaixo das ligações complexas e altamente variáveis entre relações e da superfície da concorrência e da competição, a cultura da tecnologia da informação pressupõe a constituição de comunidades epistêmicas estáveis durante um longo período de tempo.[615] Como já era o caso na cultura burguesa

---

[613] RHEINBERGER, Hans-Jörg. *Experimentalsysteme und epistemische Dinge*: eine Geschichte der Proteinsynthese im Reagenzglas. Frankfurt am Main: Suhrkamp, 2006, pp. 93 e ss.

[614] LADEUR, Karl-Heinz. *Recht-Wissen-Kultur*: die fragmentierte Ordnung. Berlim: Duncker & Humblot, 2016, pp. 122 e ss.

[615] GENSOLLEN, Michel. "Information Goods and Online Communities". *In*: BROISSEAU, Éric; CURIEN, Nicolas (Coord.). *Internet and Digital Economics*. Cambridge: Cambridge University Press, 2007, pp. 173-175

§ 9 CULTURA DA TECNOLOGIA DA INFORMAÇÃO

e na cultura gestorial, a tendência para a sociabilidade espontânea continua sendo indispensável para o *homo digitalis*. Na pesquisa sobre o tema, essa estrutura profunda também é descrita como necessidade da existência de "capital social" suficiente, seguindo a crítica arquitetônica e urbana de Jane Jacobs e ao sociólogo James Coleman.[616] De acordo com essa ideia, é decisivo para o sucesso de um *cluster* de alta tecnologia que as formas de produção interligadas sejam sustentadas por um clima social de amistosidade e abertura em relação aos outros e que um intercâmbio de conhecimento na forma de relações de vizinhança seja algo comum. Essa forma horizontal de disposição para a cooperação é amplamente difundida justamente entre programadores do Vale do Silício, os quais trabalham juntos em grupos de contato dispersos, não muito grandes, incentivando-se assim mutuamente a ser um melhor do que o outro.

A epistemologia da experimentação de Rheinberger desloca a "perspectiva dos ideais e intenções dos agentes" para a "dinâmica da pesquisa como um processo de constituição de coisas epistêmicas".[617] De modo comparável, a forma de subjetividade criativa na cultura da tecnologia da informação, até então restrita a indivíduos e atores coletivos, é ampliada com processos de constituição de inovações em novas formas reticulares experimentais. Mas o *homo digitalis* não age de modo nenhum como indivíduo isolado, como uma espécie de Robinson Crusoé, mas dentro de estruturas que devem ser distinguidas

---

("epistemic communities" = "knowledge sharing communities"); em sentido semelhante também, IVERSEN, Torben; SOSKICE, David. *Democracy and prosperity*: reinventing capitalism through a turbulent century. Princeton: Princeton University Press, 2019, pp. 38 e ss. e 145.

[616] KENNEY, Martin; PLATTON, Donald. "Innovation and Social Capital in Silicon Valley". BRIE Working Paper 155, julho de 2003, pp. 5 e ss.

[617] RHEINBERGER, Hans-Jörg. *Experimentalsysteme und epistemische Dinge*: eine Geschichte der Proteinsynthese im Reagenzglas. Frankfurt am Main: Suhrkamp, 2006, p. 7.

de sua pessoa, nas "texturas tecnológico-epistêmicas",[618] em cujo nome ele fala e age, sem que essas texturas possam ser imaginadas como orientadas ainda para um sujeito. Pelo contrário, as redes da cultura da tecnologia da informação estão se tornando as verdadeiras condições de possibilidade para o aperfeiçoamento contínuo e criativo de conhecimentos, tecnologias, produtos e ideias comerciais. Essas condições de possibilidade incluem também o fluxo do conhecimento tácito. Na ordem experimental do conhecimento, o dizível depara sempre com o indizível, e conquistas científicas, como certeza definitória e clareza conceitual, são confrontadas e conectadas a uma abordagem imaginativa do ainda não compreendido. Só um conceito assim tão complexo – quase que se poderia falar de uma *coincidentia oppositorum* – é capaz de ilustrar de forma razoavelmente adequada o fazer de novas experiências, como, por exemplo, a aquisição das intuições matemáticas necessárias para o desenvolvimento de *softwares*, que, em comunidades epistêmicas, devem ser transmitidas de forma inconsciente ou semiconsciente.

9.3 A organização da produção econômica

9.3.1 Dissolução de fronteiras corporativas tradicionais

Uma das evoluções mais significativas ocorridas em todos os países industriais avançados nas últimas décadas é uma mutação fundamental nas formas de coordenação do produzir e do atuar econômico. A grande empresa da produção industrial em massa era uma empresa verticalmente integrada, horizontalmente diversificada e dirigida por gestores. Ela substituiu o pequeno empreendimento tradicional do empresário burguês por uma coordenação administrativa, que permitia maior produtividade, menores custos e lucros

---

[618] RHEINBERGER, Hans-Jörg. *Experimentalsysteme und epistemische Dinge*: eine Geschichte der Proteinsynthese im Reagenzglas. Frankfurt am Main: Suhrkamp, 2006, p. 281.

§ 9 CULTURA DA TECNOLOGIA DA INFORMAÇÃO

maiores do que a coordenação através do mercado. Em outras palavras, decisiva para a imposição da grande empresa de produção em massa era a concentração da inteligência da empresa em uma hierarquia gestorial: um novo tipo de "capitalismo gestorial" assumiu o lugar de uma economia de mercado marcada por pequenas empresas e permitiu à grande empresa economizar nos custos de transação e explorar suas economias de escala. Esse, pelo menos, é o quadro que Alfred D. Chandler pintou das grandes corporações em *The Visible Hand* [A Mão Visível] (1977) e outras publicações.[619] Que esse quadro alguma vez tenha correspondido à realidade é algo que se pode discutir. Mas o que é indiscutível é que a empresa verticalmente integrada há algum tempo perdeu sua qualidade paradigmática e foi suplantada por um modelo de cooperação entre empresas baseado na flexibilidade.[620] As fronteiras tradicionais de produção dissolveram-se, e isso se aplica em particular à indústria de tecnologia da informação, que foi a primeira a assumir a forma de um *cluster* tecnológico altamente dinâmico no Vale do Silício, tornando-se um padrão pioneiro do progresso técnico e econômico para o mundo inteiro, que encontrou imitadores bem sucedidos em Taiwan e Israel, por exemplo.[621]

---

[619] Cf. CHANDLER, Alfred Dupont. *The visible hand*: the managerial revolution in American business. Cambridge: The Belknap Press of Harvard University, 1977, pp. 6 e ss.; cf. também LAMOREAUX, Naomi R.; RAFF, Daniel M.G.; TEMIN, Peter. "Against Whig History". *Enterprise & Society*, vol. 5, nº 3, setembro de 2004, pp. 376 e ss.

[620] Cf. apenas LAMOREAUX, Naomi R.; RAFF, Daniel M.G.; TEMIN, Peter. "Beyond Markets and Hierarchies: Toward a New Synthesis of American Business History". *American Historical Review*, abril de 2003, pp. 404 e ss.; LANGLOIS, Richard N. "Chandler in a Larger Frame Markets and Hierarchies: Markets, Transaction Costs, and Organizational Form in History". *Enterprise & Society*, vol. 5, 2004, pp. 355 e ss.; FUKUYAMA, Francis. *Der große Aufbruch*: wie unsere Gesellschaft eine neue Ordnung erfindet. Viena: Szolnay, 2000, pp. 258 e ss.

[621] Cf. apenas SAXENIAN, AnnaLee; SABEL, Charles F. "Roepke Lecture in Economic Geography Venture Capital in the 'Periphery': The New

As primeiras tentativas de superação da rigidez formal da empresa organizada de forma vertical vieram do Japão. Ali, após a Restauração Meiji, no último terço do século XIX, logo surgiu uma indústria de ferro e aço moderníssima, com empresas conglomeradas, como a *Mitsubishi*. Após o final da Segunda Guerra Mundial e o desmantelamento dos velhos conglomerados industriais pelas forças de ocupação americanas, surgiu uma estrutura industrial de empresas cooperantes. Essa estrutura domina até hoje a indústria automotiva japonesa, forte em exportação. A produção de componentes destinados à fabricação por uma indústria fornecedora estreitamente interligada à empresa de produção (parcerias *keiretsu*) talvez tenha constituído o fator mais importante desse novo tipo de cooperação interorganizacional, complementado por uma gestão de tempo mais eficiente no fornecimento de peças (*just-in-time*), bem como por melhores controles de qualidade externos (*total quality control*).[622] No contexto desse desenvolvimento, na década de 1980, os cientistas econômicos e organizacionais japoneses Kenichi Imai e Hiroyuki Itami já podiam expressar a suposição de que uma nova forma de transação quase organizacional ou intermediária estava surgindo no Japão, uma terceira arena de alocação de recursos, além de mercados e organizações.[623] Essa suposição é seguramente correta no sentido de que a indústria automobilística japonesa conseguiu implementar uma série de estratégias para a deslocalização e

---

Argonauts, Global Search, and Local Institution Building". *Economic Geography*, vol. 84, n° 4, 2008, pp. 379-389 e ss.

[622] IMAI, Ken-Ichi; HIROYUKI, Itami. "Interpenetration of Organization and Market. Japan's Firm and Market in Comparison with the U.S.". *International Journal of Industrial Organization*, vol. 2, 1984, pp. 285-296.

[623] IMAI, Ken-Ichi; HIROYUKI, Itami. "Interpenetration of Organization and Market. Japan's Firm and Market in Comparison with the U.S.". *International Journal of Industrial Organization*, vol. 2, 1984, p. 296; cf. também TEUBNER, Gunther. *Netzwerk als Vertragsverbund*: Virtuelle Unternehmen, Franchising, just-in-time in sozialwissenschaftlicher und juristischer Sicht. Baden-Baden: Nomos, 2004, pp. 46, 67 e 98.

§ 9 CULTURA DA TECNOLOGIA DA INFORMAÇÃO

a modularização sistemática de processos de produção, antecipando assim desde cedo algumas das estruturas reticulares da indústria da tecnologia da informação nos Estados Unidos e em outros países.[624]

Aproximadamente na época em que a indústria japonesa se tornou objeto de observação de deslocamentos de fronteiras entre organização e mercado, os cientistas econômicos e do Direito Michael J. Piore e Charles F. Sabel também previram (e de modo muito independente das evoluções no Japão) um abandono da produção em massa e uma virada em direção a uma especialização flexível. Seu exemplo era a indústria de máquinas do norte da Itália, em regiões como a Emília-Romanha. Em um primeiro momento, essa indústria havia conseguido obter vantagens comparativas sobre seus concorrentes através do emprego de técnicas de produção flexíveis e de máquinas de comando eletrônico.[625] Mas essas vantagens eram de natureza apenas temporária. A dinâmica da especialização flexível no norte da Itália logo foi refreada pelo fato de que seus vetores, em regra, eram empresas familiares dirigidas pelo proprietário, nas quais dominava uma racionalidade artesanal. O ressurgimento dessa racionalidade artesanal familiar nos anos 1980 acabou obstruindo a evolução futura da tecnologia de máquinas italiana.[626] A chave para a superação do industrialismo convencional teve que ser buscada em

---

[624] FUKUYAMA, Francis. *Trust*: the Social Virtues and the Creation of Prosperity. Nova York: Free Press, 1996, pp. 163 e 170.

[625] PIORE, Michael J.; SABEL, Charles F. *Das Ende der Massenproduktion*: Studie über die Requalifizierung der Arbeit und die Rückkehr der Ökonomie in die Gesellschaft. Trad. para o alemão de J. Behrens. Frankfurt am Main: S. Fischer, 1989, pp. 250 e ss. e 295.

[626] PIORE, Michael J.; SABEL, Charles F. *Das Ende der Massenproduktion*: Studie über die Requalifizierung der Arbeit und die Rückkehr der Ökonomie in die Gesellschaft. Trad. para o alemão de J. Behrens. Frankfurt am Main: S. Fischer, 1989, pp. 229 e ss. Um efeito do familiarismo italiano até hoje é que os gestores italianos costumam ser contratados por graus de parentesco e não por desempenho; cf. PELLGERINO, Bruno; ZINGLES, Luigi. "Diagnosing the Italian Disease". *Stigler Center for the Study of Economy and the State*, SSRN, abril de 2019.

outra parte, e os próprios Piore/Sabel fizeram desde cedo a importante observação de que a IBM estava entre as primeiras empresas do mundo a ter entendido um processo de fabricação como produção de uma infraestrutura multifuncional aberta, e não mais como fabricação de um produto final completo e integrado. Com isso, a IBM tornou-se o centro organizador de uma "comunidade de empresas de informática" inédita,[627] do mesmo modo que Google, Amazon e Facebook são hoje plataformas digitais para uma variedade quase inesgotável de aplicativos, mercados e comunidades de usuários.[628]

A organização reticulada da produção econômica é acompanhada por um aumento da importância de fluxos de conhecimento e ajustes informais. É bem possível que as hierarquias e cadeias de comando formais também não tenham sido sacrossantas na sociedade industrial, e elas já haviam sido deliberadamente substituídas na indústria automobilística japonesa por um acréscimo de iniciativa própria e espontaneidade. Competências decisórias formais em questões de planejamento e disciplina do trabalho, por exemplo, foram transferidas diretamente da gestão para as equipes de funcionários da Toyota, chegando até a possibilidade muito dispendiosa concedida a cada trabalhador de parar toda a linha de montagem em caso de problemas na produção.[629] É muito provável que a imposição dessas novas formas de produção econômica tenha sido facilitada pelo fato de a confiança entre os indivíduos no Japão em geral ser elevada na comparação internacional. O comportamento dos japoneses é regido de modo incomparavelmente mais forte do que na cultura ocidental

---

[627] Cf. PIORE, Michael J.; SABEL, Charles F. *Das Ende der Massenproduktion*: Studie über die Requalifizierung der Arbeit und die Rückkehr der Ökonomie in die Gesellschaft. Trad. para o alemão de J. Behrens. Frankfurt am Main: S. Fischer, 1989, p. 227.

[628] Cf. KENNEY, Martin; ZYSMAN, John. "The Rise of Platform Economy". *Issues in Science and Technology*, 2017, pp. 61 e ss.

[629] Cf. apenas FUKUYAMA, Francis. *Der große Aufbruch*: wie unsere Gesellschaft eine neue Ordnung erfindet. Viena: Szolnay, 2000, pp. 274 e ss.

§ 9 CULTURA DA TECNOLOGIA DA INFORMAÇÃO

por ciclos sobrepostos de rituais, cerimônias, celebrações e comemorações, por uma etiqueta poderosa (*reigi*) que marca as rotinas diárias.[630] Em outras palavras, reina um tipo de normatividade nas relações sociais que, na terminologia aqui escolhida, está ancorada no poder instituinte. Muito provavelmente, essa diferença também facilitou a formação de culturas locais de confiança que aprofundam as relações interempresariais, criando um *éthos* de reciprocidade entre as empresas cooperantes e suas equipes de trabalho.

Não é fácil explicar por que a geração de novos conhecimentos, a inovação tecnológica e a produção econômica deslocaram-se para *clusters* regionais e porque a indústria da tecnologia da informação tornou-se um paradigma disso. Em certa medida, essa evolução muito provavelmente está relacionada à complexidade das próprias tecnologias da informação. A produção e o aperfeiçoamento constante de semicondutores, circuitos integrados, microprocessadores, *softwares*, mídias de armazenamento e tecnologias de fibra ótica, por exemplo, requerem uma ampla gama de conhecimentos especializados que não podem ser reunidos e desenvolvidos de forma contínua dentro de uma grande corporação. Em parte, isso também só pode ser obtido por vias formais entre empresas concorrentes, através de aquisições, fusões ou licenças. Nessas limitações é muito possível que resida um estímulo intrínseco para substituir o antigo laboratório de pesquisa e desenvolvimento interno da empresa, que ainda dominava na indústria de telecomunicações do Pós-Guerra, pela ordem de conhecimento experimental do *cluster* de alta

---

[630] Cf. COULMAS, Florian. *Die Kultur Japans*: Tradition und Moderne. Munique: C.H. Beck, 2014, pp. 33 e 68; FUKUYAMA, Francis. *Trust*: the Social Virtues and the Creation of Prosperity. Nova York: Free Press, 1996, pp. 161 e ss.; cf. também HILDEBRANDT, Mireille. *Smart Technologies and the End(s) of Law*. Cheltenham: Edward Elgar Publishing, 2016, pp. 104-114 e ss. (que observa as diferenças entre a cultura japonesa e a ocidental e descreve a importância da relacionalidade da subjetividade, o "inbetweenness" do si e as ritualizações na ação social necessárias para tanto).

tecnologia, que também pode abrir-se para direções imprevistas. Hoje, somente uma configuração nesses moldes ainda parece ser capaz de desenvolver tecnologias de ponta em muitos campos ao mesmo tempo; e há muitas razões para pensar que essa etapa evolutiva também é sustentada por determinadas condições culturais, ou que a emergência do *cluster* de alta tecnologia deve ser incorporada na sociedade de forma proveitosa,[631] não podendo ser explicado, porém, única e exclusivamente pelas condições econômicas ou tecnológicas. Isso também diz respeito às formas de financiamento: a substituição do financiamento bancário convencional sobre a base de garantias preexistentes por um método mais flexível de financiamento baseado exclusivamente em expectativas futuras, o financiamento pelo capital de risco surgiu com o *cluster* de alta tecnologia do Vale do Silício e, portanto, dificilmente pode ser visto como condição prévia de seu sucesso.[632]

Por isso, contrariando uma lenda largamente disseminada justamente na Alemanha, é inadequado descrever o Vale do Silício como um projeto do poder militar americano. O acaso desempenhou um papel demasiado grande para tanto. O surgimento da produção de semicondutores na Califórnia já havia sido obra do acaso: William Shockley, um dos inventores do semicondutor nos Laboratórios Bell, fundou a Shockley Semiconductor em Santa Clara, em 1956, porque queria morar perto de sua mãe, tendo se mudado por isso de Nova Jersey para a região da baía de São Francisco [*Bay Area*]. Mas dois anos depois ele fracassou. Shockley era um gestor fraco, de

---

[631] Cf. GRANOVETTER, Mark. "Economic Action and Social Structure: the Problem of Embeddedness". *American Journal of Sociology*, vol. 91, 1985, pp. 481 e ss.

[632] Os riscos para os investidores são enormes aqui, mas também o retorno de investimento em caso de sucesso: os investidores de risco *Kleiner/Perkins* e *Sequoia Capital* adquiriram uma participação de 20% no *Google* por 25 milhões de dólares americanos em 1999, um valor de ações que já somava 2,03 bilhões de dólares americanos para cada um deles após a abertura de capital do *Google* em 2004.

§ 9 CULTURA DA TECNOLOGIA DA INFORMAÇÃO

modo que oito de seus melhores cientistas abandonaram-no depois de apenas dois anos. Isso, por sua vez, levou à criação da Fairchild Semiconductor, a empresa que rapidamente se tornou pioneira da indústria californiana de semicondutores. Embora ainda estivesse fabricando seus primeiros *chips* de silício em fornos de pizza convertidos, a Fairchild logo se tornou uma das forças motrizes da *Bay Area*: ela foi não apenas uma das primeiras empresas do mundo a ser financiada por capital de risco, mas, em 1986, já havia dado origem a mais de 130 *spin-offs*.[633] Esse fio de uma evolução incremental que não é controlada por ninguém podia continuar sendo tecido quase ao infinito, ao passo que a influência estratégica do poder militar americano no Vale do Silício limitava-se essencialmente a sugestões para o aperfeiçoamento das tecnologias de rede: a interconexão de computadores e seu uso como máquinas de comunicação remontavam, em um primeiro momento, a ideias para automatização do trabalho de escritório. Mesmo o último avanço para a *World Wide Web*, que começou como operação acadêmica, com financiamento e sob o controle do governo dos Estados Unidos, acabou sendo realizado pelo capital de risco do setor privado e por empresas como a Netscape.[634]

---

[633] KENNEY, Martin; PLATTON, Donald. "The Coevolution of Technologies and Institutions: Silicon Valley as the Iconic High-Technology". *In*: BRAUNERHJELM, Pontus; FELDMANN, Maryann P. (Coord.). *Cluster Genesis*: Technology Based Industrial Development. Oxford: Oxford University Press, 2006, pp. 38-46.

[634] KENNEY, Martin; PLATTON, Donald. "The Coevolution of Technologies and Institutions: Silicon Valley as the Iconic High-Technology". *In*: BRAUNERHJELM, Pontus; FELDMANN, Maryann P. (Coord.). *Cluster Genesis*: Technology Based Industrial Development. Oxford: Oxford University Press, 2006, pp. 38 e ss. e 53 e ss.; cf. também KENNEY, Martin. "Silicon Valley and Internationalization: a Historical and Policy Overview". *Working Paper*, University of California: BRIE, 2016, pp. 34 e ss. (sobre a proteção por direitos de patente e a influência do setor público); cf. também MAZZUCATO, Mariana. *The entrepreneurial state*: debunking public vs. private sector myths. Londres: Penguin, 2018, pp. 79 e ss. e 93 e ss., que exagera

Em outras palavras, a transição para o modo de produção reticulado da economia informacional ocorreu de forma não planejada e evolucionária. Soluções funcionais espalharam-se rapidamente e sua repetição e adaptação a contextos variáveis conseguiram consolidar-se gradualmente em rotinas e instituições. O que precisa ser negociado novamente, então, é o papel do poder instituinte, as transformações das práticas sociais e dos contextos cotidianos do mundo da vida. Na terminologia da economia institucional, trata-se, neste ponto, mais uma vez, das vantagens das instituições econômicas "inclusivas": de acordo com essa visão, instituições econômicas inclusivas criam incentivos e oportunidades que são necessárias para que se consiga aproveitar a energia, as ideias e a criatividade empresarial de uma sociedade, diferentemente de instituições econômicas "extrativas", que destroem essas bases.[635] Isso traz para o foco, sobretudo, instituições políticas suficientemente centralizadas,[636] tais como direitos de propriedade garantidos pelo Estado, um sistema eficiente de proteção de patentes e direitos autorais, a garantia da liberdade contratual e outros recursos do Direito formal, protegido pelo monopólio estatal sobre o uso da força. Sem dúvida, esse aspecto desempenha um papel importante para o desenvolvimento contínuo do conhecimento e para a dinâmica econômica e tecnológica da cultura ocidental, mas a teoria das instituições formais deve ser complementada hoje por uma descrição mais precisa das instituições informais, pela importância do poder instituinte para a força criativa do *homo digitalis*.

---

muito a influência do "*US Entrepreneurial State*" no desenvolvimento da tecnologia da informação em geral e da *Apple* em particular; em sentido crítico, MCCLOSKEY, Deirdre; MINGARDI, Alberto. *The Myth of the Entrepreneurial State*. Great Barrington: American Institute for Economic Research, 2020, especialmente pp. 69 e ss.

[635] Cf. ACEMOĞLU, Daron; ROBINSON, James A. *Warum Nationen scheitern*: die Ursprünge von Macht, Wohlstand und Armut. Frankfurt am Main: Fischer, 2013, pp. 104 e ss.

[636] Cf. ACEMOĞLU, Daron; ROBINSON, James A. *Warum Nationen scheitern*: die Ursprünge von Macht, Wohlstand und Armut. Frankfurt am Main: Fischer, 2013, pp. 111 e ss.

§ 9 CULTURA DA TECNOLOGIA DA INFORMAÇÃO

9.3.2 Aprendizado coletivo através de instituições informais

O legado da cultura burguesa em sua variante especificamente anglo-americana desempenha um papel significativo na ascensão do *cluster* de alta tecnologia. A predisposição dos americanos para a sociabilidade espontânea e sua disposição para a formação voluntária de grupos estão enraizadas em sua capacidade simpática de aceitação. Como em muitos outros países ocidentais, os Estados Unidos têm vivenciado há algum tempo uma crise de instâncias intermediárias, de vizinhanças, igrejas, sindicatos, clubes, instituições de caridade e estruturas familiares burguesas. A tendência associada de maior segregação da sociedade em uma soma de minorias associada a essa crise foi novamente reforçada nas últimas décadas pela disseminação da política de identidade, que originalmente proveio do meio acadêmico. A luta pela identidade separou os direitos de liberdade dos modos de vida, substituindo-os por um direito ao reconhecimento em cujo centro encontram-se a autoestima do indivíduo e direitos específicos a ele.[637] Embora seja muito provável que a necessidade de reconhecimento esteja amplamente disseminada nos Estados Unidos hoje, os padrões de subjetivação parecem estar se tornando mais variáveis, o que pode ter relação, principalmente, com novas formas de autorrepresentação nas mídias sociais.[638] Em todo caso, a ancoragem do individualismo americano em uma cultura de simpatia profundamente enraizada na história mostra-se forte o suficiente ainda hoje para conseguir fornecer as formas laterais de produção da

---

[637] Cf. FUKUYAMA, Francis. *Identity*: the Demand for Dignity and the Politics of Resentment. Nova York: Straus and Girou, 2018, pp. 91-102 e ss.; LILLA, Mark. *The once and future liberal*: after identity politics. Oxford: Hurst, 2018, pp. 59 e ss. e 81 e ss. (que talvez fale de forma muito unilateral de um individualismo radical que, segundo ele, negligencia o comunal e o político).

[638] Cf. o relatório de experiência de FANG, Taylor. "Reimagine the Self(ie)". *MIT Technology Review*, 123, 2020, pp. 36 e ss.

indústria da tecnologia da informação com a necessária disposição para a cooperação.

As formas informais de cooperação já eram importantes na fase de fundação do Vale do Silício. Os acordos de trabalho não burocráticos entre os desenvolvedores de *softwares* sempre foram de especial importância. Nesses acordos entraram também normas sociais da contracultura do movimento de maio de 1968; a ideia da *GNU, General Public License,* e o desenvolvimento de *softwares* livres nela consolidada é um legado da contracultura da Bay Area, tanto quanto a Wikipedia. Mas, contrariando as reivindicações reflexivas por mais diversidade (mesmo entre os programadores) hoje difundidas tanto nos Estados Unidos quanto na Europa continental,[639] há que se registrar aqui que a auto-organização da cultura da tecnologia da informação não pode funcionar sem uma tendência para a sociabilidade espontânea e sem similaridades sobrepostas entre indivíduos. Na cultura ocidental moderna, o poder da imaginação sempre esteve associado à ideia de um todo, do geral, da universalização, do trabalho conjunto em um projeto que, por princípio, é acessível a todos. Essa já era uma característica constitutiva da cultura experimental puritana inglesa desde Bacon e Milton que remetia aos ideais cristãos de comunidade e, em princípio, estava aberta a todo homem instruído. O *homo digitalis* somente poderá tornar-se produtivo se a ideia de um conhecimento compartilhado e de uma generalidade das regras encontrar um eco ampliado na nova forma de trabalho e vida, e se a diversidade dos indivíduos e grupos puder ser conectada a redes de relações sustentáveis de forma repetida.[640] Esse fluxo cultural deve

---

[639] Cf. apenas STALDER, Felix. *Kultur der Digitalität*. Berlim: Suhrkamp, 2016, pp. 87 e 158 e ss.; aqui acontece lentamente um repensar, como mostra, por exemplo, RECKWITZ, Andreas. *Das ende der illusionen*: politik, ökonomie und kultur in der spätmoderne. Berlim: Suhrkamp, 2019, pp. 57 e 298 e ss.

[640] Os aspectos de uma educação que transmite a disposição para colaborar, incluindo as virtudes necessárias para tanto, como confiança, cordialidade e empatia, também são enfatizados por Esther Wojcicki

§ 9 CULTURA DA TECNOLOGIA DA INFORMAÇÃO

fluir vigorosamente, especialmente quando, como no caso do Vale do Silício, a prosperidade de um *cluster* regional de alta tecnologia depende da atração de muitos talentos de culturas estrangeiras e de que imigrantes de países como Índia, Taiwan e China desempenhem um papel estrutural no mundo do trabalho.

Portanto, determinadas condições culturais devem estar presentes, sob o aspecto tanto objetivo quanto subjetivo, para que o conhecimento condensado em uma hierarquia gestorial empresarial possa dissolver-se e ser repartido entre os atores participantes de uma rede. Estes, por sua vez, devem internalizar esse conhecimento; pelo menos, na medida que ele não puder ser transferido para a inteligência das máquinas e redes eletrônicas. Por conseguinte, sem uma tendência culturalmente ancorada para a sociabilidade espontânea, é quase impossível transformar ideias e tecnologias em crescimento e prosperidade. Contatos pessoais, uma formação comum na mesma universidade, experiências profissionais compartilhadas, a troca de informações através de frequentes mudanças de emprego ou durante um *drink* à noite, no bar, são exemplos de como um fluxo de conhecimento transubjetivo pode formar-se sob a superfície de um individualismo aparentemente orientado para a concorrência e gerar diferentes formas de vínculo social. Segundo a economista e cientista política AnnaLee Saxenian, foram justamente as instituições informais que surgiram entre as empresas e seus ambientes que permitiram tal aprendizado coletivo e deram ao Vale do Silício

---

em seu livro *How to Raise Successful People* (2019). Wojcicki, professor na Escola Secundária Palo Alto no Vale do Silício, não foi apenas um mentor para a filha de Steve Jobs, Sandra. Ela também tem três filhas de grande sucesso com seu marido Stanley, professor de física da Universidade de Stanford: Susan Wojcicki, em cuja garagem o *Google* foi fundado, é agora CEO do *YouTube*. Sua irmã Janet é epidemiologista na Universidade de São Francisco. A terceira irmã, Anne, era casada com Sergey Brin, um dos dois fundadores do *Google*, e agora dirige sua própria empresa de biotecnologia (*23 and Me*). Apenas a fortuna desta está estimada em cerca de 700 milhões de dólares.

uma vantagem comparativa sobre outros *clusters* de alta tecnologia, como a *Route 128* em Boston, Massachusetts.

> Empresas competem intensamente, enquanto, ao mesmo tempo, aprendem umas com as outras sobre mercados e tecnologias em transformação por meio de comunicação informal e práticas colaborativas. Estruturas de equipe conectadas de forma dispersa incentivam a comunicação horizontal entre os setores da empresa e com fornecedores e clientes externos. As fronteiras funcionais dentro das empresas são porosas no sistema baseado na rede, assim como as fronteiras entre empresas e entre empresas e instituições locais, tais como associações comerciais e universidades.[641]

Nas palavras de Francis Fukuyama:

> Em certo sentido, o Vale do Silício pode ser visto como uma única grande organização em rede, na qual é possível aproveitar habilidades e conhecimentos especializados que não estão disponíveis nem mesmo para os maiores conglomerados japoneses de eletrônica integrados verticalmente e seus parceiros *keiretsu*.[642]

---

[641] SAXENIAN, AnnaLee. "Inside-Out: Regional Networks and Industrial Adaptation in Silicon Valley and Route 128". *Journal of Policy Development and Research*, vol. 2, 1996, pp. 40-45. [N.T. Em inglês no original: "Companies compete intensely while at the same time learning from one another about changing markets and technologies through informal communication and collaborative practices. Loosely linked team structures encourage horizontal communication among firm's divisions and with outside suppliers and customers. The functional boundaries within firms are porous in the network-based system, as are the boundaries among firms and between firms and local institutions, such as trade associations and universities"].

[642] FUKUYAMA, Francis. *Der große Aufbruch*: wie unsere Gesellschaft eine neue Ordnung erfindet. Viena: Szolnay, 2000, p. 279.

9.3.3 Experimentalidade contínua: novos modelos de contrato

O aumento da importância do aprendizado em ordens informais também se reflete na implementação de novos modelos de contrato, tais como aqueles amplamente utilizados em *clusters* de alta tecnologia. Embora o contrato jurídico tipificado não esteja desaparecendo, mecanismos informais não escritos têm ganhado maior peso na interação jurídica entre as partes. O novo modelo contratual, também chamado de contrato relacional (mas a terminologia não é uniforme),[643] caracteriza-se principalmente pelo fato de os direitos e obrigações contratuais não serem mais fixados em um momento determinado, mas dependerem de experiências passadas e expectativas futuras que se formam entre as partes contratantes no decorrer de uma colaboração prolongada. Na sociedade industrial, direitos e obrigações eram padronizados *ex ante* da forma mais precisa possível nos tipos de contrato preexistentes. Isso se aplicava, por exemplo, a contratos de trabalho que garantiam formalmente os direitos dos trabalhadores, especificavam suas obrigações e cujas cláusulas eram concretizadas pela jurisdição dos tribunais trabalhistas do Estado, em contextos nos quais não era possível uma fixação prévia exata. Nos Estados Unidos, esse processo de formalização era impulsionado, principalmente, pelos sindicatos, e resultava em contratos de trabalho do tamanho de listas telefônicas.[644] Em contrapartida, hoje, contratos de trabalho relacionais contribuem para aumentar a produtividade e a lealdade dos funcionários às empresas através de acordos e incentivos informais, bebidas gratuitas, alimentação saudável, um ambiente de trabalho agradável ou reuniões e viagens interessantes.

---

[643] Já muito no início, WILLIAMSON, Oliver. *The Economic Institutions of Capitalism*: Firms, Markets, Relational Contracting. Nova York: Free Press, 1985, pp. 71 e ss.; MACNEIL, Ian R. *The New Social Contract*: an Inquiry into Modern Contracting Regulations. New Haven: Yale University Press, 1980.

[644] FUKUYAMA, Francis. *Der große Aufbruch*: wie unsere Gesellschaft eine neue Ordnung erfindet. Viena: Szolnay, 2000, p. 274.

Se o equilíbrio de interesses de grupos opostos através de sua representação o mais paritária possível nos órgãos de gestão representativos de uma empresa é um padrão generalizado, especialmente na Europa continental, na cultura da tecnologia da informação, a gestão gira mais em torno de um entendimento comum dos papéis a serem assumidos na empresa. Aqui, as regras básicas sensíveis ao contexto, como "use good judgement in all situations", têm ganhado importância – inclusive para a imagem externa da empresa.[645] Regras básicas comparáveis e práticas informais, como o acordo selado por um aperto de mão, o fato de evitar a forma escrita, experiências oriundas de uma colaboração anterior ou contatos pessoais fora de contextos profissionais também desempenham um papel importante nos padrões contratuais relacionais que se desenvolveram para a autorregulação de cooperações entre empresas.[646] Em alguns casos, isso pode chegar ao ponto de dispensar qualquer tipo de proteção formal de uma colaboração.[647] Assim, por exemplo, uma das alianças estratégicas de maior sucesso na história recente de empresas, a colaboração que a Hewlett-Packard e a Canon firmaram em 1984 para desenvolver e comercializar impressoras de mesa a *laser*, teria sido feita totalmente sem contrato formal, seguindo a vontade dos engenheiros e da direção comercial. Somente após intervenção dos executivos-chefes e do departamento jurídico é que foi firmado tal contrato.[648]

---

[645] Cf. GIBBONS, Robert; HENDERSON, Rebecca. "What do Managers do? Exploring Persistent Performance Differences among Seemingly Similar Enterprises". *In*: GIBBONS, Robert; ROBERTS, J. (Coord.). *Handbook of Organizational Economics*. Princeton: Princeton University Press, 2013, p. 719.

[646] A esse respeito, já MACAULAY, Stewart. "Non-Contractual Relations in Business: a Preliminary Study". *American Sociological Review*, vol. 28, 1963, pp. 55 e ss.

[647] Cf. apenas BERNSTEIN, Lisa. "Opting out of the Legal System: Extralegal Contractual Relations in the Diamond Industry". *The Journal of Legal Studies*, vol. 21, 1992, pp. 115 e ss.

[648] Cf. DE FIGUEIREDO, John M.; SILVERMAN, Brian S. *On the Genesis of Interfirm Relational Contracts*. University of Toronto – Rotman

§ 9 CULTURA DA TECNOLOGIA DA INFORMAÇÃO

Esse instrumento tinha o caráter de um acordo-quadro, de um "master purchase agreement". Nele estavam especificados direitos e prazos para a conclusão e a revogação de encomendas. Além disso, o acordo continha cláusulas sobre propriedade intelectual, garantias de qualidade e controles de expedição. Em compensação, ele não trazia convenções sobre preços, quantidades, inovações, produtos futuros ou declarações sobre o compromisso de cada empresa.[649] Nada disso foi considerado necessário, em razão das experiências e da confiança pessoal existentes entre os envolvidos. O contrato tampouco sofreu ajuste ou alteração substancial no decorrer da colaboração empresarial, o que é notável, na medida em que a aliança corporativa rapidamente se transformou em um bem-sucedido negócio de bilhões de dólares para ambos os parceiros. Esse é um exemplo de como o recurso a redes de relações informais relativamente estáveis pode possibilitar uma abertura do Direito contratual formal para seu contexto extrajurídico: a instituição da subjetividade jurídica que autoriza as normas contratuais é acionada e liquefeita de uma forma até então desconhecida. Desse modo, direitos subjetivos, tais como direitos decisórios materiais, que estão voltados para o ponto da conclusão do contrato escrito (bem como para uma possível ação posterior nele fundada perante um tribunal do Estado e para a interpretação contratual por parte deste) tornam-se direitos processuais do ato de contratar direitos em transformação e direitos subjetivos processuais de participação em uma colaboração conjunta, para além de expectativas e objetivos claros.

No contrato relacional, o modelo da troca de bens ou da determinação clara de certos serviços é substituído por um histórico definido, no máximo, de forma pontual e fragmentária, de

---

School of Management, 2017, p. 6. Disponível em: https://dx.doi.org/10.2139/ssrn.3083556. Acessado em: 22.07.2022.

[649] DE FIGUEIREDO, John M.; SILVERMAN, Brian S. *On the Genesis of Interfirm Relational Contracts*. University of Toronto – Rotman School of Management, 2017, p. 6. Disponível em: https://dx.doi.org/10.2139/ssrn.3083556. Acessado em: 22.07.2022.

projetos a serem realizados e que não devem ser confundidos com planejamento e organização de longo prazo nos mesmos termos de programas do Estado do Bem-Estar. Pelo contrário, a característica evidente dos novos arranjos contratuais deve ser vista no fato de eles se aplicarem nas condições de uma incerteza persistente e crescente e de autoconfigurarem-se normativamente dentro do processo de sua realização. Trata-se, portanto, de uma espécie de minuta contratual, cujo resultado no decurso de uma colaboração corporativa não se conhece exatamente.

A incerteza – baseando-se em uma terminologia introduzida por Frank H. Knight em *Risk, Uncertainty, and Profit* [Risco, Incerteza e Lucro] (1921) – pode ser diferenciada do risco: diz-se que existe risco quando circunstâncias alternativas futuras do mundo emergem dentro de uma probabilidade quantificável. O futuro pode ser descrito assim como uma distribuição de probabilidades cujos riscos podem ser suportados através de soluções de seguro ou outros recursos estatísticos. Já a incerteza é definida pelo fato de que estágios futuros alternativos do mundo passam a poder ser imaginados para além de probabilidades quantificáveis.[650] Mas a emergência de tal pluralidade de possibilidades é típica justamente da cultura da tecnologia da informação, que tem que lidar com o imprevisível de forma produtiva. As profundas transformações e restrições de ajuste desencadeadas por isso não podem ser enfrentadas nem desmanteladas *ex ante*, no decorrer do tempo histórico, uma vez que elas se renovam constantemente e permanecem presentes como experiência.[651] O conhecimento sobre quais produtos e especificações podem surgir a partir de uma colaboração, assim como o conhecimento sobre se esses produtos irão se tornar comercializáveis a tempo de

---

[650] Nesse sentido, por exemplo, GILSON, Ronald J.; SABEL, Charles F.; SCOTT, Robert E. "Contracting for Innovation: Vertical Disintegration and Interfirm Collaboration". *Columbia Law Review*, vol. 109, n° 3, abril de 2009, pp. 431-433, nota 2.

[651] Cf. AUGSBERG, Ino. *Informationsverwaltungsrecht*. Tübingen: Mohr Siebeck, 2014, pp. 237-243.

§ 9 CULTURA DA TECNOLOGIA DA INFORMAÇÃO

conseguir atender ou gerar uma grande demanda apenas surge dentro do processo de uma colaboração entre empresas já em andamento.

Essa é também a razão profunda para que novos modelos de contrato encontrem aplicação, principalmente no desenvolvimento de tecnologias de alta complexidade. Se o desenvolvimento de novos produtos era tarefa dos grandes laboratórios no empreendimento industrial clássico, várias empresas agora estão vinculando os próprios recursos a projetos de trabalho conjunto, o que requer um "contracting for inovation"[652] ou a criação de redes de inovação, nos termos de Michel Jennejohn e Gunther Teubner, por exemplo.[653] Como nesses arranjos contratuais os objetivos da cooperação só podem ser formulados de forma seletiva e fragmentária, devido às incertezas tecnológicas e econômicas, as declarações contratuais explícitas sobre objetivos, recursos, duração e usufruto dos resultados de uma cooperação são necessariamente incompletas por padrão. Assim também era na aliança estratégica entre a Hewlett Packard e a Canon: impressoras a *laser* grandes e rápidas já existiam há muito tempo, mas os envolvidos não podiam prever que, do ponto de vista tecnológico, seria possível desenvolver e comercializar com sucesso impressoras a *laser* pequenas, descentralizadas, econômicas e de resposta rápida.[654] Embora o quadro contratual necessário não

---

[652] GILSON, Ronald J.; SABEL, Charles F.; SCOTT, Robert E. "Contracting for Innovation: Vertical Disintegration and Interfirm Collaboration". *Columbia Law Review*, vol. 109, nº 3, abril de 2009, pp. 431-442 e ss. (*"interfirm collaboration (...) in a post-Chandlerian economy"*).

[653] Cf. JENNEJOHN, Matthew. "The Private Order of Innovation Networks". *Stanford Law Review*, vol. 68, 2016, pp. 281 e ss.; TEUBNER, Gunther. *Netzwerk als Vertragsverbund*: Virtuelle Unternehmen, Franchising, just-in-time in sozialwissenschaftlicher und juristischer Sicht. Baden-Baden: Nomos, 2004, p. 49.

[654] DE FIGUEIREDO, John M.; SILVERMAN, Brian S. *On the Genesis of Interfirm Relational Contracts*. University of Toronto – Rotman School of Management, 2017, pp. 7 e ss. Disponível em: https://dx.doi.org/10.2139/ssrn.3083556. Acessado em: 22.07.2022. (*technological uncertainty and market uncertainty*).

tenha sido primeiro definido e depois implementado, mas a criação e a aplicação do Direito tenham se combinado de forma indissolúvel, era possível concluir o desenvolvimento e a comercialização de um produto inovador de uma maneira que fosse adequada à evolução para todos os envolvidos.

Assim, o caso da aliança estratégica entre a Hewlett-Packard e a Canon é típico das novas formas do contratar relacional. Um contrato formal é concluído, mas ele é incompleto e não contém quaisquer acordos sobre preços, quantidades, especificações e atualizações do produto ou inovações. Em vez disso, o aumento da incerteza é respondido através do intercalamento de mecanismos contratuais formais e informais. Esses e outros padrões similares determinaram outros acordos e cooperações no passado recente, como os contratos entre a Apple e a SCI, um importante fornecedor, que assumiu a produção e o desenvolvimento de componentes de *hardware* para computadores da Apple a partir de 1996.[655] Na verdade, essas formas de colaboração contínua, nas quais redes interorganizacionais trabalham em um aperfeiçoamento contínuo de produtos que, às vezes, não são definidos com maior precisão *ex ante*, estão difundidas hoje em toda a indústria *high-tech*, da biotecnologia, passando pelo *design* de *softwares* até a construção de aeronaves: por um lado, confiança mútua entre as partes contratantes e normas sociais compartilhadas e, por outro, regras ou padrões formais explícitos, contraem um vínculo híbrido. Um estoque normativo que permanece pontual e fragmentário gera um quadro suficientemente estável, que admite que se ponha em marcha um processo iterativo de experimentação visando ao desenvolvimento de produtos novos. Devido a esse entrelaçamento complementar entre Direito formal e

---

[655] GILSON, Ronald J.; SABEL, Charles F.; SCOTT, Robert E. "Contracting for Innovation: Vertical Disintegration and Interfirm Collaboration". *Columbia Law Review*, vol. 109, n° 3, abril de 2009, pp. 431 e ss. e 463 e ss.

§ 9 CULTURA DA TECNOLOGIA DA INFORMAÇÃO

mecanismos informais, também se fala de *"braiding"*[656] ou *"braided governance"*[657] no contexto do contratar relacional.

O fato de as regras e os padrões vinculantes para as partes nos novos contratos relacionais apenas se constituírem no decurso da colaboração ou de os contratos completarem-se em pontos essenciais apenas posteriormente leva a uma temporalização do Direito contratual. A forma contratual torna-se cada vez mais "sensível ao tempo".[658] Também seria possível afirmar que o tempo gerado nas relações entre as partes contratantes emigra para a estrutura interna dos direitos e obrigações contratuais e temporaliza o exercício de direitos subjetivos. Os direitos subjetivos não se apresentam mais como direitos decisórios que definem os direitos e obrigações das partes de forma conclusiva no momento da conclusão do contrato; pelo contrário, o contrato relacional gera uma espécie de dilatação da subjetividade jurídica no suporte do tempo: as partes contratantes envolvem-se mutuamente em um processo de formação do Direito que permanece inacabado enquanto elas interagirem. Assim sendo, nos contratos relacionais, o sujeito de direito trava uma outra relação com o tempo: ele não age mais apenas "no tempo", mas *"com a ajuda do* tempo".[659] Em uma terminologia da Teoria do Direito Privado,

---

[656] GILSON, Ronald J.; SABEL, Charles F.; SCOTT, Robert E. "Braiding: The Interaction of Formal and Informal Contracting in Theory, Practice, and Doctrine". *Columbia Law Review*, vol. 110, 2010, pp. 1.377 e ss.

[657] JENNEJOHN, Matthew. "The Private Order of Innovation Networks". *Stanford Law Review*, vol. 68, 2016, pp. 281 e ss., 296 e 309 e ss. (sobre as fronteiras da *braided governance*).

[658] GRUNDMANN, Stefan; HACKER, Philipp. "Digital Technology as a Challenge to European Contract Law. From the Existing to the Future Architecture". *European Review of Contract Law*, 2017, p. 255 (publicação *on-line SSRN*), (*"time-sensitive contracts"*); em sentido semelhante, já WILLIAMSON, Oliver. *The Economic Institutions of Capitalism*: Firms, Markets, Relational Contracting. Nova York: Free Press, 1985, p. 72.

[659] LUHMANN, Niklas. *Die neuzeitlichen Wissenschaften und die Phänomenologie* (conferência). Viena: Picus, 1996, p. 59.

marcada por Rudolf Wiethölter, isso deveria ser designado como proceduralização de um campo semissocial do Direito contratual. A indústria *high-tech* produz um Direito Privado especial do contrato relacional,[660] no qual o direito subjetivo desdobra-se em um "sistema social reflexivo de aprendizado", em um "trabalho de realização na forma de regulações processuais, atribuições de competências, padrões organizacionais".[661]

Nos novos modelos contratuais, a vinculatoriedade do contrato não está mais pressuposta, mas é gerada na forma de "produção de Direito" por um Direito envolvido nos próprios processos com a ajuda do tempo.[662] Na esteira de Ino Augsberg, isso também pode ser descrito como "conversão da perspectiva de tempo em temporalidade mediante temporização".[663] Essa diferenciação, que acompanha Heidegger, dá conta da normatividade temporalizada dos novos modelos de contrato tão bem quanto o tempo do observador de Luhmann. Entretanto, a nova forma de tempo – nem no sentido da temporalidade de Heidegger, nem no sentido do tempo do observador de Luhmann – pode ser contraposta ao tempo histórico como uma relação temporal radicalmente diferente. De fato, o recurso ao tempo histórico concebido como fluxo, corrente ou processo é depreciado

---

[660] WIETHÖLTER, Rudolf. "Vom besonderen Allgemeinprivatrecht zum allgemeinen Sonderprivatrecht?" *In*: ZUMBANSEN, Peer; AMSTUTZ, Marc (Coord.). *Recht in Recht-Fertigungen*: ausgewählte Schriften von Rudolf Wiethölter. Berlim: Berliner Wiss.-Verlag, 2013, pp. 199-201.

[661] WIETHÖLTER, Rudolf. "Vom besonderen Allgemeinprivatrecht zum allgemeinen Sonderprivatrecht?" *In*: ZUMBANSEN, Peer; AMSTUTZ, Marc (Coord.). *Recht in Recht-Fertigungen*: ausgewählte Schriften von Rudolf Wiethölter. Berlim: Berliner Wiss.-Verlag, 2013, p. 207.

[662] WIETHÖLTER, Rudolf. "Materialisierungen und Prozeduralisierungen im Recht". *In*: ZUMBANSEN, Peer; AMSTUTZ, Marc (Coord.). *Recht in Recht-Fertigungen*: ausgewählte Schriften von Rudolf Wiethölter. Berlim: Berliner Wiss.-Verlag, 2013, p. 423.

[663] AUGSBERG, Ino. "Die Normalität der Normativität". *Juristen Zeitung*, n° 9, 2020, pp. 425-430.

§ 9 CULTURA DA TECNOLOGIA DA INFORMAÇÃO

por Luhmann como sendo, por assim dizer, de ontologia tardia,[664] enquanto o estilo de pensamento da teoria dos sistemas autorreferenciais abandona radicalmente tais anacronismos. Mas o recurso à ironia que acompanha essa conversão não consegue esconder a problemática de que, mesmo nas condições de uma modernização avançada da sociedade, o constante reescrever de novas descrições requer um apoio instituído que a descrição não consegue gerar por si mesma. Isso também se aplica a contratos relacionais. Os novos modelos contratuais somente são praticáveis na medida em que conseguem pressupor uma normalidade cronológica, um terreno do mundo da vida de simultaneidade histórica entre vivência e ação, que deve ser maior e mais abrangente do que o mundo contratual e os horizontes temporais de seus observadores. Somente assim o contrato relacional consegue possibilitar uma ação conjunta em uma situação de incerteza acentuada e persistente. De modo global, trata-se, portanto, de uma mutação de instituições jurídicas e não de um novo vácuo da normatividade jurídica que a nova economia digital global supostamente possibilitou e que se reflete, no Direito contratual, na aniquilação do contrato – no *"uncontract"*.[665]

---

[664] LUHMANN, Niklas. *Die neuzeitlichen Wissenschaften und die Phänomenologie*. Viena: Picus, 1996, pp. 58 e ss.
[665] Nesse sentido, porém, ZUBOFF, Shoshana. *The Age of Surveillance Capitalism*. Nova York: Public Affairs, 2019, p. 103 (usando o exemplo do *Google*), pp. 219 e 334 (sempre sobre o contrato imperfeito); análise crítica a esse respeito, CAMPOS, Ricardo. *Metamorphosen des globalen Rechts*: zur Wechselwirkung von Recht, Zeit und Technologie. Frankfurt am Main, 2021. (Tese de Doutorado).

9.4 Do tornar-se ambiental da subjetividade jurídica

9.4.1 Paradigmas da evolução tecnológica

Desde cedo, o novo paradigma da rede atraiu a atenção teórica no campo da tecnologia da informação para as redes de computadores e sua complexa arquitetura tecnológica.[666] Redes de computadores são mídias tecnológicas, no sentido empregado por Friedrich Kittler, que as entende como sendo todas as mídias que, diferentemente da escrita, não operam com base no código da linguagem cotidiana, que, por meio de procedimentos tecnológicos, fogem à percepção humana e somente podem ser formulados na linguagem simbólica da matemática da Era Moderna.[667] Em outras palavras, redes de computadores operam com base em uma distribuição e dispersão radical do poder de ação,[668] através das quais são liberadas forças e regras que não podem ser concebidas como ancoradas em um sujeito. Em vez disso, a liberdade criativa do homem moderno passa a ser marcada mais fortemente do que nunca por uma tecnologia que rompe com representações complementares de objetos técnicos passivos, de um lado, e de sujeitos autônomos ativos, de outro. Redes de computadores formam um ambiente inteligível com alicerce

---

[666] Cf. apenas BENKLER, Yochai. *The Wealth of Networks*: How Social Production Transforms Markets and Freedom. New Haven: Yale University Press, 2006, pp. 383-395; cf. também VESTING, Thomas. *Die Medien des Rechts, Bd. 4*: Computernetzwerke. Weilerswist: Velbrück Wissenschaft, 2015.

[667] KITTLER, Friedrich A. "Geschichte der Kommunikationsmedien". *In*: HUBER, Jörg; MÜLLER, Alois M. (Coord.). *Raum und Verfahren*. Basileia: Museum für Gestaltung, Zurique, 1993, pp. 169 e ss. e 180.

[668] HANSEN, Mark B. "Medien des 21. Jahrhunderts". *In*: HÖRL, Erich (Coord.). *Die technologische Bedingung*: Beiträge zur Beschreibung der technischen Welt. Berlim: Suhrkamp, 2011, pp. 365-369; cf. também HANSEN, Mark B. N. *Feed-Forward*: On the Future of Twenty-First-Century Media. Chicago: University of Chicago Press, 2015.

§ 9 CULTURA DA TECNOLOGIA DA INFORMAÇÃO

algorítmico, ao qual o *homo digitalis* não simplesmente se adapta ou deve adaptar-se, mas do qual ele se apropria, ao aprender com ambientes eletrônicos inteligentes e ao torná-los, eles mesmos, parte de suas formas de trabalho e vida. Visto de forma inversa, as novas tecnologias de processamento intensivo e grande riqueza de dados alcançam, por sua vez, o ambiente humano e preparam as experiências cotidianas e as sensações dos indivíduos.[669]

Diferentemente da ferramenta tradicional e da tecnologia mecânica da Era Industrial, a tecnologia da informação é caracterizada por não se limitar a finalidades previamente definidas, mas poder ser usada para todas as finalidades possíveis, de modo semelhante à linguagem humana. A tecnologia da informação é, portanto, mais uma tecnologia dos meios do que uma tecnologia dos fins. Com isso desencadeou-se uma evolução tecnológica imprevisível, à qual a *IBM* já havia reagido na produção e comercialização de seus primeiros computadores pessoais: a IBM não vendia mais um produto final completo e totalmente integrado (como ainda era o caso de seu *System 360*), mas sim uma infraestrutura de componentes e módulos que podiam ser combinados de diferentes formas, para atender diferentes necessidades, e de cuja produção e aperfeiçoamento outros fabricantes podiam participar. Esse foi um primeiro passo em direção à tendência evolutiva da desintegração da produção vertical descrita na última seção, tal como ela era típica da sociedade industrial marcada pelos gestores. Em contrapartida, nas novas formas horizontais da colaboração entre empresas, tanto os processos de

---

[669] Para mais detalhes, cf. HANSEN, Mark B. N. *Feed-Forward*: On the Future of Twenty-First-Century Media. Chicago: University of Chicago Press, 2015, pp. 370 e ss., que reconstrói a primazia da subjetividade e da experiência humana em um modelo apoiado em Whitehead como uma "subjetividade de ordem superior", que se baseia no compartilhamento e na participação no "poder de ação polivalente de inúmeras subjetividades", nos eventos impessoais e submacroscópicos de eventos de experiência e sensação do ambiente midiático convertido em dados e que trabalha de forma quantitativa e baseada em cálculos.

pesquisa e desenvolvimento – na área de interseção da colaboração entre organizações – quanto a produção em si, metamorfoseiam-se em uma espécie de economia de plataforma, na qual os sistemas operacionais e os aplicativos neles integrados são coproduzidos por empresas independentes umas das outras.[670]

Em uma perspectiva histórica, no caso da tecnologia da informação, estamos lidando com uma progressão da evolução tecnológica no sentido de uma pluralização mais ampla de formas de tecnologia. Acompanhando o psicólogo social Serge Moscovici ou Bernhard Waldenfels, a história da tecnologia pode ser dividida em um esquema de três macroparadigmas: assim como Serge Moscovici distingue a natureza orgânica, a mecanização do mundo e a natureza cibernética no contexto de uma teoria da sucessão de estados naturais,[671] Waldenfels faz uma diferenciação entre paradigmas tecnológicos clássicos, modernos e hipermodernos. Esses, por sua vez, correspondem a dispositivos técnicos prototípicos sempre variados: a ferramenta (paradigma clássico), a máquina automotora (paradigma moderno) e a máquina automática ou o sistema/os processos de ambiente (paradigma hipermoderno).[672] Nesse esquema, a tecnologia da informação seria classificada como paradigma hipermoderno, cujo protótipo são o sistema/os processos de ambiente e cuja operação

---

[670] Cf. GILSON, Ronald J.; SABEL, Charles F.; SCOTT, Robert E. "Contract, Uncertainty, and Innovation". *In*: GRUNDMANN, Stefan; MÖSLEIN, Florian; RIESENHUBER, Karl (Coord.). *Contract governance*: dimensions in law and interdisciplinary research. Oxford: Oxford University Press, 2015, pp. 155-158; COHEN, Julie E. "The Regulatory State in the Information Age". *Theoretical Inquiries in Law*, 2016, pp. 369-375 e ss. (sobre o aspecto regulatório da nova economia de plataforma).

[671] MOSCOVICI, Serge. *Versuch über die menschliche Geschichte der Natur*. Frankfurt am Main: Suhrkamp, 1982, pp. 86 e ss.

[672] WALDENFELS, Bernhard. *Bruchlinien der Erfahrung*: Phänomenologie, Psychoanalyse, Phänomenotechnik. Frankfurt am Main: Suhrkamp, 2002, pp. 360-364.

§ 9 CULTURA DA TECNOLOGIA DA INFORMAÇÃO

básica é a auto-organização.[673] Essa classificação também parece plausível no sentido de que, na tecnologia da informação, trata-se de sistemas e processos que "se organizam na troca com um *ambiente*, e não apenas de forma sincrônica, a serviço de uma autopreservação, mas também diacronicamente, no decurso de um desenvolvimento de sistemas".[674] Isso também se aplica à ordem diferencial multinivelar das redes de computadores, que também possui as próprias forças de desenvolvimento e é, ela mesma, em certa medida, capaz de aprender e adaptar-se às transformações ambientais. Os ambientes de tecnologia da informação daí resultantes são povoados hoje por ideias de uma inteligência artificial, até mesmo de uma subjetividade eletrônica,[675] que, em uma perspectiva inversa, faz a restrição do conceito de subjetividade a estados humanos de consciência perder a plausibilidade.[676]

O fato de as próprias redes de computadores estarem se tornando inteligentes e entrarem em interação com seu ambiente social é a chave para um entendimento adequado da evolução tecnológica recente. Essa história do desenvolvimento é particularmente útil para situar o lugar que o homem assume na cultura da tecnologia

---

[673] Cf. WALDENFELS, Bernhard. *Bruchlinien der Erfahrung*: Phänomenologie, Psychoanalyse, Phänomenotechnik. Frankfurt am Main: Suhrkamp, 2002, p. 370 (auto-organização = a "autoprodução da ordem no processo do ordenar").

[674] WALDENFELS, Bernhard. *Bruchlinien der Erfahrung*: Phänomenologie, Psychoanalyse, Phänomenotechnik. Frankfurt am Main: Suhrkamp, 2002, p. 371.

[675] MALABOU, Catherine. *Morphing Intelligence*: From IQ Measurement to Artificial Brains. Nova York: Columbia University Press, 2019, pp. 86-88.

[676] Cf. também ESPOSITO, Roberto. *Persons and Things*: from the Body's Point of View. Cambridge: Polity Press, 2015, pp. 132 e ss.; ROTHE, Katja. "Ökologien der Seele". *In*: DEUBER-MAKOWSKY, Astrid; GÖRLING, Reinhold (Coord.). *Denkweisen des Spiels*: medienphilosophische Annäherungen. Viena: Turia + Kant, 2016, pp. 87 e ss. (fala de componentes ambientais inéditos da formação da subjetividade).

da informação. Gilbert Simondon muda o entendimento da técnica desde cedo em direção a uma subjetividade orientada para o exterior, ao distinguir três níveis do objeto técnico em *Du mode d'existence des objets techniques* [Do Modo de Existência dos Objetos Técnicos] (1958): elemento (ferramenta), indivíduo (máquina autônoma) e conjunto (máquina aberta). Em Simondon, esses três níveis também são combinados à ideia de três eras do progresso tecnológico.[677] A clarividência dessas reflexões também fica demonstrada no fato de a atenção de Simondon estar inteiramente voltada para as formas de atividade tecnológica que procedem dos conjuntos, das máquinas abertas. Como objetos técnicos, as máquinas abertas tornaram-se destacáveis de finalidades fixas e produzem uma "disponibilidade infinita para composições e fusões".[678] Com a ideia de uma sociedade de máquinas abertas, em meio à qual o homem movimenta-se como seu coordenador e inventor permanente, Simondon enfatiza o caráter híbrido e reticulado da cultura da tecnologia da informação, o coletivo de homens e máquinas, o transindividual e transubjetivo, o diálogo do indivíduo com os objetos técnicos abertos,[679] ao passo que se distancia do fascínio da cibernética pelos autômatos.

> O real aprimoramento das máquinas, aquele sobre o qual se pode afirmar que ele aumenta o grau de tecnicidade, não corresponde a um aumento do automatismo, mas, bem ao

---

[677] SIMONDON, Gilbert. *Die Existenzweise technischer Objekte* (1958). Zurique: Diaphanes, 2012, p. 14; BARTHÉLÉMY, Jean-Hughes. "Simondon – Ein Denken der Technik im Dialog mit der Kybernetik". *In*: HÖRL, Erich (Coord.). *Die technologische Bedingung*: Beiträge zur Beschreibung der technischen Welt. Berlim: Suhrkamp, 2011, pp. 93-100.

[678] SIMONDON, Gilbert. *Die Existenzweise technischer Objekte* (1958). Zurique: Diaphanes, 2012, p. 227.

[679] BARTHÉLÉMY, Jean-Hughes. "Simondon – Ein Denken der Technik im Dialog mit der Kybernetik". *In*: HÖRL, Erich (Coord.). *Die technologische Bedingung*: Beiträge zur Beschreibung der technischen Welt. Berlim: Suhrkamp, 2011, p. 104.

§ 9 CULTURA DA TECNOLOGIA DA INFORMAÇÃO

contrário, ao fato de que o modo de funcionamento de uma máquina contém certa margem de indeterminação. É essa margem que permite que uma máquina esteja receptiva a uma informação externa.[680]

9.4.2 Da inteligibilidade de ambientes de tecnologia da informação

A análise de Simondon sobre o modo de existência de objetos técnicos está associada a uma teoria metafísica especulativa. Nessa teoria, a técnica assume o papel de um mediador entre natureza e homem. Isso leva, entre outros, à exigência de fazer uma aproximação entre a vida da técnica e de reconhecer que a evolução técnica tem a capacidade de naturalizar objetos técnicos,[681] o que não significa nada mais do que tornar a fronteira entre natureza e técnica mais permeável no pensamento teórico. Aqui, a tecnologia de máquinas da Era Industrial expõe-se a um presságio predominantemente negativo: o homem cumpre uma função mecânica, a do porta-ferramentas, que, para Simondon, corresponde a uma fase da história que cria uma noção dramática e apaixonada do progresso, a qual leva à "violação da natureza, à conquista do mundo, à apropriação das energias".[682]

---

[680] SIMONDON, Gilbert. *Die Existenzweise technischer Objekte* (1958). Zurique: Diaphanes, 2012, p. 11. Na Terminologia de Heinz von Foerster, Simondon contrapõe aqui a máquina trivial à máquina não trivial.

[681] SIMONDON, Gilbert. *Die Existenzweise technischer Objekte* (1958). Zurique: Diaphanes, 2012, pp. 52 e ss.; BARTHÉLÉMY, Jean-Hughes. "Simondon – Ein Denken der Technik im Dialog mit der Kybernetik". *In*: HÖRL, Erich (Coord.). *Die technologische Bedingung*: Beiträge zur Beschreibung der technischen Welt. Berlim: Suhrkamp, 2011, p. 103; cf. também HÖRL, Erich. "'Technisches Leben' Simondons Denken des Lebendigen und die allgemeine Ökologie". *In*: MUHLE, Maria; VOSS, Christiane (Coord.). *Black Box Leben*. Colônia: August Verlag, 2017, pp. 239 e ss.

[682] SIMONDON, Gilbert. *Die Existenzweise technischer Objekte* (1958). Zurique: Diaphanes, 2012, p. 14.

Em contrapartida, com os conjuntos e as máquinas abertas, surge no horizonte uma configuração mais luminosa, cuja realidade, por sua própria essência, é mais regulativa e, consequentemente, pode ser integrada de forma menos fraturada na cultura humana.[683] Portanto, o pensamento de Simondon pode ajudar a aguçar a consciência da tecnicidade imanente à cultura da tecnologia da informação, da emergência de *"networks of intelligence"* distribuídas e desapossadas.[684] Após a transição da cultura burguesa para a cultura gestorial, esse movimento acarreta outra metamorfose ("terciária") da subjetividade, que coloca o pensamento teórico diante de um grande desafio: ela torna necessária uma nova conceitualização da subjetividade que deveria relativizar a noção de uma subjetividade exclusivamente pessoal e, em particular, a ideia romântica de uma criatividade ancorada na subjetividade do indivíduo, e que poderia ser reformulada como uma subjetividade generalizada envolvendo o ambiente midiático.[685] Em todo caso, tal subjetividade multinivelar representaria um modelo plausível, na medida em que, na cultura da tecnologia da informação, o homem não se contrapõe mais aos objetos midiáticos e aos conjuntos técnicos como sujeito independente e quase autônomo, mas somente atinge sua liberdade criativa

---

[683] SIMONDON, Gilbert. *Die Existenzweise technischer Objekte* (1958). Zurique: Diaphanes, 2012, p. 15.

[684] O termo é empregado por THRIFT, Nigel. "From Born to Made: Technology, Biology and Space". *Transitions of the Institute of British Geography*, vol. 30, nº 4, 2005, pp. 463-469; HÖRL, Erich. *Die technologische Bedingung*: Beiträge zur Beschreibung der technischen Welt. Berlim: Suhrkamp, 2011, p. 31; cf. também NASSEHI, Armin. *Muster*: Theorie der digitalen Gesellschaft. Munique: C.H. Beck, 2019, pp. 236 e ss. (sobre a inteligência zur distribuída por *deep learning systems* e estruturas sociais a eles correspondentes).

[685] HANSEN, Mark B. N. "Medien des 21. Jahrhunderts". *In*: HÖRL, Erich (Coord.). *Die technologische Bedingung*: Beiträge zur Beschreibung der technischen Welt. Berlim: Suhrkamp, 2011, p. 367.

§ 9 CULTURA DA TECNOLOGIA DA INFORMAÇÃO

através de um "compartilhamento e de uma participação direta no poder polivalente de ação de inúmeras subjetividades".[686]

Neste ponto, talvez seja útil relembrar uma propriedade importante da cultura da tecnologia da informação. Como engenheiro ou programador, o *homo digitalis* deve ser capaz de pensar de forma racional-formal. Somente engenheiros eletrônicos inteligentes e capacitados são capazes de desenvolver circuitos integrados altamente complexos, e somente desenvolvedores de *software* excepcionalmente talentosos, como o fundador do Google, Sergey Brin, conseguem inventar e escrever códigos complexos do tipo do algoritmo *PageRank*. Para tanto, Estados ou regiões devem possuir instituições de ensino privadas ou públicas, onde jovens talentosos possam receber uma formação adequada e tornarem-se personalidades criativas. Esse aspecto da tecnologia da informação baseia-se em um modo de funcionamento totalmente calculado de classificação e organização de dados. Mas como o desempenho dos computadores foi imensamente elevado sobre essa base cognitiva racional e uma vez que a capacidade de processamento automático de dados vem atingindo hoje proporções inimagináveis, os computadores tornaram-se receptivos a informações e padrões externos; basta pensar na capacidade de aprendizagem de redes neuronais na tradução de idiomas. Redes de computadores desenvolveram uma capacidade própria de auto-organização e criatividade, e é possível prever novos progressos graças aos *chips* sinápticos, à computação neuromórfica e a outras tecnologias de informação transformadoras.[687] Consequentemente,

---

[686] HANSEN, Mark B. N. "Medien des 21. Jahrhunderts". *In*: HÖRL, Erich (Coord.). *Die technologische Bedingung*: Beiträge zur Beschreibung der technischen Welt. Berlim: Suhrkamp, 2011, pp. 370 e ss. Um exemplo disso seriam as tecnologias de amostragem de *hip-hop*, *rap* e outras correntes da música *pop* que dependem de máquinas e arquivos digitais por padrão, de uma variante eletrônica da intertextualidade.

[687] Cf. MALABOU, Catherine. *Morphing Intelligence*: From IQ Measurement to Artificial Brains. Nova York: Columbia University Press, 2019, pp. 81 e ss. e 147 e ss.

a metamorfose da inteligência da tecnologia da informação, em meu entender, suscita menos a questão sobre se os computadores digitais irão um dia apresentar desempenhos análogos à consciência, como pensar, perceber, sentir etc. com a ajuda de algoritmos de autoaprendizagem. O ponto crucial da evolução tecnológica recente parece-me estar mais no fato de a inteligência artificial transformar o entendimento da inteligência como tal: além da inteligência humana, surge uma forma de inteligência artificial sem precedentes na história do homem, que, embora apresente semelhanças com aquela, em última instância, produz uma forma autônoma de criatividade automática cujas possibilidades são infindáveis.[688]

Seria possível dar continuidade ao desenvolvimento da ideia de ambientes de tecnologia da informação mais inteligíveis dentro da estrutura do pensamento ambiental. Tal pensamento poderia ser associado, por exemplo, às reflexões de James Gibson sobre uma direcionabilidade ambiental genérica da percepção e da psique. Seu tratado *The Ecological Approach to Visual Perception* [A Abordagem Ecológica da Percepção Visual] (1979) contém uma teoria geral da afordância, na qual se trata das propriedades de um ambiente utilizável por um organismo. Nessa teoria, pensamento ecológico não significaria unicamente um ecossistema que o homem habita, do qual faz parte e ao qual se adapta. Pelo contrário, o sujeito humano travaria relação com um ambiente tecnológico que consiste em uma série de inteligibilizações distribuídas e desapossadas;[689] seria um ambiente que oferece algo ao sujeito humano, que "torna disponível o que lhe ensina".[690] Tal pensamento seria um passo na

---

[688] MALABOU, Catherine. *Morphing Intelligence*: From IQ Measurement to Artificial Brains. Nova York: Columbia University Press, 2019, p. 151.

[689] THRIFT, Nigel. "From Born to Made: Technology, Biology and Space". *Transitions of the Institute of British Geography*, vol. 30, n° 4, 2005, p. 463 (*"intelligencings"*).

[690] Cf. HÖRL, Erich. "Die environmentalitäre Situation. Überlegungen zum Umweltlich-Werden von Denken, Macht und Kapital". *Internationales Jahrbuch für Medienphilosophie*, vol. 4, 2018, pp. 221 e ss. e 235.

§ 9 CULTURA DA TECNOLOGIA DA INFORMAÇÃO

direção de um entendimento de ambiente estritamente relacional e processual, tal como o que se exige na teoria das mídias como perspectiva radicalmente ambientalista.[691] A antropologia de Tim Ingold argumenta em uma direção comparável. Ingold reúne constatações da biologia do desenvolvimento, da psicologia ecológica e da fenomenologia, partindo da premissa de que o homem, como ser orgânico e psíquico, não é uma unidade limitada e fechada em si, que é confrontada com o mundo (físico-natural), mas um nó que se movimenta e desenvolve-se constantemente em uma matriz ilimitada de relações.[692]

Para ele, a estrita separação entre ação humana e objetos técnicos ligados em rede seria aberta desse modo às transposições de fronteiras e transições mútuas. Assim como na arte, o fazer do objeto teria precedência sobre o objeto como tal, o material apareceria em primeiro plano, atrás da forma. O *homo digitalis* seria então um sujeito que aprende como nenhum outro antes dele com o ambiente tecnológico inteligível, que ele mesmo ajuda a projetar e por cuja realização econômica é corresponsável, mas cuja evolução não consegue prever nem antecipar. É bem provável que um pensamento ecotecnológico desse tipo seja particularmente produtivo quando se

---

Também seria possível relacionar isso com diferentes manifestações históricas de infraestruturas midiáticas que possibilitam ou mesmo impossibilitam determinadas evoluções culturais e sociais; cf. HILDEBRANDT, Mireille. *Smart Technologies and the End(s) of Law*. Cheltenham: Edward Elgar Publishing, 2016, pp. 47 e ss. (sobre as condições de possibilidade da oralidade, da escrita, da tipografia, do filme etc.); cf. também GRABER, Christoph B. "Freedom and Affordances of the Net". *Washington University Jurisprudence Review*, vol. 10, 2017, pp. 221-226 e ss.

[691] HANSEN, Mark B. N. "Medien des 21. Jahrhunderts". *In*: HÖRL, Erich (Coord.). *Die technologische Bedingung*: Beiträge zur Beschreibung der technischen Welt. Berlin: Suhrkamp, 2011, p. 366.

[692] Cf. INGOLD, Tim. "From Science to Art and Back Again. The Pendulum of an Anthropologist". *Interdisciplinary Science Reviews*, vol. 43, 2018, pp. 213-223.

leva em conta e aceita-se que a evolução da tecnologia da informação tem ocorrido até agora no âmbito de condições da economia de livre mercado e que as invenções mais importantes e os modelos de negócios mais bem-sucedidos surgiram em uma cultura tão aberta à inovação quanto a dos Estados Unidos. Em compensação, o proveito do pensamento ecológico é imediatamente desperdiçado quando a cultura da tecnologia da informação é removida de seu contexto histórico de surgimento e reconstruída em um paradigma abstrato de teoria do poder em que – como já no combate de Georges Canguilhem contra a psicologia quantitativa[693] – a vigilância do sujeito por parte de aparatos de poder policial desloca-se para o centro da reflexão filosófica ou da teoria das mídias.

Por isso, parece pouco produtivo descrever a profunda alteração própria da tecnologia da informação como uma nova forma de "governamentalidade", como ingresso do homem moderno em uma "situação ambientalitária".[694] Desse modo, Erich Hörl retoma diretamente a história de governamentalidade de Michel Foucault, na qual se faz a tentativa de separar o conceito de governamentalidade governamentalidade do Estado monárquico e estendê-lo às relações de poder de toda espécie, ao autogoverno do homem, aos micropoderes, bem como a uma "ambientalidade" perpassada por "riscos e fenômenos transversais".[695] De fato, o pensamento de Foucault sobre poder e governo abre-se neste ponto para determinados aspectos da dinâmica

---

[693] Cf. MALABOU, Catherine. *Morphing Intelligence*: From IQ Measurement to Artificial Brains. Nova York: Columbia University Press, 2019, pp. 42 e ss.

[694] HÖRL, Erich. "Die environmentalitäre Situation. Überlegungen zum Umweltlich-Werden von Denken, Macht und Kapital". *Internationales Jahrbuch für Medienphilosophie*, vol. 4, 2018, pp. 230 e ss.; cf. também, de modo geral, ZUBOFF, Shoshana. *The Age of Surveillance Capitalism*. Nova York: Public Affairs, 2019.

[695] FOUCAULT, Michel. *Die Geburt der Biopolitik Geschichte der Gouvernementalität II*: Vorlesungen am Collège de France 1978/1979. Berlin: Suhrkamp, 2006, p. 361.

da sociedade moderna e de sua inquieta cultura endógena. Mas, no final, permanece dominante o próprio ponto de partida histórico, o triângulo "soberania, disciplina e administração governamental".[696] Em Foucault, o principal objetivo desses três elementos é sempre a população como tal e, em um sentido comparável, em Erich Hörl, a mutação para a cultura da tecnologia da informação é associada a uma transformação profunda, que converte os complexos de poder--conhecimento da soberania estatal Estado, antes disciplinadores e normalizadores, em novos sistemas de controle de autoaprendizagem de tecnologias ambientais. Dessa forma, acaba-se por criar apenas outra variante de um elo demasiado rígido entre estratégias de poder político-militar e desenvolvimento de tecnologia da informação, um elo que já recebe demasiada importância no trabalho de Friedrich Kittler, por exemplo, onde a gênese do computador é estreitamente atrelada à história militar da Segunda Guerra Mundial.[697]

9.4.3 A dimensão ecotecnológica

Diferentemente da máquina da Era Industrial, as redes de processamento intensivo e grande riqueza de dados do século XXI não podem mais ser concebidas como meras encarnações da mente humana. Elas formam um ambiente eletrônico que entra em ação por si mesmo, desenvolvendo um comportamento inteligível, que, pelo menos em certa medida, não é definido de forma conclusiva por um

---

[696] FOUCAULT, Michel. *Sicherheit, Territorium, Bevölkerung Geschichte der Gouvernementalität I*: Vorlesungen am Collège de France 1977-1978. Frankfurt am Main: Suhrkamp, 2006, p. 161; de modo crítico, também nesse sentido, TEUBNER, Gunther. *Verfassungsfragmente*: Gesellschaftlicher Konstitutionalismus in der Globalisierung. Berlim: Suhrkamp, 2012, p. 218 (fala de uma "fixação obsessiva no fenômeno do poder").

[697] Cf. apenas KITTLER, Friedrich A. "Die künstliche Intelligenz des Weltkriegs: Alan Turing". In: _____. *Die Wahrheit der technischen Welt*: Essays zur Genealogie der Gegenwart. Berlim: Suhrkamp, 2013, pp. 232 e ss.

programa formal. Ao mesmo tempo, a inteligibilidade da tecnologia assume um papel colaborativo no processo de geração de conhecimentos novos; de fato, na cultura da tecnologia da informação, a geração de conhecimento ocorre em processos auto-organizados, que escapam às fronteiras internas/externas convencionais e produzem intermediações entre áreas até então consideradas estritamente separadas entre si. Isso também fica demonstrado, por exemplo, na pesquisa neurocientífica. Hoje, técnicas de observação computadorizadas, como a espectroscopia por ressonância magnética ou a ressonância magnética nuclear são capazes de observar o cérebro *in vivo*, em tempo real, penetrando assim cada vez mais profundamente em seus mistérios.[698] Com isso, as paredes entre o biológico e o simbólico ganharam buracos; a relação entre eles não é mais marcada por irredutibilidade mútua, mas sim por troca.[699] Sobre essa base, tornou-se também concebível um novo entendimento da subjetividade, mais materialista, isto é, um entendimento em que a "plasticidade" neuronal do próprio cérebro torna-se parte de sua autorreflexão.[700]

As novas possibilidades da tecnologia da informação e, especialmente, a possibilidade de simulação eletrônica de determinados desempenhos do cérebro humano através de procedimentos de inteligência artificial, fazem com que seja preciso aceitar, por princípio, a emergência de uma "subjetividade ecotecnológica" dispersa no ambiente.[701] Em um plano de Teoria do Direito, essa evolução

---

[698] Cf. WALDENFELS, Bernhard. *Bruchlinien der Erfahrung*: Phänomenologie, Psychoanalyse, Phänomenotechnik. Frankfurt am Main: Suhrkamp, 2002, pp. 394 e 408 e ss. (que critica o tecnológico funcional dessa pesquisa).

[699] MALABOU, Catherine. *Before Tomorrow*: Epigenesis and Rationality. Cambridge: Polity Press, 2016, p. 186.

[700] Cf. MALABOU, Catherine. *Was tun mit unserem Gehirn?* Zurique: Diaphanes, 2006, pp. 13 e ss.

[701] Cf. HÖRL, Erich. *Die technologische Bedingung*: Beiträge zur Beschreibung der technischen Welt. Berlim: Suhrkamp, 2011, pp. 7-10 e 21 (citação, grifo do autor).

§ 9 CULTURA DA TECNOLOGIA DA INFORMAÇÃO

sugere uma nova conceitualização ecotecnológica da subjetividade jurídica. Na cultura da tecnologia da informação, o aspecto institucionalizado da subjetividade jurídica é entremeado por um feixe extremamente dinâmico de ligações, no qual deveriam ser incluídas relações de troca constante entre sujeitos humanos e ambientes tecnológicos inteligíveis. No entanto, isso não faz com que o sujeito de direito desapareça. Assim como Catherine Malabou cria espaço para o campo geneticamente livre do cérebro e para a abertura em relação a seu próprio futuro na ideia de plasticidade,[702] uma nova conceitualização ecotecnológica da subjetividade jurídica poderia mais bem seguir a tradição do poder da imaginação e ancorar no núcleo dessa concepção a antecipação do ainda não existente, a "remissão a novas possibilidades".[703] Nesse, o ponto seria a proteção jurídica de uma criatividade distribuída na sociedade e nas tecnologias. O *homo digitalis* divide seu poder de ação criativa não apenas com outros indivíduos, mas também com uma rede de materialidades inteligíveis, com todo tipo de culturas de objeto de processamento intensivo e grande riqueza de dados. Essa agitação no campo de experiência dos indivíduos também deve refletir-se nos conceitos do Direito formal.

A ideia de uma subjetividade jurídica ecotecnológica deveria ser reconhecida como uma dimensão de validade própria de um modelo que, em regra, possui três níveis. A par de direitos individuais e de direitos de propriedade para grandes empresas lideradas por gestores, esse modelo aceitaria também redes de computadores e seus ambientes

---

[702] Cf. MALABOU, Catherine. *Was tun mit unserem Gehirn?* Zurique: Diaphanes, 2006, p. 17; cf. também CAPUTO, John D. *Hermeneutics*: facts and interpretation in the age of information. Random House UK: Penguin, 2018, pp. 267 e ss.

[703] LADEUR, Karl-Heinz. *Recht-Wissen-Kultur*: die fragmentierte Ordnung. Berlim: Duncker & Humblot, 2016, p. 129; cf. também MÖLLERS, Christoph. *Die Möglichkeit der Normen*: Über eine Praxis jenseits von Moralität und Kausalität. Berlim: Suhrkamp, 2015, pp. 305 e ss. (que insiste acertadamente que normatividade funciona fundamentalmente de forma orientada para o futuro).

inteligíveis como titulares de atribuições semânticas liberais. Nesse modelo, em um primeiro momento, seria possível lançar uma ponte para aqueles conceitos da Ciência do Direito que não restringem a proteção da liberdade de direitos subjetivos a um direito de persecução de interesses individuais ou a referências à ações "egoísticas" de semelhante teor reducionista, mas estendem essa proteção a organizações formais e a outros atores coletivos, e até mesmo a áreas inteiras de atuação social. Em Gunther Teubner, por exemplo, isso leva a uma proteção institucional dos direitos fundamentais para sistemas sociais, como artes, ciências ou economia.[704] A liberdade artística confere então não apenas um direito individual ao artista como indivíduo, mas também protege a autonomia da prática artística da sociedade.[705] O mesmo se aplica à liberdade científica. Ela não protegeria exclusivamente a liberdade de sujeitos individuais, mas a integridade do processo de geração do conhecimento, que deve ser distinguida desses sujeitos, em uma ordem de conhecimento destinada à busca do novo.[706] Isso deveria ser ainda mais aceitável, pelo fato de ser essa a direção para a qual também apontam debates recentes sobre questões de capacidade jurídica e responsabilidade de sistemas (autônomos) de tecnologia da informação nas transações comerciais eletrônicas. Nesses fóruns discute-se também a questão

---

[704] TEUBNER, Gunther. "Zum transsubjektiven Potential subjektiver Rechte. Gegenrechte in ihrer kommunikativen, kollektiven und institutionellen Dimension". *In*: FRANZKI, Hannah; HORST, Johan; FISCHER-LESCANO, Andreas (Coord.). *Gegenrechte*: Recht jenseits des Subjekts. Tübingen: Mohr Siebeck, 2018, pp. 357-361.

[705] TEUBNER, Gunther. "Zum transsubjektiven Potential subjektiver Rechte. Gegenrechte in ihrer kommunikativen, kollektiven und institutionellen Dimension". *In*: FRANZKI, Hannah; HORST, Johan; FISCHER-LESCANO, Andreas (Coord.). *Gegenrechte*: Recht jenseits des Subjekts. Tübingen: Mohr Siebeck, 2018, p. 363.

[706] Nesse sentido, por exemplo, AUGSBERG, Ino. "Subjektive und objektive Dimensionen der Wissenschaftsfreiheit". *In*: VOIGT, Friedemann (Coord.). *Freiheit der Wissenschaft*: Beiträge zu ihrer Bedeutung, Normativität und Funktion. Berlim/Boston: De Gruyter, 2012, pp. 65 e ss., 82 e 89.

§ 9 CULTURA DA TECNOLOGIA DA INFORMAÇÃO

sobre se os institutos (de Direito Privado) da capacidade jurídica e da responsabilidade não deveriam abrir-se para a "associação homem-máquina" ou mesmo para agentes de *software*.[707]

Essas variantes de uma construção teórica institucional própria da teoria dos sistemas aproximam-se do conceito de uma subjetividade jurídica ecotecnológica, inclusive no ponto em que ambos os conceitos carecem de uma sustentação extrajurídica. Assim como no conceito de subjetividade jurídica ecotecnológica trata-se de conectar a dimensão explícita e visivelmente destacada de instituições sociais com as instituições em parte implícitas e invisíveis do poder instituinte, para Teubner, direitos subjetivos apenas existem dentro de processos sociais de interação e organização e, o que é ainda mais importante, somente na dependência de meios de resultado, como poder, dinheiro ou verdade. É justamente na correlação com a análise dos meios de resultado que Teubner tende, de fato, a uma visão fortemente crítica da sociedade, em que a Modernidade aparece menos como lugar de possibilidades criativas e mais como lugar de motivações sociais compulsórias. Meios como poder, dinheiro ou verdade correm sempre o risco de obstruir a "formação autêntica de juízo" e prender os indivíduos em processos sistêmicos unidimensionais, inalcançáveis e avassaladores para eles, de expô-los sem nenhuma defesa às pressões por poder, conhecimento, inovação ou à "pressão por lucro da economia capitalista".[708] Por isso, os direitos subjetivos devem fornecer limitações para as lógicas intrínsecas destrutivas de

---

[707] Cf. TEUBNER, Gunther. "Digitale Rechtssubjekte? Zum privatrechtlichen Status autonomer Softwareagenten". *AcP*, 2018, pp. 155 e ss. e 198 e ss.; cf. também GRUBER, Malte. *Bioinformationsrecht*: zur Persönlichkeitsentfaltung des Menschen in technisierter Verfassung. Tübingen: Mohr Siebeck, 2015, pp. 250-259 e ss. (que fala de "associações homem-máquina").

[708] TEUBNER, Gunther. "Zum transsubjektiven Potential subjektiver Rechte. Gegenrechte in ihrer kommunikativen, kollektiven und institutionellen Dimension". *In*: FRANZKI, Hannah; HORST, Johan; FISCHER-LESCANO, Andreas (Coord.). *Gegenrechte*: Recht jenseits des Subjekts. Tübingen: Mohr Siebeck, 2018, p. 365.

sistemas autônomos, as quais se tornam o meio de efeitos horizontais contra constelações sociais de poder.[709] Mas em sua dimensão institucional, os direitos subjetivos são mesmo reconhecidos também como direitos sem sujeito, por assim dizer, cuja função é proteger a autonomia da auto-organização social contra interferências políticas arbitrárias ou outras dinâmicas destrutivas de ação.

O conceito de uma subjetividade jurídica ecotecnológica teria que trazer para o primeiro plano justamente essa dimensão transubjetiva ou impessoal. Esse deslocamento conceitual poderia ser generalizado, acompanhando Karl-Heinz Ladeur, em uma perspectiva epistemológica: a função da subjetividade jurídica e dos direitos subjetivos consistiria então em garantir a livre troca do conhecimento distribuído na sociedade e em constante renovação como aquele recurso impessoal que tem determinado a dinâmica do Ocidente desde os primórdios da cultura urbana grega. Direitos sociais de liberdade protegeriam o aspecto relacional da subjetividade, a capacidade dos indivíduos de desenvolver e experimentar relações com outros, conseguindo participar assim "de um processo de geração e utilização de conhecimentos impessoais sociais".[710] A agitação criativa e a disposição para a transformação que surgem entre os indivíduos e as redes tecnológicas a partir daí estão ligadas

---

[709] TEUBNER, Gunther. "Zum transsubjektiven Potential subjektiver Rechte. Gegenrechte in ihrer kommunikativen, kollektiven und institutionellen Dimension". *In*: FRANZKI, Hannah; HORST, Johan; FISCHER-LESCANO, Andreas (Coord.). *Gegenrechte*: Recht jenseits des Subjekts. Tübingen: Mohr Siebeck, 2018, p. 369; cf. também TEUBNER, Gunther. "Die anonyme Matrix: Zu Menschenrechtsverletzungen durch 'private' transnationale Akteure". *Der Staat*, vol. 45, 2006, pp. 161 e ss. (onde esses efeitos horizontais são descritos, quanto ao espaço global, como processo de autoconstitucionalização).

[710] LADEUR, Karl-Heinz. *Der Anfang des westlichen Rechts*: die Christianisierung der römischen Rechtskultur und die Entstehung des universalen Rechts. Tübingen: Mohr Siebeck, 2018, p. 11; cf. também LADEUR, Karl-Heinz. *Recht-Wissen-Kultur*: die fragmentierte Ordnung. Berlim: Duncker & Humblot, 2016, pp. 32 e 127 e ss. Por isso, Ladeur fala também de "direitos processuais".

§ 9 CULTURA DA TECNOLOGIA DA INFORMAÇÃO

a outra presunção de liberdade: as imposições provenientes do uso da liberdade podem ser mais bem administradas através de formas de auto-organização social, contanto que o uso de direitos não cause dano direto a terceiros e seja acompanhado por riscos toleráveis para outros. Por isso, também seria possível falar de uma reconfiguração da subjetividade jurídica diante de novas formas de manifestação da coletividade emergente.[711] Mas o paradigma deve ser constituído mais pelas redes dinâmicas de inovação e produção tecnológica em forma de *clusters* e menos por redes sociais como Facebook, Twitter e outras formas de coletividade comunicativa baseadas na internet.

Tal ampliação das instituições da subjetividade jurídica com uma dimensão ecotecnológica não seria uma ruptura com a tradição da sociedade liberal vigente desde os dias da *commercial society*. Em Adam Smith já se encontra a suposição de que a observação atenta dos outros revela um sentido social pelo qual o *gentleman* pode orientar seu comportamento social e com o qual ele pode aprender a abandonar as próprias idiossincrasias. O modelo de subjetivação do autocontrole daí resultante, por sua vez, está ligado à suposição de que direitos individuais contribuem para o progresso técnico e para a prosperidade econômica do corpo social que se emancipa do corpo político. Logo, o pensamento do Direito natural anglo-americano está voltado *a priori* para o exercício social e privado de direitos (e deveres),[712] principalmente porque o efeito do aumento da prosperidade daí resultante também beneficia os não titulares de direitos. Assim, em uma observação mais atenta, não é que direitos liberais protejam os indivíduos e suas vontades, mas o indivíduo e sua vontade são protegidos por direitos, porque presume-se e

---

[711] Cf. INGOLD, Albert. "Grundrechtsschutz sozialer Emergenz. Eine Neukonfiguration juristischer Personalität in Art. 19 Abs. 3 GG angesichts webbasierter Kollektivitätsformen". *Der Staat*, vol. 53, 2014, pp. 193 e ss.; KERSTEN, Jens. "Relative Rechtssubjektivität. Über autonome Automaten und emergente Schwärme". *Zeitschrift für Rechtssoziologie*, vol. 37, 2017, pp. 8 e ss.
[712] Cf. ZUCKERT, Michael P. *The Natural Rights Republic*. Notre Dame: University of Notre Dame Press, 1996, pp. 19 e ss. e 47 e ss.

pressupõe-se que é desse modo que a capacidade de auto-organização e a produtividade do corpo social são mais bem protegidas. A subjetividade jurídica ecotecnológica é uma figura de desenho complexo dessa hipótese fundamental em que a proteção da liberdade criativa é reorganizada, mas não modificada substancialmente.

9.5 A relevância do poder instituinte

No presente estudo, trabalha-se com uma série de distinções que servem não apenas para separar as ordens entre si, mas também têm a tarefa de tornar mais clara as transposições e indefinições de fronteiras entre ordens separadas. A distinção entre poder instituinte e Poder Constituinte aqui utilizada também é concebida desse modo. Faço uso dessa distinção como ponto de partida para conseguir esclarecer de forma mais nítida os dois sistemas de referência da subjetividade jurídica: de um lado, uma dimensão institucional, informal e que muitas vezes permanece implícita da normatividade social, instituições culturais como a língua, os costumes ou os hábitos, e, de outro lado, uma dimensão normativa, que se destaca claramente, as instituições do Direito Positivo, os direitos subjetivos formalmente consagrados em uma Constituição ou lei, e outras organizações estatais ou de outro tipo associadas a eles, como tribunais, órgãos legislativos ou autoridades administrativas. Normalmente, os dois sistemas de referência podem ser nitidamente distinguidos. Assim, por exemplo, faz uma enorme diferença para o desempenho econômico de Estados nacionais se direitos como a liberdade de propriedade são ou não protegidos pela polícia ou por um sistema judiciário estatal de acesso universal. Entretanto, os dois sistemas de referência encontram-se em um nexo de referenciação e, em um panorama holístico, a formação de subjetividade jurídica é um projeto social e cultural, e não uma peculiaridade do Direito formal (estatal).[713]

---

[713] Baseado em ENGELMANN, Andreas. *Rechtsgeltung als institutionelles Projekt*: zur kulturellen Verortung eines rechtswissenschaftlichen

§ 9 CULTURA DA TECNOLOGIA DA INFORMAÇÃO

Na sociedade industrial, com as grandes empresas de produção em massa e os laboratórios de pesquisa aplicada, surgiram nexos organizacionais inicialmente oriundos de processos espontâneos de auto-organização do setor privado, mas que depois se metamorfosearam em instituições formais próprias do Estado do Bem-Estar. Assim, ainda no final do século XIX, grandes empresas na forma de sociedades anônimas são reconhecidas por todos os Estados nacionais ocidentais como personalidades jurídicas autônomas e, mais tarde, até mesmo como sujeitos capazes de direitos fundamentais. As próprias empresas, independentemente de seu efetivo, tornaram-se titulares de direitos de liberdade econômica e de outros direitos subjetivos, como direitos de patente, ao passo que a pesquisa aplicada interna à empresa levou à formação de componentes institucionais da liberdade científica. Além disso, os direitos coletivos ou direitos de grupos da sociedade industrial de massa, originalmente exercidos de forma espontânea e autônoma, foram estabilizados por instituições adicionais, como o reconhecimento da livre negociação coletiva por parte do Estado e, especialmente na Europa, por diferentes variantes de governança empresarial que equilibram interesses de trabalhadores e interesses de propriedade, incluindo a formação de instituições próprias, como a dos conselhos de trabalhadores. Esse equilíbrio de interesses institucionalizado, por sua vez, repousava em uma metáfora de equilíbrio universalmente aceita e orientada para o consenso, que ganhou validade em expressões como participação dos trabalhadores, economia social de mercado, ação concertada, capitalismo renano ou outras semelhantes, e ainda hoje desempenha um papel importante em muitos países da Europa continental.

Em contraste, na sociedade em rede, os Estados nacionais e as organizações internacionais parecem ser cada vez menos capazes de revestir de instituições formais os efeitos das práticas de liberdade em formação na sociedade e encontrar equivalentes compatíveis com as redes para as formas coletivas da subjetividade jurídica da

---

Begriffs. Weilerswist: Velbrück, 2020, p. 11.

cultura gestorial – para direitos empresariais, direitos de grupos e afins. Em vez disso, a impressão que se tem é que o aspecto informal (e implícito) da subjetividade jurídica tem ganhado cada vez mais relevância. O que parece estar ocorrendo diante de nossos olhos é um deslocamento histórico da fronteira entre ordens instituídas e constituídas.[714] Hoje, o exercício de direitos subjetivos parece gerar apenas autovinculações formais fragmentadas ou novas formas mistas de mecanismos formais e informais. Nos contratos relacionais, para voltar ao exemplo discutido anteriormente, o Direito formal, com seus tipos contratuais e instituições fixadas previamente, ainda é usado apenas como quadro normativo pontual e fragmentado para formas experimentais de colaboração entre empresas. Os direitos contratuais metamorfoseiam-se de direitos decisórios em direitos processuais, voltados para uma estrutura normativa aberta e capaz de aprender, em que o sentido jurídico é gerado com a ajuda do tempo e acrescentado ao contrato *ex post*. Surge uma espécie de responsividade jurídica espontânea, um processo dinâmico de produção de Direito para projetos tecnológicos e econômicos dentro de alianças estratégicas e de outras formas flexíveis de cooperação entre empresas de alta tecnologia e outros atores.

A relevância que o poder tem ganhado na cultura da tecnologia da informação é algo que fica demonstrado, de resto, na produção de *softwares* livres, em que modelos de *sharing* de economia social sobrepõem-se aos direitos de propriedade formais, substituindo-os. No contexto de liberdades autoatribuídas ("Free Software, Free Society"), é acionado um processo descentralizado de desenvolvimento de *softwares* alimentado por uma conexão espontânea de recursos de

---

[714] Cf. também HEIDBRINK, Ludger; SEELE, Peter. "Einleitung: Vom Nutzen". *In*: _____. (Coord.). *Unternehmertum*: Vom Nutzen und Nachteil einer riskanten Lebensform. Frankfurt am Main: Campus, 2010, pp. 7 e ss., que, usando o exemplo de Steve Jobs, cofundador e CEO da *Apple* por muitos anos, mostram como uma informalidade que também engloba a roupa e aparência pública substitui o empresário e gestor clássico, que se preocupa com representação e formalidade.

§ 9 CULTURA DA TECNOLOGIA DA INFORMAÇÃO

conhecimento, em uma rede formada por produtores independentes.[715] Esse método torna-se vinculante entre os envolvidos através de uma licença padronizada, a *General Public License GNU (GPL)*, em que a abertura permanente do código-fonte é garantida, sobretudo, por uma cláusula *copyleft*. A obrigação de renovação aberta da licença das contribuições próprias associada a essa cláusula acaba levando a um deslocamento da função protetora dos direitos autorais: o exercício dos direitos autorais passa a proteger a liberdade dos usuários e não mais a liberdade do detentor dos direitos autorais.[716] Uma primazia semelhante de acesso informalmente regulado a um *pool* de conhecimentos gerados em conjunto também parece ser comum na produção de *softwares* proprietários. O trabalho conjunto em programas digitais realizado na forma de projeto, que é definido primariamente por resultados não previsíveis *ex ante*, assemelha-se, por sua vez, às convenções vagas dos contratos relacionais na indústria de alta tecnologia, cujas raízes, por sua vez, estão muito possivelmente nas formas contratuais específicas da indústria cinematográfica californiana.[717]

As novas formas de governança da internet também documentam a grande relevância dos mecanismos instituintes. Se, de modo bastante geral, o Direito transnacional parece ser caracterizado por um aumento da importância de normas sociais de toda espécie,[718] a

---

[715] Cf. WIELSCH, Dan. "Die private Konstruktion von Gemeinschaftsgütern". *In*: HOFMANN-RIEM, Wolfgang (Coord.). *Inovationen im Recht*. Baden-Baden: Nomos, 2016, pp. 367 e ss. e 379 e ss.

[716] WIELSCH, Dan. "Die private Konstruktion von Gemeinschaftsgütern". *In*: HOFMANN-RIEM, Wolfgang (Coord.). *Inovationen im Recht*. Baden-Baden: Nomos, 2016, p. 380. Segundo Wielsch, o *software* livre segue a forma jurídica da liberdade do discurso livre, um modelo de associação livre, em vez da forma jurídica da propriedade, um modelo de exclusão.

[717] Cf. LADEUR, Karl-Heinz. *Dante and the Possibilities of the Law*: The Epistemic Crisis of the Late Medieval. Manuscrito, 2019, pp. 121 e ss.

[718] Cf. CALLIESS, Gralf-Peter; PEER, Zumbansen. *Rough consensus and running code*: a theory of transnational private law. Oxford: Hart,

estruturação da internet também escapa em grande parte ao Direito Positivo e às instituições políticas (legisladoras) convencionais. De fato, os primeiros passos para a transformação do computador de uma máquina de calcular em uma máquina de comunicação foram dados a partir de projetos de pesquisa em empresas e universidades particulares, todos rigidamente vinculados a encomendas da indústria de armamentos ou do Ministério da Defesa americano. Todavia, com a crescente complexidade das tecnologias de rede, o foco do desenvolvimento transferiu-se para uma *Internet community* informal, que se compôs por vários grupos universitários de cientistas da computação e engenheiros. Na Califórnia, as universidades de Stanford e Berkeley desempenharam um papel-chave nesse processo. William Hewlett e David Packard, que fundaram a Hewlett-Packard em uma garagem de Palo Alto em 1939, já eram graduados pela Universidade de Stanford. A partir do final da década de 1970, surgiram cada vez mais *spin-offs* e *start-ups* de tais contextos universitários. Uma das mais importantes dessas *spin-offs* foi a *Sun Microsystems* (hoje, *Oracle*), originalmente um projeto para a conexão em rede dos computadores da biblioteca de Stanford: o nome "*Sun*" *Microsystems* não tem relação com o sol abundante do Vale do Silício nem com a transparência da luz na Califórnia, mas sim com a rede da Universidade de Stanford.

Os padrões técnicos essenciais para a interoperabilidade global da Internet também surgiram a partir de fóruns informais como a "Internet Engineering Task Force" e a "Internet Research Task Force". Assim como a Sociedade Real de Londres estava aberta a qualquer *gentleman* interessado em ciências naturais na época de Newton, esses fóruns informais estiveram abertos a qualquer estudante de ciência da computação interessado e com certa experiência. Eles entendiam a visão de uma rede livre e aberta como processo

---

2010, pp. 248 e ss.; LADEUR, Karl-Heinz. *Recht-Wissen-Kultur*: die fragmentierte Ordnung. Berlim: Duncker & Humblot, 2016, pp. 166 e 171.

§ 9 CULTURA DA TECNOLOGIA DA INFORMAÇÃO

experimental e vinculado ao mercado, tendo resistindo firmemente a qualquer espécie de formalização ou nacionalização.[719] Esse impulso marcou não apenas os primeiros processos de normatização baseados em padrões,[720] mas também deixou um traço ainda hoje visível: o paradigma da regulação da internet – da Corporação da Internet para Atribuição de Nomes e Números (ICANN, na sigla em inglês) e sua Política Uniforme de Resolução de Disputas até o *design* técnico dos endereços IP, os padrões de interconectividade e a regulamentação da cibersegurança até a implementação dos algoritmos que controlam o *page ranking* dos *sites* de busca – é o da autorregulação social pelos mais diversos agrupamentos sociais. Mark Raymond e Laura DeNardis chamam isso de "multi-stakeholderism",[721] e sua análise mostra que processos formais e organizações públicas até hoje desempenham mais um papel secundário dentro da governança desagregada da internet.

Nenhuma assembleia constituinte ou poder fundador criou a ordem fragmentada da governança da internet. O que distingue essa ordem é um tipo de normatividade fluida, que se assemelha em muitos aspectos a um tipo de regulação que Charles F. Sabel e William H. Simon descrevem como "regimes contextualizantes".[722] Entre estes, alguns autores incluem, por exemplo, o Programa de

---

[719] Em uma reunião da "Internet Engineering Task Force", em julho de 1992, o cientista da computação David D. Clark, que trabalhava no M.I.T., resumiu esse conceito na fórmula frequentemente citada: "*We reject: kings, presidents, and voting. We believe in: rough consensus and running code*". Essa ideia de uma abolição ampla de funções estatais convencionais ainda hoje é amplamente generalizada no Vale do Silício.

[720] Cf. apenas CALLIESS, Gralf-Peter; PEER, Zumbansen. *Rough consensus and running code*: a theory of transnational private law. Oxford: Hart, 2010, pp. 135 e ss.

[721] Cf. RAYMOND, Mark; DENARDIS, Laura. "Multi-stakeholderism: Anatomy of an inchoate Global Institution". *Centre for International Governance Innovation paper Series*, nº 41, 2016.

[722] SABEL, Charles; SIMON, William H. "Contextualizing Regimes: Institutionalization as a Response to the Limits of Interpretation and

Conservação dos Golfinhos da Comissão Interamericana do Atum Tropical. É típico de regimes contextualizantes serem formas híbridas que, como a governança da internet, não podem ser reconduzidos a uma iniciativa privada espontânea exclusiva, mas são compostos por uma variedade de atores privados e públicos. Além disso, regimes desse tipo também se caracterizam por limites porosos e vagos, apresentam membros variáveis e são muito menos estruturados hierarquicamente do que, por exemplo, as agências reguladoras administrativas norte-americanas resultantes do *New Deal*. Eles são marcados, sobretudo, por um *design* experimental:[723] regimes contextualizantes não aplicam um conhecimento ou programa normativo pré-existente, um Direito fixado já *ex ante*, mas operam com a condição de que exista uma incerteza indissolúvel entre todos os envolvidos sobre o qual poderia ser a solução para um problema.[724] Por isso, o regime contextualizante assume a tarefa de acionar um processo colaborativo de aprendizado entre diferentes titulares de interesses, para assim gerar conhecimento normativo que, de preferência, possibilite produzir medidas e decisões que sejam adequadas às circunstâncias. Com isso, mesmo uma figura fundadora tão grandiosa quanto a do *pouvoir constituant* torna-se irrelevante; aquela figura que Abbé Sieyès esboçou às vésperas da Revolução Francesa e que Carl Schmitt acreditava poder invocar mais uma vez na República de Weimar como centro de todo poder.

A relevância do poder instituinte no contexto da governança da internet está relacionada, principalmente, à importância e à influência

---

Policy Engineering". *Michigan Law Review*, vol. 110, 2011-2012, pp. 1.265 e ss.

[723] SABEL, Charles; SIMON, William H. "Contextualizing Regimes: Institutionalization as a Response to the Limits of Interpretation and Policy Engineering". *Michigan Law Review*, vol. 110, 2011-2012, p. 1.298 (*experimentalist*).

[724] SABEL, Charles; SIMON, William H. "Contextualizing Regimes: Institutionalization as a Response to the Limits of Interpretation and Policy Engineering". *Michigan Law Review*, vol. 110, 2011-2012, p. 1.267.

§ 9 CULTURA DA TECNOLOGIA DA INFORMAÇÃO

da própria tecnologia da informação. Em Vincent Descombes, o poder instituinte é associado primariamente a fenômenos como língua, costumes predominantes e hábitos coletivos, por exemplo. Essas instituições informais garantem que uma lei formal possa ser escrita em uma língua comum e tornar-se relevante em situações práticas do dia a dia. Em contrapartida, ordens instituídas e informais da cultura da tecnologia da informação caracterizam-se justamente pelo fato de tornarem-se técnicas. Os códigos e programas, os padrões técnicos e os algoritmos matemáticos assumem agora uma parte da função de estabelecimento de ordem, que até então tinha que ser realizada exclusivamente por ordens simbolicamente significativas. A cultura como rede de significados e padrão semântico transforma-se em uma cultura mais materialista e tecnológica, de difícil compreensão conceitual, mas que precisa contar com uma vida própria de redes inteligíveis e suas culturas de objetos. Neste ponto, Tim Ingold trabalha com a ideia de uma ecologia do material.[725] Erich Hörl proclama uma era tecnológica pós-significativa, cuja nova cultura semântica só poderia ser uma cultura ecológica geral.[726] Trata-se, portanto, novamente, de transposições de fronteiras: a fórmula debatida à exaustão de que *code* é Direito ("code is law") seguramente está errada, no sentido de que códigos digitais não correspondem às representações tradicionais do Direito formal. Mas o *running code* forma uma camada operacional estrutural dentro da arquitetura tecnológica diferencial da Internet, e isso deve mudar necessariamente o entendimento do que é uma ordem normativa jurídica, por exemplo, de tal modo que a normatividade jurídica só possa existir em uma relação com o ambiente tecnológico, mas não sem ele.[727]

---

[725] Cf. INGOLD, Tim. "Toward an Ecology of Materials". *Annual Review of Anthropology*, vol. 41, 2012, pp. 427 e ss.

[726] HÖRL, Erich. *Die technologische Bedingung*: Beiträge zur Beschreibung der technischen Welt. Berlim: Suhrkamp, 2011, p. 32.

[727] A esse respeito, cf. as reflexões de HILDEBRANDT, Mireille. *Smart Technologies and the End(s) of Law*. Cheltenham: Edward Elgar Publishing, 2016, pp. 21 e ss. (o "electronic agent" sempre habita um "digital environment"); pp. 169 e ss. (*Law or Technology as relational*);

A cultura da tecnologia da informação da sociedade em rede mostra assim mais uma vez que a subjetividade jurídica é uma categoria de processo que, inicialmente, é instituída em formas de auto-organização social. A par dos direitos individuais da cultura burguesa e dos direitos coletivos organizacionais da cultura gestorial, surgiram os direitos reticulados da cultura da tecnologia da informação – e de um modo tão incremental quanto no passado; contudo, as novas formas relacionais de exercício de direitos subjetivos ou da subjetividade jurídica ecotecnológica não foram criadas independentemente de práticas sociais, única e exclusivamente através de decisões políticas ou jurídicas. Logo, a opinião generalizada na Europa continental de que a subjetividade jurídica é "conferida" pelo ordenamento jurídico estatal carece de revisão. A subjetividade jurídica não depende de um sujeito soberano que convoca os indivíduos e transforma-os em sujeitos de direito de uma hora para outra (como acreditava ainda Althusser); pelo contrário, o sujeito de direito surge a partir de processos mais sustentáveis de observação do outro e de si no contexto de nexos sociais de ação práticos. O ponto de referência ideal desses processos é o vizinho (em uma cidade), não o soberano (de um território). Todavia, a liberdade criativa como fonte de dinâmica social funciona na sociedade em rede, como já era o caso antes, apenas com uma condição: a abertura normativa que está inscrita em uma ordem social liberal deve permanecer conectada a uma infraestrutura cultural capaz de produzir uma normalidade do mundo da vida e áreas sobrepostas de conhecimento compartilhado.[728]

---

e GRABER, Christoph B. "Freedom and Affordances of the Net". *Washington University Jurisprudence Review*, vol. 10, 2017.

[728] Cf. também MALABOU, Catherine. *Morphing Intelligence*: From IQ Measurement to Artificial Brains. Nova York: Columbia University Press, 2019, pp. 139 e ss., que relembra a terminologia grega de *métis* e *logos* e a primazia do *knowing how* astuto em relação ao *knowing that* explícito e orientando pela razão.

§ 10 EPÍLOGO

Com o recurso a constatações recentes da filosofia política, da antropologia cultural, da teoria da evolução, da psicologia social, da história econômica e da ciência da literatura, este livro tentou dar uma ideia clara da mudança da subjetividade jurídica na Modernidade: a subjetividade jurídica não é uma instituição criada pelo próprio sistema jurídico formal nem uma conquista, mas ela depende de um poder instituinte anônimo, disperso na sociedade, que deve ser constantemente renovado no processo da cultura. Assim, a fenomenalidade da subjetividade jurídica foi atrelada a um processo de formação social incremental e a contextos de práticas sociais. Nesses contextos, desde o início – o objetivo era mostrar isso também – está incorporada a projeção da autarquia absoluta do sujeito. Esta determina o conflito com a ordem aristotélica cristã do conhecimento a partir do início da Idade Moderna, e daí surgem – primeiro, na Inglaterra – uma postura técnica do homem em relação ao mundo, uma lida mais pesquisadora e experimental com a realidade alheia, obstinada e caótica para o homem afinal, assim como se revela também uma superioridade impiedosa do mundo real. Por fim, essa nova forma do enxergar possibilita que o sujeito "transforme a si mesmo e aceite coisas e métodos novos".[729] Essa

---

[729] LANDES, David S. *Wohlstand und Armut der Nationen*: Warum die einen reich und die anderen arm sind-The Wealth and the Poverty of Nations. Munique: Pantheon, 2009, p. 235.

dinâmica atinge o cânone de conhecimento clássico com especial força em todos os pontos em que existe uma proteção social da integridade do pensamento e da ação liberal. Isso já se manifesta em formas prototípicas em cidades do norte da Itália, no fim da Idade Média e, a partir do século XVII, também no noroeste da Europa, em cidades e regiões como Amsterdã e Londres, expandindo-se depois gradualmente para toda a civilização ocidental nos séculos XVIII e XIX.

Na primeira parte do livro, o objetivo era preparar o terreno com base no qual era possível apresentar um nexo interno entre a formação de uma postura técnica do homem em relação ao mundo, o surgimento de uma sociedade comercial e a ascensão de novas práticas de liberdade dispersas na sociedade. Para tornar claro esse nexo, trabalhou-se neste livro com uma tipologia de ideais de personalidade que direciona a atenção para um tipo de sujeito cujo poder de imaginação e a criatividade manifestam-se primariamente em contextos científico(-naturais), tecnológicos e econômicos, e não diretamente políticos ou jurídicos.[730] Isso se fundamenta na suposição de que a ação liberal pode gerar um mundo próprio, feito pelo próprio homem, sobre cuja base desenvolve-se um novo tipo de realidade social, e que, a partir desse ponto histórico, Estado e política são

---

[730] Cf. também MCCLOSKEY, Deirdre M. *Why liberalism works*: how true liberal values produce a freer, more equal, prosperous world for all. New Haven: Yale University Press, 2019, p. 161 ("A maioria de nós não vai ser Bill Gates. Mas precisamos deixar tipos como Bill Gates florescerem (...). Ver os melhores comercialmente testados – os empresários, os destruidores criativos – como heróis *é* o modelo certo. Ele nos inspira. Se nossos únicos heróis são reis e políticos, e mesmo jogadores de futebol, não honramos as pessoas que de fato mais melhoram nossas economias". [Em inglês no original: "Most of us are not going to be Bill Gates. But we need to let the Bill Gates types flourish ... Viewing the commercially tested betterers – the entrepreneurs, the creative destroyers – as heroes is the right model. It inspires us. If our only heroes are kings and politicians and even football players, we do not give honor to the people who are in fact most improving our economies"]).

§ 10 EPÍLOGO

inseridos em uma relação de referência e dependência com essa realidade social autogerada. A essa hipótese está associado um conceito muito forte de sociedade: a ordem social não é o resultado de uma investidura política ou da decisão de uma assembleia de cidadãos que, em primeiro lugar, criam uma ordem política e social pela qual a vida e os modos de vida passam a orientar-se. Pelo contrário, a ordem social constitui-se de forma gradual e incremental a partir de normas, usos e costumes sociais, de hábitos e de uma rede de convenções. As instituições culturais do corpo social são o resultado de um efeito geral não previsível de evoluções espontâneas nas áreas do conhecimento, da tecnologia e da economia. Em outras palavras, o espírito das leis é precedido por um espírito das instituições.[731] Esse é um pressuposto da civilização ocidental e de sua cultura jurídica que é muito raramente abordado e ocupa uma posição central neste livro: sem "uma totalidade de ações e representações que se integraram por completo",[732] não podem existir nem uma ordem social liberal, nem um sujeito de direito que atue livremente.

Nas partes sobre a cultura burguesa, a cultura gestorial e a cultura da tecnologia da informação, as reflexões sistemáticas sobre o caráter da subjetividade jurídica foram intercaladas com constatações recentes da história cultural e econômica. A luta intelectual com a ordem aristotélica cristã do conhecimento leva, primeiro, na Inglaterra do início da Era Moderna, à disseminação de um modo de pensar experimental, que se desprende dos dogmas teológicos

---

[731] Cf. DESCOMBES, Vincent. *The institutions of meaning*: a defense of anthropological holism. Trad. para o alemão de Stephen A. Schwartz. Cambridge: Harvard University Press, 2014, xi, f.; de modo semelhante também, SMITH, Vernon L. "Constructivist and Ecological Rationality in Economics". *Conferência do Prêmio Nobel*, Estocolmo, 2002, pp. 502 e ss. e 529 e ss.

[732] MAUSS, Marcel; FAUCONNET, Paul. "Sociology". *In*: _____. (Coord.). *The nature of sociology*: two essays. Transl. de William Jeffrey. Nova York: Durkheim Press, 2005 – citação em alemão de acordo com EHRENBERG, Alain. *Das Unbehagen in der Gesellschaft*. Berlim: Suhrkamp, 2011, p. 356.

do passado, acentua o conhecimento sobre a natureza e assim cria pressupostos intelectuais importantes para o processo de industrialização. A industrialização e seu agente talvez mais importante – o *bourgeois* ou *gentleman* – transformam quase tudo. Nas palavras de Alfred North Whitehead: a Revolução Industrial britânica pode não ter inventado a invenção, mas inventou o método de invenção; ela não apenas reconheceu o potencial da ciência como repositório de ideias, mas também forneceu os esboços imaginativos necessários para que se lançasse a ponte sobre o abismo existente entre uma ideia científica e sua execução prática.[733] Curiosidade intelectual e inventividade são transformadas em conhecimento útil e tecnologias operantes em todas as frentes pela primeira vez na história mundial. Sobretudo nas grandes cidades da Grã-Bretanha, esse êxito encontrou a sociabilidade de uma sociedade comercial que estava se diferenciando das antigas *societas civilis* e cuja evolução também foi favorecida pelas circunstâncias políticas divergentes da Inglaterra.[734] Isso acelerou a rejeição dos valores e virtudes estacionários da cultura aristocrática, elevando negócios e riqueza acima de nascimento, título e propriedade de terras, e introduzindo a fundação de novas instituições de proteção da liberdade.[735] Essas instituições tornaram-se então, por sua vez, uma base importante para o desenvolvimento de uma sociedade de *gentlemen*, que deu um primeiro impulso maciço

---

[733] Formulações retomadas de MOKYR, Joel. "The Past and the Future of Innovation: Some Lessons from Economic History". *Explorations in Economic History*, vol. 69, 2018, p. 17.

[734] Cf. apenas ACEMOĞLU, Daron; ROBINSON, James A. *The narrow corridor*: states, societies, and the fate of liberty. Nova York: Viking, 2019, pp. 152 e ss. e 194 e ss.; LANGFORD, Paul. "Manners and the Eighteenth-Century State: The Case of the Unsociable Englishman". *In*: BREWER, John; HELLMUTH, Eckhart (Coord.). *Rethinking Leviathan*: the Eighteenth-Century State in Britain and Germany. Nova York: Oxford University Press, 1999, pp. 281-288 ("*'England's mild' government was the protrectress of commercial manners*").

[735] HUME, David. "Of Civil Liberty". *In*: _____. *Essays*: Moral, Political, and Literary. Organização, prefácio, notas e glossário de Eugene F. Miller. Indianapolis: Liberty Fund, 1985, p. 93.

§ 10 EPÍLOGO

à promoção do conhecimento, ao progresso tecnológico, à prosperidade econômica e ao bem-estar geral na Terra.

A partir da segunda metade do século XIX, a ascensão de grandes empresas dirigidas por gestores transforma as condições de vida das pessoas de uma forma ainda mais dramática. A grande organização corporativa torna-se um "fenômeno chave da modernidade".[736] O número de pessoas empregadas nas empresas cresce exponencialmente, o maquinário e as instalações de produção ganham em complexidade e, com eles, toda a rede de relações corporativas internas e externas. Bancos fornecedores de capital tornam-se financiadores e, como detentores de capital acionário da indústria, obtêm influência sobre estratégias corporativas.[737] Como já no caso da cultura burguesa, o presente estudo não deu ênfase às funções financeira e monetária na parte sobre cultura gestorial, ainda que o princípio capitalista da acumulação possa ter sido necessário para muitas evoluções da sociedade industrial.[738] Em vez disso, foram

---

[736] Cf. MATYS, Thomas. *Legal Persons-"Kämpfe" und die organisationale Form*. Wiesbaden: VS Verlag für Sozialwissenschaften, 2012, p. 27 (o conceito provém de Klaus Türck).

[737] Cf. LANDES, David S. *Wohlstand und Armut der Nationen*: Warum die einen reich und die anderen arm sind-The Wealth and the Poverty of Nations. Munique: Pantheon, 2009, pp. 271-274 e ss. (usando o exemplo da França e da Alemanha); WEHLER, Hans-Ulrich. *Deutsche Gesellschaftsgeschichte 1849-1914 (Bd. 3 – 1995)*. Munique: C.H. Beck, 2008, pp. 85 e ss. e 628 e ss. (para a Alemanha); ACEMOĞLU, Daron; ROBINSON, James A. *Warum Nationen scheitern*: die Ursprünge von Macht, Wohlstand und Armut. Frankfurt am Main: Fischer, 2013, pp. 58 e ss. (para a América do Norte).

[738] MCCLOSKEY, Deirdre M. *Why liberalism works*: how true liberal values produce a freer, more equal, prosperous world for all. New Haven: Yale University Press, 2019, pp. 231 e ss., sugere repensar sobre o conceito de "capitalismo" que, embora não tenha sido cunhado pelo próprio Marx, foi marcado por seu espírito. A seus olhos, o capitalismo é um conceito cientificamente equivocado. Este trabalho concorda com isso, na medida em que cultura, conhecimento, ideias e instituições normativas, como a subjetividade de Direito, constituem e impulsionam a

novamente trazidas para o primeiro plano referências tecnológicas, socioculturais e baseadas no conhecimento. Por isso, o que se focalizou aqui em primeiro lugar foi o surgimento de setores de pesquisa e desenvolvimento próprios da empresa, que passaram a ser centros de pesquisa de conhecimento orientado para a aplicação. Além disso, enfatizou-se a importância de virtudes sociais, como amistosidade e sociabilidade, sem cuja força de coesão o processo de formação de organizações logo se frustraria. Por conseguinte, não foi em todas as nações industrializadas que a cultura gestorial conseguiu tornar-se influente, mas no Ocidente, por exemplo, na América do Norte ou Alemanha, e no Oriente, por exemplo, no Japão, países que possuem instituições intermediárias fortes e onde o nível de confiança entre estranhos é tradicionalmente alto.

Assim, nas condições da Modernidade organizada, um padrão que já definira a sociedade burguesa é repetido e variado: somente quando existem uma coordenação voluntária da ação social e padrões culturais adequadamente valorizados é que a formação de grandes empreendimentos industriais se torna provável. E somente quando a busca constante por novos conhecimentos, inovações tecnológicas e o planejamento estratégico de produtos tornam-se parte integrante da ação de grandes empresas, que fornecem as instalações de pesquisa necessárias para tanto, é que o gestor se torna o órgão de uma forma coletiva de subjetividade criativa. Em um primeiro momento, esse movimento de transformação é um movimento dentro das ordens instituídas da sociedade, antes de a subjetividade jurídica, como conceito jurídico, também se abrir para referências coletivas. A partir daí, o Direito constituído formal pode perfeitamente promover e acelerar uma dinâmica social uma vez iniciada, como o aumento da importância das grandes corporações, mas está excluído que tal metamorfose possa ser provocada por uma mutação interpretativa de tribunais públicos ou pela invenção legislativa

---

modernidade – e não o acúmulo infinito de riqueza e capital, que sempre existiu de uma forma ou de outra.

§ 10 EPÍLOGO

de sujeitos de Direito corporativos e de direitos coletivos.[739] A essa dinâmica social também estão ligados os ganhos da industrialização em termos de bem-estar, que são relevantes para amplos setores da população: moradias limpas e bem iluminadas nos subúrbios, alimentação suficiente e saudável, bons cuidados médicos, sistemas de seguridade social, aumento da expectativa de vida, instituições de ensino de acesso universal, oportunidades de lazer e viagem, um vasto mundo de coisas e bens e todas as comodidades que hoje são tão naturais para nós.

Com a formação de uma cultura da tecnologia da informação, os indivíduos tornam-se sujeitos de formas horizontais de cooperação, para além de fronteiras corporativas estáveis e tradicionais e de relações puramente mercantis. O *homo digitalis*, que substitui o homem organizacional, age em arranjos flexíveis, reticulares, em estruturas livres, caracterizadas por uma grande mobilidade e nas quais as condições de cooperação entre os indivíduos não podem ser antecipadas de forma conclusiva e regular. Daí resultam relações jurídicas processuais e mais experimentais, que se assemelham a uma viagem ao desconhecido: convenções imperfeitas transformam direitos decisórios em sistemas normativos de autoaprendizado, em universos distensos, onde o tempo está operando e não simplesmente passando. E também no contexto da cultura da tecnologia da informação, este livro tinha a finalidade de mostrar o quanto uma infraestrutura intacta de normas e convenções sociais é o que torna possível, em primeiríssimo lugar, as formas de trabalho e vida do *homo digitalis*, as redes de conexão variável e rápida transformação.[740] Disso

---

[739] A partir disso, também seria possível desenvolver uma objeção à Teoria do Direito de Luhmann: o sistema jurídico tem seu centro não na "organização da jurisdição", mas na "formação do Direito não controlado pela política", pelo qual são responsáveis os direitos subjetivos. Cf. LUHMANN, Niklas. *Das Recht der Gesellschaft*. Frankfurt am Main: Suhrkamp, 1993, pp. 151 e 321.
[740] Sobre a distinção entre um pensamento (transcendental) que opera com a noção de uma posição central do sujeito e um pensamento relacional

também faz parte uma permeabilidade inédita entre o tecnológico e o humano: a tecnologia da informação produz objetos técnicos abertos, conjuntos e sistemas homem-máquina inéditos, nos quais as próprias máquinas eletrônicas tornam-se inteligentes, podendo até mesmo realizar atividades inalcançáveis para a inteligência humana, em razão das capacidades de processamento de dados hoje atingidas. Isso também transforma as referências semânticas da subjetividade jurídica. Esta se abre para novos tipos de redes oriundas de nós de inteligência humana e artificial e torna concebível uma "subjetividade sem sujeito",[741] que quebra o monopólio do poder de ação humano e distribui-o entre o homem e seu ambiente técnico. Novas formas de cooperação entre homem e máquina no campo da inteligência artificial são um exemplo disso: a forma dos algoritmos provém da inteligência humana, ao passo que as máquinas de processamento de dados de autoaprendizagem são algo novo e inacessível para os humanos. Mas isso não é uma ruptura com a ideia de liberdade criativa: o modo ativo da subjetividade jamais havia sido o de uma autodeterminação, mas sempre foi o de uma codeterminação. O conceito de Wittgenstein de uma subjetividade gramatical já representa isso.[742]

O objetivo com isso era deixar claro mais uma vez que a visão do Direito formal e da legislação é demasiado estreita para conseguir descrever a evolução da civilização ocidental e de sua cultura

---

(quase transcendental), cf. AUGSBERG, Ino. "Kommentar". *In*: LEPSIUS, Oliver (Coord.). *Relationen*: Plädoyer für eine bessere Rechtswissenschaft. Tübingen: Mohr Siebeck, 2016, pp. 69 e ss. e 80 e ss.

[741] HOFFMANN, Christian. "Une subjectivité sans sujet". *Figures de la Psychanalyse*, vol. 1, n° 2, 2012, pp. 181 e ss.

[742] Cf. MARKEWITZ, Sandra. *Das grammatische Subjekt*: Konstitutionsformen von Subjektivität in der Moderne. Cambridge: Havard University Press, 2013 pp. 40 e 57; BAX, Chantal. "The Ethics and Politics of Grammatical Subjectivity". *In*: MARKEWITZ, Sandra (Coord.). *Grammatische Subjektivität*. Bielefeld: transcript, 2019, pp. 199 e ss.

§ 10 EPÍLOGO

jurídica, ainda que apenas de forma razoavelmente adequada. O que distingue o Direito ocidental em primeiro lugar não é uma ordem compacta de regras jurídicas, nem um sistema, nem uma "construção escalonada" do ordenamento jurídico, nem representações centralistas semelhantes. Pelo contrário, o Direito moderno realça-se, antes de tudo, como uma ordem de práticas dispersas de liberdade ancorada na sociedade da divisão do trabalho. A subjetividade jurídica também está relacionada com isso: além do aspecto visível do Direito constituído, ela possui um lado de instituições informais instituídas não imediatamente reconhecível e que permanece parcialmente impenetrável. É sobre esse aspecto opaco da cultura jurídica ocidental que este livro desejou concentrar-se: no direito, que se integra gradualmente, que tem o homem moderno de ser criativo, de perseguir seus próprios interesses racionais e de poder se apropriar dos frutos de suas invenções e de seu trabalho. Em compensação, o discurso jurídico, que, especialmente na Europa continental, é formado segundo um modelo *top-down* de formação do Direito e acostumou-se a buscar suas fontes jurídicas primária ou mesmo exclusivamente na lei parlamentar nacional, em resoluções e atos jurídicos de organizações supra e internacionais, na jurisprudência judicial ou em contextos formais comparáveis, corre o risco de perder de vista esse aspecto da formação do Direito enraizado nas práticas sociais. Esse é o caso hoje, em particular, nos lugares onde direitos subjetivos servem para dar início a projetos políticos autorreferenciais. Uma variante dessa tendência é a conversão de direitos de liberdade em garantidores do reconhecimento do sentimento de autoestima do indivíduo,[743] a outra variante pode ser vista no fato de a vontade política autoemancipadora estar constantemente ampliando o catálogo dos direitos subjetivos, visando a impulsionar processos

---

[743] Cf. FUKUYAMA, Francis. *Identity*: the Demand for Dignity and the Politics of Resentment. Nova York: Straus and Girou, 2018, pp. 91-105 e ss.; HOFFMANN, Christian. "Une subjectivité sans sujet". *Figures de la Psychanalyse*, vol. 1, n° 2, 2012.

de superação da sociedade liberal – chegando até a "organização de uma nova socialidade".[744]

O objetivo aqui era contrapor uma alternativa a ambas as tendências. Acima de tudo, a politização completa da função social da subjetividade jurídica só poderia ser alcançada com o sacrifício da destruição da ordem social liberal. Não se pode esquecer que a sociedade liberal moderna é o resultado histórico de um autodesprendimento do corpo político, de um processo que também pode ser reconstruído como mobilização de forças da sociedade que conseguiram agrilhoar o Leviatã.[745] Nesse processo de desprendimento, o exercício de práticas sociais liberais e a institucionalização de direitos dele resultante desempenharam um papel crucial. Por conseguinte, na esteira de Niklas Luhmann, também seria possível designar os direitos sociais de liberdade como instituições para preservação de uma ordem social diferenciada. O desenvolvimento de uma forma universal da subjetividade jurídica deveria ser visto então como uma barreira erigida pela sociedade, dirigida primariamente contra o perigo da "politização de todo o sistema de comunicação".[746] Por isso, a forma da subjetividade jurídica e o espírito das instituições vinculado a ela têm uma importância que dificilmente pode ser superestimada para uma ordem social liberal: eles são, principalmente, garantidores contra o afrouxamento dos grilhões do poder político, e essa proteção social da liberdade deve ser considerada muito mais eficaz do que um dispositivo organizacional ancorado exclusivamente no próprio sistema político, como, por exemplo, a

---

[744] Nesse sentido, p. ex., FISCHER-LESCANO, Andreas. "Subjektlose Rechte". *In*: FRANZKI, Hannah; HORST, Johan; FISCHER-LESCANO, Andreas (Coord.). *Gegenrechte*: Recht jenseits des Subjekts. Tübingen: Mohr Siebeck, 2018, pp. 377-398, 413 e 419 (citação).

[745] ACEMOĞLU, Daron; ROBINSON, James A. *The narrow corridor*: states, societies, and the fate of liberty. Nova York: Viking, 2019, pp. 26 e ss. e 53.

[746] LUHMANN, Niklas. *Grundrechte als Institution*: ein Beitrag zur politischen Soziologie. Berlim: Duncker & Humblot, 2009, p. 24.

§ 10 EPÍLOGO

separação de poderes. Montesquieu já conhecia, além da garantia da liberdade política através da repartição dos poderes, uma dimensão de liberdade civil independente dela.

Essas observações reconduzem mais uma vez a um aspecto importante do argumento elaborado neste livro: práticas liberais do pensar, do experimentar, do trabalhar e do produzir constituem pressupostos valiosos para uma cultura agitada e pronta para transformações, sem a qual não existem novos conhecimentos, nem progresso técnico, nem prosperidade econômica. Este livro conclui com o *homo digitalis*, mas nada permite afirmar que, com ele, o dinamismo da civilização ocidental possa ter atingido seu auge ou mesmo seu desfecho histórico.[747] Inteligência artificial, aprendizagem automática, engenharia genética, neurobiologia, produção de materiais sintéticos baseada em nanotecnologia, tecnologias de impressão tridimensional, diagnósticos de saúde personalizados, o emprego de robôs autoadaptativos, a conexão entre biotecnologia e tecnologia da informação – todas essas inovações tecnológicas e invenções do século XXI estão apenas no início de suas possibilidades de evolução. Pode ser incerto em que medida o progresso tecnológico continuará sendo acompanhado por um crescimento econômico global comparável ao da sociedade industrial tradicional. Mas uma coisa parece bastante provável: o laboratório social da mente, que tem marcado de forma tão intensa os modos de trabalho e vida do homem criativo desde o início da Idade Moderna, não será fechado em um futuro previsível. Entretanto, pode-se perguntar em que lugar do Globo esse laboratório armará suas tendas no futuro.

Dessa ideia seria possível inferir uma demanda da política jurídica e da ciência política. Diante da criatividade superior da indústria eletrônica americana e do deslumbrante crescimento econômico que países como China e Índia vivenciaram e conseguiram realizar nas

---

[747] Cf. MOKYR, Joel. "The Past and the Future of Innovation: Some Lessons from Economic History". *Explorations in Economic History*, vol. 69, 2018.

últimas três décadas, os Estados nacionais europeus (e a União Europeia) precisarão abordar com maior firmeza no futuro a questão sobre como eles mesmos podem contribuir para o desenvolvimento contínuo do conhecimento e da dinâmica tecnológica e econômica da sociedade moderna. Para tanto, Estado e política devem aprender a dar importância ao caráter de evento do novo, em vez de vincular a ciência e a pesquisa a uma filosofia ultrapassada de planejamento e projeto, em que já se sabe no presente como será e como deve ser o futuro.[748] O pensamento jurídico também deve fazer parte desse questionamento. Mas então seria preciso que o apoio institucional de infraestruturas sociais e culturais nas quais formas experimentais de pensamento e criatividade tecnológica podem desenvolver-se torne-se objeto de ponderações da Teoria do Direito e da política jurídica. Isso envolveria também aguçar o senso da dimensão impessoal da subjetividade jurídica,[749] em vez de fixar-se unilateralmente em uma garantia regulatória de direitos individuais de autodeterminação e reconhecimento, no estilo do Direito (europeu) sobre proteção de dados.[750] Em vez de simplesmente retratar a variabilidade crescente de padrões de construção de identidade pessoal no Direito como "reivindicação" de reconhecimento do indivíduo, fazem-se necessários novos conceitos ecotecnológicos e sensíveis ao ambiente para a colaboração e a participação em um projeto comum. Só assim é

---

[748] Como em MAZZUCATO, Mariana. *The entrepreneurial state*: debunking public vs. private sector myths. Londres: Penguin, 2018; de modo crítico, MCCLOSKEY, Deirdre; MINGARDI, Alberto. *The Myth of the Entrepreneurial State*. Great Barrington: American Institute for Economic Research, 2020.

[749] Cf. TEUBNER, Gunther. "Zum transsubjektiven Potential subjektiver Rechte. Gegenrechte in ihrer kommunikativen, kollektiven und institutionellen Dimension". *In*: FRANZKI, Hannah; HORST, Johan; FISCHER-LESCANO, Andreas (Coord.). *Gegenrechte*: Recht jenseits des Subjekts. Tübingen: Mohr Siebeck, 2018, pp. 357 e ss.; LADEUR, Karl-Heinz. *Recht-Wissen-Kultur*: die fragmentierte Ordnung. Berlim: Duncker & Humblot, 2016, pp. 127 e ss.

[750] De modo crítico também NASSEHI, Armin. *Muster*: Theorie der digitalen Gesellschaft. Munique: C.H. Beck, 2019, pp. 294 e ss.

§ 10 EPÍLOGO

possível cumprir a tarefa de criar uma relação entre o homem moderno e a natureza imbuída de responsabilidade – por exemplo, no sentido de uma participação das coisas mediante palavra.[751]

Diante desse panorama histórico contemporâneo, este livro objetivou mostrar que instituições garantidoras da liberdade são indispensáveis à dinâmica da sociedade moderna e à sua cultura orientada para inovações. Sem o resguardo e o desenvolvimento contínuo de liberdades totalmente integradas e sem a proteção social da subjetividade criativa "excessiva", não existirá no futuro nem novos conhecimentos, nem progresso técnico, nem prosperidade econômica, nem tampouco melhoria nas condições de vida para todos.

---

[751] Cf. WALDENFELS, Bernhard. *Sozialität und Alterität*: Modi sozialer Erfahrung. Berlim: Suhrkamp, 2015, p. 261. Para Waldenfels, participação das coisas mediante palavra e mediante ação não significa transformar objetos (naturais) em sujeitos (jurídicos), mas aceitar a implicação não intencional do sujeito no mundo das coisas. Por isso, a cultura da tecnologia da informação, aqui esboçada com intenção normativa, transforma a participação das coisas mediante ação em "direitos de participação" de redes inteligentes.

REFERÊNCIAS BIBLIOGRÁFICAS

ABELSHAUSER, Werner. *Deutsche Wirtschaftsgeschichte seit 1945*. Munique: C.H. Beck, 2004.

ACEMOĞLU, Daron; ROBINSON, James A. *The narrow corridor*: states, societies, and the fate of liberty. Nova York: Viking, 2019.

_____. *Warum Nationen scheitern*: die Ursprünge von Macht, Wohlstand und Armut. Frankfurt am Main: Fischer, 2013.

ADORNO, Theodor W. "Was ist deutsch?" In: _____. *Gesammelte Schriften Bd. 10.2*. Frankfurt am Main: Suhrkamp, 1977.

ALBATH, Maike. *Der Geist von Turin*: Pavese, Ginzburg, Einaudi und die Wiedergeburt Italiens nach 1943. 4ª ed. Berlim: Berenberg, 2018.

ALTHUSSER, Louis. "Ideologie und ideologische Staatsapparate (Notizen für eine Untersuchung)". In: _____. *Ideologie und ideologische Staatsapparate. 1. Halbband*. Hamburgo: VSA, 2016.

ARENDT, Hannah. *Das Urteilen*: Texte zu Kants politischer Philosophie. Munique: Piper, 1985.

ASSMANN, Jan. *Achsenzeit*: eine Archäologie der Moderne. Munique: C.H. Beck, 2018.

_____. *Religion und kulturelles Gedächtnis*: zehn Studien. Munique: C.H. Beck, 2000.

AUER, Marietta. *Der privatrechtliche Diskurs der Moderne*. Tübingen: Mohr Siebeck, 2014.

_____. "Die Substanz der Freiheit. Pufendorfs Begriff der moralischen Person". *In*: GRÖSCHNER, Rolf; KIRSTE, Stephan; LEMBCKE, Oliver W. (Coord.). *Person und Rechtsperson, Zur Ideengeschichte der Personalität*. Tübingen: Mohr Siebeck, 2015.

AUERBACH, Erich. *Mimesis*: Dargestellte Wirklichkeit in der Abendländischen Literatur (1946). Bern: Francke, 1982.

AUGSBERG, Ino. "Die Normalität der Normativität". *Juristen Zeitung*, n° 9, 2020.

_____. *Informationsverwaltungsrecht*. Tübingen: Mohr Siebeck, 2014.

_____. *Kassiber*. Tübingen: Mohr Siebeck, 2016.

_____. "Kommentar". *In*: LEPSIUS, Oliver (Coord.). *Relationen*: Plädoyer für eine bessere Rechtswissenschaft. Tübingen: Mohr Siebeck, 2016.

_____. "Kreuzstiche. Politische Theologie als rhetorische Figur". *In*: AUGSBERG, Ino; LADEUR, Karl-Heinz (Coord.). *Politische Theologie(n) der Demokratien*: Das religiöse Erbe des Säkularen. Viena/Berlim: Turia + Kant, 2018.

_____. "Subjektive und objektive Dimensionen der Wissenschaftsfreiheit". *In*: VOIGT, Friedemann (Coord.). *Freiheit der Wissenschaft*: Beiträge zu ihrer Bedeutung, Normativität und Funktion. Berlim/Boston: De Gruyter, 2012.

_____. "Verantwortung als Reflexion". *Rechtswissenschaft*, vol. 10, 2019.

_____. "Wissenschaftsverfassungsrecht". *In*: VESTING, Thomas; KORIOTH, Stefan (Coord.). *Der Eigenwert des Verfassungsrechts*. Tübingen: Mohr Siebeck, 2011.

BAECKER, Dirk. *4.0 oder Die Lücke die der Rechner lässt*. Leipzig: Merve Verlag, 2018.

BALKE, Friedrich. *Figuren der Souveränität*. Munique: Wilhelm Fink, 2009.

BARTHÉLÉMY, Jean-Hughes. "Simondon – Ein Denken der Technik im Dialog mit der Kybernetik". *In*: HÖRL, Erich (Coord.). *Die technologische Bedingung*: Beiträge zur Beschreibung der technischen Welt. Berlim: Suhrkamp, 2011.

BARUDIO, Günter. *Das Zeitalter des Absolutismus und der Aufklärung*: 1648-1779. Frankfurt am Main: S. Fischer, 1981.

REFERÊNCIAS BIBLIOGRÁFICAS

BATESON, Gregory. "Form, Substanz und Differenz". *In*: _____. *Ökologie des Geistes*: Anthropologische, psychologische, biologisch und epistemologische Perspektiven. Trad. para o alemão de Hans-Günter Holl. Frankfurt am Main: Suhrkamp, 1981.

_____. "Kulturberührung und Schismogenese (1935)". *In*: _____. *Ökologie des Geistes*: Anthropologische, psychologische, biologisch und epistemologische Perspektiven. Trad. para o alemão de Hans-Günter Holl. Frankfurt am Main: Suhrkamp, 1981.

BAX, Chantal. "The Ethics and Politics of Grammatical Subjectivity". *In*: MARKEWITZ, Sandra (Coord.). *Grammatische Subjektivität*. Bielefeld: transcript, 2019.

BENDER, John B.; WELLBERY, David E. "Rhetoricality. On the Modernist Return of Rhetoric". *In*: _____. *The Ends of Rhetoric*: History, Theory, Praxis. Stanford: Standford University Press, 1990.

BENEDICT, Ruth. *Patterns of Culture* (1934). Boston: Houghton Mifflin, 1989.

BENKLER, Yochai. *The Wealth of Networks*: How Social Production Transforms Markets and Freedom. New Haven: Yale University Press, 2006.

BERGHOFF, Hartmut. *Moderne Unternehmensgeschichte*. Berlim: De Gruyter, 2016.

BERMAN, Harold J. *Law and Revolution II*: the Impact of the Protestant Reformation on the Western Legal Tradition. Cambridge: Havard University Press, 2003.

BERNSTEIN, Lisa. "Opting out of the Legal System: Extralegal Contractual Relations in the Diamond Industry". *The Journal of Legal Studies*, vol. 21, 1992.

BLANNING, Tim C. W. *Das Alte Europa 1660-1789*: Kultur der Macht und Macht der Kultur. Darmstadt: Wissenschaftliche Buchgesellschaft, 2006.

_____. *The Pursuit of Glory*. Londres: Penguin, 2007.

_____. *The Romantic Revolution*. Nova York: Random House, 2011.

BLUMENBERG, Hans (ou Axel Colly). "Das Glück und die Probleme. Frühe Feuilletons" (1952-1955). *In*: BALMES, Hans-Jürgen. *et al. Neue Rundschau*. n° 4. Frankfurt am Main: Fischer, 2018.

BLUMENBERG, Hans. "Das Verhältnis von Natur und Technik als philosophisches Problem". *In*: BLUMENBERG, Hans; SCHMITZ, Alexander; STIEGLER, Bernd (Coord.). *Schriften zur Technik*. Berlim: Suhrkamp, 2015.

_____. "Der kopernikanische Umsturz und die Weltstellung des Menschen. Eine Studie zum Zusammenhang von Naturwissenschaft und Geistesgeschichte (1955)". *In*: BLUMENBERG, Hans; SCHMITZ, Alexander; STIEGLER, Bernd (Coord.). *Schriften zur Technik*. Berlim: Suhrkamp, 2015.

_____. *Die Legitimität der Neuzeit*. 2ª ed. Frankfurt am Main: Suhrkamp, 1988.

_____. "Lebenswelt und Technisierung unter den Aspekten der Phänomenologie". *In*: BLUMENBERG, Hans; SOMMER, Manfred (Coord.). *Theorie der Lebenswelt*. Berlim: Suhrkamp, 2010.

_____. "Nachahmung der Natur: zur Vorgeschichte der Idee des schöpferischen Menschen". *In*: BLUMENBERG, Hans; SCHMITZ, Alexander; STIEGLER, Bernd (Coord.). *Schriften zur Technik*. Berlim: Suhrkamp, 2015.

_____. "Technik und Wahrheit". *In*: BLUMENBERG, Hans; SCHMITZ, Alexander; STIEGLER, Bernd (Coord.). *Schriften zur Technik*. Berlim: Suhrkamp, 2015.

_____. *Theorie der Unbegrifflichkeit*. Frankfurt: Suhrkamp, 2010.

BOETTKE, Peter J. *F. A. Hayek Economics, Political Economy and Social Philosophy*. Londres: Palgrave Macmillan, 2018.

BOLLNOW, Otto Friedrich. "Wilhelm von Humboldts Sprachphilosophie". *Zeitschrift für deutsche Bildung*, 14, 1938.

BOLTANSKI, Luc; CHIAPELLO, Eve. *Der neue Geist des Kapitalismus*. Édition discours, 38. Colônia: Herbert von Halem Verlag, 2018.

BORCHMEYER, Dieter. *Was ist Deutsch?* Die Suche einer Nation nach sich selbst. Berlim: Rowohlt, 2017.

BOSTROM, Nick. "Die Zukunft der Menschheit". *In*: _____. *Die Zukunft der Menschheit*: Aufsätze. Trad. para o alemão de Jan-Erik Strasser. Berlim: Suhrkamp, 2018.

BOYM, Svetlana. *Another Freedom*: the Alternative History of an Idea. Chicago: University of Chicago Press, 2010.

REFERÊNCIAS BIBLIOGRÁFICAS

BREUER, Stefan. *Der Staat*: Entstehung, Typen und Organisationsstadien. Reinbek: Rowohlt, 1998.

BREWER, John. *The Pleasures of the Imagination*: English Culture in the Eighteenth Century. Nova York: Farrar Straus Giroux, 1997.

_____. *The Sinews of Power*: War, Money and the English State, 1688-1783. Londres: Unwin Hyman, 1989.

BRONFEN, Elisabeth. *Stanley Cavell zur Einführung*. Hamburgo: Junius, 2009.

BUARQUE DE HOLANDA, Sérgio. *Die Wurzeln Brasiliens*: Essay. Mit einem Nachwort von Sérgio Costa – übersetzt von Maralde Meyer--Minnemann. Berlim: Suhrkamp, 2013.

BUARQUE DE HOLANDA, Sérgio. *Die Wurzeln Brasiliens*. Trad. para o alemão de Maralde Meyer-Minnemann. Frankfurt am Main: Suhrkamp, 1995.

BUDDE, Gunilla-Frederike. "Musik in Bürgerhäusern". *In*: BÖDEKER, Hans Erich (Coord.). *Le concert et son public*: mutations de la vie musicale en Europe 1780 à 1914. Paris: Éditions de la Maison des Sciences de l'Homme, 2002.

BURCKHARDT, Jacob. *Die Kultur der Renaissance in Italien*. Viena: Phaidon-Verlag, 1934.

BURKE, Peter. *Die Geschicke des "Hofmann"*: zur Wirkung eines Renaissance-Breviers über angemessenes Verhalten. Berlim: Wagenbach, 1996.

BURKE, Peter. *The Fortunes of the "Hofmann"*: on the Impact of a Renaissance Breviary on Appropriate Behavior. Berlim: 1996.

CALLIESS, Gralf-Peter; PEER, Zumbansen. *Rough consensus and running code*: a theory of transnational private law. Oxford: Hart, 2010.

CAMPOS, Ricardo. *Metamorphosen des globalen Rechts*: zur Wechselwirkung von Recht, Zeit und Technologie. Frankfurt am Main, 2021. (Tese de Doutorado).

CAPUTO, John D. *Hermeneutics*: facts and interpretation in the age of information. Random House UK: Penguin Press, 2018.

CASSIRER, Ernst. *Was ist der Mensch*. Stuttgart: Kohlhammer, 1960.

CASTELLS, Manuel. *The Rise of Network Society*. vol. I. Cambridge: Blackwell, 1996.

CASTORIADIS, Cornelius. "Individuum, Gesellschaft, Rationalität, Geschichte". In: _____. *Ausgewählte Schriften, Bd. 3*: Das imaginäre Element und die menschliche Schöpfung. Lich: Edition AV, 2010.

_____. "Macht, Politik, Autonomie". In: _____. *Ausgewählte Schriften. Bd. 1*: Autonomie oder Barbarei. Lich: Edition AV, 2006.

CHANDLER, Alfred Dupont. *Scale and Scope*: the Dynamics of Industrial Capitalism. Cambridge: The Belknap Press of Harvard University, 1990.

_____. *Strategy and Structure*: chapters in the History of Industrial Enterprise. Cambridge: MIT, 1980.

_____. *The visible hand*: the managerial revolution in American business. Cambridge: The Belknap Press of Harvard University, 1977.

CITOT, Vincent. "Le processus historique de la Modernité e la possibilité de la liberté (universalisme et individualisme)". *Le Philosophoire*, n° 25, 2005.

COHEN, Julie E. "The Regulatory State in the Information Age". *Theoretical Inquiries in Law*, 2016.

_____. "What Privacy is For". *Harvard Law Review*, vol. 126, 2013.

COULMAS, Florian. *Die Kultur Japans*: Tradition und Moderne. Munique: C.H. Beck, 2014.

CRAVERI, Benedetta. *The age of conversation*. Nova York: Nova York Review Books, 2005.

DAMLER, Daniel. *Konzern und Moderne*: die verbundene juristische Person in der visuellen Kultur 1880-1980. Frankfurt am Main: Vittorio Klostermann, 2016.

_____. "Synästhetische Normativität". *Rechtsgeschichte*, vol. 25, 2017.

_____. *Rechtsästheti*: Sinnliche Analogien im juristischen Denken. Berlim: Duncker & Humblot, 2016.

DÄRMANN, Iris. *Kulturtheorien zur Einführung*. Hamburg: Junius, 2011.

DE FIGUEIREDO, John M.; SILVERMAN, Brian S. *On the Genesis of Interfirm Relational Contracts*. University of Toronto – Rotman School of Management, 2017. Disponível em: https://dx.doi.org/10.2139/ssrn.3083556. Acessado em: 22.07.2022.

DE LIBERA, Alain. "Subject, Re-/decentered". *Radical Philosophy*, vol. 167, mai./jun., 2011.

_____. "When Did the Modern Subject Emerge?" *American Catholic Philosophical Quarterly*, vol. 82, n° 2, 2008.

DEAKIN, Simon; GINDIS, David; HODGSON, Geoffrey M.; KAINAN, Huang; PISTOR, Katharina. "Legal Institutionalism: Capitalism and the Constitutive Role of Law". *Journal of Comparative Economics*, vol. 45, 2017.

DEBAISE, Didier. "What is Relational Thinking?" *Infexions*, n° 5, 2012.

DELEUZE, Gilles. *David Hume*. Frankfurt am Main: Campus, 1997.

_____. "Whitman". In: _____. *Kritik und Klinik*. Frankfurt am Main: Suhrkamp, 2000.

DELEUZE, Gilles; GUATTARI, Félix. *Was ist Philosophie?* Frankfurt am Main: Suhrkamp, 2000.

DESCOLA, Philippe. *Jenseits von Natur und Kultur – aus dem Französischen von Eva Moldenhauer*. Berlim: Suhrkamp, 2011.

DESCOMBES, Vincent. *Die Rätsel der Identität*. Berlim: Suhrkamp, 2013.

_____. *Le complément du sujet*: Enquête sur le fait d'agir de soi-même. Paris: Gallimard, 2004.

_____. *The institutions of meaning*: a defense of anthropological holism. Trad. para o alemão de Stephen A. Schwartz. Cambridge: Harvard University Press, 2014.

DI FABIO, Udo. *Herrschaft und Gesellschaft*. Tübingen: Mohr Siebeck, 2019.

DONALD, Merlin. *A Mind So Rare*. Nova York: Norton, 2001.

DUMONT, Louis. "Vom außerweltichen zum innerweltlichen Individuum". In: _____. *Individualismus*: zur Ideologie der Moderne. Frankfurt am Main/Nova York: Campus, 1991.

DURKHEIM, Émile. "Der Individualismus und die Intellektuellen". In: BERTRAM, Hans (Coord.). *Gesellschaftlicher Zwang und moralische Autonomie*. Frankfurt am Main: Suhrkamp, 1986.

EAGLETON, Terry. *Culture*. New Haven/Londres: Yale University Press, 2018.

EHRENBERG, Alain. *Das Unbehagen in der Gesellschaft*. Berlim: Suhrkamp, 2011.

ENGELMANN, Andreas. *Rechtsgeltung als institutionelles Projekt*: zur kulturellen Verortung eines rechtswissenschaftlichen Begriffs. Weilerswist: Velbrück, 2020.

ERIKSON, Erik H. *Identity, Youth, and Crisis*. Nova York: Norton, 1968.

ESPOSITO, Roberto. *Person und menschliches Leben*. Zurique: Diaphanes, 2010.

_____. *Persons and Things*: from the Body's Point of View. Cambridge: Polity Press, 2015.

ESS, Charles. "The Onlife Manifesto: Philosophical Backgrounds, Media Usages, and the Futures of Democracy and Equality". *In*: FLORIDI, Luciano (Coord.). *The Onlife Manifesto*: Being Human in a Hyperconnected Era. Cham: Springer, 2015.

EZRAHI, Yaron. *Imagined Democracies*: Necessary Political Fictions. Cambridge: Cambridge University Press, 2012.

FANG, Taylor. "Reimagine the Self(ie)". *MIT Technology Review*, 123, 2020.

FERGUSON, Adam. *An Essay on the History of Civil Society* (Dublin: 1767). 5ª ed. Londres: Printed for T. Cadell, 1782.

FINKELEDE, Dominik. *Exzessive Subjektivität*: eine Theorie tathafter Neubegründung des Ethischen nach Kant, Hegel und Lacan. 2ª ed. Friburgo/Munique: Karl Alber, 2016.

FISCHER-LESCANO, Andreas. "Subjektlose Rechte". *In*: FRANZKI, Hannah; HORST, Johan; FISCHER-LESCANO, Andreas (Coord.). *Gegenrechte*: Recht jenseits des Subjekts. Tübingen: Mohr Siebeck, 2018.

FLECK, Ludwik. *Entstehung und Entwicklung einer wissenschaftlichen Tatsache*: Einführung in die Lehre vom Denkstil und Denkkollektiv (1935). Frankfurt am Main: Suhrkamp, 2017.

_____. "Zur Krise der 'Wirklichkeit'" (1929). *In*: _____. *Erfahrung und Tatsache*: Gesammelte Aufsätze. Frankfurt am Main: Suhrkamp, 1983.

FOUCAULT, Michel. *Archäologie des Wissens* (1969). Frankfurt am Main: Suhrkamp, 1981.

_____. *Die Geburt der Biopolitik Geschichte der Gouvernementalität II*: Vorlesungen am Collège de France 1978/1979. Berlim: Suhrkamp, 2006.

REFERÊNCIAS BIBLIOGRÁFICAS

_____. *Sicherheit, Territorium, Bevölkerung Geschichte der Gouvernementalität I*: Vorlesungen am Collège de France 1977-1978. Frankfurt am Main: Suhrkamp, 2006.

_____. *Überwachen und Strafen*: die Geburt des Gefängnisses. Frankfurt am Main: Suhrkamp, 1993.

FREUD, Sigmund. "Das Unbehagen in der Kultur und andere kulturtheoretische Schriften" (1930). *In*: _____. *Kulturtheoretische Schriften*. Frankfurt am Main: S. Fischer, 1986.

FREYRE, Gilberto. *Herrenhaus und Sklavenhütte*: ein Bild der brasilianischen Gesellschaft (1933). Munique: Klett Cotta, 1990.

FUCHS, Peter. *Das Sinnsystem*: Prospekt einer sehr allgemeinen Theorie. Weilerswist: Velbrück, 2015.

FUKUYAMA, Francis. *Der große Aufbruch*: wie unsere Gesellschaft eine neue Ordnung erfindet. Viena: Szolnay, 2000.

_____. *Identity*: the Demand for Dignity and the Politics of Resentment. Nova York: Straus and Girou, 2018.

_____. *Trust*: the Social Virtues and the Creation of Prosperity. Nova York: Free Press, 1996.

FUMAROLI, Marc. *The Republic of Letters*. Trad. para o inglês de Lara Vergnaud. Londres: Yale University Press, 2018.

FUNKENSTEIN, Amos. *Theology and the scientific imagination*: from the Middle Ages to the seventeenth century. Princeton: Princeton University Press [1986] 2018.

GAUCHET, Marcel. "Madame de Staël". *In*: FURET, François; OZOUF, M. (Coord.). *Kritisches Wörterbuch der französischen Revolution*. Frankfurt am Main: Suhrkamp, 1996.

GEERTZ, Clifford. "Local Knowledge. Fact and Law in Comparative Perspective". *In*: _____. *Local knowledge*: further essays in interpretive anthropology. Nova York: Basic Books, 1983.

_____. "Off Echoes. Some Comments on Anthropology and Law". *Political and Legal Anthropology Review*, 1996.

_____. "Person, Time and Conduct in Bali". *In*: _____. *The Interpretation of Cultures*. Nova York: Basic Books, 1973.

_____. "Religion as a Cultural System". *In*: _____. *Dichte Beschreibung*. Trad. para o alemão de Brigitte Luchesi e Rolf Bindemann. Frankfurt am Main: Suhrkamp, 1983.

_____. "Thick description: towards an interpretive theory of culture". *In*: _____. *Dichte Beschreibung*. Trad. para o alemão de Brigitte Luchesi e Rolf Bindemann. Frankfurt am Main: Suhrkamp, 1983.

GENSOLLEN, Michel. "Information Goods and Online Communities". *In*: BROISSEAU, Éric; CURIEN, Nicolas (Coord.). *Internet and Digital Economics*. Cambridge: Cambridge University Press, 2007.

GIBBONS, Robert; HENDERSON, Rebecca. "What do Managers do? Exploring Persistent Performance Differences among Seemingly Similar Enterprises". *In*: GIBBONS, Robert; ROBERTS, J. (Coord.). *Handbook of Organizational Economics*. Princeton: Princeton University Press, 2013.

GIERKE, Otto von. *Das Wesen der menschlichen Verbände – Rektoratsrede vor der Universität Berlim am 15.10.1902*. Darmstadt: wiss. Buchgesellschaft, reimpressão: 1954.

GILOI, Eva. *Monarchy, Myth, and Material Culture in Germany 1750-1950*. Nova York: Cambridge University Press, 2011.

GILSON, Ronald J.; SABEL, Charles F.; SCOTT, Robert E. "Braiding: The Interaction of Formal and Informal Contracting in Theory, Practice, and Doctrine". *Columbia Law Review*, vol. 110, 2010.

_____. "Contract, Uncertainty, and Innovation". *In*: GRUNDMANN, Stefan; MÖSLEIN, Florian; RIESENHUBER, Karl (Coord.). *Contract governance*: dimensions in law and interdisciplinary research. Oxford: Oxford University Press, 2015.

_____. "Contracting for Innovation: Vertical Disintegration and Interfirm Collaboration". *Columbia Law Review*, vol. 109, n° 3, abril de 2009.

GRABER, Christoph B. "Freedom and Affordances of the Net". *Washington University Jurisprudence Review*, vol. 10, 2017.

GRANOVETTER, Mark. "Economic Action and Social Structure: the Problem of Embeddedness". *American Journal of Sociology*, vol. 91, 1985.

GREENFELD, Liah. *Advanced Introduction to Nationalism*. Cheltenham: Edward Elgar, 2016.

_____. *Mind, Modernity, Madness*: the Impact of Culture on Human Experience. Cambridge: Harvard University Press, 2013.

REFERÊNCIAS BIBLIOGRÁFICAS

_____. *Nationalism*: five roads to modernity. Cambridge: Harvard University Press, 1992.

_____. *Nationalism and the mind*: essays on modern culture. Oxford: Oneworld, 2006.

_____. *The Spirit of Capitalism*: Nationalism and Economic Growth. Cambridge: Harvard University Press, 2001.

GRIMM, Dieter. "Die Grundrechte im Entstehungszusammenhang der bürgerlichen Gesellschaft" (1988). *In*: _____. *Die Zukunft der Verfassung*. Frankfurt am Main: Suhrkamp, 1991.

GRUBER, Malte. *Bioinformationsrecht*: zur Persönlichkeitsentfaltung des Menschen in technisierter Verfassung. Tübingen: Mohr Siebeck, 2015.

GRUNDMANN, Stefan; HACKER, Philipp. "Digital Technology as a Challenge to European Contract Law. From the Existing to the Future Architecture". *European Review of Contract Law*, 2017 (publicação *online SSRN*).

GUMBRECHT, Hans Ulrich. "Nachwort. Mediengeschichte als Wahrheitsereignis. Zur Singularität von Friedrich A. Kittlers Werk". *In*: KITTLER, Friedrich A. (Coord.). *Die Wahrheit der technischen Welt*: Essays zur Genealogie der Gegenwart. Berlim: Suhrkamp, 2013.

_____. *Weltgeist im Silicon Valley*: Leben und Denken im Zukunftsmodus. Zurique: NZZ libro, 2018.

HAAKONSSON, Knud. "From Natural Law to the Rights of Man". *In*: LACEY, Michael J.; HAAKONSSON, Knud (Coord.). *A Culture of Rights*: the Bill of Rights in Philosophy. Cambridge: Cambridge University Press, 1991.

HABERMAS, Jürgen. "Kulturelle Gleichbehandlung – Und die Grenzen des Postmodernen Liberalismus". *In*: _____. *Philosophische Texte, Bd. 4*: Politische Theorie. Frankfurt am Main: Suhrkamp, 2009.

_____. *Strukturwandel der Öffentlichkeit*: Untersuchungen zu einer Kategorie der bürgerlichen Gesellschaft (1962). Frankfurt am Main: Suhrkamp, 1990.

HALL, Peter A.; SOSKICE, David W. (Coord.). *Varieties of capitalism*: the institutional foundations of comparative advantage. Nova York: Oxford University Press, 2001.

HANSEN, Mark B. N. *Feed-Forward*: On the Future of Twenty-First-Century Media. Chicago: University of Chicago Press, 2015.

_____. "Medien des 21. Jahrhunderts". *In*: HÖRL, Erich (Coord.). *Die technologische Bedingung*: Beiträge zur Beschreibung der technischen Welt. Berlim: Suhrkamp, 2011.

HAUPT, Heinz-Gerhard. "Der Bürger". *In*: FURET, François (Coord.). *Der Mensch der Romantik*. Frankfurt am Main: Campus, 1998.

HAVELOCK, Eric A. *Preface to Plato*. Cambridge: Cambridge University Press, 1963.

HEGEL, Georg Wilhelm Friedrich. *Grundlinien der Philosophie des Rechts (1821), Werkausgabe Bd. 7*. Frankfurt am Main: Suhrkamp, 1970.

HEIDBRINK, Ludger; SEELE, Peter. "Einleitung: Vom Nutzen". *In*: _____. (Coord.). *Unternehmertum*: Vom Nutzen und Nachteil einer riskanten Lebensform. Frankfurt am Main: Campus, 2010.

HEIDEGGER, Martin. "Die Zeit des Weltbildes" (1938). *In*: _____. *Holzwege*. 6ª ed. Frankfurt am Main: Klostermann, 1980.

HERDER, Johann Gottfried. *Abhandlung uber den Ursprung der Sprache*. Berlim: C.F. Voss, 1772.

HILDEBRANDT, Mireille. *Smart Technologies and the End(s) of Law*. Cheltenham: Edward Elgar Publishing, 2016.

HIRSCHMAN, Albert O. *Leidenschaften und Interessen*: politische Begründungen des Kapitalismus vor seinem Sieg. Trad. para o alemão de Sabine Offe (*The Passions and the Interests*). Frankfurt am Main: Suhrkamp, 1984.

HOBBES, Thomas. *Leviathan* (1651). Cambridge: Cambridge University Press, 1997.

HOFFMANN, Christian. "Une subjectivité sans sujet". *Figures de la Psychanalyse*, vol. 1, nº 2, 2012.

HÖFER, Annette; REICHARDT, Rolf; FUNKE, Hans-Günther. "Honnête homme, Honnêteté, Honnêtes gens". *In*: HÖFER, Annette; REICHARDT, Rolf (Coord.). *Handbuch politisch-sozialer Grundbegriffe in Frankreich 1680-1820*. vol. 7. Munique: De Gruyter, 1986.

HOMBURG, Ernst. "The Emergence of Research Laboratories in the Dyestuffs Industry 1870-1900". *The British Journal*, vol. 25, 1992.

HONNETH, Axel. *Anerkennung*: eine europäische Ideengeschichte. Berlim: Suhrkamp, 2018.

REFERÊNCIAS BIBLIOGRÁFICAS

HONT, Istvan. *Politics in Commercial Society*: Jean-Jacques Rousseau and Adam Smith. Cambridge: Havard University Press, 2015.

HÖRL, Erich. "Die environmentalitäre Situation. Überlegungen zum Umweltlich-Werden von Denken, Macht und Kapital". *Internationales Jahrbuch für Medienphilosophie*, vol. 4, 2018.

_____. "Die Ökologisierung des Denkens". *Zeitschrift für Medienwissenschaft*, nº 14, vol. 1, 2016.

_____. *Die technologische Bedingung*: Beiträge zur Beschreibung der technischen Welt. Berlim: Suhrkamp, 2011.

_____. "'Technisches Leben' Simondons Denken des Lebendigen und die allgemeine Ökologie". *In*: MUHLE, Maria; VOSS, Christiane (Coord.). *Black Box Leben*. Colônia: August Verlag, 2017.

HUMBOLDT, Wilhelm von; STETTER, Christian (Coord.). *Grundzüge des allgemeinen Sprachtypus*. Berlim: Philo, 2004.

HUME, David. *An Enquiry concerning the Principles of Morals*. Oxford: Oxford University Press, 2004. (reimpressão em 1751).

_____. "Of Civil Liberty". *In*: _____. *Essays*: Moral, Political, and Literary. Organização, prefácio, notas e glossário de Eugene F. Miller. Indianapolis: Liberty Fund, 1985.

_____. "Of Interest". *In*: _____. *Essays*: Moral, Political, and Literary. Organização, prefácio, notas e glossário de Eugene F. Miller. Indianapolis: Liberty Fund, 1985.

_____. "Of Refinements in the Arts". *In*: _____. *Essays*: Moral, Political, and Literary. Organização, prefácio, notas e glossário de Eugene F. Miller. Indianapolis: Liberty Fund, 1985.

_____. "Of the Origin of Governments". *In*: _____. *Essays*: Moral, Political, and Literary. Organização, prefácio, notas e glossário de Eugene F. Miller. Indianapolis: Liberty Fund, 1985.

_____. "Of the Rise and Progress of the Arts and Sciences". *In*: _____. *Essays*: Moral, Political, and Literary. Organização, prefácio, notas e glossário de Eugene F. Miller. Indianapolis: Liberty Fund, 1985.

HUNT, Lynn Avery. *Inventing human rights*: a history. Nova York: Norton, 2008.

HUSSERL, Edmund. *Die Krisis der europäischen Wissenschaften und die transzendentale Phänomenologie*: eine Einleitung in die phänomenologische Philosophie. Hamburg: Meiner, 1977.

IMAI, Ken-Ichi; HIROYUKI, Itami. "Interpenetration of Organization and Market. Japan's Firm and Market in Comparison with the U.S.". *International Journal of Industrial Organization*, vol. 2, 1984.

INGOLD, Albert. "Grundrechtsschutz sozialer Emergenz. Eine Neukonfiguration juristischer Personalität in Art. 19 Abs. 3 GG angesichts webbasierter Kollektivitätsformen". *Der Staat*, vol. 53, 2014.

INGOLD, Tim. *Making*: anthropology, archaeology, art and architecture. Londres: Routledge, 2013.

_____. "From Science to Art and Back Again. The Pendulum of an Anthropologist". *Interdisciplinary Science Reviews*, vol. 43, 2018.

_____. "Toward an Ecology of Materials". *Annual Review of Anthropology*, vol. 41, 2012.

ISMAY, Penelope. *Trust among Strangers*: friendly Societies in Modern Britain. Cambridge: Cambridge University Press, 2018.

IVERSEN, Torben; SOSKICE, David. *Democracy and prosperity*: reinventing capitalism through a turbulent century. Princeton: Princeton University Press, 2019.

JELLINEK, Georg. *Allgemeine Staatslehre*. 3ª ed. 5ª reimpressão. Berlim: Springer, 1929.

_____. *Die Erklärung der Menschen-und Bürgerrechte* (3ª ed. 1919). Saarbrücken: Edition Classic, Verlag Dr. Müller, reimpressão, 2006.

_____. *System der subjektiven öffentlichen Rechte* (reimpressão da 2ª ed.). Tübingen: 1905. Aalen: Scientia-Verlag, 1964.

JENNEJOHN, Matthew. "The Private Order of Innovation Networks". *Stanford Law Review*, vol. 68, 2016.

JENSEN, Michael C.; MECKLING, William H. "Theory of the Firm. Managerial Behavior, Agency Costs and Ownership Structure". *Journal of Financial Economics*, vol. 3, 1976.

KAHN, Victoria A. *The Future of Illusion*: Political Theology and Early Modern Texts. Chicago: University of Chicago Press, 2014.

_____. *The Trouble with Literature*. Oxford: Oxford University Press, 2020.

_____. *Wayward Contracts*: the Crisis of Political Obligation in England, 1640-1674. Princeton: Princeton University Press, 2004.

REFERÊNCIAS BIBLIOGRÁFICAS

KELSEN, Hans; JESTAEDT, Matthias (Coord.). *Reine Rechtslehre*: Einleitung in die rechtswissenschaftliche Problematik, 1934. Tübingen: Mohr, 2008.

KENNEY, Martin. "Silicon Valley and Internationalization: a Historical and Policy Overview". *Working Paper*, University of California: BRIE, 2016.

KENNEY, Martin; PLATTON, Donald. "Innovation and Social Capital in Silicon Valley". *BRIE Working Paper* 155, julho de 2003.

_____. "The Coevolution of Technologies and Institutions: Silicon Valley as the Iconic High-Technology". *In*: BRAUNERHJELM, Pontus; FELDMANN, Maryann P. (Coord.). *Cluster Genesis*: Technology Based Industrial Development. Oxford: Oxford University Press, 2006.

KENNEY, Martin; ZYSMAN, John. "The Rise of Platform Economy". *Issues in Science and Technology*, 2017.

KERSTEN, Jens. "Relative Rechtssubjektivität. Über autonome Automaten und emergente Schwärme". *Zeitschrift für Rechtssoziologie*, vol. 37, 2017.

KITTLER, Friedrich A. "Die künstliche Intelligenz des Weltkriegs: Alan Turing". *In*: _____. *Die Wahrheit der technischen Welt*: Essays zur Genealogie der Gegenwart. Berlim: Suhrkamp, 2013.

_____. *Eine Kulturgeschichte der Kulturwissenschaft*. Munique: Wilhelm Fink, 2000.

_____. "Geschichte der Kommunikationsmedien". *In*: HUBER, Jörg; MÜLLER, Alois M. (Coord.). *Raum und Verfahren*. Basileia: Museum für Gestaltung, Zurique, 1993.

_____. "Über die Sozialisation Wilhelm Meisters". *In*: KAISER, Gerhard; KITTLER, Friedrich A. (Coord.). *Dichtung als Sozialisationsspiel*: Studien zu Goethe und Gottfried Keller. Göttingen: Vandenhoeck & Ruprecht, 1978.

KLINGBEIL, Stefan. "Der Begriff der Rechtsperson". *Archiv für die civilistische Praxis*, n° 6, 2017.

KNOTT, Sarah. *Sensibility and the American Revolution*. Chapel Hill: University of North Carolina Press, 2009.

KOCKA, Jürgen. "Bürgertum und Bürgerlichkeit als Probleme der deutschen Geschichte vom späten 18. zum frühen 20. Jahrhundert". *In*: _____. (Coord.). *Bürger und Bürgerlichkeit*. Göttingen: Vandenhoeck & Ruprecht, 1987.

_____. "Eigentümer – Manager – Investoren. Unternehmer im Wandel des Kapitalismus". *In*: MAURER, Andrea (Coord.). *Handbuch der Wirtschaftssoziologie*. 2ª ed. Wiesbaden: Springer, 2017.

KONDYLIS, Panajotis. *Der Niedergang der bürgerlichen Denk- und Lebensform*: die liberale Moderne und die demokratische Postmoderne. Weinheim: VCH, 1991.

KONERSMANN, Ralf. *Die Unruhe der Welt*. Frankfurt am Main: S. Fischer, 2015.

KOSCHORKE, Albrecht. *Körperströme und Schriftverkehr. Mediologie des 18. Jahrhunderts*. Munique: Wilhelm Fink, 2003.

_____. *Wahrheit und Erfindung*: Grundzüge einer allgemeinen Erzähltheorie. Frankfurt am Main: S. Fischer, 2012.

KOSCHORKE, Albrecht; LÜDEMANN, Susanne; FRANK, Thomas; DE MAZZA, Ethel Matala. *Der fiktive Staat*: Konstruktionen des politischen Körpers in der Geschichte Europas. Frankfurt am Main: S. Fischer, 2007.

KURAN, Timur. *The Long Divergence*: How Islamic Law Held Back the Middle East. Princeton: Princeton University Press, 2011.

KURZWEIL, Ray. *The singularity is near*: when humans transcend biology. Nova York: Viking, 2005.

LAQUEUR, Walter. *Mein 20, Jahrhundert*: Stationen eines politischen Lebens. Trad. alemã de Norbert Juraschitz. Berlim: Propyläen, 2009.

LADEUR, Karl-Heinz. *Dante and the Possibilities of the Law*: The Epistemic Crisis of the Late Medieval. Manuscrito, 2019.

_____. *Der Anfang des westlichen Rechts*: die Christianisierung der römischen Rechtskultur und die Entstehung des universalen Rechts. Tübingen: Mohr Siebeck, 2018.

_____. "Der Islam und sein Recht. Die Vermeidung der Unterscheidungen". *Archiv für Rechts- und Sozialphilosophie*, 2017.

_____. *Die Textualität des Rechts*: zur poststrukturalistischen Kritik des Rechts. Weilerswist: Velbrück, 2016.

_____. *Negative Freiheitsrechte und gesellschaftliche Selbstorganisation*: die Erzeugung von Sozialkapital durch Institutionen. Tübingen: Mohr Siebeck, 2000.

_____. "Netzwerk als neues Ordnungsmodell des Rechts-nach dem Recht der Gesellschaft der Individuen und dem Recht der Gesellschaft der Organisationen". *In*: EIFERT, Martin; GOSTOMZYK, Tobias (Coord.). *Netzwerkrecht*: Die Zukunft des NetzDG und seine Folgen für die Netzwerkkommunikation. Baden-Baden: Nomos, 2018.

_____. *Recht-Wissen-Kultur*: die fragmentierte Ordnung. Berlin: Duncker & Humblot, 2016.

LAMOREAUX, Naomi R.; RAFF, Daniel M.G.; TEMIN, Peter. "Against Whig History". *Enterprise & Society*, vol. 5, n° 3, setembro de 2004.

_____. "Beyond Markets and Hierarchies: Toward a New Synthesis of American Business History". *American Historical Review*, abril de 2003.

LANDES, David S. "The Fable of the Dead Horse; or, The Industrial Revolution Revisited". *In*: MOKYR, Joel (Coord.). *The British Industrial Revolution*: an Economic Perspective. Boulder: Westview Press, 1999.

_____. *Wohlstand und Armut der Nationen*: Warum die einen reich und die anderen arm sind-The Wealth and the Poverty of Nations. Munique: Pantheon, 2009.

LANGFORD, Paul. "Manners and the Eighteenth-Century State: The Case of the Unsociable Englishman". *In*: BREWER, John; HELLMUTH, Eckhart (Coord.). *Rethinking Leviathan*: the Eighteenth-Century State in Britain and Germany. Nova York: Oxford University Press, 1999.

LANGLOIS, Richard N. "Chandler in a Larger Frame Markets and Hierarchies: Markets, Transaction Costs, and Organizational Form in History". *Enterprise & Society*, vol. 5, 2004.

_____. "The Corporation is not a Nexus of Contracts: it's an I-Phone". *In*: GAGLIARDI, Francesca; GINDES, David (Coord.). *Institutions and evolution of capitalism*: essays in honour of Geoffrey M. Hodgson. Cheltenham: Edgar Elgar Publishing, 2019.

LASKI, Harold J. "The Early History of Corporation in England". *Harvard Law Review*, vol. 30, 1917.

LAUSBERG, Heinrich. *Elemente der literarischen Rhetorik*: eine Einführung für Studierende der klassischen, romanischen, englischen und deutschen Philologie. 10ª ed. Ismaning: Hueber, 1990.

LEFORT, Claude. *Fortdauer des Theologisch-Politischen*. Viena: Passagen, 1999.

LEIPOLD, Helmut. *Kulturvergleichende Institutionenökonomik*: Studien zur kulturellen, institutionellen und wirtschaftlichen Entwicklung. Stuttgart: Lucius & Lucius, 2006.

LERNER, Robert E. *Ernst Kantorowicz*: eine Biographie. Stuttgart: Klett-Cotta, 2020.

LILLA, Mark. *The once and future liberal*: after identity politics. Oxford: Hurst, 2018.

LILTI, Antoine. *The Invention of Celebrity*. Cambridge: Polity Press, [2017] 2018.

_____. *The world of the salons*: sociability and worldliness in eighteenth-century Paris. Oxford: Oxford University Press, 2015.

LINDAHL, Hans. *Authority and the Globalisation of Inclusion and Exclusion*. Cambridge: Cambridge University Press, 2018.

_____. *Fault Lines of Globalization*: Legal Order and the Politics of A-Legality. Oxford: Oxford University Press, 2013.

LINGUA, Graziano; PEZZANO, Giacomo. "Repenser la rationalité économique. De l'homo oeconomicus à l'homo relationalis". *Noesis*, 20, 2012.

LOICK, Daniel. *Juridismus*: Konturen einer kritischen Theorie des Rechts. Berlim: Suhrkamp, 2017.

_____. *Kritik der Souveränität*. Frankfurt am Main: Campus, 2012.

LUCCI, Antonio. "Gouvernementalität und Askese. Individuelle und kollektive Selbsttechniken bei Michel Foucault zwischen Machtapparaten und antagonistischen Lebensformen". *In*: LUCCI, Antonio; SKOWRONEK, Thomas (Coord.). *Potential regieren*: zur Genealogie des möglichen Menschen. Paderborn: Wilhelm Fink, 2018.

LUCCI, Antonio; SKROWONEK, Thomas. "Potenz-Potential-Potentialität. Die Möglichkeiten und die Macht (Einleitung)". *In*: _____. (Coord.). *Potential regieren*: zur Genealogie des möglichen Menschen. Paderborn: Wilhelm Fink, 2018.

LÜDEMANN, Susanne. *Metaphern der Gesellschaft*: Studien zum soziologischen und politischen Imaginären. Munique: Wilhelm Fink, 2004.

_____. "Ödipus oder ménage à trois. Die Figur des Dritten in der Psychoanalyse". *In*: EßLINGER, Eva; SCHLECHTRIEM, Tobias; SCHWEITZER, Doris; ZONS, Alexander (Coord.). *Die Figur des Dritten*: ein kulturwissenschaftliches Paradigma. Berlim: Suhrkamp, 2010.

REFERÊNCIAS BIBLIOGRÁFICAS

LUHMANN, Niklas. "Arbeitsteilung und Moral. Durkheims Theorie". *In*: DURKHEIM, Émile. *Über die soziale Arbeitsteilung*: Studie über die Organisation höherer Gesellschaften. Organização e introdução de Niklas Luhmann. Frankfurt am Main: Suhrkamp, 1988.

_____. *Das Recht der Gesellschaft*. Frankfurt am Main: Suhrkamp, 1993.

_____. "Die Ausdifferenzierung des Kunstsystems". (Conferência realizada no *Kunstmuseum* de Berna em 19/12/1993; debate no *Kunstmuseum* de Lucerna em 17/12/1993). Berna: Benteli, 1994.

_____. *Die Gesellschaft der Gesellschaft, 2 Bde*. Frankfurt am Main: Suhrkamp, 1997.

_____. *Die Kunst der Gesellschaft*. Frankfurt am Main: Suhrkamp, 1995.

_____. *Die neuzeitlichen Wissenschaften und die Phänomenologie* (conferência). Viena: Picus, 1996.

_____. *Die Wissenschaft der Gesellschaft*. Frankfurt am Main: Suhrkamp, 1990.

_____. *Grundrechte als Institution*: ein Beitrag zur politischen Soziologie. Berlim: Duncker & Humblot, 2009.

_____. "Individuum, Individualität, Individualismus". *In*: _____. *Gesellschaftsstruktur und Semantik, Bd. 3*. Frankfurt am Main: Suhrkamp, 1989.

_____. "Interaktion in Oberschichten". *In*: _____. *Gesellschaftsstruktur und Semantik, Bd. 1*. Frankfurt am Main: Suhrkamp, 1980.

_____. *Organisation und Entscheidung*. Opladen: Springer, 2000.

LYOTARD, Jean-François. *Das postmoderne Wissen*. Graz: Böhlau, 1986.

MACAULAY, Stewart. "Non-Contractual Relations in Business: a Preliminary Study". *American Sociological Review*, vol. 28, 1963.

MACNEIL, Ian R. *The New Social Contract*: an Inquiry into Modern Contracting Regulations. New Haven: Yale University Press, 1980.

MALABOU, Catherine. *Before Tomorrow*: Epigenesis and Rationality. Cambridge: Polity Press, 2016.

_____. *Morphing Intelligence*: From IQ Measurement to Artificial Brains. Nova York: Columbia University Press, 2019.

_____. *Was tun mit unserem Gehirn?* Zurique: Diaphanes, 2006.

MANENT, Pierre. *A World beyond Politics*? A Defense of the Nation-State. Princeton: Princeton University Press, 2006.

_____. *Metamorphoses of the City*: On the Western Dynamic. Cambridge: Havard University Press, 2013.

MARKEWITZ, Sandra. *Das grammatische Subjekt*: Konstitutionsformen von Subjektivität in der Moderne. Cambridge: Havard University Press, 2013.

_____. "Einleitung". *In*: _____. (Coord.). *Grammatische Subjektivität*: Wittgenstein und die moderne Kultur. Bielefeld: Transcript, 2019.

MASON, Philip. *The English gentleman*: the rise and fall of an ideal. Londres: Pimlico, 1993.

MATYS, Thomas. *Legal Persons-"Kämpfe" und die organisationale Form*. Wiesbaden: VS Verlag für Sozialwissenschaften, 2012.

MAUSS, Marcel; FAUCONNET, Paul. "Sociology". *In*: _____.(Coord.). *The nature of sociology*: two essays. Transl. de William Jeffrey. Nova York: Durkheim Press, 2005.

MAZZUCATO, Mariana. *The entrepreneurial state*: debunking public vs. private sector myths. Londres: Penguin, 2018.

MCCLOSKEY, Deirdre M. *Bourgeois Equality*: How Ideas, Not Capital or Institutions, Enriched the World. Chicago: University of Chicago Press, 2016.

_____. *Bourgeois dignity*: why economics can't explain the modern world. Chicago: University of Chicago Press, 2010.

_____. *The bourgeois virtues*: ethics for an age of commerce. Chicago: University of Chicago Press, 2006.

_____. *Why liberalism works*: how true liberal values produce a freer, more equal, prosperous world for all. New Haven: Yale University Press, 2019.

MCCLOSKEY, Deirdre; MINGARDI, Alberto. *The Myth of the Entrepreneurial State*. Great Barrington: American Institute for Economic Research, 2020.

MELTZER, Mitchell. *Secular Revelations*: the Constitution of the United States and Classic American Literature. Cambridge: Harvard University Press, 2005.

MENKE, Christoph. *Kraft*: ein Grundbegriff ästhetischer Anthropologie. Frankfurt am Main: Suhrkamp, 2008.

_____. *Kritik der Rechte*. Berlim: Suhrkamp, 2015.

MEYER-THUROW, Georg. "The Industrialization of Invention. A Case Study from the German Chemical Industry". *Isis*, vol. 73, 1982.

MÖLLERS, Christoph. *Die Möglichkeit der Normen*: Über eine Praxis jenseits von Moralität und Kausalität. Berlim: Suhrkamp, 2015.

MOKYR, Joel. *A culture of growth*: the origins of the modern economy – the Graz Schumpeter Lectures. Princeton: Princeton University Press, 2017.

_____. "Bottom-up or Top-down? The Origins of the Industrial Revolution". *Journal of Institutional Economics*, 2018.

_____. "Editor's Introduction". In: _____. (Coord.). *The British Industrial Revolution*: an Economic Perspective. Boulder: Westview Press, 1999.

_____. "The Bourgeoisie and the Scholar". *Erasmus Journal for Philosophy and Economics*, vol. 9, 2016.

_____. *The Enlightened Economy*: an Economic History of Britain, 1700 – 1850. New Haven: Yale University Press, 2009.

_____. *The Gifts of Athena*: Historical Origins of the Knowledge Economy. Princeton: Princeton University Press, 2002.

_____. "The Past and the Future of Innovation: Some Lessons from Economic History". *Explorations in Economic History*, vol. 69, 2018.

MONTESQUIEU, Charles Louis, Baron de. *Vom Geist der Gesetze (1748) – übersetzt und herausgegeben von Ernst Forsthoff*. Tübingen: Mohr, 1992.

MORETTI, Franco. *The bourgeois*: between history and literature. Londres: Verso, 2013. (citação em alemão segundo a tradução de Frank Jakubzik: *Der Bourgeois*: Eine Schlüsselfigur der Moderne. Berlim: Suhrkamp, 2014).

_____. *The Way of the World*: the Bildungsroman in European Culture. Londres: Verso, 2000.

MORITZ, Karl Philipp. *Reisen eines Deutschen im Jahr 1782*. Frankfurt am Main: Insel-Verlag, 2000.

MOSCOVICI, Serge. *Versuch über die menschliche Geschichte der Natur*. Frankfurt am Main: Suhrkamp, 1982.

MÜLLER-TUCKFELD, Jens Christian. "Gesetz ist Gesetz. Anmerkungen für eine Untersuchung der juridischen Anrufung". *In*: BÖKE, Henning; MÜLLER-TUCKFELD, Jens Christian; REINFELT, Sebastian (Coord.). *Denkprozesse nach Althusser*. Hamburg: Argument-Verlag, 1994.

NAGY, Gregory. *Poetry as Performance*: Homer and Beyond. Cambridge: Cambridge University Press, 1996.

NANCY, Jean-Luc. *Singulär plural sein*. Berlim: Diaphanes, 2004.

NASSEHI, Armin. *Muster*: Theorie der digitalen Gesellschaft. Munique: C.H. Beck, 2019.

NEVES, Marcelo. "Ideas in Another Place: Liberal Constitution and the Codification of Private Law at the Turn of the 19th Century in Brazil". *In*: POLOTTO, María Rosario; KEISER, Thorsten; DUVE, Thomas (Coord.). *Derecho privado y modernizacion*: América Latina y Europa en la primera mitad del siglo XX. Frankfurt am Main: Max Planck Institute for European Legal History, 2015.

_____. *Zwischen Themis und Leviathan, eine schwierige Beziehung*: eine Rekonstruktion des demokratischen Rechtsstaates in Auseinandersetzung mit Luhmann und Habermas. Baden-Baden: Nomos, 2000.

NORTH, Douglass Cecil. *Structure and Change in Economic History*. Nova York: Norton, 1981.

NORTH, Douglass Cecil; WALLIS, John Joseph; WEINGAST, Barry R. *Violence and Social Orders*: a Conceptual Framework for Interpreting Recorded Human History. Cambridge: Cambridge University Press, 2009.

OBER, Josiah. *The Rise and Fall of Classical Greece*. Princeton: Princeton University Press, 2015.

OERTZEN, Peter von. *Die soziale Funktion des staatsrechtlichen Positivismus*: eine wissenssoziologische Studie über die Entstehung des formalistischen Positivismus in der deutschen Staatsrechtswissenschaft. Frankfurt am Main: Suhrkamp, 1974.

ORTS, Eric W. "Theorizing the Firm: Organizational Ontology in the Supreme Court". *DePaul Law Review*, 2016.

PELLGERINO, Bruno; ZINGLES, Luigi. "Diagnosing the Italian Disease". *Stigler Center for the Study of Economy and the State, SSRN*, abril de 2019.

PERROW, Charles. *Organizing America*: Wealth, Power, and the Origins of Corporate Capitalism. Princeton: Princeton University Press, 2002.

REFERÊNCIAS BIBLIOGRÁFICAS

PICCIOTTO, Joanna. *Labors of Innocence in Early Modern England*. Cambridge: Harvard University Press, 2010.

_____. "The Public Person and the Play of Fact". *Representations*, vol. 105, n° 1, 2009.

_____. "The Republic of Letters and the Commonwealth of Learning". *In*: LEE, John (Coord.). *A Handbook of English Renaissance Literary Studies*. Oxford: Wiley Blackwell, 2017.

PIORE, Michael J.; SABEL, Charles F. *Das Ende der Massenproduktion*: Studie über die Requalifizierung der Arbeit und die Rückkehr der Ökonomie in die Gesellschaft. Trad. para o alemão de J. Behrens. Frankfurt am Main: S. Fischer, 1989.

PIPPIN, Robert B. *The Persistence of Subjectivity*. Cambridge: Cambridge University Press, 2005.

PISTOR, Katharina. *The code of capital*: how the law creates wealth and inequality. Princeton: Princeton University Press, 2019.

PLUMPE, Werner. *Carl Duisberg 1861–1935*: Anatomie eines Industriellen. Munique: C.H. Beck, 2016.

_____. *Das kalte Herz - Kapitalismus*: die Geschichte einer andauernden Revolution. Berlim: Rowohlt, 2019.

_____. "Die Wirtschaft des Kaiserreichs. Anmerkungen zur Genealogie des deutschen Kapitalismus". *In*: MAYER, Tilmann; PAQUÉ, Karl-Heinz; APELT, Andreas H. (Coord.). *Modell Deutschland*. Berlim: Duncker & Humblot, 2013.

POLANYI, Michael. "The Logic of Tacit Interference". *In*: _____. *Knowing and Being*: essays by Michael Polanyi. Chicago: University of Chicago Press, 1969.

_____. "The Republic of Science: Its Political and Economic Theory (1962)". *In*: _____. *Knowing and Being*: essays by Michael Polanyi. Chicago: University of Chicago Press, 1969.

PORNSCHLEGEL, Clemens. "Deutung als dogmatische Funktion. Überlegungen zur institutionellen Struktur exegetischer Rede". *In*: LÜDEMANN, Susanne; VESTING, Thomas. *Was heißt Deutung?* Verhandlungen zwischen Recht, Philologie und Psychoanalyse. Paderborn: Fink, 2017.

PORTER, Gregory. "Body ist Bass". *Frankfurter Allgemeine Zeitung – FAZ*, n° 115, 2018.

POURCIAU, Sarah M. *The Writing of Spirit*: Soul, System, and the Roots of Language Science. Nova York: Fordham University Press, 2017.

RAPHAEL, David D. *The Impartial Spectator*: Adam Smith's moral philosophy. Oxford: Oxford University Press, 2009.

RAYMOND, Mark; DENARDIS, Laura. "Multi-stakeholderism: Anatomy of an inchoate Global Institution". *Centre for International Governance Innovation paper Series*, n° 41, 2016.

RECKWITZ, Andreas. *Das ende der illusionen*: politik, ökonomie und kultur in der spätmoderne. Berlim: Suhrkamp, 2019.

_____. *Das hybride Subjekt*: eine Theorie der Subjektkulturen von der bürgerlichen Moderne zur Postmoderne. Weilerswist: Velbrück Wissenschaft, 2010.

_____. *Die Gesellschaft der Singularitäten*: zum Strukturwandel der Moderne. Berlim: Suhrkamp, 2017.

RHEINBERGER, Hans-Jörg. *Epistemologie des Konkreten*: Studien zur Geschichte der modernen Biologie. Frankfurt am Main: Suhrkamp, 2006.

_____. *Experimentalsysteme und epistemische Dinge*: eine Geschichte der Proteinsynthese im Reagenzglas. Frankfurt am Main: Suhrkamp, 2006.

_____. *Historische Epistemologie zur Einführung*. Hamburg: Junius-Verlag, 2007.

_____. "Historisierung der Wissenschaft oder wie das Neue in die Welt kommt". In: _____. *Experimentalität*: Hans-Jörg Rheinberger im Gespräch über Labor, Atelier und Archiv. Berlim: Kulturverlag Cadmos, 2018.

RICHERSON, Peter J.; BOYD, Robert. *Not by genes alone*: how culture transformed human evolution. Chicago: University of Chicago Press, 2005.

RICŒUR, Paul. *Das Selbst als ein Anderer*. Munique: Wilhelm Fink, 1996.

RIDDER, Helmut. *Die soziale Ordnung des Grundgesetzes*: Leitfaden zu den Grundrechten einer demokratischen Verfassung. Opladen: Westdeutscher Verlag, 1975.

RIEDEL, Manfred. "'Bürger, Staatsbürger, Bürgertum'". *In*: BRUNNER, Otto; CONZE, Werner; KOSELLECK, Reinhart (Coord.). *Geschichtliche Grundbegriffe*: Historisches Lexikon zur politisch-sozialen Sprache in Deutschland. Stuttgart: Klett-Cotta, 2004.

RIESMAN, David. *The lonely crowd*: a study of the changing American character. New Haven: Yale University Press, 1950.

ROBINSON, James A. *Why Regions Fail*: The Mexican Case. 2013. Disponível em: https://scholar.harvard.edu/jrobinson/presentations/why-regions-fail-mexican-case. Acessado em: 25.07.2022.

ROSEN, Lawrence. *Law as Culture*: an Invitation. Nova York: Princeton University Press, 2006.

ROSEN, Stanley. *The Elusiveness of the Ordinary*: Studies in the Possibility of Philosophy. New Haven: Yale University Press, 2002.

ROTHE, Katja. "Ökologien der Seele". *In*: DEUBER-MAKOWSKY, Astrid; GÖRLING, Reinhold (Coord.). *Denkweisen des Spiels*: medienphilosophische Annäherungen. Viena: Turia + Kant, 2016.

ROUSSEAU, Jean-Jacques. "Du contrat social/Vom Gesellschaftsvertrag". *Politische Schriften, Bd. 2*. Trad. e organização de Hans Brockard. Stuttgart: Reclam, 2010.

SABEL, Charles; SIMON, William H. "Contextualizing Regimes: Institutionalization as a Response to the Limits of Interpretation and Policy Engineering". *Michigan Law Review*, vol. 110, 2011-2012.

SAVIGNY, Friedrich Carl von. *System des heutigen Römischen Rechts, Bd. 1*. Berlim: Veit, 1840.

SAXENIAN, AnnaLee. "Inside-Out: Regional Networks and Industrial Adaptation in Silicon Valley and Route 128". *Journal of Policy Development and Research*, vol. 2, 1996.

SAXENIAN, AnnaLee; SABEL, Charles F. "Roepke Lecture in Economic Geography Venture Capital in the 'Periphery': The New Argonauts, Global Search, and Local Institution Building". *Economic Geography*, vol. 84, n° 4, 2008.

SEIGEL, J. E. *Modernidade e Vida Burguesa*: Sociedade, Política e Cultura na Inglaterra, França e Alemanha desde 1750. Cambridge: 2012.

SCHILLING, Lothar. *Das Jahrhundert Ludwigs XIV*: Frankreich im Grand Siècle 1598 – 1715. Darmstadt: Wissenschaftliche Buchgesellschaft, 2010.

SCHMIDT-AßMANN, Eberhard. "Die Wissenschaftsfreiheit nach Art. 5 Abs. 3 GG als Organisationsgrundrecht". *In*: BECKER, Bernd *et al.* (Coord.). *Festschrift für Werner Thieme zum 70. Geburtstag*. Colônia: Carl Heymanns, 1993.

SCHRAMM, Gottfried. *Fünf Wegscheiden der Weltgeschichte*: ein Vergleich. Göttingen: Vandenhoeck & Ruprecht, 2004.

SCHUMPETER, Josef A. *Kapitalismus, Sozialismus und Demokratie*. 9ª ed. Tübingen: A. Francke, 2018.

SCHUPPERT, Gunnar Folke. "Eine globale Ideengeschichte in der Sprache des Rechts – A Global History of Ideas in the Language of Law". *Max Planck Institute for European Legal History Research Paper Series*, nº 2019-02. Disponível em: https://papers.ssrn.com/sol3/papers.cfm?abstract_id=3317569. Acessado em: 25.07.2022.

_____. "The Vienna Initiative: A New Mode of Governance? Comment on K. Pistor, 'Innovation and the Role of Public-Private Collaboration in Contract Governance'". *In*: GRUNDMANN, Stefan; MÖSLEIN, Florian; RIESENHUBER, Karl (Coord.). *Contract governance*: dimensions in law and interdisciplinary research. Oxford: Oxford University Press, 2015.

SCRUTON, Roger. *England*: an Elegy. Londres: Continuum, 2006.

SEIGEL, Jerrold E. *Modernity and Bourgeois Life*: Society, Politics, and Culture in England, France and Germany since 1750. Cambridge: Cambridge University Press, 2012.

SELIGMAN, Adam B. *The Idea of Civil Society*. Princeton: UP, 1995.

SERRES, Michel. "Vorwort". *In*: AUTHIER, Michel; SERRES, Michel (Coord.). *Elemente einer Geschichte der Wissenschaft*. Frankfurt am Main: Suhrkamp, 1994.

SHEEHAN, Jonathan; WAHRMAN, Dror. *Invisible Hands*: self-organization in the eighteenth century. Chicago: The University of Chicago Press, 2015.

SHKLAR, Judith N. "Rechte in der liberalen Tradition". *In*: _____. *Liberalismus der Rechte*. Berlim: Matthes & Seitz, 2017.

SIEDENTOP, Larry. *Inventing the Individual*: the Origins of Western Liberalism. Londres: Lane, 2014.

SILVERMAN, Debora. "Weaving Paintings. Religious and Social Origins of Vincent van Gogh's Pictorial Labor". *In*: ROTH, Michael S. (Coord.). *Rediscovering History*: Culture, Politics, and the Psyche. Stanford: Stanford University Press, 1994.

SIMONDON, Gilbert. *Die Existenzweise technischer Obje*kte (1958). Zurique: Diaphanes, 2012.

SKINNER, Quentin. *Die drei Körper des Staates*. Göttingen: Wallstein, 2012.

_____. *Freiheit und Pflicht*: Thomas Hobbes' politische Theorie. Frankfurt am Main: Suhrkamp, 2008.

SMEND, Rudolf. "Das Recht der freien Meinungsäußerung" (1928). In: _____. *Staatsrechtliche Abhandlungen und andere Aufsätze*. Berlim: Duncker & Humblot, 1968.

SMITH, Adam. *An inquiry into the nature and causes of the wealth of nations* (1776). Volumes 1 e 2 (General Editors R.H.Campbell und A.S. Skinner). Oxford: Oxford University Press, 1976.

_____. *Lectures in Jurisprudence* (org. de Ronald L. Meek *et al.*). Oxford: Clarendon Press, 1978.

_____. *Lectures on Jurisprudence*. Oxford: Oxford University Press, 1978.

_____. *Theory of Moral Sentiments* (1790). (Reimpressão da 6ª edição). Nova York: Penguin, 2009.

SMITH, Vernon L. "Constructivist and Ecological Rationality in Economics". *Conferência do Prêmio Nobel*, Estocolmo, 2002.

SOUZA, Jessé. *Die Naturalisierung der Ungleichheit*: ein neues Paradigma zum Verständnis peripherer Gesellschaften. Wiesbaden: Verlag für Sozialwissenschaften, 2008.

STALDER, Felix. *Kultur der Digitalität*. Berlim: Suhrkamp, 2016.

STEIN, Peter. *Legal Evolution*: the Story of an Idea. Cambridge: Cambridge University Press, 1980.

STETTER, Christian. *Schrift und Sprache*. Frankfurt am Main: Suhrkamp, 1997.

STORR, Virgil Henry. "The Impartial Spectator and the Moral Teachings of Markets". *SSRN*, 2013.

STORR, Virgil Henry; CHOI, Ginny Seung. *Do Markets Corrupt our Morals?* Cham: Palgrave MacMillan, 2019.

STRAUSS, Leo. *Hobbes' politische Wissenschaft und zugehörige Schriften – Briefe, Gesammelte Schriften*. vol. 3. Stuttgart/Weimar: Metzler, 2001/2008.

STROUMSA, Guy G. *Das Ende des Opferkults*: die religiösen Mutationen der Spätantike. Berlim: Verlag der Weltreligionen, 2011.

TEUBNER, Gunther. "Die anonyme Matrix: Zu Menschenrechtsverletzungen durch 'private' transnationale Akteure". *Der Staat*, vol. 45, 2006.

_____. "Die Episteme des Rechts". *In*: GRIMM, Dieter (Coord.). *Wachsende Staatsaufgaben – sinkende Steuerungsfähigkeit des Rechts*. Baden-Baden: Nomos, 1990.

_____. "Digitale Rechtssubjekte? Zum privatrechtlichen Status autonomer Softwareagenten". *AcP*, 2018.

_____. "Globale Zivilverfassungen: Alternativen zur staatszentrierten Verfassungstheorie". *ZaöRV*, vol. 63, 2003.

_____. *Netzwerk als Vertragsverbund*: Virtuelle Unternehmen, Franchising, just-in-time in sozialwissenschaftlicher und juristischer Sicht. Baden-Baden: Nomos, 2004.

_____. *Recht als autopoietisches System*. Frankfurt am Main: Suhrkamp, 1989.

_____. "Transnationale Wirtschaftsverfassung: Franz Böhm und Hugo Sinzheimer jenseits des Nationalstaates". *ZaöRV*, vol. 74, 2014.

_____. *Verfassungsfragmente*: Gesellschaftlicher Konstitutionalismus in der Globalisierung. Berlim: Suhrkamp, 2012.

_____. "Von 'Wirtschaftsverfassung I, II' zum 'selbstgerechten Rechtsverfassungsrecht': Zur Kritizität von Rudolf Wiethölters 'kritischer Systemtheorie'". *KJ*, nº 4, 2019.

_____. "Zum transsubjektiven Potential subjektiver Rechte. Gegenrechte in ihrer kommunikativen, kollektiven und institutionellen Dimension". *In*: FRANZKI, Hannah; HORST, Johan; FISCHER-LESCANO, Andreas (Coord.). *Gegenrechte*: Recht jenseits des Subjekts. Tübingen: Mohr Siebeck, 2018.

THOMAS, Keith. *In pursuit of civility*: manners and civilization in early modern England. New Haven: Yale University Press, 2018.

THOMAS, Yan. "'Auctoritas legum non potest veritatem naturalem tollere'. Rechtsfiktion und Natur bei den Kommentatoren des Mittelalters". *In*: MOHNHAUPT, Heinz; KERVÉGAN, François (Coord.). *Recht zwischen Natur und Geschichte*: deutsch-französisches Symposien vom 24. bis 26. November 1994 an der Universität Cergy-Pontoise. Frankfurt am Main: Klostermann, 1997.

THRIFT, Nigel. "From Born to Made: Technology, Biology and Space". *Transitions of the Institute of British Geography*, vol. 30, nº 4, 2005.

REFERÊNCIAS BIBLIOGRÁFICAS

TOCQUEVILLE, Alexis de. *Über die Demokratie in Amerika* (1835). Munique: dtv, 1984.

TOMASELLO, Michael. *Die kulturelle Entwicklung des menschlichen Denkens*: Zur Evolution der Kognition. Frankfurt am Main: Suhrkamp, 2002.

TRENTMANN, Frank. *Empire of Things*: How We Became a World of Consumers, from the Fifteenth Century to the Twenty-first. Londres: Penguin, 2017.

TRILLING, Lionel. "Mind in the Modern World". *In*: _____. *The Last Decade*: essays and Reviews, 1965-75. Nova York: Harcourt Brace Jovanovich, 1979.

_____. "The Poet as Hero. Keats in his Letters". *In*: _____.*Theopposing self*: nine essays in critism. Nova York: Viking, 1959, (tradução alemã de Hans-Horst Henschen. *In*: TRILLING, Lionel. *Kunst, Wille und Notwendigkeit*. Munique: Carl Hanser Verlag, 1990).

TRUTE, Hans-Heinrich. *Die Forschung zwischen grundrechtlicher Freiheit und staatlicher Institutionalisierung*. Tübingen: Mohr Siebeck, 1994.

VESTING, Thomas. *Die Medien des Rechts Bd. 1*: Sprache. Weilerswist: Velbrück Wissenschaft, 2011.

_____. *Die Medien des Rechts, Bd. 4*: Computernetzwerke. Weilerswist: Velbrück Wissenschaft, 2015.

_____. "Die Medien des Rechts und die impliziten Bedingungen rechtlicher Normativität. Zur Rolle der Literatur für das moderne Recht". *PhiN-Beiheft*, 12, 2017.

_____. *Rechtstheorie*. 2ª ed. Munique: C.H. Beck, 2015.

VESTING, Thomas; KORIOTH, Stefan; AUGSBERG, I. (Coord.). *Grundrechte als Phänomene kollektiver Ordnung*: zur Wiedergewinnung des Gesellschaftlichen in der Grundrechtstheorie und Grundrechtsdogmatik. Tübingen: Mohr, 2014.

VINGE, Vernor. "Technological Singularity". *In*: MORE, Max; VITA--MORE, Natascha (Coord.). *Transhumanist Reader*: Classical and Contemporary Essays on the Science, Technology, and Philosophy of the Human Future. Wiley: Blackwell, 2013. Disponível em: htpp://ebookcentral.proquest.com/lib/senc/detail.action?DocID=1138989. Acessado em: 25.07.2022.

VOGL, Joseph. *Der Souveränitätseffekt*. Zurique: Diaphanes, 2015.

WAHRMAN, Dror. *The Making of the Modern Self*: Identity and Culture in Eighteenth-Century England. New Haven: Yale University Press, 2006.

WALDENFELS, Bernhard. *Antwortregister*. Frankfurt am Main: Suhrkamp, 1994.

_____. *Bruchlinien der Erfahrung*: Phänomenologie, Psychoanalyse, Phänomenotechnik. Frankfurt am Main: Suhrkamp, 2002.

_____. "Die Herkunft der Normen aus der Lebenswelt". *In*: _____. *In den Netzen der Lebenswelt*. Frankfurt am Main: Suhrkamp, 1985.

_____. *Ordnung im Zwielicht*. Frankfurt am Main: Suhrkamp, 1987.

_____. *Platon*: Zwischen Logos und Pathos. Berlin: Suhrkamp, 2017.

_____. *Sozialität und Alterität*: Modi sozialer Erfahrung. Berlin: Suhrkamp, 2015.

_____. *Verfremdung der Moderne*: phänomenologische Grenzgänge. Göttingen: Wallstein, 2001.

WEBER, Max. "Die protestantische Ethik und der Geist des Kapitalismus". *In*: _____. *Gesammelte Aufsätze zur Religionssoziologie I* (1920). Tübingen: Mohr Siebeck, 1986.

_____. *Wirtschaft und Gesellschaft*: Grundriß der verstehenden Soziologie. 5ª ed. Tübingen: Mohr, 1980.

_____. "Wissenschaft als Beruf" (1919). *In*: WEBER, Max; WINCKELMANN, Johannes (Coord.). *Gesammelte Aufsätze zur Wissenschaftslehre*. Tübingen: Mohr Siebeck, 1985.

WEHLER, Hans-Ulrich. *Deutsche Gesellschaftsgeschichte 1700-1815 (Bd. 1 – 1987)*. Munique: C.H. Beck, 2008.

_____. *Deutsche Gesellschaftsgeschichte 1849-1914 (Bd. 3 – 1995)*. Munique: C.H. Beck, 2008.

_____. *Deutsche Gesellschaftsgeschichte 1914-1949 (Bd. 4 – 2003)*. Munique: C.H. Beck, 2008.

WELLBERY, David E. "Die Enden des Menschen. Anthropologie und Einbildungskraft im Bildungsroman bei Wieland, Goethe, Novalis". *In*: _____. *Seiltänzer des Paradoxalen. Aufsätze zur ästhetischen Wissenschaft*. Munique: Hanser, 2006.

_____. "Foreword". *In*: KITTLER, Friedrich (Coord.). *Discourse Networks 1800/1900*. Stanford: Stanford University Press, 1990.

REFERÊNCIAS BIBLIOGRÁFICAS

_____. "Nachwort". *In*: KITTLER, Friedrich (Coord.). *Discourse Networks 1800/1900*. Stanford: Stanford University Press, 1990.

_____. "Rites de Passage. Zur Struktur des Erzählprozesses in E.T.A. Hoffmanns Prinzessin Brambilla". *In*: KITTLER, Friedrich (Coord.). *Discourse Networks 1800/1900*. Stanford: Stanford University Press, 1990.

WETTERS, Kirk. *The Opinion System*: Impasses of the Public Sphere from Hobbes to Habermas. Nova York: Fordham University Press, 2008.

WHYTE, William H. *The Organization Man*. Nova York: Doubleday, 1957.

WIELSCH, Dan. "Die private Konstruktion von Gemeinschaftsgütern". *In*: HOFMANN-RIEM, Wolfgang (Coord.). *Inovationen im Recht*. Baden-Baden: Nomos, 2016.

_____. "Contract Interpretation Regimes". *Modern Law Review*, 2018.

_____. "Gesellschaftliche Transformation durch subjektive Rechte". *In*: FISCHER-LESCANO, Andreas; FRANZKI, Hannah; HORST, Johan (Coord.). *Gegenrechte*: Rechte jenseits des Subjekts. Tübingen: Mohr Siebeck, 2018.

_____. "Medienregulierung durch Persönlichkeits- und Datenschutzrechte". *JZ*, n° 3, 2020.

WIETHÖLTER, Rudolf. "Materialisierungen und Prozeduralisierungen im Recht". *In*: ZUMBANSEN, Peer; AMSTUTZ, Marc (Coord.). *Recht in Recht-Fertigungen*: ausgewählte Schriften von Rudolf Wiethölter. Berlim: Berliner Wiss.-Verlag, 2013.

_____. "Recht-Fertigungen eines Gesellschafts-Rechts". *In*: ZUMBANSEN, Peer; AMSTUTZ, Marc (Coord.). *Recht in Recht-Fertigungen*: ausgewählte Schriften von Rudolf Wiethölter. Berlim: Berliner Wiss.--Verlag, 2013.

_____. "Thesen zum Wirtschaftsverfassungsrecht". *In*: ZUMBANSEN, Peer; AMSTUTZ, Marc (Coord.). *Recht in Recht-Fertigungen*: ausgewählte Schriften von Rudolf Wiethölter. Berlim: Berliner Wiss.-Verlag, 2013.

_____. "Vom besonderen Allgemeinprivatrecht zum allgemeinen Sonderprivatrecht?" *In*: ZUMBANSEN, Peer; AMSTUTZ, Marc (Coord.). *Recht in Recht-Fertigungen*: ausgewählte Schriften von Rudolf Wiethölter. Berlim: Berliner Wiss.-Verlag, 2013.

WILLIAMSON, Oliver. *The Economic Institutions of Capitalism*: Firms, Markets, Relational Contracting. Nova York: Free Press, 1985.

WITTGENSTEIN, Ludwig. *Philosophische Untersuchungen – Werkausgabe Bd. I*: Tractatus logico-philosophicus. Frankfurt am Main: Suhrkamp, 1995.

WU, Tim. *The Attention Merchants*: the Epic Scramble to Get Inside our Heads. Nova York: Vintage Books, 2016.

ZECHLIN, Lothar. "Wissenschaftsfreiheit und Organisation. Die 'Hochschullehrermehrheit' im Grundrechtsverständnis der autonomen Universität". *Ordnung der Wissenschaft*, 3, 2017.

ZILL, Rüdiger. *Der absolute Leser, Blumenberg – eine intellektuelle Biographie*. Berlim: Suhrkamp, 2020.

ZUBOFF, Shoshana. *The Age of Surveillance Capitalism*. Nova York: Public Affairs, 2019.

ZUCKERT, Michael P. *The Natural Rights Republic*. Notre Dame: University of Notre Dame Press, 1996.

ZUMTHOR, Paul. *Oral Poetry*: an Introduction. Minneapolis: University of Minnesota Press, 1990.

ZUNZ, Olivier. *Making America Corporate*: 1870 – 1920. Chicago: Chicago University Press, 1990.

FIGURAS

Figura 1 - Lápide de Thomas Darling, Groove Street Cemetery, New Haven, Connecticut, 2005

Figura 2 - O símbolo da educação: capitão William Wade, Thomas Gainsborough, 1771

Figura 3 - Adam Smith. A *Teoria dos Sentimentos Morais*; ou um ensaio para uma análise dos princípios pelos quais os homens, de forma natural, julgam a conduta e o caráter, primeiro de seus vizinhos, e depois deles mesmos: ao qual se acrescenta uma dissertação sobre a origem das línguas. Página de rosto. Londres: A. Strahan, T. Cadell (e outros), 1767

Figura 4 - Gustav Caillebotte, *Rua de Paris em tempo de chuva*, 1877, The Art Institute of Chicago

Figura 5 - Frontispício do *Leviatã* de 1651, provavelmente de Abraham Bosse

Figura 6 - Café de Londres por volta de 1690-1700, *The British Museum*

Figura 7 - *Vista do centro comercial em St. James Park*, Marco Ricci, 1709/1710, National Gallery of Art

Figura 8 - *Saguão de biblioteca em Margate*, de Georgiana Keate, impressão de Thomas Malton, 1789, The British Museum

Figura 9 - *Leitura da tragédia de Voltaire "O Órfão da China" no salão de Madame Geoffrin*, Anicet Charles Gabriel Lemonnier, 1812, Web Gallery of Art

Figura 10 - *Caspar David Friedrich em seu estúdio*, Georg Friedrich Kersting, 1811, Hamburger Kunsthalle

Figura 11 - Sven Simon. *Eberhard von Kuenheim*. 1965, Picture Alliance.

Figura 12 - Carl Duisberg, 1909, retrato de Max Liebermann, Bayer Kultur

Figura 13 - Thomas Edison e colaboradores no laboratório de Menlo Park, em 1880, The Henry Ford Collection

Figura 14 - Bob Sandberg - LOOK Magazine. Passageiros pendulares na plataforma. Park Forest, Illinois, 1954

Figura 15 - *Turn On, Boot Up, Jack In*: Steve Jobs e Steve Wozniak em sua garagem, 1976

NOTAS

A Editora Contracorrente se preocupa com todos os detalhes de suas obras! Aos curiosos, informamos que este livro foi impresso no mês de outubro de 2022, em papel Pólen Natural 80g, pela Gráfica Copiart.